C000095816

Uwe Petersen

Segen und Opfer der Globalisierung

Wirtschaftliche und gesellschaftliche Entwicklung,
relative Verarmung, Arbeitslosigkeit, Wirtschaftskrisen,
Links- und Rechtsradikalismus, Religionskriege,
Flüchtlingsströme und die Verantwortung Europas

Zur Unterscheidung von früheren Büchern anderer Autoren mit gleichem oder ähnlichem Titel wurde der ursprüngliche Buchtitel:
Segen und Fluch der Globalisierung
geändert in:
Segen und Opfer der Globalisierung

Autor: Uwe Petersen

Covergestaltung: TomJay - bookcover4everyone / www.tomjay.de
Coverfoto: © ginae014 - Fotolia.com

Ersterscheinungsjahr 2017

Verlag: tredition GmbH, Hamburg

ISBN 978-3-7439-5344-4 (Paperback)
978-3-7439-5345-1 (Hardcover)
978-3-7439-5346-8 (e-Book)

Das Werk, einschließlich seiner Teile, ist urheberrechtlich geschützt. Jede Verwertung ist ohne Zustimmung des Verlages und des Autors unzulässig. Dies gilt insbesondere für die elektronische oder sonstige Vervielfältigung, Übersetzung, Verbreitung und öffentliche Zugänglichmachung.

Bibliografische Information der Deutschen Nationalbibliothek:

Die Deutsche Nationalbibliothek verzeichnet diese Publikation in der Deutschen Nationalbibliografie; detaillierte bibliografische Daten sind im Internet über http://dnb.d-nb.de abrufbar.

Inhalt

Einleitung...7

A. Der Europäismus als Ursprung der Globalisierung...........................13

I. Herrschaft und Ausbeutung als Motive zur Globalisierung.......................13

II. Handel als Form der Globalisierung...14

III. Religiöse Missionierung zur Weiterentwicklung der Menschen.............14

1. Christliche Missionierung...15

2. Islamische Missionierung...16

IV. Der Europäismus und seine Globalisierung...20

B. Der westliche und östliche Europäismus als Ursprung des Ost-West-Gegensatzes und ihre Globalisierung......................................27

I. Der Westliche Europäismus und seine Globalisierung.............................30

1. Die Individualisierung des Menschen als Wesen des westlichen
Europäismus und seine Globalisierung..30

1.1 Das Wesen der Individualisierung..31

1.2 Der Humanismus als maßgebende Lebensphilosophie des westlichen Europas.........35

1.3 Die Säkularisierung der jüdisch-christlichen Eschatologie im Streben nach
Fortschritt...36

1.4 Die Arbeit als Mittel der Selbstverwirklichung....................................37

2. Der Nationalismus als unvollkommene Individualisierung der Menschen.............39

3. Die wirtschaftliche und gesellschaftliche Entwicklung der kapitalistischen
Industrieländer und ihre Fehlentwicklungen durch die Pervertierung
des Individualismus in Egoismus..41

3.1 Die Gefahr der Selbstzerstörung der kapitalistischen Wirtschaft durch das
Verdrängen der Arbeitskräfte durch immer intelligentere Maschinen und die Gefahr
der Monopolisierung der Weltwirtschaft durch wenige Globalplayer.....................41

3.2 Der Übergang der kapitalistischen Wirtschaft in eine säkulare Stagnation
als Folge einer im Verhältnis zu den realwirtschaftlichen Investitionsmöglichkeiten zu hohen Sparrate und ie steigende Gefahr von Wirtschaftskrisen..............44

3.2.1 Möglichkeiten und Grenzen, die volkswirtschaftliche Nachfrage durch
Lohnerhöhungen zu stabilisieren..46

3.2.2 Exportüberschüsse zur Ausfüllung der inländischen Nachfragelücke............46

3.2.3 Die Bedeutung der Staatsausgaben für das volkswirtschaftliche Gleichgewicht
von Angebot und Nachfrage...47

3.3. Die zunehmende weltweite Staatsverschuldung und die steigende Gefahr von
Staatsbankrotts...48

3.4 Die Pervertierung des Kapitalmarktes zum Spielcasino...............................49

3.5 Die Geldflutung des Kapitalmarktes durch die Notenbanken
zur Vermeidung von Depressionen 51

3.6 Zusammenfassung der wirtschaftlichen und gesellschaftlichen
Entwicklung der kapitalistischen Industrieländer... 51

4. Die Globalisierung des westlichen Europäismus 52

4.1 Die Globalisierung des westlichen Europäismus durch Kolonisierung
der Dritten Welt 52

4.1.1 Die Entwicklung der internationalen Handelsbeziehungen, des Imperialismus und der Kolonisation
bis zum Ersten Weltkrieg... 52

4.1.2 Die Kolonisierung des Nahen Ostens und Nordafrikas durch die Errichtung von
französischen und britischen Mandatsgebieten nach dem Ersten Weltkrieg 58

4.1.3 Was hat die Kolonisation und Beherrschung von Protektoratsgebieten
für die Europäer und für die Kolonien und Protektoratsgebiete gebracht?....................... 60

4.1.4 Das Ende der Kolonien 63

4.2 Die Entwicklung des Nationalismus in Europa und den
Entwicklungsländern nach dem Zweiten Weltkrieg... 67

4.2.1 Der Untergang des alten Europas am Nationalismus und die Verselbstständigung
der Kolonien und Protektoratsgebiete nach dem Zweiten Weltkrieg 67

4.2.2 Der Nationalismus in den Entwicklungsländern als Motor für die Entwicklung
einer säkularen Gesellschaft und sein Spannungsverhältnis zu religiösen
theokratischen und stammesbezogenen Bewegungen. 68

4.3 Die Auswirkungen des Europäismus auf die Länder der Dritten Welt....................... 69

4.3.1 Die Zerstörung traditioneller Lebensformen durch den Europäismus..................... 69

4.3 2.Die durch bessere medizinische Versorgung rasante Bevölkerungszu-nahme als
zusätzlicher Grund zu Konflikten in Entwicklungsländern und Auswanderung nach
Europa.. 70

4.4. Die wirtschaftliche Entwicklung der Entwicklungsländer und die
Entwicklungspolitik nach dem Zweiten Weltkrieg 71

4.4.1 Die stärkere Globalisierung des Handels durch Abschluss des
Allgemeinen Zoll- und Handelsabkommens (GATT)....................................... 73

4.4.2 Der Zusammenschluss einzelner Länder zu Freihandelszonen und
Wirtschaftsunionen. 76

4.4.3 Wachstumsschub für die Entwicklungsländer wegen steigenden Rohstoffbedarfs .. 79

4.4.4. Die Entstehung von Schwellenländern und deren Einfluss auf die
Wirtschaftsentwicklung der Industrieländer.. 83

4.4.5 Die Globalisierung des Kapitalmarktes.. 84

4.4.6 Die Globalisierung der säkularen Stagnation 86

4.4.7 Tendenziell weiter abnehmende Beschäftigung durch Rationalisierungen,
insbesondere infolge zunehmender Digitalisierung und Roboterisierung. 87

4.5 Globalisierung und Umwelt 88

II. Der östliche Europäismus und seine Globalisierung................................89

1. Russland..90

1.1 Russlands gefühlte Mission...90

1.2 Russlands zwiespältiges Verhältnis zum Westen und die Folgen für die
Entwicklung Russlands 92

1.3 Russlands Globalisierung..98

2. Polen 101

2.1 Der Osteuropäismus Polens als slawisches Land 101

2.2 Das Selbstverständnis des katholischen Polens als Hüter des wahren Europäismus . 107

2.3 Der Untergang Polens als Adelsrepublik und seine Wiedergeburt als
nationalistischer Staat 110

**III. Die Entwicklung des Ost-West Gegensatzes und seine Auswirkungen
auf die Dritte Welt**...114

1. Die Auswirkungen des Kalten Krieges auf die Länder der Dritten Welt 115

2. Die Entwicklung der muslimischen Welt und ihr Widerstand gegen die
Europäisierung 118

2.1 Persien/Iran 122

2.2 Afghanistan 127

2.2.1 Ethnische Vielfalt Afghanistans 127

2.2.2 Die politischen Beziehungen zu Nachbarländern 128

2.2.3 Afghanistan als Spielball östlicher und westlicher Globalisierung und der religiöse
Widerstand dagegen 131

2.2.4 Die Entwicklung und Rolle von Milizen in Afghanistan 133

2.3 Osmanisches Reich 135

2.3.1 Entwicklung des Osmanischen Reiches 135

2.3.2 Niedergang des Osmanischen Reiches, insbesondere durch Rückständigkeit gegenüber
Europa und wegen unzureichenden Reformwillens **136**

2.3.3 Der Zerfall des Osmanischen Reiches aufgrund zunehmender nationaler Bestrebungen
seiner unterschiedlichen Ethnien. 139

2.4 Saudi-Arabien 140

2.5 Palästina und Jordanien..144

2.6 Syrien, Irak, IS Islamischer Staat...147

2.6.1 Syrien 148

2.6.2 Irak 151

2.6.3 IS Islamischer Staat 158

2.7 „Kurdistan" 159

2.7.1 Kurden im Iran 160

2.7.2 Kurden im Irak 160

2.7.3 Kurden in Syrien 161

2.7.4 Kurden in der Türkei 163

2.8 Ägypten 168

2.9. Libyen 171

2.10 Somalia 173

2.11 Eritrea 175

2.12 Türkische Republik 175

3. Das Scheitern der Amerikanisierung Russlands, der Eurasisimus und die
Wiedergeburt des Ost-West-Gegensatzes 182

4. Das Scheitern des westlichen und östlichen Europäismus auch als Folge des
Übergangs von der bipolaren zur multipolaren Weltpolitik 188

IV. Segen und Fluch der Globalisierung 189

**C. Die Krise und die Weiterentwicklung des Europäismus in der
globalisierten Welt** 193

I. Der Trumpismus als Krise des Europäismus 194

**II. Die Einigung Europas als Bedingung zur Überwindung der Krise des
Europäismus** 202

1. Die Spaltung Deutschlands und Europas und Europas Degradierung zu
Bestandteilen des von den USA geführten West- und von der Sowjetunion geführten
Osteuropäismus 202

2. Die Entwicklung der Europäischen Union 204

2.1 Fehler bei der Gründung der Europäischen Union und ihre Folgen 205

2.2 Die Eurozone und die Folgen von Fehlern bei ihrer Gründung 208

2.3 Deutschlands Gefährdung der Europäischen Union und insbesondere der
Eurozone durch die Agenda 2010 210

3. Die Gefährdung des sozialen Friedens und der europäischen Einigkeit
durch Flüchtlingsströme. 213

4. Linke Protestler als ernst zu nehmende Kritiker gesellschaftlicher
Fehlentwicklungen und als Randalierer 215

III. Die Aufgaben zur Weiterentwicklung Europas und Europas Verantwortung für die Harmonisierung des Ost-West Gegensatzes und die Weiterentwicklung der globalisierten Welt...217

1. Grundsätze einer neuen Wirtschaftsethik...220

2. Die Stabilisierung und Weiterentwicklung der Europäischen Union.........................226

2.1 Die wirtschaftliche Stabilisierung und Weiterentwicklung der Europäischen Union...226

2.1.1 Die Überwindung der säkularen Stagnation...226

2.1.2 Wirtschaftsförderungsmaßnahmen zu Überwindung der Ungleichgewichte in der wirtschaftlichen Entwicklung der Länder und Regionen...................................228

2.1.3 Schutz sensibler Industrien des europäischen Marktes und Verhinderung von deren Abwanderung..229

2.1.3.1 Einfuhrbarrieren zum Schutz von sensiblen Industrien...........................229

2.1.3.2 Mitarbeiter- oder Staatsbeteiligung in für die Volkswirtschaft wichtigen Unternehmen...231

2.1.4 Kapitaltransfersteuern, die Koordinierung der Steuerpolitik und die Bekämpfung von Steuerbetrug, Steuervermeidung und das Ausweichen in Steueroasen...................232

2.1.5 Stabilisierung der Euro-Zone und neue Prinzipien der Geldpolitik......................233

3. Grundsätze für eine Europäische Flüchtlings- und Zuwanderungspolitik..................237

4. Die Notwendigkeit verstärkter Entwicklungspolitik.....................................240

5. Deutschlands Verantwortung für Europa und die Welt....................................241

D. Zusammenfassung...246

Literaturverzeichnis...249

Der Autor..255

Einleitung

Dass wir uns heute mit den Problemen der ganzen Welt beschäftigen müssen, ist eine Folge der Globalisierung. Dabei müssen wir uns bewusst sein, dass die Globalisierung eine Globalisierung unseres europäischen Geistes, unserer Lebensform, unserer Technik bis hin zur Atombombe, unserer Wirtschaft und Gesellschaft ist und wir somit insoweit selbst mitverantwortlich sind, was weltweit geschieht.

Als Folgen der Globalisierung können wir weltweit nicht nur einen steigenden Lebensstandard und eine raschere Bevölkerungsvermehrung aufgrund besserer Gesundheitsvorsorge und Medikamente beobachten, wir müssen auch eine relative Verarmung, Arbeitslosigkeit, Wirtschaftskrisen, Links- und Rechtsradikalismus, Religionskriege und riesige Flüchtlingsströme beklagen.

Soweit die negativen Folgen der Globalisierung auf die westliche Welt zurückwirken, führen sie zur allgemeinen Verunsicherung, die sich dann in einem Vertrauensverlust gegenüber den politischen Institutionen äußert. Dabei werden selbst die größten Errungenschaften der Nachkriegszeit: die Überwindung des Nationalismus und die Einigung Europas, infrage und zur Disposition gestellt und wird das Heil in Abschottung und nationalen autarken Regionen gesucht.

Einen möglicherweise erst vorläufigen Höhepunkt hat diese Aversion gegen die etablierten Institutionen und *Mächte* in der Wahl des US-Präsidenten Donald Trump gefunden, der, und darin liegt schon die Fragwürdigkeit seiner programmierten Politik, als Milliardär zusammen mit anderen Milliardären und unter Förderung von Kapitalmarktspielen die Masse der wirtschaftlich Zurückgebliebenen zu neuem Wohlstand und neuer Größe führen will. Dazu will er die USA vom Weltmarkt abkoppeln und verlorene Industrien ins Land zurückholen.

Alle kleinen *Trumps*: Victor Orbán, Jaroslav Kaczyinski, Gerd Wilders, Marine le Pen, Beppe Grillo und in Deutschland die Führer der PEGIDA und der AfD und deren Gefolgschaft, jubeln ihm dabei zu und proklamieren analog Eigenständigkeit, den Austritt aus der Eurozone oder gar der Europäischen Union. Dabei vergessen sie, dass sich die USA eine Abschottung und Autarkie leisten können, weil sie einen so großen heimischen Markt haben, dass sie auch ausländische Hersteller zwingen können, in den USA zu fertigen, wenn sie dort verkaufen wollen. Wer wollte aber noch in den aus der Europäischen Union ausgetretenen kleineren Ländern investieren?

Schon aus rein wirtschaftlichen Marktgesichtspunkten würden diese Nationalisten ihr Land ins Abseits führen und ohne den Rückhalt der anderen europäischen Länder und der Europäischen Zentralbank schutzlos den wachsenden Währungs- und Weltwirtschaftsturbulenzen überliefern. Was ein Austritt aus der Europäischen Union bedeutet, kann anschaulich an Großbritannien nach dem BREXIT abgelesen werden, wenn Großbritannien nach einem Abfall Schottlands überhaupt noch „groß" genannt werden kann.

Ihr Hoffnungsträger Donald Trump würde den Austrittswilligen nicht helfen. Er denkt nur an Amerika und anerkennt nur Starke. Deswegen ist er natürlich interessiert, dass der Machtfaktor Europa zerfällt. Da die europäischen Trumps die Notwendigkeit einer Stärkung Europas nicht erkennen, um Amerika und anderen Großmächten Paroli bieten zu können, erweisen sie sich zudem noch als politische Deppen.

9

Nun ist die zunehmende Unzufriedenheit mit den gegebenen Verhältnissen nicht unbegründet. Sie ist die Folge einer unzulänglichen Weiterentwicklung der wirtschaftlichen und gesellschaftlichen Theorien und Ideale und der davon bestimmten Politik. So entwickelten sich Disharmonien. Insbesondere kam es zu einer immer ungleicheren Vermögens- und Einkommensentwicklung. Abgesehen von der darin liegenden sozialen Ungerechtigkeit entstand wegen der zu hohen Sparrate im Verhältnis zu den gewinnversprechenden Investitionsmöglichkeiten und Innovationen eine immer größer werdende volkswirtschaftliche Nachfragelücke. Die Nachfragelücke konnte nur ausgeglichen werden durch zunehmende Staatsausgaben oder dadurch, dass, wie in Deutschland, überschüssige Nachfrage durch Exportüberschüsse ins Ausland verlagert wird. So blieben die Wachstumsraten mager und begünstigen fast nur die ohnehin schon Vermögenden. Nur die Kapitalmarktspiele florieren und feiern das Durchbrechen von immer höheren Aktienindexmarken.

Um die Wirtschaftsentwicklung und die Globalisierung zu verstehen, müssen wir die ihnen zugrundeliegenden Antriebe analysieren. Dabei wird sich zeigen, dass die Triebkräfte und Zielsetzungen der Wirtschaftsentwicklung und der Globalisierung in der besonderen geistigen Entwicklung Europas gründen, wie es aus dem antiken und jüdisch/christlichen Erbe hervorgewachsen ist.

Zu den Naivitäten der Beurteilung der gegenwärtigen Geschichts-, Gesellschafts- und damit auch Wirtschaftsentwicklung gehört, dass von einem Menschenbild ausgegangen wird, wonach der Mensch schon immer mehr oder weniger so strukturiert und veranlagt war, wie in der heutigen westlichen Welt. Deswegen bleibt auch unverständlich, warum sich Zivilisationen und Kulturen unterschiedlich entwickelt haben und warum es nicht möglich ist, in jede beliebige Gesellschaftsordnung die westliche Demokratie einzuführen. Es muss bewusst werden, dass sich der Geist der Menschen, seine Empfindungen, sein Wollen, seine Verhaltensweisen, sein Selbstbewusstsein erst über viele 1000 Jahre entwickelt haben und die Entwicklung dabei in den einzelnen Ländern unterschiedliche Wege gegangen ist. Vieles ist allen Menschen gemein, vieles aber auch unterschiedlich, und wenn diese Unterschiede nicht beachtet werden, ist keine vernünftige Interpretation gesellschaftlicher, wirtschaftlicher und politischer Verhältnisse möglich.

Die Analyse der wirtschaftlichen, sozialen und politischen Verhältnisse der Welt zeigt auch, dass es nicht reicht, einfach Machtverhältnisse, wirtschaftliche Entwicklung und Rohstoffvorkommen miteinander zu vergleichen, sondern dass die geistigen und insbesondere auch religiösen Motivationen viel bedeutendere Antriebe für politische und gesellschaftliche Aktionen sein können. Anders lassen sich das Scheitern der USA in Vietnam, die iranische Revolution, das leichte Vorrücken der IS und seine Behauptung nicht erklären.

Es mag den zeitgenössischen Leser verwundern, dass wir die Erörterung der Probleme der Globalisierung bis auf die Religion zurückführen. Wenn man aber bedenkt, wie weit andere Religionsbekenntnisse, insbesondere der Islam, heute die Gesellschaftsideale der muslimischen Länder und die internationale Politik bestimmen, dann müsste eigentlich Verständnis dafür geweckt werden können, dass auch die Europäer sich auf ihr geistiges Erbe und die daraus entstandenen Verhaltensweisen besinnen sollten, gerade auch, um anderen Religionsansprüchen zu begegnen und die eigene Position zu verstehen. So sei es erlaubt, dass, da der *Europäismus* als Wurzeln einerseits die Antike und zum anderen das Christentum hat, auf deren Wesen zu reflektieren.

Bei der Erörterung des *Europäismus* darf nicht übersehen werden, dass sich dieser selbst in eine westliche und östliche Komponente teilt, die beide globalisiert wurden. Die maßgebenden Länder für den westlichen *Europäismus* waren Großbritannien und dann später die angelsächsische Welt, dominiert von den USA. Den östlichen *Europäismus* repräsentierten die osteuropäischen Länder, zunächst maßgebend vor allem Polen, dann aber immer mehr Russland mit seiner Expansion bis an das Schwarze Meer und nach Wladiwostok.

Diese beiden *Europäismen* und deren Globalisierung traten seit der Gründung des britischen Imperiums und des russischen Reiches in ein Spannungsverhältnis zueinander. Insbesondere Russlands Bestreben seit Peter dem Großen, eine Seemacht zu werden, und sein Drang ans Schwarze Meer, den Persischen Golf und das Indische Meer empfanden die Briten als Bedrohung ihres Seeweges nach Indien. Der daraus erwachsene Ost-West-Gegensatz bestimmte weiterhin, wie auszuführen sein wird, nahezu alle Konflikte im Nahen und Mittleren Osten, war Ursache der Ost-West-Spaltung nach der Russischen Oktoberrevolution und überlagert die gegenwärtigen Konflikte in der Ukraine und im Nahen Osten.

Zum Verständnis der gegenwärtigen politischen Probleme wird daher auch das Wesen des Ost-West Gegensatzes und der Stellung Europas darin zu erörtern sein. Die daraus zu gewinnenden Erkenntnisse können helfen, die Verantwortung und Aufgabe Europas und, als stärkste wirtschaftliche Macht Mitteleuropas, Deutschlands bei der Überwindung und Vermittlung des Ost-West Gegensatzes zu verstehen. Damit ergibt sich als Gliederung dieser Ausarbeitung:

A.   Der Europäismus als Ursprung der Globalisierung.

B.   Der westliche und der östliche Europäismus als Ursprung des Ost-West-Gegensatzes und ihre Globalisierungen

C.   Die Krise und die Weiterentwicklung des Europäismus in der globalisierten Welt.

Um die Bedeutung des Ost-West-Gegensatzes für westliche Leser verständlicher zu machen, wurden die geistigen gesellschaftlichen und politischen Motive Russlands als Bringer christlicher Erlösung, Drittem Rom bis hin zum Eurasismus, der heute immer mehr die russische Politik bestimmt, und auch Polens Antagonismus gegen Russland ausführlicher behandelt.

Zum Verständnis der Auswirkungen der Globalisierung des Europäismus auf die außereuropäischen Länder wurde deren Entwicklung detaillierter dargestellt. Denn jedes Land hat seine eigenen Probleme und kann den Weltfrieden beeinflussen. Wer die Geschichte der Kolonisierung und der Unabhängigkeitsbewegungen im Spannungsverhältnis des Ost-West-Gegensatzes kennt, kann diese Berichte überschlagen. Sie werden dazu durch besondere Lettern kenntlich gemacht.

A. Der Europäismus als Ursprung der Globalisierung

Unter Globalisierung versteht man das Zusammenwachsen der einzelnen Völker zur Weltgemeinschaft. Die Motive zur Globalisierung waren und sind:
1. Herrschaft und Ausbeutung
2. Handel
3. Missionierung und Weiterentwicklung des Menschen.

I. Herrschaft und Ausbeutung als Motive zur Globalisierung

Bezogen auf die Produktionsverhältnisse war und ist schon die Verhaltensweise von nomadisierenden Viehzüchtern. Die Weidefläche ist gegeben und verträgt nur eine bestimmte Menge an Menschen, sodass die stärkeren Nomadenstämme andere vernichten und nur ihr Vieh übernehmen.

Stämme, die als Landwirte und später als Städter sesshaft geworden sind und eine Gesellschaft mit florierender Wirtschaft und Kultur gegründet haben, gewannen für Eroberer einen Eigenwert, sodass sie die Bevölkerung nicht mehr ausraubten und gegebenenfalls töteten, sondern sich als Herrscher über sie setzten und nicht selten sogar die Kultur der Unterworfenen übernahmen. Dabei gibt es Übergänge. So betrieben die Wikinger nicht nur ausgedehnten Seehandel, sondern unternahmen auch Beutezüge und legten dabei Städte, wie Paris und Hamburg, in Asche. Später insbesondere mit der Übernahme des Christentums begannen auch die Wikinger, Reiche zu gründen.

Da in Asien, Ägypten und Süd-und Mittelamerika viel früher als in Europa sich bereits Hochkulturen entwickelt hatten, entstanden dort bereits sehr früh Großreiche. Das erste große europäische Reich war das der Römer. Alle diese Reiche waren Landmassen, es sei denn, dass die Länder sich, wie im Römischen Reich, um das Mittelmeer herum gruppierten.

Deswegen kann man erste Ansätze einer Globalisierung bereits in der Bildung von großen Reichen sehen. Dabei setzte sich ein stammesgebundener Herrscher über andere Völkerschaften, die häufig eine begrenzte Selbstständigkeit behielten und nur tributpflichtig wurden, oder den Kulten von Familien und Sippen wurde ein Reichsgott übergestülpt, der durch den Herrscher repräsentiert wurde. So kam es zu den bekannten Gott-Königen, wie dem Kaiser in China, den Pharaonen in Ägyptens, den Inkas in Südamerika.

Soweit diese Reiche einen geschützten gesetzlich geordneten Wirtschaftsraum schaffen konnten, förderten sie auch die Arbeitsteilung, ein wesentlicher Faktor für wirtschaftliches Wachstum. So blühten in den Reichen Handel und Wirtschaft und bildeten die Voraussetzungen für ein florierendes kulturelles und gesellschaftliches Leben.

Der Druck, größere Wirtschaftsräume zu schaffen, wurde seit der technischen Revolution noch erhöht durch die neuen Produktionsmöglichkeiten. In Großbritannien, in dem die industrielle Revolution begann, fehlten sehr schnell die Absatzmärkte für die industriellen Produkte. Die britischen Unternehmen sahen sich gezwungen, ausländische Märkte zu erobern. Auch die industrialisierten anderen europäischen Länder mussten früher oder später ihre Produkte auch im Ausland anbieten, um ihre Industrien auszulasten.

Die gestiegenen Produktionsmöglichkeiten erforderten mehr Rohstoffe. Dafür bot sich an, diese aus überseeischen Gebieten zu importieren. Erschließung von Absatzmärkten und Rohstoffbedarf waren somit eine maßgebende Triebkraft für die Globalisierung.

II. Handel als Form der Globalisierung

Eine erste Form der Globalisierung war auch der Handel. Schon vor tausenden von Jahren wurden Bernstein von der Ostsee, Pelze aus Russland, Gold und Kunstgegenstände aus den Mittelmeerländern, exotische Produkte aus Ostasien und Weihrauch aus Äthiopien über Kontinente hinweg gehandelt, um nur wenige Beispiele zu nennen.

Händler sind erste Formen von Individualisten. Sie treten aus ihren lokalen Produktionsverhältnissen heraus und versuchen daraus Gewinn zu ziehen, dass sie Waren aufkaufen und wieder verkaufen. Je abenteuerlicher sie sind, umso weitere Reisen machen sie und verbinden so wirtschaftlich weit entfernte Länder miteinander.

Traditionelle Produzenten, das heißt in früher Zeit insbesondere Handwerker, unterliegen gesellschaftlichen Standesregeln, die es ihnen zum Beispiel nicht erlauben, nur um des Gewinnes willen etwas herzustellen, wenn dieser Gewinn nicht nur dafür verwandt wird, um ein standesgemäßes Leben zu führen.

Für die Händler gab es diese Grenzen nicht. Deswegen konnten sie sehr reich werden. Sie hatten auch keine emotionale Beziehung zu ihren Waren, sondern schauten nur darauf, welcher Gewinn durch welchen Tausch erreichbar war. Soweit der internationale Handel später institutionalisiert wurde, beispielsweise zwischen griechischen Handelsniederlassungen oder der Hanse, erlegten sich die Händler zwar auch bestimmte Verhaltensregeln auf, zum Beispiel die eines *königlichen Kaufmanns*. Aber dennoch waren sie in ihrer Geisteshaltung immer viel freier, als produzierende Handwerker. Händler wurden daher auch von der bodenständigen Bevölkerung gerne als unseriös und fahrendes Volk angesehen.

III. Religiöse Missionierung zur Weiterentwicklung der Menschen

Das dritte Motiv zur Globalisierung, die Ausbreitung der eigenen Religion als Gottes Auftrag und zum Seelenheil der übrigen Menschheit, gibt es erst seit dem Buddhismus, dem Christentum und dem Islam, soweit es sich um Kulte und philosophische Lehren handelte, die sich nicht an Gemeinschaften, sondern an einzelne Menschen wandten.

Urwüchsige Religionen sind das Bindeglied von Gemeinschaften, aus denen sich die einzelnen Menschen definieren und in denen traditionelle Menschen ihr Selbst haben. Je weiter wir in der Geschichte zurückgehen, je weniger versteht sich der einzelne Mensch als eigenes Ich, ist er sich vielmehr Glied einer Gemeinschaft. Das kann auch in der Sprachentwicklung abgelesen werden. In früheren Kulturen sprach sich der einzelne Mensch wie ein Kind noch in der dritten Person an. So nennen sich beispielsweise heute noch die Vietnamesen bevorzugt in ihrer Rolle, die sie in der Familie spielen, und sie werden auch so genannt. Sie nennen sich „älterer Bruder", „jüngere Schwester", „Kind", „Großvater" etc. Das Wort *Ich* entstand in Vietnam erst während der Kolonisation Indochinas durch die Franzosen und heißt in seiner ursprünglichen Bedeutung so viel wie „ergebenster Diener des Kaisers". Ausführlicher gehe ich darauf ein in meinem Buch *Sprache als wissenschaftlicher Gegenstand philosophisches Phänomen und Tat* [1].

Urwüchsige Gemeinschaften sind Familien mit einem Ahnenkult und Stämme und Völker, die jeweils ihre Gottheiten haben. Auch der jüdische Gott *Jehova* ist nur der Stammesgott der Juden.

Im Christentum und Islam ist der Missionierungsauftrag ein wesentlicher Bestandteil der Religion. Christentum und Islam wenden sich an den einzelnen Menschen, um ihn zu erlösen oder sein Seelenheil zu sichern. Familien-, Stammes- oder Volkszugehörigkeit spielen dabei keine Rolle. Jeder Mensch gilt als ein selbstständiges Individuum, das in seiner Besonderheit zu ehren, zu lieben und zu fördern ist, und zwar unabhängig von seiner Zugehörigkeit zu einer Rasse oder Nation.

1. Christliche Missionierung

Mit der Entstehung des Christentums kam ein neuer Impuls in die absterbende römisch-antike Welt. Während in vor- und außerchristlichen Religionen die Götterwelt außerhalb des Menschen in der Natur oder jenseitig der irdischen Welt erlebt oder vorgestellt wurde, war das Besondere des Christentums, dass sich ihr höchster Gott in seinem Sohn mit dem einzelnen Menschen verband und der Einzelne so vergöttlicht oder ihm doch die Aussicht auf persönliche Vergöttlichung eröffnet wurde.

Das Christentum ging aus dem Judentum hervor. Jehova machte die Juden zu seinem eigenen Volk und schloss nach ihrem Verständnis mit ihnen einen Vertrag, durch den sie von ihm geführt wurden. Die unmittelbare Beziehung, die der Jude zu seinem Gott hatte, wurde im Christentum auf alle Menschen erweitert. Darüber hinaus wurde jedem die Möglichkeit geboten, Christus in sich aufzunehmen und so selbst göttlich zu werden. Diese Möglichkeit bedeutete für ihn Aufruf zu freiem selbstverantwortlichen Handeln.

Gerald Kruhöffer schreibt: >>Paulus nimmt das Wort "Freiheit" auf aus dem griechisch-hellenistischen Zusammenhang und gibt ihm im Rahmen seiner Theologie einen neuen Sinn. Das Neue in der christlichen Interpretation liegt vor allem darin, dass Freiheit mit einem geschichtlichen Ereignis in Verbindung gebracht wird: Jesus Christus ist der Ursprung der Freiheit. In seiner Geschichte ist die Freiheit Ereignis geworden. Aus diesem Grunde wird die Freiheit vor allem als Befreiung verstanden und erfahren.

Pointiert formuliert Paulus: „Zur Freiheit hat uns Christus befreit. So steht nun fest und lasst euch nicht wieder das Joch der Knechtschaft auflegen!" (Gal. 5, 1).

---

[1] Uwe Petersen: *Sprache als wissenschaftlicher er Gegenstand, philosophisches Phänomen und Tat.*

Wesentlich ist die befreiende Gotteserfahrung, die in der Geschichte Jesu Christi ihren Ursprung hat.<<[2]

Durch die Verschmelzung von Christentum mit überkommener Cäsarenherrschaft wurde das eigentliche Christentum bis zu einem gewissen Grade pervertiert und mit Feuer und Schwert verbreitet.

2. Islamische Missionierung

Der Islam ist, vereinfacht gesprochen, eine Unterwerfung unter den jenseitigen Gott Allah. Islam-pedia. schreibt: >>ALLAH, der Schöpfer allen Seins, sagt uns in Seinem letzten Offenbarungsbuch an die gesamte Menschheit, dem Quran, folgendes in sinngemäßer deutscher Bedeutung:

"Und ICH erschuf die Dschinn (immaterielle Geschöpfe)
und die Menschen nur, um Mir zu dienen." (Quran 51:56)

Der wahre Sinn des Lebens aller Menschen ist damit einzig und allein, ALLAH zu dienen und zwar auf die Art und Weise, die ER den Menschen über den Weg der Offenbarung durch SEINE Gesandten (zuletzt im Quran und in der Sunna/Vorbild des letzten Gesandten Muhammad) übermittelt hat. Diese Art der Lebensweise nennt man „Islam" bzw. auf Deutsch „die Gottergebenheit". In diesem Sinne ist Islam die Bezeichnung für die Lebensweise aller gottergebenen Menschen und aller Propheten Gottes.<<[3]

Demnach hängen im Islam das Seelenheil und das langfristige Glück der Menschen allein davon ab, ob sie sich ihrem Gott Allah völlig unterwerfen. Allah wird als ein despotischer Gott beschrieben, der nur den ihm unterwürfigen Menschen das Paradies verspricht und nur so lange gnädig, barmherzig und verzeihend ist, bis der von ihm festgelegte Zeitpunkt für Reue verstrichen ist, und der dann die Menschen erbarmungslos in ewige Verdammnis und die grausamsten Feuerqualen schickt. Allah nimmt dabei die gleiche Stellung ein wie im frühen Judentum Jehova.

Nach der ursprünglichen Lehre ist Allah auch weltlicher Herrscher bzw. herrscht der Allah vertretende Kalif in seinem Namen und, weil es nach Mohammed keine göttlichen Inspirationen mehr geben soll, ist die Scharia das einzig mögliche Gesetzbuch.

Da der Islam schon als Religion eine theokratische Struktur hat, ist bei ihm die Verbindung von Politik und Religion bereits im Ansatz angelegt. Deswegen fällt es islamischen Staaten auch so schwer, demokratische, säkulare Herrschaftsformen zu entwickeln. Das heißt: Wo sich mehr oder weniger säkulare Staatsformen in der islamischen Welt bildeten, waren es entweder Militärdiktaturen oder bereits Übernahmen europäischer Gesellschaftsordnungen.

Das Menschenbild des Islam ist auch bestimmt von des Menschen sinnlichen Bedürfnissen. Allah reduziert die Menschen weitgehend auf ihre Geschlechtlichkeit und behandelt Männer und Frauen nicht gleich. Frauen werden im Koran an vielen Stellen als Menschen zweiter Klasse behandelt. Für ein selbstbewusstes,

---

[2] Gerald Kruhöffer: *Was heißt christliche Freiheit heute?*, Text erschienen im Loccumer Pelikan 3/2003.
[3] http://www.islam-pedia.de/index.php5?title=Mensch.

sich geistig entwickelndes Individuum gibt es deswegen im Islam keinen Platz. So nimmt es nicht Wunder, dass die geistige kulturelle, wirtschaftliche und gesellschaftliche Entwicklung in islamischen Staaten stagnierte, während es für eine moderne humanistische Gesellschaftsordnung selbstverständlich ist, dass der einzelne Mensch zunächst Geist und nur als Mann oder Frau *verkörpert* ist.

Dass sich in vielen islamischen Staaten archaische Stammeskulturen erhalten konnten, ist auch die Ursache für das Fortbestehen eines strengen patriarchalischen Familienprinzips mit seiner Hierarchie, auch für die Söhne und Töchter, und ihrer Hörigkeit gegenüber dem Patriarchen. Danach fühlt sich der einzelne Mensch in erster Linie seinem Stamm und erst in zweiter Linie seiner Staatsführung gegenüber verantwortlich.

Wegen dieser Stammesbezogenheit ging es in der islamischen Welt seit Mohammed auch weniger um die Überzeugung Einzelner, als um die Bekehrung von ganzen Stämmen. Entsprechend wurden islamische Krieger von ihren Stammführern in den Krieg geführt, das heißt, der König oder Kalif stützte sich bei seinen Kriegszügen auf die Stammführer. Wenn die religiöse Anerkennung des Sultans sich verringerte, konnten Loyalitätskonflikte entstehen. Im Zweifel galt die Autorität des Stammältesten mehr, als die des Kalifen oder Sultans.

Sollte durch Kriegszüge ein größeres Reich erobert und erhalten werden, dann brauchte der Kalif oder Sultan ihm unbedingt ergebene Soldaten. Er fand sie in den sogenannten Sklavensoldaten. Dazu wurden, wie *kriegsreisende.de* schreibt, >>Heranwachsende ihrer vertrauten Umgebung entrissen, in der neuen Kultur isoliert und entwurzelt, erhielten sie eine neue Identität. Die lange Ausbildung war gleichzeitig eine Prägung auf ihren neuen Herrn. Als Sklaven waren sie nicht nur dessen Besitz, sondern gehörten auch gewissermaßen zu seinem Haushalt, zu seiner Familie. Und die Kalifen verstanden sich natürlich darauf, dieses Loyalitätsgefühl durch reiche Geschenke, prächtige Kleider und andere Privilegien zu steigern. Sklavensoldaten gehörten im Islam zur gesellschaftlichen Elite. Dieses System aus privilegierten Sklaven, die mit großem Aufwand erzogen und ausgebildet wurden, wurde dann später in Ägypten, Spanien und sogar von den Türken selbst kopiert.<<[4]

>>Zu einer festen Institution wurden Sklavensoldaten … um 830 unter dem Kalifen Al-Muetasim, der in ganz großem Stil türkische Sklaven aufkaufen ließ und aus ihnen ein stehendes Heer bildete. Zur gleichen Zeit verlegte er seinen Regierungssitz von Bagdad ins nahe gelegene Samarra, wo seine Militärsklaven – man spricht von 70.000 Mann! – in eigenen Stadtvierteln lebten.<<[5]

>>Die Sklavensoldaten wurden dann auch schnell ein integraler Bestandteil des Systems und in den meisten islamischen Staaten stellten sie das Rückgrat der Armeen oder mindestens die Leibgarden der Herrscher. Man findet keine Hinweise auf Rebellionen, in denen die Sklaven um ihre Freiheit kämpften oder gar versuchten in ihre Heimat zurückzukehren. Wenn sie rebellierten, ging es ihnen ganz im Gegenteil um den Erhalt ihrer Position und der damit verbundenen Privilegien. Dabei verhielten sie sich dann mehr wie die Prätorianergarde im römischen Kaiserreich. Auch in Samarra waren die Nachfolger Al-Muetasims bald völlig von

---

[4] http://www.kriegsreisende.de/mittelalter/sklaven.htm.
[5] Ebd..

ihren türkischen Garden abhängig, die Kalifen nach ihrem Belieben einsetzten. In Ägypten rissen die Mameluken die Macht um 1250 sogar völlig an sich und gründeten eigene Dynastien, und in der Türkei wurde später mancher Sultan von den Janitscharen gestürzt oder auf den Thron gehoben.<<[6]

Um möglichst vielen Menschen dem islamischen Glauben zu unterwerfen, schufen Mohammed und seine Nachfolger große muslimische Reiche. Die islamische Herrschaft dehnte sich aus bis nach Spanien, über den Balkan, aber auch Richtung Persien, Indien und weit in das heutige Russland hinein. Die christlichen russischen Herrscher wurden lange Zeit bis zum Zaren *Iwan dem Großen* von muslimischen Tataren heimgesucht und tributpflichtig gemacht.

Aus dem islamischen Glauben kamen aber keine besonderen Impulse für eine wissenschaftliche, kulturelle und geistige Entwicklung. Zwar hatte Mohammed noch dazu aufgerufen, alles bestehende Wissen aufzunehmen, und wegen des Reichtums des damaligen Nahen Ostens an hellenistischem und anderem kulturellen Erbe waren die islamischen Kalifen kulturell und zivilisatorisch zunächst führend in der europäischen und vorderasiatischen Welt. Über das von Muslimen beherrschte Spanien kamen auch wertvolle wissenschaftliche und kulturelle Impulse nach Europa. In dem Maße aber, in dem sich gleichsam der Koran als Kultur und Geist bestimmend durchsetzte, verdorrte die kulturelle Blütezeit der islamisch beherrschten Welt. Zusätzlich wurde das kulturelle Erbe durch Mongoleneinfälle zerstört.

Von der mittelalterlichen kulturellen Blüte träumen die heutigen fanatischen Glaubenskrieger, die den Islam wieder zur herrschenden Weltreligion machen wollen. Sie übersehen dabei aber, dass der Islam seinerzeit nur den staatlichen Rahmen gab, seine Kultur und Zivilisation sich aber aus vorislamischen Quellen speiste. Denn der Glaubenseifer der Muslime galt dem Studium des Koran und dieser soll nach den islamischen Terroristen auch in unserer Zeit wieder einziger Maßstab sein.

Ab dem Jahre 1299 wurden die muslimischen Länder des Nahen Ostens von den Osmanen erobert. Ihnen gelang es, ein riesiges Reich über den gesamten Nahen Osten und Nordafrika zu gründen und viele Jahrhunderte zu halten, bis ihre kriegerisch missionarische Reichsbildung versiegte.

Zudem wurde die Wirtschaft des Osmanischen Reiches entscheidend geschwächt, als der lukrative Handel über die Seidenstraße und aus dem Süden Arabiens aufhörte, weil die Europäer mit ihren Schiffen Ostasien direkt anfuhren. Das Osmanische Reich verkam zum sogenannten „Kranken Mann am Bosporus".

Im Gegensatz zum islamischen Vorderasien und Afrika wurde die Stammesbezogenheit der Menschen Europas im Laufe der Geschichte überwunden. Gefördert wurde diese Entwicklung dadurch, dass die einzelnen Stämme im Laufe der Völkerwanderung kreuz und quer durch Europa gewandert sind und sich mit den unterworfenen Völkern vermischt haben. Die Ostgoten, Westgoten, Vandalen und andere Stämme, die nach dem Süden zogen, sind in Italien und Spanien quasi kulturell untergegangen. Die Franken leben noch als Namensgeber für das heutige Frankreich fort.

---

[6] a.a.O.

Im Gefolge des von Karl dem Großen gegründeten Kaiserreiches entwickelten sich freie Ritter und Vasallen, die mit Ländereien belehnt wurden. Die regionalen Stammesgebiete überzog ein Geflecht von Herzogtümer und Grafschaften, bei denen die Adeligen eine eigene Gesellschaftsschicht bildeten, die nur untereinander heirateten.

Die beherrschten Gebiete wurden später als Eigentum vererbt bzw. bekamen im Zuge von Kriegen oder Erbschaften andere Herren oder wurden mit anderen Gebieten verbunden. Die einzelnen Lehensgebiete waren ihrerseits hierarchisch auf den Kaiser bezogen. Die ursprünglich freien Bauern wurden dabei zu Leibeigenen. Entsprechend entwickelte sich auch das russische Reich, zentralisiert auf den Zaren.

Durch die Entwicklung von Handwerk und Handel entstanden Städte, in die sich Leibeigene flüchten konnten und dadurch zu freien Bürgern wurden.

Während der traditionelle Islam eine Gottesherrschaft vorschreibt und diese auch von radikalen Muslimen im Kalifat des IS und der Mullahherrschaft im Iran angestrebt und verwirklicht wird, war das Reich Christi *nicht von dieser Welt*, so dass es in Europa eine von der Kirche immer mehr unabhängig werdende weltliche Herrschaft gab.

Zwar versuchte die katholische Kirche die Papstherrschaft über die ganze Christenheit zu errichten und der Papst herrscht auch noch heute über den kleinen Vatikan-Staat. Entsprechende Tendenzen gab es auch in den von der orthodoxen Kirche beherrschten Gebieten, insbesondere in Russland. Aber dieser Anspruch wurde im Laufe der europäischen Geschichte immer konsequenter abgewehrt, sodass eine Trennung von Staat und Kirche für die europäische Welt als selbstverständlich gilt.

Das Christentum entwickelte sich auch insofern über den Islam hinaus, als es sich immer mehr mit dem antiken Erbe verband. Insbesondere Westeuropa war schon von der römischen Tradition geprägt, die sich insbesondere in dem Selbstverständnis des *Römischen Bürgers* manifestierte. Darüber hinaus assimilierte Europa das hellenistische Erbe, das ihr insbesondere von den Arabern über Spanien vermittelt wurde. Das Ergebnis des Zusammenfließens von Christentum und antikem Erbe wird im Folgenden *Europäismus* genannt.

Ihre Geisteshaltung und Lebenseinstellung werden für Europäer heute als so selbstverständlich genommen, dass alle anderen davon abweichenden Glaubens- und Gesellschaftsformen als unterentwickelt betrachtet werden. Die Missionsverpflichtung lebte auch in den säkularisierten Formen des Christentums fort, und so wurden je nach Akzentsetzung als natürliche Rechte der Menschen Demokratie, freie Marktwirtschaft, Glaubensfreiheit, freie Wissenschaft und Meinungsäußerung und Sozialismus in aller Welt gefördert und gefordert.

Neuere Entwicklungen einer Revitalisierung und Missionierung des Islam, insbesondere soweit sie als Reaktion auf den *Europäismus* erfolgen, sind dagegen rückwärtsgewandt und können, wie vielfältig beobachtbar, zu religiös motivierten Kriegen, Terror und Zerstörung führen.

IV. Der Europäismus und seine Globalisierung

Den Ursprung des *Europäismus* selbst finden wir in der Antike und im Christentum. In der griechischen Polis wurde das freie Individuum geboren. Der Einzelne fühlte sich als selbsttätiger Akteur seinen Göttern gegenübergestellt und war sich nicht mehr nur Untertan eines Gottes oder göttlich legitimierten Herrschers. Er empfand sich als Glied einer Gesellschaft, aber nicht nur von ihr getragen, sondern sie auch selbst tragend. So entstand mit dem freien Individuum die *demokratische Staatsform*.

Gestärkt und juristisch fundiert wurde das Selbstbewusstsein als freier Bürger noch im römischen Reich. Als *Römischer Bürger* emanzipierte sich der Einzelne auch aus seiner archaischen Verwurzelung als Glied eines Stammes. Das Gewaltmonopol ging auf den Staat über. Es galt nicht mehr das Recht der Blutrache und Standesehre. Damit wurden die Grundlagen geschaffen für ein im Prinzip weltweit mögliches Wirtschafts- und Gesellschaftsleben freier Bürger.

Während in alten Zeiten die Götter gleichsam unabhängig von den Menschen existierten, wenn auch die Menschen von dem Wirken der Götter abhängig waren und sie diese durch Opfer und Gebete gnädig stimmen mussten, machte Jehova die Juden zu seinem eigenen Volk und schloss nach ihrem Verständnis mit ihnen einen Vertrag, durch den sie von ihm geführt wurden.

Die unmittelbare Beziehung, die der Jude zu seinem Gott hatte, wurde im Christentum, das aus dem Judentum hervorgegangen war, auf alle Menschen erweitert. Darüber hinaus wurde ihm die Möglichkeit geboten, Christus in sich aufzunehmen und so selbst göttlich zu werden. Diese Möglichkeit bedeutete für den Menschen Aufruf zu freiem selbstverantwortlichen Handeln.

Die Selbstwerdung des Menschen bedingt, dass er sich aus übergeordneten Hierarchien, wie Familie, Sippe, Stamm herauslösen kann. Menschen, die diesen Weg gingen, wurden zu allen Zeiten entweder Räuber, Ritter oder Krieger oder Eremiten, Geistliche oder Mönche. Weil das Christentum den Einzelnen in gewisser Weise vergöttlichte und ihm die Möglichkeit bot, seine Seele zu entwickeln, entstanden überall, wo Menschen sich taufen ließen, Klöster. Die Klöster wurden auch die Brutstätten für Wissenschaft und Forschung.

Das Ideal des Christen ist aber nicht nur sein Selbst zu entwickeln und zu genießen, sondern dies wiederum auf die Welt und die Gesellschaft zurückzubeziehen und so sich in der Welt zu verwirklichen.

Selbstverwirklichung ist *Arbeit*. Denn arbeitend verändert der Mensch die Welt, führt somit gleichsam den göttlichen Schöpfungsprozess fort. Mit jeder bewussten Tätigkeit prägt der Mensch Eigenes der Welt ein, am Augenfälligsten in der Kunst. Der Künstler ist die Summe seiner Werke. Aber im Grunde sind alle Handelnden die Summe ihrer Taten. Wer wenig tut, ist ein einfaches Licht. Wer viel getan hat, ist eine Persönlichkeit. Indem Arbeit als *Selbstverwirklichung* verstanden wird, wird die Arbeit geadelt.

Arbeit wurde in Europa zum Wesen des Menschen. Dieses Arbeitsethos überwand nicht nur die antike Arbeitsverachtung. So unterscheidet sich das europäische Arbeitsverständnis auch noch heute von dem anderer Kulturen. Zwar ist auch in Europa die religiöse Grundhaltung, die dem Arbeitsethos ursprünglich zugrunde lag, weitgehend verloren gegangen, lebt aber als geistige Grundprägung der Europäer fort. Arbeit gilt in Europa nicht nur als Mühsal, und kein Arbeitender wird in Europa als Mensch zweiter Klasse angesehen. Für Angehörige anderer Kulturen und Zivilisationen war Arbeit aber meist immer eine untergeordnete Tätigkeit und luxuriöser Müßiggang das Ideal. Das erschwert es zum Beispiel, in Entwicklungsländern für praktische Berufsbildung zu werben.

Entsprechend findet sich die Wertschätzung der Arbeit schon im frühen Christentum. Die Arbeit wurde bereits in den Klöstern geadelt. K. Simonyi schreibt: >>So lesen wir in der Regel des vom HEILIGEN BENEDIKT aus Nursia gegründeten Benediktinerordens neben der Vorschrift, dass Mönche Bücher zu lesen, das heißt sich geistig zu bilden haben, auch die Vorschrift, dass sie einen bestimmten Teil des Tages über physische Arbeit verrichten müssen. Diese Regel des ersten europäischen Mönchsordens ist aber Vorbild für alle späteren europäischen Mönchsorden gewesen. Die Benediktinerregel ist unter zwei Gesichtspunkten von Bedeutung. Zum einen legt sie dem geistig arbeitenden Intellektuellen die physische Arbeit nahe und fördert damit die Entwicklung neuer Arbeitsmethoden und Technologien, zum anderen hat die geistige Führungsschicht der feudalen Gesellschaft durch ihre unmittelbare Einbeziehung in die physische Arbeit zur gesellschaftlichen Anerkennung eben dieser Arbeit beigetragen.<<[7]

Das positive Verhältnis zur Arbeit hat auch das östliche orthodoxe Christentum. So sagt N. Berdiajew (1874 - 1948): >>„Ohne Zweifel ist der Mensch zur Arbeit und Aktivität berufen; der Mensch muß die Welt organisieren und verklären, muß die weltbildende Tat weiterführen." [8]<<[9]

Ein solches Verhältnis zur Arbeit findet sich in keiner außereuropäischen Kultur und Zivilisation. In allen außereuropäischen Kulturen ging es wirtschaftlich nur um möglichst vielseitigen Genuss und galt die Arbeit als für den Lebensunterhalt notwendige Mühe und Plackerei. Sie wurde daher auch wenn möglich Sklaven und Dienern übertragen. Mönche in nicht-christlichen Kulturen waren bevorzugt Bettelmönche. Das heißt sie arbeiteten nicht, sondern meditierten und beteten nur. Selbst dort, wo Askese gelebt wurde, war weltbezogene Arbeit nicht Gottesdienst und Selbstverwirklichung, sondern allenfalls Selbstüberwindung.

Auch heute noch geht es den außereuropäischen Menschen bei der Übernahme westlicher Technik und Wirtschaft in der Regel nur darum, reich zu werden. Sie leben nicht, um zu arbeiten, sondern arbeiten um zu leben. Auch das gilt es zu beachten, wenn die Wirtschaftsentwicklung in außereuropäischen Ländern beurteilt wird.

Im Allgemeinen werden von diesen Ländern bestenfalls Produktionsmethoden und Know-how übernommen. In den nicht europäischen Schwellenländern wird das Know-how zwar auch weiterentwickelt. Aber grundlegende Innovationen und fundamentale neue Entwicklungsimpulse, die die Menschheit weiterbringen, wie zum Beispiel durch Kopernikus oder Albert Einstein, ja selbst so dynamische Wissensschmieden wie Silikon Valley sind auch in diesen Ländern kaum zu erwarten. Sofern Nicht-Europäer nicht von dem Europäismus bereits geprägt sind, kennen

---

[7] K. Simonyi: *Kulturgeschichte der Physik*, S.129f.
[8] N. Berdiajew: *Der Mensch und die Technik*, Sonderdruck Luzern 1943, S.28-30.
[9] S. 640.

sie nicht das Ethos, ihr Leben der Verwirklichung einer Idee zu opfern, mit der man auch scheitern kann, wobei die Selbstverwirklichung das vorrangige Ziel ist, vor der möglichen wirtschaftlichen Verwertung.

Natürlich will auch in Europa die Masse der Menschen nur reich werden. Dennoch ist in Europa das Arbeitsethos schon so sehr in Fleisch und Blut übergegangen, dass ein Leben ohne Arbeit als unbefriedigend empfunden wird und den Menschen ein nur genießendes beschauliches Dahinleben nicht reicht.

Aus dem Judentum übernahmen die Christen auch die Vorstellung einer geradlinig verlaufenden Zeit. Traditionell in vor-hebräischen Zeiten wurde Zeit als ein zyklisches Geschehen erlebt: *Sommer* und *Winter, Tag* und *Nacht, Neumond* und *Vollmond, Geborenwerden* und *Sterben.*[10] Mit dem Glauben an eine Schöpfung der Erde durch Gott, den Sündenfall des Menschen und seine spätere Erlösung oder Verdammung im Jüngsten Gericht kommen die Hebräer zu einer Geradlinigkeit in der Zeitvorstellung von einem Anfang zu einem Ende.

Diese Vorstellung wurde auch von den Christen übernommen, und sie erscheint dann in ihrer säkularisierten Form als ewiger *Fortschritt*, eine Vorstellung, die es so in alten Kulturen nicht gegeben hat. Zwar konnte der Mensch sich auch in anderen Kulturen entwickeln, moralischer werden, seine Fähigkeiten steigern bis hin zu der Vorstellung der Überwindung der Welt im Nirwana. Aber die Erde selbst wurde dabei ausgeklammert. Eine Veränderung der Lebensverhältnisse und der Erde insgesamt durch den Menschen in Freiheit gestaltet, das war anderen Kulturen fremd.

An der Vergegenwärtigung der Naturerscheinungen gewann der Europäer sein Selbstbewusstsein und wurde sich selbst zu einem *Ich*. Im nächsten Schritt stellte er sich auch seiner gesellschaftlichen Umgebung gegenüber und begann, sich aus den natürlichen Gemeinschaften, wie Familie, Sippe und Stamm zu emanzipieren zum selbstbewussten Individuum.

Das Bekenntnis zum selbstbewussten, freien Individuum schließt die Freiheit des Anderen ein. Auch die Beziehung zum Anderen ist Basis christlichen Selbstverständnisses. Wie Gerald Kruhöffer schreibt, betont Paulus, >>dass der Einzelne die Freiheit nicht für sich allein haben kann: "Ihr seid ja doch zur Freiheit berufen, Brüder, nur: sorgt dafür, dass die Freiheit nicht eurer Selbstsucht Raum gibt, sondern dient einander in der Liebe" (Gal. 5, 13). Die durch Jesus Christus erschlossene Freiheit kann nicht im individualistischen Sinne verstanden werden. Sie ist vielmehr auf die menschliche Gemeinschaft bezogen und will daher in der Liebe wirksam werden. Im Blick auf die Tradition fügt Paulus hinzu, dass das ganze Gesetz (Thora) im Gebot der Nächstenliebe seine Erfüllung findet (Gal. 5, 14).<<[11]

Das andere Ich ist als Ich mir gleich und insofern meine Beziehung auf das andere Ich Beziehung zu mir selbst. Daraus leitet sich die Lebensmaxime ab: *Liebe deinen Nächsten wie dich selbst!* Freiheit und Allliebe sind die fundamentalen Lebensmaximen eines wahren Europäers. Ihr vorausgehen muss allerdings die

---

[10] Ausführlicher zu der Entwicklung des modernen Zeitbegriffs siehe: Uwe Petersen: *Raum, Zeit Fortschritt. Kategorien des Handelns und der Globalisierung.*

[11] Gerald Kruhöffer: *Was heißt christliche Freiheit heute?*, Text erschienen im Loccumer Pelikan 3/2003.

Selbstwerdung, denn nur soweit ein Mensch ein freies Selbst geworden ist, kann er sich auch anderen zuwenden und sie lieben.

Die Emanzipation aus Familie, Sippe und Volk sollte das Individuum in letzter Konsequenz gesellschaftlich zum *Weltbürger* machen. Auch in der *Allliebe*, das heißt der Rückbeziehung des Einzelnen auf andere Menschen, ist dieses Ideal enthalten

Das Verhältnis eines sich aus seiner Familie emanzipierenden Menschen zu den Mitgliedern der Familie ist ein anderes, als vor der Emanzipation. Als Kind fühlt sich der Mensch noch nicht als einzelnes Ich, sondern, und zwar je jünger der Mensch ist, umso mehr, als Glied der Familie. Die Familie ist sein Selbst. In archaischen muslimischen Familien gilt dieses Selbstverständnis noch heute.

In der Regel bleibt der Erwachsene auf seine Ursprungsfamilie bezogen. Er steht ihr aber reflektiert gegenüber, das heißt, er bekennt sich zur Familie aus eigenem Willen und nicht instinktiv aus biologischer Bindung. Wenn und soweit die Selbstwerdung eines Menschen und seine Emanzipation aus dem Familien-Selbst nicht gelingt oder nur unvollkommen, zeigen sich die verschiedensten psychischen Störungen. Wo gibt es eine derartige Emanzipation des erwachsen werdenden Jugendlichen aus der Familie in nichteuropäischen Kulturen?

Der Mensch ist aber nicht nur gleichsam Produkt seiner Familie, sondern auch seines Volkes und dessen geistigen Erbes, dessen Taten und dessen Schicksal. Je mehr er sich mit seinem Volk identifiziert, umso reicher ist sein Seeleninhalt. Denn geistig ist der Mensch die Summe seiner Bezüge. Soweit der Einzelne sich aber mit seinem Volk identifiziert, hat er sein Selbst im Volk, ist er Nationalist und grenzt sich als solcher von Menschen anderer Völker ab.

Aus dem Nationalismus können, wie die Geschichte Europas zeigt, verheerende Kriege entstehen. Es bedurfte zweier Weltkriege, um den Nationalismus in Europa zu überwinden und bis zu einem gewissen Grade ein europäisches Bewusstsein zu entwickeln. Aber auch heute noch sind viele Menschen in der Gefahr, in engstirnigen Nationalismus zurückzufallen.

In der Entwicklung zum Weltbürger liegt auch die Motivation, alle anderen Menschen auch zu Weltbürgern zu machen. Die Missionierung zur europäischen Geisteshaltung ist schon im Christentum begründet und überträgt sich von dort aus auch auf die säkularisierten Missionsbestrebungen. Diese zeigen sich in den weltweit propagierten Idealen der Menschenrechte, der Demokratie, aber auch des Sozialismus.

Die Ausbreitung des Europäismus auf die ganze Welt ist der eigentliche Kern der Globalisierung. Natürlich mischen sich in diese hehren Ziele oder dominieren sie sogar nationalistische und ausbeuterische Interessen. Außerdem wird mit der Adaption des Europäismus in nichteuropäischen Ländern auch dort der Nationalismus ein Motiv zur Selbstidentifizierung der Menschen. Nationalistische Bestrebungen fördern zwar, wie zu zeigen sein wird, säkulare Tendenzen, das heißt die Emanzipation der Menschen aus enger Stammes-, Sippen- und Familienbezogenheit. Sie führen aber auch zu neuen Formen der Abgrenzung und Konfliktmöglichkeiten zwischen den Völkern und können andere gesellschaftliche Spannungen verstärken oder zu ihnen in Konkurrenz treten, wie sich insbesondere im Nahen Osten zeigt.

Mit der Emanzipation der Frauen zu gesellschaftlich gleichberechtigten Individuen wird die höchste Stufe der Selbstwerdung der Menschen und einer Gesellschaft erreicht. Bekanntlich ist diese Stufe noch nicht einmal in westlichen Gesellschaften voll verwirklicht. Mit der Entwicklung der Produktivkräfte konnten oder mussten Frauen immer mehr klassische Männerberufe ausüben. Auch dies ist eine Bereicherung, weil, je komplizierter die Gesellschaft wird, Teamgeist und Einfühlungsvermögen immer mehr gefordert werden und so die Frauen männliche Einseitigkeiten ergänzen.

Auch mit der Frauenemanzipation tun sich andere Kulturen schwerer. Am schwersten fällt es islamischen Gesellschaften, weil die Frau dort zu stark zum Geschlechtswesen degradiert wurde, bis dahin, dass sie sich in der Öffentlichkeit nicht oder nur in einer Ganzkörperverschleierung zeigen darf. Sie kann nicht einmal dem eigenen Mann ein vollwertiger Gesprächspartner sein bzw. für ihn ist im Islam seine Mutter die eigentliche weibliche Bezugsperson.

Da sich auch Männer als Männer nur insoweit entwickeln können, wie Frauen ihre Weiblichkeit, bedeutet die Unterdrückung der Frau zugleich eine unvollkommene Entwicklung des Mannes und der Ausschluss der Frauen aus der Gesellschaft und Kultur eine soziale Verarmung.

Aus der Vergegenständlichung der Erscheinungen der Welt gewinnt der Einzelne sein Selbstbewusstsein. Im Ideal des *Europäismus* liegt es aber auch, dass das Ich sich wieder auf die Welt zurückwendet und sich in ihr verwirklicht und dabei die Welt weiterentwickelt. Dabei macht sich der Mensch zum Herrn der Welt, ist aber auch für sie verantwortlich.

Ein solches Verhältnis gab es in alten Kulturen nicht. Der Mensch fühlte sich in früheren Kulturen als getragen von einer großen Mutter, wie sie unter den Indios in Amerika noch als *Pachamama* verehrt wird, oder er sah, wie Hindus und Buddhisten, die Verkörperung in die Materie als ein Gefängnis an oder er genoss einfach die irdischen Früchte. Alle diese Momente finden sich auch in der europäischen Weltbezogenheit. Sie werden aber aus ihren religiös geistigen Motiven überhöht durch ein liebendes Verhältnis auch zur Erde. So stellte der Philosoph Ernst Bloch während einer Diskussion in Heidelberg im Juni 1960 die rhetorische Frage: „Warum soll es nicht die Aufgabe des Menschen sein, die Steine zu erlösen?"

Diese Interpretationen mögen auch für heutige Europäer befremdlich klingen. Aus ihrem geistigen Erbe heraus sind sie aber davon geprägt und liegen sie in ihnen, und deswegen sehen und beurteilen die Europäer weltliche und gesellschaftliche Aufgaben bis zu einem gewissen Grade anders als Vertreter anderer Kulturen.

Wenn von *Europa* und *Globalisierung* gesprochen wird, dann wird wie selbstverständlich der *Europäismus* gleichgesetzt mit dem, was als Kolonisation und Missionierung des westlichen Christentums, des westlichen Menschenbildes, seiner demokratischen Gesellschaftsformen und insbesondere seiner kapitalistischen Wirtschaft ausging. Übersehen wird bei dieser Interpretation, dass auch Russland zu Europa gehört. Die römisch-katholische und die orthodoxe Kirche hatten sich vor fast 1000 Jahren getrennt. >>Als Datum für das Schisma wird <<, wie Wikipedia schreibt, >>landläufig das Jahr 1054 angegeben, als Humbert de Silva

Candida, der Gesandte Papst Leos IX., und Patriarch Michael I. von Konstantinopel sich nach gescheiterten Unionsverhandlungen gegenseitig exkommunizierten. … Die endgültige Trennung erfolgte römischerseits erst 1729, als die Kongregation für die Glaubensverbreitung (Congregatio de Propaganda Fide) die Sakramentsgemeinschaft (communicatio in sacris) mit den Orthodoxen verbot. 1755 erklärten die orthodoxen Patriarchen von Alexandrien, Jerusalem und Konstantinopel im Gegenzug die Katholiken zu Irrlehrern.<<[12]

Wie herauszuarbeiten sein wird, unterscheiden sich Ost und West in ihrem Grundverständnis bis heute, und dieser Unterschied ist auch in dem Unterschied zwischen westlicher und östlicher Theologie angelegt.

---

[12] https://de.wikipedia.org/wiki/Morgenl%C3%A4ndisches_Schisma..

B. Der westliche und östliche Europäismus als Ursprung des Ost-West-Gegensatzes und ihre Globalisierung

Das geistige und politische Zentrum des westlichen *Europäismus* war zunächst Rom. Mit der Gründung des *Heiligen Römischen Reiches Deutscher Nation* durch Karl den Großen und seine Nachfolger verlagerte sich die politische Macht immer mehr auf die sich entwickelnden einzelnen europäischen Länder. Der westliche *Europäismus* erreichte seinen Höhepunkt, als Großbritannien zur Industrie- und Weltmacht aufstieg. Nach dem Zweiten Weltkrieg pervertierte er dann mehr und mehr zum *Amerikanismus*.

Das ursprüngliche geistige und politische Zentrum des östlichen *Europäismus* war Konstantinopel und wurde dann Moskau. Wikipedia schreibt: >>Nach der Eroberung von Byzanz durch osmanische Türken (1453) war eine große Zahl orthodoxer Kirchenmitglieder nach Russland eingewandert. Es war damals die einzige christlich-orthodoxe Großmacht, die nicht durch islamische Eroberer besetzt war. Um die Gunst Iwans bemüht, akzeptierten die Einwanderer die bereits unter den Russen existierende Vorstellung, Russland solle das Erbe von Byzanz als Hüter der Orthodoxie übernehmen. Sie ergänzten es sogar um die gern angenommene These, dass Russland das Dritte Rom sei.<<[13]

Russland versteht sich als Hort des wahren Christentums. Wie Jörg Himmelreich schrieb, entspricht die messianische Heilserwartung des «Dritten Rom» auch >>dem weltlichen Befreiungsgedanken der *kommunistischen* Ideologie. Als «letztes Rom» der Christenheit allein im Besitz der letzten absoluten Wahrheit zu sein, verweist auf den totalitären Anspruch des Sowjetkommunismus. … So bildet die historische, orthodoxe Herrschaftsideologie auch heute wieder den Goldgrund für Putins autokratisches Regime.<<[14]

Zwar verstanden sowohl die östlichen wie die westlichen Kirchen den Menschen als Ebenbild Gottes, der durch und in Christus den irdischen Tod überwinden kann. Aber ein wesentlicher Unterschied zwischen der östlichen und der westlichen Welt kristallisierte sich in dem Verhältnis des Individuums zur menschlichen Gemeinschaft heraus.

Der Grund dafür liegt auch in der unterschiedlichen kulturellen und zivilisatorischen Tradition. Der Westen war stärker als der Osten geprägt vom antiken und insbesondere römischen Erbe. Schon das römische Recht und die römische Staatsform waren auf freie Bürger zugeschnitten. In den Weiten Russlands lebten die Menschen dagegen in Dorfgemeinschaften. Es bildete sich unter ihnen ein starkes Gemeinschaftsgefühl und eine intensivere Erdverbundenheit aus und „der Zar war weit". Wo Kameradschafts- und Liebesbeziehungen zwischen den Menschen herrschen, stören Paragrafen und wirkt gesetzlich geregelte Ordnung kalt und auf das spontane Handeln zerstörend. So blieben die Russen Meister der Improvisation.

---

[13] https://de.wikipedia.org/wiki/Iwan_III._(Russland).
[14] Jörg Himmelreich: *Putins Dienerin. Die russisch-orthodoxe Kirche und ihre Mission*, NZZ, 2. 5. 201.5

Natürlich sind in Ost und West Individualismus und Gemeinschaft auf einander bezogen. Der Akzent liegt im Westen jedoch auf der Freiheit des Individuums und im Osten auf der gemeinsamen Schaffung einer alle Menschen umfassenden Gemeinschaft.

Dem westlichen Menschen ging es um die Freiheit und Selbstverwirklichung. Die Gemeinschaft bildet sich dann im Sinne von Rousseau als *gesellschaftlicher Vertrag* der Individuen oder vollzieht sich, wie nach dem Ideal der Marktwirtschaft, gleichsam als *unsichtbare Hand*, die bei den ihren Gewinn maximierenden Marktteilnehmer dafür sorgt, dass dadurch zugleich das Gesamtwohl erhöht wird.

Zwar bestehe, wie Ernst Benz formuliert, der Unterschied zwischen östlichem und westlichem Christentum nicht darin, >>„daß der Gedanke der Würde des Menschen im Osten weniger als im Westen zur Entfaltung gekommen wäre, sondern darin, daß diese Würde des durch Christus erlösten Menschen dort so stark wie nirgendwo anders in der Christenheit hervorgehoben wird, denn nirgendwo sind das Mysterium der Menschwerdung Gottes und die dadurch herbeigeführte Vergottung des Menschen so sehr in den Mittelpunkt der Glaubenslehre gestellt, wie dies in der Ostkirche der Fall ist, und nirgendwo ist die Würde des Menschen so hoch gesteigert wie in dem Gedanken der Vergottung des Menschen als dem Ziel der Menschwerdung Gottes – ein Gedanke, der von der Ostkirche schon seit ihren Anfängen verkündet wird". [[15]]<<[16]

Aber der Osten sieht das einzelne Ich immer bezogen auf die Gemeinschaft. Das Wohl der Gemeinschaft ist auch *sein* Wohl und, wenn er sein Bestes nach seinen Fähigkeiten für die Gemeinschaft gibt, fördert er auch seine eigene Entwicklung.

Der Staat wird zwar auch wie im Westen als notwendiges Übel angesehen. Dennoch ist der Staat als *Institution* wie die Kirche dem Geist der Gemeinschaft verpflichtet und insoweit *göttlich*.

Der *marxistische* Sozialismus war eine säkularisierte Form der orthodoxen Gemeinschaftsbezogenheit. Die Partei war dabei als Repräsentant des wahren Glaubens an die Stelle der orthodoxen Kirche getreten.

Ost und West haben ihre Einseitigkeiten, und das macht gerade den Gegensatz zueinander aus. In der Wirtschaft zeigte sich dieser Gegensatz so, dass die individuelle Selbstverwirklichung der Individuen im Osten nur geistig moralisch angestrebt wurde, bei der Umwandlung der Welt und im wirtschaftlichen Bereich aber unterentwickelt blieb. Deshalb fiel die sozialistische Zentralverwaltungswirtschaft hinter die des Westens weit zurück. Der Westen neigte dagegen dazu, den Konsumenten zu vergessen und nur auf den *Macher* zu schauen. In der herrschenden *angebotsorientierten Wirtschaftspolitik* steht noch heute der Unternehmer, und zwar nicht als Bedarfs*decker*, sondern auch als Bedarfs*wecker*, so sehr im Vordergrund, dass sie ständig nur versucht, die strukturell zurückbleibende Nachfrage – die Ursache für die derzeitige *Säkulare Stagnation* – immer nur über die Förderung der Unternehmer zu beheben.

---

[15] Ernst Benz: *Die russische Kirche und das abendländische Christentum*, München 1966, S. 77f.
[16] S. 431.

Entsprechend vollzog sich das säkularisierte christliche Gesellschaftsideal in der *Französischen Revolution* als Befreiung des Bürgers aus der feudalen Knechtschaft, das russische christliche Gesellschaftsideal in der russischen Revolution dagegen als Verwirklichung einer kommunistischen Gemeinschaft. Bezogen auf die Tätigkeit der Menschen wurde der Unterschied formuliert als: Streben nach Gleichheit der Produzenten im Westen und Gleichheit der Konsumenten im Osten.

Als sich Europa nach dem Zerfall des Römischen Reiches konstituierte, bildete es noch eine geistige Einheit, die bis ins 15. Jahrhundert auf das geographische Europa beschränkt blieb, wenn auch das antike und christliche Erbe sich in Ost- und Westeuropa unterschiedlich entwickelten.

Nach der Eroberung Konstantinopels durch die Türken 1453 fühlte sich der damalige Großfürst von Russland Ivan III der Große berufen, die Nachfolge des byzantinischen Reiches zu übernehmen und Russland zum Dritten Rom zu machen. Wikipedia schreibt: >>Um diese Theorie zu bekräftigen, heiratete Iwan III. 1472 Sofia (Zoe) Palaiologos, die Nichte des letzten oströmischen Basileus Konstantin XI. Palaiologos. Unter dem Vorwand, dass der Patriarch von Konstantinopel, der zu dem Zeitpunkt in türkischer Gewalt war, die Krönungszeremonie nicht vollziehen könne, nahm er 1478 als erster russischer Großfürst den Titel Zar an. Er und seine Nachkommen führten fortan den Titel „Bewahrer des byzantinischen Throns".<<[17]

Damit war der östliche Europäismus geboren. Ivan III. konsolidierte sein Reich >>und befreite das Land endgültig von der Herrschaft der Goldenen Horde.<<[18] Mit Ivan III. begann die Ausdehnung Russlands bis an den Pazifik und an das Schwarze Meer und damit seine Globalisierung.

Ebenfalls im 15. Jahrhundert dehnte sich Westeuropa nach Amerika aus. Dadurch verselbstständigten sich der westliche und östliche Europäismus. Die westeuropäischen Länder, insbesondere Großbritannien, kolonisierten die überseeischen Gebiete. Dabei musste es verständlicherweise schon sehr früh zu Interessenkollisionen zwischen Russland und insbesondere Großbritannien kommen.

Großbritannien wurde als Seemacht zunächst zum Zentrum des West-Europäismus. Nach dem ersten und noch mehr nach dem Zweiten Weltkrieg avancierten die USA zur eindeutigen Führungsmacht des Westens.

Nach dem Zweiten Weltkrieg verschärfte sich zwischen der westlichen Welt und der Sowjetunion der Ost-West-Gegensatz zum sogenannten *Kalten Krieg*. Entsprechend ihrer jeweiligen Mission versuchten die westlichen Länder, möglichst viele ehemalige Kolonien und abhängige Gebiete zu westlichen Demokratien zu machen und in die kapitalistische Marktwirtschaft einzubeziehen, bzw. die Sowjetunion, die Länder zum Sozialismus zu bekehren, und unter dem Motto: *Proletarier aller Länder vereinigt euch!* eine Gemeinschaft der sozialistischen Staaten zu schaffen.

Nachdem die USA Ende der achtziger Jahre die Sowjetunion gleichsam *totgerüstet* hatten, endete der Kalte Krieg. Die USA avancierten zur alleinigen Weltmacht und versuchten ihre Form des Europäismus, weltweit zu verbreiten und zum Maßstab gesellschaftlichen und wirtschaftlichen Handelns zu machen.

---

[17] https://de.wikipedia.org/wiki/Iwan_III._(Russland).
[18] a.a.O.

Der Amerikanismus strebte auch an, den Einfluss Russland noch weiter zu marginalisieren und es selbst dem westlichen Europäismus zu unterwerfen. Im Widerstand dagegen ist Russland wieder erstarkt und als politischer Akteur auf die Weltbühne zurückgekommen.

Verfolgen wir im Weiteren die Entwicklung des westlichen und östlichen Europäismus und ihre jeweilige Globalisierung!

I. Der Westliche Europäismus und seine Globalisierung

1. Die Individualisierung des Menschen als Wesen des westlichen Europäismus und seine Globalisierung

Grundlage der westeuropäischen Lebensauffassung war der sich zum Individuum und als Individuum verwirklichende Mensch. Dieses Grundverständnis lebt auch in allen säkularisierten Derivaten des Christentums, wie in der europäischen Rechtsauffassung, der Freiheit der Meinungsbildung, dem Streben nach wissenschaftlichen Erkenntnissen und der Selbstverwirklichung im wirtschaftlichen Erfolg (Kapitalismus).

Soweit sich das Christentum säkularisierte, wurden zunächst die neben Italien am stärksten vom kulturellen und zivilisatorischen Erbe Roms geprägten Länder: Spanien, Portugal und dann Frankreich, zum geistigen und politischen Zentrum des Europäismus. Dabei wurde die geistige und kulturelle Entwicklung Spaniens und Portugals auch durch die Jahrhunderte während Herrschaft der Mauren gefördert, die das Erbe des Hellenismus nach Spanien und Portugal trugen. Als sich entwickelnde Seemächte gingen von ihnen die ersten überseeischen Globalisierungen aus. Wikipedia schreibt: >>Im 15. und 16. Jahrhundert, im Zeitalter der Entdeckungen waren Spanien und Portugal die Pioniere der europäischen Erforschung und Eroberung der Welt. Sie bildeten riesige Kolonialreiche, die ihnen immense Reichtümer einbrachten.<<[19]

In Deutschland und Nordeuropa lag der Schwerpunkt der geistigen Entwicklung in einer Vertiefung des Entwicklungsgedankens und der persönlichen Individualisierung. Der Entwicklungsgedanke, der sich dann immer mehr zum Fortschrittsgedanken und dem Streben nach ewigem wirtschaftlichen Wachstum säkularisierte, entstand aus der vom Judentum überkommenen eindimensionalen Zeitvorstellung von einem Anfang der Geschichte zum jüngsten Gericht, der Individualismus aus einem Rekurs auf den ersten christlichen europäischen Missionar Paulus durch Luther und die anderen Begründer des Protestantismus.

Durch die frühe römische Herrschaft und später die Eroberung Englands durch die Normannen einerseits und andererseits die Invasion der aus Mitteleuropa stammenden Angelsachsen synthetisieren sich in Großbritannien das römische Erbe mit dem aus Nord- und Mitteleuropa stammenden Motiv des sich selbst entwickelnden Individuums. So wurde Großbritannien die Wiege von Naturwissenschaft, Technik und kapitalistischer Wirtschaft und deren Globalisierung im britischen Weltreich. Die eroberten Gebiete wurden Kolonien und Protektorate.

---

[19] https://de.wikipedia.org/wiki/Britisches_Weltreich.

Nach dem Zweiten Weltkrieg wurden die USA zum Führer der westlichen Welt. Mitmotiviert durch das Bestreben, die sowjetische Expansion aufzuhalten, propagierten die USA auch die westliche Lebensform, ihre Gesellschaft und Wirtschaft. Nach dem Zusammenbruch des Ostblocks wurden die USA gar zur dominierenden Weltmacht.

Die eigentlichen Träger der gesellschaftlichen Entwicklung sind selbstbewusste und sich selbst verwirklichende Individuen. Sie gaben als Propheten, Heerführer, Künstler, Wissenschaftler und Unternehmer die Impulse für die gesellschaftliche Entwicklung. Was die Welt und die Gesellschaft über das durch die Natur bereits Geschaffene hinaus entwickelt, ist das Ergebnis kreativen Handelns. Die Menschen verändern die Welt und ergänzen das natürlich Gegebene durch künstliche Produkte.

Ein Individualismus, der nicht auch auf die Natur und Gesellschaft zurückbezogen ist, kann jedoch die Wirtschaft und Gesellschaft zerstören, und diese Wirkungen greifen in einer globalisierten Welt auch auf die sich entwickelnden Gesellschaften anderer Kulturen über. Es ist deshalb angezeigt, das Wesen des Individualismus und seine Entwicklung genauer zu analysieren, auch als Maßstab für die Beurteilung von wirtschaftlichen und gesellschaftlichen Entwicklungen.

1.1 Das Wesen der Individualisierung

Die Individualisierung vollzieht sich in zwei Entwicklungsstufen:

1. der Selbstwerdung und
2. der Selbstverwirklichung.

Die ursprünglichste Seinsweise der Menschen ist ähnlich der der Tiere. Sie werden instinktiv gesteuert und diese Steuerung erfolgt abgestimmt mit der Umwelt. Ein Tier fühlt dabei jeweils, wie es sich zu verhalten hat, was es fressen kann, wann es sich fortpflanzen muss und wie es die Jungen aufzieht. Um ein Selbst zu werden, muss der Mensch sich aus seinem instinktiven Eingebettetsein in Umwelt und Mitwelt herauslösen und sich diese als Außenwelt gegenüberstellen, sodass er die von der Umwelt ausgehenden Eindrücke und Reize reflektiert und sich als das Andere der Reize erlebt.

Die unterste Form des Selbsterlebens ist der sinnliche Genuss. Das Tier empfindet auch Wohlbehagen beim Fressen. Aber es vergegenständlicht den Genuss nicht, sodass er nach der Sättigung wieder verschwindet. Der Mensch kann den Genuss dagegen *begrifflich* vergegenständlichen und ihn so intellektuell bewahren. Er kann dann nicht nur aus Hunger, sondern auch aufgrund des vorgestellten Genusses wieder etwas essen wollen. Ein Tier wird dagegen nie Völlerei betreiben, es sei denn, seine Instinkte sind ihm in menschlicher Gefangenschaft verloren gegangen.

Das Wesen des Selbsterlebnisses ist immer eine Art von Zerstörung oder des Schmerzes. Das Zerstören ist bei der Nahrungsaufnahme am deutlichsten, denn die Nahrungsmittel gehen dabei unter. Der Schmerz als Möglichkeit des Selbsterlebens zeigt sich am stärksten, wenn Jugendliche sich in Arme oder Beine ritzen, um sich selbst erleben zu können. Selbsterleben hat somit entweder eine sadistische oder eine masochistische Komponente[20].

Im sinnlichen Genuss erlebt sich der Mensch natürlich nur als Sinnesmensch. Das zu Zerstörende sind dann die die Sinnesreize auslösenden Gegenstände. Als selbstbewusster Mensch im Verhältnis zu anderen Menschen, im Kampf Mann gegen Mann, wird das Selbstbewusstsein im Besiegen des Anderen erfahren. Die Überwindung des Anderen bis hin zur Tötung des Anderen erlebt der Sieger als Selbstbestätigung. Lässt der Sieger den Besiegten am Leben und macht ihn zum Sklaven, erleben sich der Sieger als Herr und der Diener als Knecht. Dieses Verhältnis ist das Verhältnis des *Kampfes auf Leben und Tod* und zwischen *Herrn und Knecht*, das Hegel in grandioser Weise in seiner Dialektik begrifflich beschrieben hat. Herrenbewusstsein ist ein sich ständig erneuernder unterschwelliger Sadismus und entsprechend das Knechtsbewusstsein ein fortdauernder unterschwelliger Masochismus.

Wenn das Selbstbewusstsein in Gestaltungsmöglichkeiten umschlägt, entsteht Machterlebnis. Zu einem natürlichen Machtstreben gehört, so viel Gut und Reichtum anzuhäufen, wie zum gegenwärtigen und zum erwarteten Leben benötigt wird. So gesehen ist selbst Altersvorsorge Machtstreben. Ein bedürfnisorientiertes Machtstreben kann bis zum Luxusbedarf gehen.

Eine nächste Stufe des Machtstrebens ist, wenn es im eigentlichen Sinne nicht um Konsummöglichkeiten, sondern um gesellschaftliche Unterscheidung und Anerkennung geht. Der Mensch will dann seine Besonderheit als Selbst in der Macht und der Anerkennung der Macht durch andere erleben.

Auch ein solches Machtstreben kann dann noch gesellschaftsbezogen sein, wenn dadurch eine besondere gesellschaftliche Stellung repräsentiert wird. Gebaute Schlösser, Parks, Kunstwerke werden dann zugleich als gesellschaftliches Eigentum verstanden und vom Volke ästimiert. Ja, selbst das aufwändige Luxusleben des Adels kann wohlfeiles Unterhaltungsbedürfnis von Frauenzeitungen und der Gesellschaft sein. Auch darf nicht vergessen werden, dass das kulturelle Erbe der Menschheit weitgehend der Machtstellung der Oberschichten zu verdanken ist.

Aber bereits im Selbsterleben durch Völlerei und Genussmittel kann es zur Selbstzerstörung kommen. Auch die Gier nach Reichtum hält den Menschen – schon rein zeitlich – von einer vertieften geistigen Beschäftigung ab.

Im Kapitalismus eröffnete sich für die Menschen noch eine weitere über den Konsumbedarf hinausgehende Möglichkeit der Anhäufung von Reichtum durch die Gewinnung von Geldkapital, um es wieder zu investieren und das Vermögen so noch weiter wachsen zu lassen. Diese Möglichkeit gibt es allerdings erst, seitdem als Folge der modernen Naturwissenschaften neue technische Produktionsmittel und neue Produkte hergestellt werden können.

Die theoretische Objektivierung der Naturphänomene ist die geistigste Form des Selbsterlebens. Indem der Mensch die Gesetze der Natur erkennt, verlieren die Naturerscheinungen ihr Geheimnis und ihren magischen Schrecken und gewinnt

---

[20] Näheres unter: Uwe Petersen: *Das Böse in uns. Phänomenologie und Genealogie des Bösen*, S.106ff.; ders.: *Philosophie der Psychologie, Psychogenealogie und Psychotherapie. Ein Leitfaden für Philosophische Praxis*, S. 360ff.

der Mensch Macht über sie. Solange es bei der theoretischen Analyse bleibt, bleibt er im Selbsterleben. Verwendet er aber diese Macht zur Verwirklichung eigener Ideen, dann kommt er zur *Selbstverwirklichung.*

Während sich in den traditionellen Hochkulturen im Wesentlichen nur eine stetige Wiederholung des Gleichen vollzieht, geht es bei der in Europa freigesetzten Selbstverwirklichung um die ständige Überwindung und Weiterentwicklung des Gegebenen. Die europäische Geschichte ist so eine Geschichte der ständigen Entwicklung und Revolution. Selbstverwirklichung möglichst vieler Individuum ist das Dynamit der wirtschaftlichen, kulturellen und gesellschaftlichen Entwicklung.

Selbstverwirklichung setzt natürlich die Selbstwerdung voraus. Denn wer sich nicht vorher ein Selbst geworden ist, kann sich nicht verwirklichen. Das gilt auch für die materielle Umsetzung von Ideen in der Wirtschaft. Wer nicht genügend Kapital hat, kann nicht investieren und, wer nicht über Eigentum verfügen kann, kann nicht handeln. Darin liegt auch die Notwendigkeit des Rechtsinstituts des Eigentums. Mindestens muss ein Unternehmer über seine Ressourcen verfügen können.

Selbstwerden sollte immer seine Vollendung in der Selbstverwirklichung finden. Denn Selbsterleben für sich zerstört. Das sinnlich Genossene wird zerstört, so wie übermäßiges Essen zu Fettleibigkeit oder anderen gesundheitlichen Schäden führt. Soweit das Genossene Leben erhält oder erzeugt, steht es dagegen wieder auf. Wirtschaftlich bedeutet das, dass Einkommen für Konsumzwecke und die Ersparnisse für Investitionen wieder ausgegeben werden müssen. Geschieht das nicht, dann bleiben Waren unverkauft und die Wirtschaft fällt in Depression.

Die Individualisierung der Menschen ist kein einmaliger Akt, sondern ein fortschreitender Prozess. Dieser Prozess ist verbunden mit unterschiedlichen Bewusstseinszuständen und dem entsprechenden Selbstverständnis.

Als Beispiel für das Selbstverständnis in alten Zeiten mag das der alten Hebräer gelten, wie sie im Alten Testament beschrieben werden. Stets werden sie dargestellt und fühlten sich auch selbst als Glied einer Genealogie, letztlich bis Abraham zurück. Für das mangelnde individuelle Ich-Bewusstsein spricht auch, dass, wenn davon gesprochen wird, dass jemand gestorben ist, es im Alten Testament immer heißt: er legte sich zu seinen Vätern. Von einem individuellen Seelenschicksal ist nie die Rede. Alles, was getan wird, bezieht sich auf das Volk insgesamt. Was ein Hebräer tut, betrifft seine Nachkommen *„bis ins siebte Glied"* oder, wenn er ein König ist, das ganze Volk.

Die Missetaten der Könige müssen auch von dem Volk und von den Nachfahren ausgebadet werden, wie auch der König unter einem nicht gottwohlgefälligen Leben der Untertanen zu leiden hat. So verfügt im Alten Testament Gott, weil die Frau des Königs Ahab einen Bürger, der dem Ahab seinen Weinberg nicht verkaufen wollte, töten ließ: >>So will ich nunmehr Unglück über dich bringen und dich wegfegen und will von Ahabs Angehörigen alles ausrotten, was männlichen Geschlechts ist, Unmündige, wie Mündige in Israel; und ich will es mit deinem Hause machen wie mit dem Hause Jerobeams, des Sohnes Nebats, und wie mit dem Hause Baesas, dem Sohne Ahias, weil du mich zum Zorn gereizt und Israel zur Sünde verführt hast.<< Auf die vom Propheten Elia vorgetragene Rede Gottes demütigte sich Ahab. Deswegen modifizierte Gott seine Drohung: >>Weil er sich vor mir gedemütigt hat, will ich das Unglück nicht schon bei seinen Lebzeiten hereinbrechen lassen; erst unter der Regierung seines Sohnes will ich das Unglück über sein Haus bringen.<<[21] Wir würden heute aus unserem auf das Individuum bezogenen Denken heraus fragen, warum werden die Nachfahren für die Verbrechen ihrer Vorfahren bestraft?

Verpflichtet ist ein archaischer Mensch auch allein seinem Volke gegenüber. Barbaren können, wenn nötig, ohne moralische Bedenken ausgerottet werden. Auch dafür gibt es viele Beispiele aus dem Alten Testament, bei denen sogar Gott selbst die Ausrottung anderer Völker verlangt, und, wenn dieser Befehl nicht vollständig ausgeführt wird, die dafür Verantwortlichen selbst straft. >>So hat Gott, der Herr der Heerscharen, [zu Samuel] gesprochen: „Ich will das Unrecht ahnden, dass die Amalekiter einst den Israeliten zugefügt haben, indem sie ihnen beim Auszuge aus Ägypten den Weg verlegten. Darum ziehe jetzt hin und schlage die Amalekiter und vollstreckte den Bann an ihnen und an allem, was sie besitzen; übe keine Schonung an ihnen, sondern laß alles sterben, Männer wie Weiber, Kinder wie Säuglinge, Rinder wie Kleinvieh, Kamele wie Esel".<<[22]

Im Laufe der Zeit nahm der Mensch immer bewusster seine Umwelt in klaren Konturen wahr. Immer mehr sah er *Dinge* statt *Wesen*. Entsprechend entschwand die unmittelbar gleichsam magische Wirkung der Erscheinungen auf ihn. Auch hierfür kann das Alte Testament repräsentativ sein. Wurde am Anfang des Alten Testaments noch geschildert, wie Jehova, ihr Stammesgott, zu ihnen sprach, ihnen Anweisungen gab und sie führte, so offenbart er sich in späterer Zeit nur noch wenigen Propheten und schließlich niemandem mehr. Es kann nur noch an das *geglaubt* werden, was im Alten Testament *geschrieben* steht. Entsprechend nimmt die Individualisierung zunächst der Stämme zu. Zudem wollten die Israeliten irgendwann nicht mehr von Gott unmittelbar, sondern von einem König geführt werden[23].

In einem Königtum ist das instinktiv/mythische Sich-Aufgehoben-Fühlen in einem umfassenden Stammes- oder Volksgeist säkularisiert. Die Untertanen eines Königs fühlen sich nicht mehr durch instinktähnliche Eingebungen, sondern von dem Willen eines Königs geführt. Im Gott-Königtum, beispielsweise eines ägyptischen Pharaos, bilden geistige und weltliche Autorität noch eine Einheit. Immer

---

[21] Altes Testament, 1. Könige 21, Seite 467f., Die Heilige Schrift übersetzt von D. Dr. Hermann Menge, 7. Aufl., Stuttgart, Privilegierte Württembergische Bibelanstalt.
[22] Altes Testament, 1. Könige 11, Seite 364.
[23] Altes Testament, 1. Samuel 8., S. 353f.: >>Da versammelten sich alle Ältesten der Israeliten, kamen zu Samuel [Prophet] nach Rama und sagten zu ihm: „Du bist nun alt geworden, und deine Söhne wandeln nicht in deinen Wegen; so setze nun einen König über uns ein, der uns regieren soll, wie es bei allen Völkern der Fall ist". Samuel war zwar unzufrieden damit, dass sie von ihm die Einsetzung eines Königs verlangten, der über sie herrschen sollte; doch als er zum Herrn betete, gab der Herr ihm die Antwort: „ Komm der Forderung des Volkes in allem nach, was sie von dir verlangen; denn nicht dich haben sie verworfen, sondern mich haben sie verworfen, dass ich nicht länger ihr König über sie sein soll. Sie machen es jetzt mit dir ebenso, wie sie es mit mir immer gemacht haben seit der Zeit, da ich sie aus Ägypten weggeführt habe, bis auf diesen Tag, indem sie mich verlassen und anderen Göttern gedient haben. So komm also ihrer Forderung nach; nur verwarne sie ernstlich und weise sie hin auf die Rechte des Königs, der über sie herrschen wird".<<

mehr wird der König aber nur eine Institution *von Gottes Gnaden*, der weltliche Interessen für sich und sein Volk verfolgt und den Gottesdienst Priestern überlässt.

Je mehr ein König eigene Bedürfnisse befriedigt und Machtinteressen verfolgt, umso mehr fühlen sich auch die Untertanen als *individuelle* Diener des Herrschers, und die Religion wird in frühen Königtümern mehr und mehr zur Privatsache. Dazu trägt auch bei, dass, je erfolgreicher ein König sein Reich vergrößern kann, umso mehr unterschiedliche Volks- und entsprechend auch Glaubensgruppen sich in dem Reich finden. In solchen Reichen wurden die Menschen immer weniger von einem gemeinsamen Geist beherrscht und immer mehr von einer kriegerischen Adelskaste. So vollzog sich die Geschichte der Menschheit über Jahrtausende als eine Geschichte der wechselnden Adelsherrschaften und dem Aufstieg und Verfall der Reiche.

Einen qualitativ neuen Impuls erfuhr die Menschheit in der Antike. Durch die griechischen Philosophen-Schulen wurde das Denken der Menschen auf eine abstraktere Stufe gehoben und damit der das exakte Denken betörende Bildcharakter des geistigen Erfassens überwunden. Nicht nur einzelne Erscheinungen, sondern auch geistige Zusammenhänge werden gedanklich objektiviert. Durch dieses Denken erlebte sich der Mensch immer stärker als Einzelwesen der Gesellschaft und Natur gegenüber. In der Rechtsstellung des *römischen Bürgers* wurde im Römischen Reich die Selbstständigkeit des Einzelnen auch staatlich anerkannt.

Wenn der Mensch die Individualisierung so weit getrieben hat, dass er sich über seine Familien-, Sippen- und Stammeszugehörigkeit erhoben, das heißt, sich aus ihnen zum selbstbewussten Einzelnen emanzipiert hat, dann fühlt er sich auch nicht mehr im Ahnenkult oder Stammes- oder Lokalgott aufgehoben. Er ist sich dann nicht mehr so sehr Glied einer Familie, Sippe oder eines Stammes. Er ist sich Einzelseele, die für ihr Handeln selbst verantwortlich ist und ihr Seelenheil bewahren will.

1.2 Der Humanismus als maßgebende Lebensphilosophie des westlichen Europas

Der Humanismus ist die säkularisierte Form europäischen Selbstverständnisses. Er wird bei Wikipedia wie folgt beschrieben: >>Der Humanismus der Renaissance war eine breite Bildungsbewegung, die auf antike oder als antik angesehene Vorstellungen zurückgriff. Die Renaissance-Humanisten erhofften sich eine optimale Entfaltung der menschlichen Fähigkeiten durch die Verbindung von Wissen und Tugend. Humanistische Bildung sollte den Menschen befähigen, seine wahre Bestimmung zu erkennen und durch Nachahmung klassischer Vorbilder ein ideales Menschentum zu verwirklichen und eine entsprechende Gesellschaftsform zu gestalten. Der humanistische Lebensentwurf, der an das antike römische Konzept der *humanitas* anknüpfte, trat als Alternative neben das traditionelle, aus dem Mittelalter überkommene Menschenbild, das stark auf Gott und das Jenseits ausgerichtet war. ...Neuartige Ausprägungen hat der Humanismusbegriff in der existentialistischen Philosophie sowie in Marxismus und Realsozialismus erfahren, wobei es von völlig neuen Ansätzen aus zu scharfer Abgrenzung vom „klassischen" Humanismus kam. Als verbindendes Element alter und neuer Ansätze kann der Anthropozentrismus gelten, die Konzentration des Interesses und der Bemühungen auf den Menschen und seine Einzigartigkeit, im Gegensatz etwa zu Weltanschauungen, die Gott oder das Naturganze in den Mittelpunkt stellen oder die menschliche Lebensform nur als eine unter vielen auffassen.<<[24]

In Europa haben wir spätestens seit den griechischen Philosophen eine geistige Individualisierung zu einem bewussten Ich. Obwohl sich der Humanismus als eine Wiederbelebung der antiken Lebenseinstellung empfindet und sich seit der Renaissance Gegenentwurf zum christlichen Selbstverständnis war, hat doch auch das Christentum wesentlich zum europäischen Selbstverständnis beigetragen.

1.3 Die Säkularisierung der jüdisch-christlichen Eschatologie im Streben nach Fortschritt.

Die südeuropäischen Länder waren von der über 1000-jährigen antiken und katholischen Geschichte so geprägt, dass die Menschen dort ihre Selbstwerdung nur in einer Rückbesinnung auf die Ideale der griechischen Antike erleben konnten. In den kulturell weniger entwickelten Ländern Nordeuropas vollzog sich die Selbstwerdung und Selbstverwirklichung radikaler. Das antike Erbe hatte sie weniger geprägt und die Rückbesinnung ging stärker auf das Paulinische Christentum.

Wikipedia schreibt: >>Im Mittelalter galt das Christentum als *heilige Ordnung*, welche jedem Menschen einen festen, von Gott vorbestimmten Platz zuordnete. Die Kirche als Ganzes hatte zwar laut dem Evangelium die Freiheit, diese Ordnung im Wesentlichen nach eigenem Gutdünken festzulegen (im Gegensatz zur Bindung an ein detailliertes göttliches Gesetz, wie es das Judentum kannte). Der einzelne Mensch aber hatte sich in diese Ordnung einzufügen. Nur durch die Einfügung in die Ordnung und die Erfüllung vielfältiger, von der Kirche definierter formaler Pflichten hatte der Christ gemäß der bis dahin verbindlichen Rechtfertigungslehre Teil am Heil Christi.<<[25]

Der Protestantismus erneuerte aber wiederum das bereits von Paulus formulierte christliche Selbstverständnis. So postulierte Luther in seinen Thesen: „Ein Christenmensch ist ein freier Herr über alle Dinge und niemand untertan. Ein Christenmensch ist ein dienstbarer Knecht aller Dinge und jedermann untertan."

Die Selbstwerdung und ihre Rückbeziehung auf die Welt als *Selbstverwirklichung* wurde am stärksten in dem protestantischen nordwestlichen Europa ausgebildet und dann in seiner extremsten Form in Nordamerika verwirklicht. Der protestantische Christ lehnt jede geistige Bevormundung ab und fühlt sich als Individuum nur Gott gegenüber verantwortlich und von ihm berufen, die Welt weiterzuentwickeln. Als Christ versteht sich der Einzelne zwar noch mit allen anderen Christen verbunden, aber nicht mehr in einer hierarchischen Ordnung mit einem Papst und Heiligen, sondern als von allen Gemeindemitgliedern gemeinsam getragener Gemeinschaft. In vielen protestantischen Sekten kann jedes Mitglied auch als Priester fungieren.

Tobias Becker schreibt: >>Theologen haben den Protestantismus eine „Gewissensreligion" genannt, eine „persönliche Überzeugungs- und Gesinnungsreli-

---

[24] https://de.wikipedia.org/wiki/Humanismus.
[25] https://de.wikipedia.org/wiki/Von_der_Freiheit_eines_Christenmenschen.

gion", die hohe ethische Ansprüche an den Einzelnen stellt. ... Den wahren Gottesdienst sah Luther nun nicht mehr in heiligen Handlungen, vollführt von geweihten Zeremonienmeistern, sondern in der Erfüllung alltäglicher Pflichten, besonders im Beruf. Das ganze Leben ein Gottesdienst. ... Auch Luther rühmte die Arbeit und geißelte die Faulheit: „Von Arbeit stirbt kein Mensch, aber von Ledigund Müßiggehen kommen die Leute um Leib und Leben; denn der Mensch ist zum Arbeiten geboren wie der Vogel zum Fliegen."<<[26]

Dieses Selbstverständnis bestimmte dann auch alle europäischen säkularisierten Weltanschauungen. Das säkularisierte Ergebnis der antiken christlichen Tradition, das humanistische Menschenbild des freien selbstverantwortlichen Individuums, ist gleichsam der vergöttlichte römische Bürger.

Mehr als andere Religionen hat die jüdische Eschatologie die rhythmische zu einer linearen Zeit gemacht mit einem Anfang und einem Ende. Das Leben ist damit gleichsam eine Bewährungsprobe auf das Endziel hin und der Lebensinhalt somit getragen von dem Ideal, sich selbst weiterzuentwickeln. Säkularisiert wird aus der christlichen Heilswartung wissenschaftlicher, kultureller, wirtschaftlicher und gesellschaftlicher Fortschritt.

Die Entwicklung der Wissenschaft war die Voraussetzung für die technische Revolution, durch die Produktivkräfte entwickelt werden konnten. Die Herren der Produktivkräfte, das heißt, die Techniker und Unternehmer, konnten sich dann schließlich auch von der Adelsherrschaft befreien und die Gesellschaft demokratisieren.

1.4 Die Arbeit als Mittel der Selbstverwirklichung

Als das Besondere des Christentums galt uns, plakativ formuliert, die *Vergottung des Menschen*, und zwar weniger in der Form, dass ein Mensch aufgrund seines Strebens und Lebens zum Weisen oder gar Heiligen wird – das gibt es auch in anderen Kulturen und Zivilisationen –, sondern darin, dass der Mensch selbst zum Schöpfer wird, der die Welt umgestaltet und weiterentwickelt. Damit wird die Arbeit zum Mittel der Selbstverwirklichung.

Ein solches Selbstverständnis ist für einen Muslim eine Blasphemie. Kreativ kann nur Gott sein, aber auch für Asiaten seinem Wesen nach unverständlich. Der Ostasiate geht von einem ewigen Kosmos aus. Sein Ideal ist, im kosmischen Rhythmus mitzuschwingen. Für den alten Inder ist die materielle Welt gar eine Scheinwelt *Maya*, in die er so lange immer wieder hineingeboren wird und in der er leiden muss, bis er seine Individualität überwunden und im Nirwana aufgegangen ist. Der Gedanke einer Entwicklung von Welt und Gesellschaft und Selbstverwirklichung durch Arbeit in der materiellen Welt ist ihnen fremd.

Während der Mensch sich früher eher als Nutzer der Früchte der Erde verstand und die Arbeit als notwendiges Übel, das möglichst den Sklaven aufgebürdet wurde, wurde die Arbeit im Christentum zum eigentlichen Inhalt des Lebens, sich selbst ein Dasein zu geben. Erste Verwirklichung fand diese Bestimmung des Menschen als erkennender – zunächst in Form der Erleuchtung durch Gott, später unter Adoption des antiken Erbes auch der Natur – in den Klöstern.

---

[26] Tobias Becker: *Deutsche Protestantische Republik*, in: Der Spiegel 48/2016, S. 141.

Markus Clausen schreibt: In der Regula Sancti Benedicti hat das Arbeitsethos >>prägende Gestalt angenommen. War Arbeit, zumal abhängige Arbeit im Dienste eines anderen, für den echten Römer und den wahren Griechen (der Oberschicht) ein Übel, eines freien Menschen unwürdig, so ist sie für Benedikt ein positiver Wert. Er hat die antike Arbeitsverachtung überwunden und beigetragen zur modernen Hochschätzung der Arbeit, in der der Mensch sich seinen Lebensunterhalt selber verdienen und seine Anlagen entfalten kann. Vorbilder fand Benedikt im ägyptischen Wüstenmönchtum, das ab dem Jahre 300 kräftig aufblühte.

Die Anachoreten sahen in der Arbeit ein Mittel zur Askese, zur Sicherung des eigenen Lebensunterhalts und nicht zuletzt die Grundlage ihrer sozial-karitativen Tätigkeit. Den Mönchen, vor allem dem jüngeren, verbieten sie geradezu, müßig zu sein. Eifer des Herzens und Fortschritte in Geduld und Demut messen sie am Arbeitsfleiß.<< [27]

>>Aus den besten Traditionen des Wüstenmönchtums sowie unter dem Einfluss der Schrift des heiligen Augustinus: De opere monachorum (Vom Handwerk der Mönche) hat Benedikt sein Arbeitsethos formuliert. Dieses sollte nicht nur in klösterlichen Gemeinschaften, sondern im ganzen Abendland zu praktischer Wirksamkeit gelangen. Der Wahlspruch «Bete und arbeite», wiewohl er nirgendwo in der Regel steht, ist zu Recht zum Markenzeichen benediktinischen Mönchtums geworden.<< [28]

Arbeit als innerweltliche Askese wurde neben dem Erkenntnisstreben zum Motiv für die Selbstverwirklichung des europäischen Menschen und, wie Max Weber herausarbeitete, auch die religiös fundierte Lebensphilosophie des Protestantismus und Calvinismus und des sich in der angelsächsischen Welt entwickelnden Kapitalismus. Gewinnmaximierung war dabei nicht primär Mittel für ausgedehnten Konsum, sondern Zeichen eines Auserwähltseins durch Gott. Gewinne mussten deswegen auch möglichst wieder investiert werden.

Zugleich wurde aber in der Abgeschiedenheit der Klöster ein reges intellektuelles Leben gepflegt. Das Denken bediente sich der Logik der antiken Philosophen, insbesondere des Aristoteles. In der Auseinandersetzung mit den über Spanien eindringenden kosmologischen und naturwissenschaftlichen Schriften Aristoteles und ihre Weiterentwicklung durch arabische Philosophen wurde die katholische Dogmatik mehr und mehr kritisch hinterfragt. So nimmt es nicht Wunder, dass Theologen, wie Martin Luther, Calvin, Jan Hus und andere auch das Ideal des freien Christenmenschen wiederbelebten und den Protestantismus einleiteten. Durch die Übersetzung der Bibel ins Deutsche und begünstigt durch die Erfindung der Buchdruckerkunst machte Luther den Inhalt der Bibel allgemein bekannt.

Diese Rückbesinnung und die zunehmende moralische Verkommenheit der katholischen Kirche in damaliger Zeit entfaltete ein großes revolutionäres Potenzial bis hin zu Bauernaufständen. Letztlich konnten davon aber nur die nach mehr Souveränität strebenden nordeuropäischen Lokalfürsten profitieren. Sie konnten

---

[27] Markus Clausen: *Am Ursprung des Arbeitsethos*, Schweizer Monatshefte : Zeitschr. f. Politik, Wirtschaft, Kultur, Bd. (Jahr): 75 (1995), Heft 3, S.23, PDF erstellt am: 30.05.2016. Persistenter Link: http://dx.doi.org/10.5169/seals-165423 .
[28] Clausen: a.a.O.

die geistige Bevormundung durch Rom abschütteln und selbst zu Kirchenführern in ihren jeweiligen Ländern avancieren.

Die Bedeutung der Klöster für die geistige Entwicklung Europas ging aber noch weiter. Letztlich waren sie der Ursprung der Universitäten. >>Vor dem 12. Jahrhundert hatte das intellektuelle Leben Europas an den Klöstern stattgefunden.<<[29] Zunehmend emanzipierten sich Forschung und Lehre aus dem theologischen Rahmen, und so konnten sich die Wissenschaften in Europa entwickeln. Entsprechend haben auch die entstehenden europäischen Universitäten eine positivere Auffassung von der Arbeit. So äußerte sich die Achtung vor der manuellen Arbeit >>darin, dass HUGO DE SAINT-VICTOR (1097?-1141) neben den 7 freien Künsten (septem artes liberales) auch die 7 mechanischen Künste (septem artes mecanicae) zu den Wissenschaften zählte(...). Zu ihnen gehören die Webekunst, die Schmiedekunst, die Baukunst, die Schifffahrt, die Landwirtschaft, die Jägerei, die Schauspielkunst und die Heilkunst.<<[30] [31]

Die naturbezogene Wissenschaft und Forschung als Arbeit waren die Voraussetzungen für die industrielle Revolution und die kapitalistische Wirtschaft.

2. Der Nationalismus als unvollkommene Individualisierung der Menschen

Im Zuge der Entwicklung der Produktivkräfte erlangten die Bürger eine solche Macht, dass sie die Adelsherrschaft stürzen oder zu einer konstitutionellen Monarchie entmachten konnten. Als Wissenschaftler, Künstler und Händler waren sie, wie die Adeligen auch, schon vorher Weltbürger, die in andere Länder reisten, dort Geschäfte machten und/oder ihren Wohnsitz wechselten. Die Französische Revolution war somit weniger eine nationale als eine allgemeine bürgerliche Revolution und wurde somit auch als Menschheitsereignis gefeiert.

Nun war die Schicht der sich selbst als Weltbürger Verstehenden nur dünn. Die Masse der Bevölkerung suchte, soweit sie sich aus der Autorität des Familienpatriarchats emanzipiert hatte, eine nationale Identität und möglichst einen Volkskaiser als nationalen Vater oder Führer.

Die Französische Revolution war mit ihrem Weltbürgerideal somit eine intellektuelle Frühgeburt, die die reale geistige und seelische Entwicklung der Menschen nicht ausreichend berücksichtigte. Das heißt: Der Schritt, sich nicht mehr als einfachen Familien- oder Sippenangehörigen, sondern gleich als Weltbürger zu verstehen, war zu groß. So wollten auch die Franzosen weiterhin Franzosen sein, wenn sie auch dieses Franzosen-Sein mit Weltbürger-Sein gleichsetzten und mit Gründung des napoleonischen Kaiserreiches auch die besiegten Länder daran teilhaben lassen wollten

Tatsächlich verdanken wir Napoleon die Rationalisierung der bürgerlichen Rechtsordnung, eine säkularisierte Staatsordnung, eine Angleichung der Zeit- und anderer Maßstäbe und vieles andere mehr. Auch für das Ideal des freien Bürgers war Frankreich neben der Unabhängigkeitserlangung und Demokratisierung der

---

[29] https://de.wikipedia.org/wiki/Mittelalterliche_Univer sit%C3%A4t.
[30] Simonyi, S.132.
[31] Ausführlicher zur Bedeutung der Arbeit im Christentum siehe: Uwe Petersen: *Im Anfang war die Tat I. Die Geburt des Willens in der europäischen Philosophie*, S. 361ff.

USA ein entscheidender Impulsgeber. Aber die sich aus ihren Familien- und Untertanenstrukturen emanzipierenden Menschen der anderen Länder wollten keine „Franzosen" sein, sondern ihre Staatsordnung mit eigener Volkstradition und eigenem Volksempfinden ausfüllen.

So entstanden überall nationalistische Tendenzen. Sie hatten das Positive im Sinne des Grundsatzes *Freiheit, Gleichheit, Brüderlichkeit*, dass sie die Menschen über ihre einfachen Familien- und ihre lokalen Bindungen hinauswachsen ließen und zu Nationalbürgern machte. Nationalisten verstanden sich als Angehörige eines Volkes, für das sie auch Verantwortung bis hin zum Heldentod übernahmen. Verbunden war damit jedoch ein Sich-Unterscheiden von anderen Volksangehörigen und Austragung von nationalen Interessen gegen andere.

Damit war die Individualisierung, die der Nationalismus brachte, unvollkommen. Denn ein wirklich selbstbewusster Mensch darf sein Selbst genauso wenig an einer Nation, wie an einer Religion festmachen, sondern muss sich als Weltbürger verstehen, der nicht nur für seine Nation, sondern für die Menschheit insgesamt Verantwortung trägt.

Der aufkommende Nationalismus hat somit zwei Seiten: Als Nationalbewusste setzen sich die Menschen von anderen Ethnien ab und können so Antagonismen entstehen, die zu Konflikten führen können, zumal jede Nationalität dazu neigt, die eigene Nation als den Nationen der Anderen überlegen anzusehen. Zugleich wächst mit der Größe des als höheres Selbst erlebten Staates das Selbstbewusstsein.

Konflikte entwickeln sich, wenn ein anderes Land unterworfen oder dem eigenen eingegliedert werden soll oder das andere Land als Bedrohung empfunden wird. Meist gehen beide Motive zusammen. Es wird aufgerüstet und dadurch wächst die Gefahr des Ausbrechens von kriegerischen Auseinandersetzungen.

Eine Eingliederung wird meist dann angestrebt, wenn es sich um Nachbarländer handelt und die ethnischen und kulturellen Unterschiede gering sind. Weiter entfernt liegende Gebiete werden eher toleriert oder können, wenn die ethnischen und kulturellen Unterschiede zu groß sind, kolonisiert werden.

In vornationaler Zeit hat es zwar auch blutige Konflikte gegeben. Aber diese wurden im Interesse von Fürsten ausgetragen. Deren Untertanen waren nur Finanziers, Kanonenfutter und Opfer. Das heißt: Die Völker lebten mit anderen relativ friedlich zusammen und wurden je nach Erbschaft und Kriegsglück mit anderen Völkern vereint oder von ihnen oder selbst getrennt. Zwischen zivilisierten Untertanen gab es keine Kriege, sondern allenfalls Familienfehden und gegebenenfalls noch Stammesfehden, die sich aber wegen des Gewaltmonopols der Herrscher nicht mehr blutig entluden.

Die durch den Nationalismus entstehenden Antagonismen sind seine negative Seite. Die positive Seite ist, dass das Bewusstwerden der eigenen ethnischen und kulturellen Wurzeln und das Festmachen des eigenen Selbstbewusstseins an der Nation in den Menschen zugleich den Willen wecken, die Nation weiterzuentwickeln und zu stärken und dass insbesondere der Antagonismus zu anderen Nationen ungeheure Kräfte freisetzen kann.

Aufrüstungszeiten führen zur wissenschaftlichen, technischen und wirtschaftlichen Belebung. So wurden die Folgen der Weltwirtschaftskrise von 1929 durch Aufrüstung überwunden, bis dann die Kriegszerstörungen kamen. Aber auch nach dem Kriege blieb die Wirtschaft so lange unter Feuer, wie die Wiederaufbauphase währte. Wirtschaftlich belebend waren auch der Koreakrieg und andere Konflikte, ja der Kalte Krieg insgesamt und dann wieder, als Amerika dem islamischen Terrorismus den Krieg ansagte. Dagegen begann die Wirtschaft zu stagnieren nach der Wiederaufbauphase in 60er Jahren und nach dem Ende des Kalten Krieges, so dass andere staatliche Ausgaben und Impulse nötig wurden, um die sich anbahnende säkulare Stagnation nicht in eine Depression abrutschen zu lassen.

3. Die wirtschaftliche und gesellschaftliche Entwicklung der kapitalistischen Industrieländer und ihre Fehlentwicklungen durch die Pervertierung des Individualismus in Egoismus

Der Freisetzung der individuellen Kreativität verdanken die europäischen Länder und im Rahmen der Globalisierung auch die übrige Welt ihre wirtschaftliche und gesellschaftliche Entwicklung. Doch enthält der Kapitalismus auch die Keime zu seiner Pervertierung und Selbstauflösung. Denn die Charakteristika der wirtschaftlichen Entwicklung in den Industrieländern sind:

1. die Gefahr der Selbstzerstörung der kapitalistischen Wirtschaft durch das Verdrängen der Arbeitskräfte durch immer intelligentere Maschinen und die Gefahr der Monopolisierung der Weltwirtschaft durch wenige Globalplayer,
2. der Übergang der kapitalistischen Wirtschaft in eine säkulare Stagnation als Folge einer im Verhältnis zu den realwirtschaftlichen Investitionsmöglichkeiten zu hohen Sparrate und die steigende Gefahr von Wirtschaftskrisen.
3. die zunehmende weltweite Staatsverschuldung und die steigende Gefahr von Staatsbankrotts,
4. die Pervertierung des Kapitalmarktes zum Spielcasino.

3.1 Die Gefahr der Selbstzerstörung der kapitalistischen Wirtschaft durch das Verdrängen der Arbeitskräfte durch immer intelligentere Maschinen und die Gefahr der Monopolisierung der Weltwirtschaft durch wenige Globalplayer

Mit der Erfindung der Dampfmaschine und durch immer weitere Innovationen bis hin zu Digitalisierung und Roboterarisierung konnten Produktionsabläufe rationalisiert und Arbeitsplätze durch Maschinen ersetzt werden.

Zur Herstellung der Maschinen und Anlagen, der Entwicklung neuer Produkte und zur Erweiterung der Produktion wurden zwar immer wieder neue Arbeitsplätze geschaffen. Auch durch die produktionsnahen Dienstleistungen: Forschung und Entwicklung, Logistik, Vertrieb und Kapitalvermittlung, entstanden neue Arbeitsplätze. Doch seit Beginn der industriellen Revolution gab es immer wieder Phasen von Unterbeschäftigung und sozialer Not.

Zunächst wurden nur unqualifizierte Arbeitskräfte wegrationalisiert. Nach den Vorstellungen der *angebotsorientierten Wirtschaftspolitik* war der Rückgang der

Industriearbeiterschaft normal. Denn nach ihrer Ideologie müsse sich eine Industriegesellschaft in eine Dienstleistungsgesellschaft weiterentwickeln. Damit könnten Industriearbeitsplätze in die Entwicklungsländer abwandern. Die dispositiven Tätigkeiten, wie Forschung und Entwicklung, Logistik, Marketing und sonstige Dienstleistungen, würden die wegfallenden Arbeitsplätze ersetzen.

Zudem hielt man Dienstleistungsarbeitsplätze für weniger von der Arbeitslosigkeit bedroht und übersah nicht, dass die Computerisierung und Roboterisierung der Wirtschaft auch Dienstleistungsarbeitsplätze wegrationalisiert. Die Folge dieser Entwicklung waren die De-industrialisierung insbesondere der USA und Großbritanniens und riesige Industriebrachen.

Dramatisch wird der zu erwartende weitere Arbeitsplatzabbau durch die zunehmende Computerisierung, Digitalisierung und Roboterentwicklung. Weltweit sind davon alle Wirtschaftszweige, wenn auch unterschiedlich stark, betroffen, wie aus der folgenden Prognose hervorgeht:

Hochgefährdete Berufe	Weniger gefährdete Berufe
Wahrscheinlichkeit der Automatisierung von Berufen in den nächsten 20 Jahren von mindestens 70 %	Wahrscheinlichkeit der Automatisierung von Berufen in den nächsten 20 Jahren von mindestens 30 %
derzeit Beschäftigte in Millionen	derzeit Beschäftigte in Millionen
• Büro-Sekretariatskräfte......... 2,7 • Verkauf............................ 1,1 • Gastronomieservice...............1,0 Betriebswirtschaft, kaufmännisch und technisch ...... 0,9 • Post-und Zustelldienste......... 0,7 • Küchenkräfte ....0,7 • Bankkaufleute.................... 0,5 • Lagerwirtschaft.................. 0,4 • Metallbearbeitung............... 0,4 • Buchhaltung..................... 0,3	• Kinderbetreuung, -erziehung... 0,9 • Gesundheit-, Krankenpflege.... 0,7 • Aufsichts-Führungskräfte....... 0,5 • Maschinenbau, Betriebstechnik................... 0,4 • Kfz-Technik...................... 0,4 • Einkauf, Vertrieb, Handel....... 0,3 • Sozialarbeit, Sozialpädagogik... 0,3 • Altenpflege ....0,3 • Hochschullehre,-forschung...... 0,2 • Bauelektrik...................... 0,2 Quelle: A. T. Kearney

Aus: Der Spiegel Nr.36,3.9.2016, S.14

Thomas Schulz schreibt: >>In der amerikanischen Öl- und Gastindustrie sind seit 2014 zwischen 50 und 80 Tausend gute, hoch bezahlte Jobs von Facharbeitern verloren gegangen, schätzen Energieexperten, obwohl die Geschäfte wieder laufen. Viele Ölförderanlagen werden nun extern bedient, von weit entfernten Steuerungszentralen voller Monitore.<< [32] Frank Chen, Airnb-Politikchef, >>sieht die neue Welt so: „Lastwagenfahrer ist einer der am weitesten verbreiteten Jobs, und vielleicht schon in 5 Jahren spätestens aber in 15 Jahren wird es diesen Job nicht mehr geben." Weil der Roboter am Steuer sicherer und ökonomischer ist.<< [33]

---

[32] Thomas Schulz: Zuckerbergs Zweifel, in Der Spiegel 14/2017, S. 19.
[33] Thomas Schulz: a.a.O., S. 18.

>>Kluge Maschinen sind in vielen Routinejobs schon jetzt besser als der Mensch. Erst wurden Kassierer und Sachbearbeiter ersetzt, dann Steuerberater und Banker. Banker? Goldman Sachs hatte bis vor Kurzem noch 600 Aktienhändler auf dem Börsenparkett, nun sind es 2. Algorithmen machen die Arbeit der anderen 598. Eine halbe Million Mitarbeiter drohe in den kommenden Jahren allein in der britischen Finanzindustrie durch Software ersetzt zu werden, schätzt die Beratungsfirma Deloitte.

Die Beispiele sind endlos. Frank Chen zitiert öffentlich den KI-Forscher Geoffray Hinton: „Wir sollten umgehend aufhören, Radiologen auszubilden." Weil Maschinen Röntgenbilder besser analysieren können.<< [34]

Die immer intensivere digitale Vernetzung von Produktion, Dienstleistungen und Kommunikation versucht, die Forschung und Entwicklung, die Produktion, die Logistik und das Marketing immer stärker miteinander zu verbinden. Sie wird in Deutschland als die vierte industrielle Revolution nach den Maschinenbauern, der Elektrifizierung und der Computerisierung *Industrie 4.0* genannt.

Die treibende Kraft geht dabei von der Rationalisierung der Kommunikationstechnologie aus, wie bei Google und Facebook, die eine immer bessere Auswertung von Kundendaten, immer raffiniertere Werbung und computerisierte Logistik und damit die Möglichkeit des Internet-Handels ermöglicht. Anderson und andere Handelsketten zwingen Produktionsstätten unter ihre Softwarenetze und machen sie so von sich abhängig, sofern sich die Handelsketten nicht selbst Produktionsstätten angliedern.

Da die Entwicklung der Kommunikationstechnologie ihr Zentrum in den USA, namentlich im Silikon Valley, hat und dort auch finanziert wird – dabei können die Kapitalien durchaus aus anderen Ländern in die USA geflossen sein – und auch in den USA die maßgebenden Internetunternehmen angesiedelt sind, droht selbst den anderen Industrieländern, mehr und mehr von US-Unternehmen beherrscht zu werden.

Diese Gefahr wird selbst für die deutsche Industrie, die noch im Maschinen- und Anlagebau führend ist, gesehen. Wie viel größer ist die Gefahr für andere Industrieländer oder gar Entwicklungsländer! Die ganze Welt, selbst die amerikanische Wirtschaft, droht von global operierenden Internetfirmen monopolisiert zu werden.

Die Entwickler in Silicon Valley wie auch sonst in den maßgebenden Forschungs- und Entwicklungszentren der Welt treibt weniger der zu erwartende Gewinn, als die Befriedigung an der Forschung und Entwicklung und ihren Ergebnissen selbst und ihr Glaube, damit die Menschheit voranbringen. Dass die Digitalisierung und Computerisierung das wirtschaftliche und gesellschaftliche Leben auch gefährden kann, wird auch den maßgebenden Entwicklern bewusst. So auch Mark Zuckerberg. Thomas Schulz schreibt: >>„Unser Job bei Facebook ist, den Menschen zu helfen, den größten positiven Einfluss zu haben und die Seiten zu minimieren, wo Technologie und soziale Medien zu Spaltung und Isolation beitragen", sagt Zuckerberg. Immerhin, da blitzten zwischen den Zeilen Zweifel auf. Zuckerbergs Zweifel. Nicht alles ist automatisch gut.<< [35]

---

[34] Thomas Schulz: a.a.O., S. 19.
[35] a.a.O., S. 13.

>>„Wir fordern die Gesetzgeber auf, sich jetzt mit der Zukunft zu beschäftigen", sagt Frank Chen, der KI-Experte. Aber es überwiegt das Gefühl, dass nichts passieren wird oder das Falsche, und deswegen beginnen die kalifornischen Fortschrittsvordenker nun selbst an politischen Instrumenten zu basteln: Sie bringen groß angelegte Feldversuche auf den Weg, wie ein universelles Grundeinkommen funktionieren könnte. Sie entwerfen Konzepte für ein neues Bildungssystem, in dem sich Arbeitnehmer immer wieder für neue Berufe ausbilden lassen, um mit den Maschinen mitzuhalten.<< [36]

>>Nicht einzelne Milliardäre, sondern Parlamente müssen entscheiden, wie wir leben. Doch dazu muss die Politik zunächst anerkennen, dass Wandel, Fortschritt, Technologiestiftung die Spielregeln verändern und den Einsatz erhöhen. Dass es sich keine Gesellschaft mehr leisten kann, die Zukunft zu ignorieren, weil in 5 Jahren mehr passieren wird als in den vergangenen 20 Jahren.<< [37]

>>Ohne den Staat wird es nicht gehen, das ahnen inzwischen auch die größten Pessimisten. Es müssen politische Instrumente her, um den Wandel zu gestalten, denn zu stoppen ist er nicht. Vielleicht so: Unternehmen, die Menschen durch Menschen ersetzen, zahlen eine Robotersteuer, damit die Verwerfungen nicht in einer einzigen großen Welle kommen. Die Idee stammt von Bill Gates, und der will den Fortschritt nicht bekämpfen, sondern ihn langfristig sichern. Er sagt: „Wenn die Menschen Angst vor dem Fortschritt haben, statt sich zu freuen, dann bekommen wir ein richtiges Problem."<< [38]

3.2 Der Übergang der kapitalistischen Wirtschaft in eine säkulare Stagnation als Folge einer im Verhältnis zu den realwirtschaftlichen Investitionsmöglichkeiten zu hohen Sparrate und die steigende Gefahr von Wirtschaftskrisen. [39]

Das Ideal der freien Marktwirtschaft geht aus vom freien Individuum, das je nach seinen Fähigkeiten und Möglichkeiten Produkte und Dienstleistungen anbietet, und das, was es benötigt, möglichst günstig auf dem Markt erwirbt. Der Markt soll dafür sorgen, dass die Preise der Güter sich nach der jeweiligen Knappheit bilden und die Anbieter bei hohem Gewinn die Produktion ausdehnen und bei Verlusten einschränken.

Bei atomistischer Konkurrenz, das heißt, wenn es für Waren möglichst viele Anbieter gibt, wird das Ideal erreicht. Wenn aber Unternehmen bereits im Markt etabliert sind, besonderes Know-how erworben haben und bereits große Stückzahlen produzieren und deswegen billiger als die Konkurrenz anbieten können, ist es kaum mehr möglich, als Neuanfänger diese Waren herstellen zu können. Deswegen ist es so schwierig, zurückgebliebene Regionen nachträglich zu industrialisieren, und wenn doch, dann nur, indem diese Gebiete abhängig werden von den bereits etablierten Unternehmen in den Industrieländern. Diese Schwierigkeit gilt in

---

[36] a.a.O., S. 21.
[37] a.a.O.
[38] Thomas Schulz: Zuckerbergs Zweifel, a.a.O., S. 21.
[39] Ausführlicher in: U. Petersen: *Säkulare Stagnation unser Schicksal? Grenzen der Angebotsorientierten Wirtschaftspolitik.*

gleicher Weise für zurückgebliebene Regionen in den Industrieländern selbst, wie auch für Entwicklungsländer.

Eine kapitalistische Marktwirtschaft soll zudem eine Leistungsgesellschaft sein. Alle Teilnehmer sollen die gleichen Startchancen haben und je nach Leistung Einkommen erwerben und Vermögen bilden können. Dieses Ideal wird aber dadurch verletzt, dass Vermögen vererbt werden. Die Erben von Vermögenden haben weit bessere Startbedingungen als Ärmere, ganz abgesehen davon, dass sie auch schon von ihrer Ausbildung als Kinder und auf höheren Schulen bessere Voraussetzungen mitbringen. Damit waren schon zu Beginn der industriellen Revolution die Weichen für eine immer ungleichere Vermögens- und Einkommensverteilung gestellt.

Solange Innovationen Investitionen auslösen und diese die jeweiligen Ersparnisse nachfragen, kann eine ungleiche Einkommensverteilung und ein hohes Sparvolumen die wirtschaftliche Entwicklung beflügeln. Perioden, in denen bahnbrechende Innovationen verwirklicht werden, werden Kondratjew-Zyklen genannt. Wikipedia schreibt: >> Kondratjew veröffentlichte 1926 in der Berliner Zeitschrift *Archiv für Sozialwissenschaft und Sozialpolitik* seinen Aufsatz *Die Langen Wellen der Konjunktur*. Hierin stellte er anhand empirischen Materials aus Deutschland, Frankreich, England und den USA fest, dass die kurzen Konjunkturzyklen (…) von langen Konjunkturwellen überlagert werden.<<[40]

Bahnbrechende Innovationen sind die Erfindung der Dampfmaschine zum Beginn der industriellen Revolution, die Erfindung der Elektroenergie, die Computerisierung und nunmehr die Digitalisierung und Roboterisierung. Das heißt: Die vier Arten von industriellen Revolutionen können als Kondratjew-Zyklen bezeichnet werden.

Wenn aber die Kondratjew-Zyklen ausliefen, kam es zur Überproduktion im Verhältnis zur kaufkräftigen Nachfrage. Dann flossen nicht mehr alle volkswirtschaftlichen Ersparnisse in die Investitionsgüternachfrage mit der Folge von wirtschaftlichen Depressionen und hoher Arbeitslosigkeit.

Im Laufe der wirtschaftlichen Entwicklung der Industrieländer nimmt die belebende Wirkung von bahnbrechenden Innovationen jedoch immer mehr ab. Am höchsten war der Investitionsbedarf noch beim Aufbau der Schwerindustrie zu Beginn der Industriellen Revolution zusammen mit dem Ausbau der Infrastruktur, dem Wohnungs- und Städtebau. Nachdem diese Investitionen aber weitgehend abgeschlossen sind, wird immer weniger Kapital benötigt.

Je mehr sich die Wirtschaft in eine Dienstleistungs- und Wissensgesellschaft wandelt und je größer die Märkte und damit die Umsätze werden, umso weniger Kapital bedarf es im Verhältnis zu den zu erwarteten Umsätzen. Entsprechend verringert sich der Investitionsbedarf pro eingesparter Arbeitskraft. Aber die Kapitalerträge steigen mit jeder eingesparten Arbeitskraft. Das heißt: *Lohnkosten werden zu Unternehmensgewinnen und Einkünften von Kapitalgebern.*

Natürlich gilt diese Gleichung nur, soweit die Gewinne nicht wieder zu Erweiterungsinvestitionen und zur Herstellung neuer Produkte führt und dadurch wieder

---

[40] https://de.wikipedia.org/wiki/Kondratjew-Zyklus.

Arbeitskräfte eingestellt werden. Dann würden die Unternehmer- und Kapitaleinkünfte zwar auch steigen, aber das bisherige Lohnvolumen und damit die bisherige volkswirtschaftliche Konsumnachfrage würden nur relativ zurückgehen.

Auch wachsen die Gewinne natürlich insoweit nicht, als Rationalisierungen aufgrund des Wettbewerbs zu Preissenkungen führen. Per Saldo steigt aber die Ungleichheit der Vermögens- und Einkommensverteilung und damit das volkswirtschaftliche Sparvolumen, für das realwirtschaftliche Investitionsmöglichkeiten gefunden werden müssen.

Die Maßnahmen, den Ausbruch von Wirtschaftskrisen zu verhindern, sind:

1. Abschöpfung der Rationierungsgewinne durch Lohnerhöhungen,
2. Exportüberschüsse,
3. Erhöhung der Staatsausgaben,

3.2.1 Möglichkeiten und Grenzen, die volkswirtschaftliche Nachfrage durch Lohnerhöhungen zu stabilisieren

Durch die Bildung von Gewerkschaften, die das Angebot von Arbeit monopolisieren, konnten je nach Produktionsfortschritt auch höhere Löhne durchgesetzt und damit konnte die Konsumnachfrage insoweit stabilisiert werden. Diese Möglichkeit besteht aber nur in geschlossenen Volkswirtschaften und nimmt in dem Maße ab, wie der Arbeitsmarkt globalisiert wird.

Die im Rahmen der Globalisierung immer weitere Verlagerung von Produktionsbetrieben und später auch Dienstleistungsbetrieben, wie Callcenter, Programmierer, schwächen entsprechend die Gewerkschaften, so dass das Lohnniveau in Konkurrenz zu den Entwicklungsländern auch in den Industrieländern sinkt oder weniger steigt, als die Unternehmensgewinne und Kapitalrenditen und die Gehälter der Höherqualifizierten.

Gefördert wird diese Entwicklung noch durch allgemeine Zollsenkungen und Abbau von Einfuhrbarrieren. Um die Abwanderung von Betrieben zu verhindern und möglichst umzukehren, strebt der neue amerikanische Präsident Donald Trump wieder höhere Einfuhrsteuern für sensible Produkte an.

3.2.2 Exportüberschüsse zur Ausfüllung der inländischen Nachfragelücke

Leistungsfähige Unternehmen haben oft die Schwierigkeit, dass der nationale Markt zu klein ist oder noch zu wenig Kaufkraft hat und sie im Inland nicht alle Waren absetzen können. Deswegen haben moderne Industriebetriebe schon immer versucht, über den Nationalbedarf hinausgehende Produkte ins Ausland zu verkaufen. Extrem ist dieser Exportdruck in sich neu industrialisierenden Ländern. England überschwemmte als erste führende europäische Industriemacht die übrige Welt mit Tuchen und Industrieprodukten.

Da der Importbedarf nicht in gleicher Höhe mitwuchs, – schon wegen zunächst noch fehlender Massenkaufkraft – ergaben sich für diese Länder Exportüberschüsse, das heißt: im Inland nicht absetzbare Waren werden ins Ausland geschafft.

Ein typisches Beispiel dafür in unserer Zeit ist China. Zwar entwickelt sich mit der Industrialisierung auch die chinesische Binnennachfrage. Aber sie hinkt hinterher und in dem Maße müssen überschüssige Produkte mehr ins Ausland exportiert werden, als aus dem Ausland importiert werden können. Dadurch kommt es zu den riesigen Exportüberschüssen der VR China.

Ähnlich zeugen die Exportüberschüsse von Deutschland und Japan von zu geringer Binnennachfrage wegen zu hohen volkswirtschaftlichen Sparvolumens infolge wirtschaftlicher Sättigung und der immer ungleicher werdenden Vermögens- und Einkommensverteilung.

Wir werden später sehen, welche Probleme daraus für die Weltwirtschaft und die Europäische Union und insbesondere die Eurozone erwachsen.

3.2.3 Die Bedeutung der Staatsausgaben für das volkswirtschaftliche Gleichgewicht von Angebot und Nachfrage

Rüstungen und Luxusbedarf der Adeligen waren bereits in vorindustrieller Zeit wesentliche Antriebskräfte für die Entwicklung der Wirtschaft. Auch während der industriellen Revolution hätten nicht ohne massive Staatsausgaben alle industriell gefertigten Produkte abgesetzt werden können, zumal die industrielle Entwicklung in der Schwerindustrie begann und deren Produkte dem Konsumbedarf der einzelnen Bürger nicht entspricht.

In dem Maße, in dem der Investitionsbedarf für bahnbrechende Innovationen geringer wurde, wuchs die Bedeutung der Staatsausgaben zur Verhinderung von Wirtschaftskrisen. Entsprechend haben wir in Zeiten der Kriegsvorbereitung und der Kriege und zum Wiederaufbau in den Nachkriegsphasen eine eher überbordende volkswirtschaftliche Nachfrage. Stellen sich nach den Wiederaufbauphasen wiederum Sättigungserscheinungen ein, dann kommt es zu Wirtschaftskrisen, wie 1929, oder müssen die Staatsausgaben aus – wie man meint – *konjunkturellen* Gründen ausgeweitet werden, wie seit dem Ende der Sechzigerjahre, und zwar obwohl auch danach die verschiedenen internationalen Konflikte und der Kalte Krieg hohe Staatsausgaben erforderten. Nach dem Zusammenbruch des Ostblocks machten sich entsprechend wieder Deflationsgefahren geltend, die zusätzliche Staatsausgaben provozierten. Ein wesentlicher Teil der Staatsausgaben ist auch Folge notwendigen Sozialtransfers zugunsten der im Wirtschaftsprozess Benachteiligten.

Solange Kapital noch knapp war und gespart werden musste, um investieren zu können, erhöhte die ungleiche Einkommensverteilung die Investitionsmöglichkeiten und damit auch den allgemeinen wirtschaftlichen Wohlstand. Aber in dem Augenblick, in dem die volkswirtschaftlichen Ersparnisse die gewinnbringenden Investitionsmöglichkeiten übertreffen, wird das Sparen zum Gift, denn Ersparnisse, die nicht zu Investitionen werden, lassen angebotene Waren auf dem Markt unverkauft und die Wirtschaft schrumpft.

So konnte die Weltwirtschaftskrise 1929 letztendlich nur durch zusätzliche Staatsausgaben überwunden werden, in den USA durch öffentliche Investitionen im Rahmen der *New-Deal* Politik und in Hitler-Deutschland durch öffentliche Investitionen und Rüstung.

Spätestens seit 1929 hätte man erkennen können, dass der Ausbruch von Wirtschaftskrisen nur dadurch verhindert werden kann, dass die öffentliche Hand in steigendem Ausmaß mehr Staatsausgaben tätigt. Schon aus rein sozialen Gesichtspunkten werden, je mehr untere Einkommensbezieher und Arbeitslose relativ verarmen, Sozialtransfers und damit zusätzliche Staatsausgaben nötig.

Seit den sechziger Jahren wurden Depressionen wegen fehlender volkswirtschaftlicher Nachfrage aufgrund der hohen volkswirtschaftlichen Sparrate durch entsprechende Erhöhung der Staatsausgaben verhindert. Doch die Bedeutung der Staatsausgaben für den Ausgleich der volkswirtschaftlichen Bilanz zwischen Angebot und Nachfrage wird so gut wie kaum thematisiert. Deswegen werden die Ursachen der grassierenden säkularen Stagnation in der Regel nicht erkannt.

3.3. Die zunehmende weltweite Staatsverschuldung und die steigende Gefahr von Staatsbankrotts.

Leider wurden die zusätzlichen Staatsausgaben nicht durch Abschöpfung überschüssiger Kaufkraft bei den oberen Einkommensbeziehern, sondern dadurch finanziert, dass den oberen Einkommensbeziehern die Möglichkeit gegeben wurde, für ihre Sparmittel Staatsanleihen zu zeichnen. Die Folge war eine weltweit ansteigende Staatsverschuldung, nicht zuletzt auch deswegen, weil immer mehr Mittel für Sozialtransfers gebraucht wurden. Wikipedia schreibt: Während in der Bundesrepublik Deutschland >>noch im Jahre 1960 lediglich 18,3 % des BIP auf Sozialleistungen entfielen, beliefen sich 1975 die Sozialleistungen bereits auf 30,7 % des BIP.[41]<<[42] Die öffentlichen Sozialausgaben (die Staatsausgaben mit den Sozialversicherungen eingeschlossen) betrugen >>in Deutschland nach Berechnungen des Statistischen Bundesamtes 2012 geschätzt 45,2 % des BIP, um die relative Verarmung der unteren Einkommensbezieher zu mildern.<<[43]

Die Staatsschuldpapiere unterscheiden sich von Industrieobligationen und Aktien dadurch, dass ihnen kein *dinglicher* Wert zu Grunde liegt. Das aufgenommene Geld wird vom Staat ausgegeben.

Um Staatsschulden einen *Sachwert* zuordnen zu können, wird zwar immer wieder gefordert, dass nur öffentliche Investitionen mit Kreditmitteln finanziert werden dürfen. Aber erstens betrifft diese nur einen kleinen Teil der Staatsausgaben. Zum anderen lassen sich öffentliche Investitionen nur bedingt wieder liquidieren und zum Schuldenabbau verwenden. Man denke nur an die Diskussionen über die Privatisierung von Infrastrukturen, wie Straßen, Wasserbetriebe etc. Auch lassen sich Schulden nur begrenzt tilgen. Denn, wenn die *Märkte* schon nicht mehr ihre laufenden Ersparnisse sinnvoll investieren können, was sollen sie dann mit zurückgezahlten Schulden machen?

Das heißt: Im Umfang von Schuldenrückzahlungen erhöht sich die volkswirtschaftliche Nachfragelücke, weil der Staat weniger ausgeben kann. Deswegen kann man die umlaufenden Staatsschulden mit Fug und Recht als *Schrottpapiere* bezeichnen, die bei Zahlungsfälligkeit nur durch *neue* Kredite refinanziert, das heißt, nur *prolongiert* werden können. Ob im Übrigen die Staatspapiere einen

---

[41] Universität Duisburg Essen: *Sozialpolitik aktuell, Entwicklung der Sozialleistungssysteme 1960-2012.*
[42] https://de.wikipedia.org/wiki/Sozialleistungsquote.
[43] https://de.wikipedia.org/wiki/Staatsausgaben.

dinglichen Wert repräsentieren und, wenn ja, welchen, ob die bisherige Staatsschuld 60 %, 100 % oder gar wie in Japan 250 % des Bruttoinlandsproduktes beträgt, interessiert die Käufer der Staatspapiere so lange nicht, wie sie sicher sind, dass die *Märkte* dem Staat bei Fälligkeit genügend neue Kredite gewähren, um die fälligen Schulden bedienen zu können.

Bei den USA und Japan wird regelmäßig erwartet, dass die Rückzahlungen durch Neuaufnahmen refinanziert werden können. Bei kleineren Ländern, wie Griechenland und Spanien, kann diese Frage verneint werden und es zum Staatsbankrott kommen. Da aber *kein* Staat seine Schulden netto zurückzahlen kann, sind sie im Grunde alle bereits bankrott und müssten wie in der Privatwirtschaft durch Schuldenschnitte saniert werden. Dabei würden ohnehin in erster Linie die getroffen, die auch die Hauptgläubiger der Staatsschulden sind und im Falle von Rückzahlungen auch die Steuerlast zu tragen hätten. Insoweit sind Schuldenschnitte *Null-Summen-Spiele*.

Nun ist das Herumvagabundieren der riesigen und ständig steigenden Staatsschulden für die Weltwirtschaft nicht ungefährlich. Je nach Lage können die Papiere mehr oder weniger zu Kurssteigerungen und Kursverfall und damit auch zu Bankzusammenbrüchen oder durch Ab- oder Zuflüsse zu internationalen Währungsturbulenzen und damit zu Wirtschaftskrisen führen. Damit kommen wir zum Kapitalmarkt, der zu einem Spielcasino pervertiert ist.

3.4 Die Pervertierung des Kapitalmarktes zum Spielcasino

Auf dem realen Markt geht es um Güter und Dienstleistungen. Wenn eine Produktionsperiode abgeschlossen ist, sollten alle hergestellten Güter und Dienstleistungen verkauft sein. Bleiben Waren und Dienstleistungen unverkauft, so wird deren Produktion eingeschränkt und es entsteht, wenn sich nicht genügend andere Produktionsmöglichkeiten ergeben, Arbeitslosigkeit.

Für die Realwirtschaft wird der Kapitalmarkt nur insofern gebraucht, als Ersparnisse zur Finanzierung von Investitionen gesucht werden. Für die Anleger und Spekulanten auf dem Kapitalmarkt ist die Investitionsfinanzierung aber eine tendenziell an Bedeutung *verlierende* Anlagemöglichkeit. Viel bedeutender sind Käufe und Verkäufe von Bestandswerten und deren Markt steigt, je mehr Staatsschuldscheine, Aktien, Industrieobligationen und dazu erfundene Derivate den Markt bevölkern.

Unternehmen wurden im Laufe der letzten Jahrzehnte immer weniger nach ihrem Substanzwert als nach ihrem möglichst kurzfristigen Ertragswert bewertet. Spekulanten kaufen mit geliehenen Geld Unternehmen, dessen Ertragswert gering und deren Substanzwert hoch ist, auf, verkaufen die nicht benötigten Immobilien und Sachwerte und bezahlen mit dem Erlös soweit wie möglich den Kredit für den Kauf zurück. So hätte es passieren können, dass Porsche mit Spekulationsgeldern ihre weit größere Schwester, die Volkswagen AG, gekauft und den dazu aufgenommenen Kredit aus den Barreserven der VW-AG zurückgezahlt hätte.

In der angelsächsischen Welt und insbesondere in den USA verfiel die Wirtschaftsmoral sehr früh schon zum reinen *Geld*machen. Den Unterschied in der Arbeitseinstellung zwischen Europäern und insbesondere Deutschen, denen ja nachgesagt wird, dass sie nicht arbeiten, um zu leben, sondern leben, um zu arbeiten, und den Amerikanern zeigt ein Zitat von *Carl Martin Welcker* (Chef des Kölner

Werkzeugmaschinenherstellers *Schütte* und im November 2016 zum Präsidenten des Maschinenbauverbandes (VDMA) gewählt). In einem Interview fragte ihn Alfons Frese: >>*Die deutschen Maschinenbauer sind Weltspitze, der Abstand zu anderen Ländern ist eher noch größer geworden. Liegt das allein an der deutschen Ingenieurkunst?*<< Welcker antwortete: >>Natürlich nicht. Es hängt auch zusammen mit den Preisen. Die Amerikaner gehen nicht mehr in den Markt, der von den niedrigen Erträgen der Deutschen und der Japaner bestimmt wird. Die sagen sich, „lasst den deutschen Mittelständler machen, der ist so bekloppt und gibt sich mit 2 % Rendite zufrieden". Wer Rendite will, der ist nicht im deutschen Maschinenbau unterwegs. Wir sind eben eine Branche, die von Familienunternehmen geprägt ist und nicht von der Logik der Kapitalmärkte.<<[44] Typischerweise wird deswegen in den USA ein Mensch danach taxiert, *wie viel Dollar er schwer ist.* Vor der Finanzkrise sollen in den USA Finanzdienstleister 40 % aller Unternehmensgewinne verdient haben. Wenn man sich aber nicht am Eigentum von Dingen und Firmenbeteiligungen erfreut, sondern in allen nur ihren *Geldwert* schätzt, dann werden Besitztitel zu *Chips* mit einem bestimmten Ertragswert.

Für die Amerikaner galt, und wurde dann in den achtziger Jahren zur Doktrin erhoben, dass alle Unternehmenstätigkeit nur dem *Shareholder Value Prinzip* dienen müsse. Die Führungskräfte wurden durch Boni, insbesondere auch in Aktien, auf dieses Prinzip eingeschworen. Die Manager waren dadurch nur noch bedingt daran interessiert, den Arbeitskräften ein Berufsfeld zu erhalten, indem sie sich verwirklichen können.

Obwohl reale Investitionen für Kapitalmarktspiele nur noch eine untergeordnete Rolle spielen, können sie die Realwirtschaft massiv beeinflussen. Würden Käufe und Verkäufe von Gütern und Dienstleistungen *allein* die internationalen Wirtschaftsbeziehungen bestimmen, dann könnte es keine unausgeglichene Leistungsbilanz geben. Wie ist es möglich, dass die USA jährlich riesige Leistungsbilanzdefizite erleiden? Von Anfang 2006 bis Ende 2015 betrug das US-Handelsbilanzdefizit durchschnittlich 720,1 Milliarden US-Dollar pro Jahr[45]. In den USA müsste wegen des Importüberschusses der Dollarkurs so tief fallen, bis die ausländischen Güter zu teuer und /oder die amerikanischen Exportgüter für ausländische Käufer billig genug geworden sind.

Möglich sind unausgeglichene Leistungsbilanzen durch Kap*italmarkttransaktionen* geworden. Denn im Umfang der amerikanischen Importüberschüsse strömt ausländisches Kapital ins Land. Die USA gelten als sicherer Hafen für alle Reichen der Welt, um ihr Geld anzulegen. Da die Amerikaner zudem eine verhältnismäßig geringe Spareigung haben und der Staat sich immer ausreichend zusätzlich verschuldet, werden Depressionen verhindert. Die Fragilität für das Ausbrechen von Krisen steigt aber.

Kapitalmarkttransaktionen waren auch die Ursache für die Asienkrise 1997/98, die viele Länder Asiens in wirtschaftliche Turbulenzen brachte. Ratingabstufungen einzelner Euro-Länder führten zur Euro-Krise mit Auswirkungen

---

[44] Alfons Frese: „*Protektionismus würde uns böse treffen*", in: Der Tagesspiegel Nr. 23 060/18.3.2017, S.10.

[45] http://de.statista.com, zitiert: https://de.wikipedia.org/wiki/Handelsbilanzdefizit.

auf die gesamte Weltwirtschaft. Schon, wenn die US-Notenbank FED das Zinsniveau erhöht, bewegen sich Kapitalien zusätzlich in die USA und lassen den Dollarkurs steigen. Zwar haben internationale Wirtschaftskrisen immer auch realwirtschaftliche Ursachen. Dass die sich aber zu Weltwirtschaftskrisen auswachsen, bewirken die Kapitalmarkttransaktionen.

Die Bedeutung des heutigen Kapitalmarktes in der Weltwirtschaft kann auch an dem *Umfang* der Kapitaltransaktionen abgelesen werden. So schrieb bereits im Jahre 2006 Klaus Stocker unter Bezug auf die *Bank für Internationalen Zahlungsausgleich (BIZ)* und den *IMF*: >>Die Zahlungen aus Handelsgeschäften, also Import und Exporten, sind heute nur noch für ca. 1,3 % (!) der weltweiten Kapitalbewegungen verantwortlich.<<[46] Entsprechend ist auch der Liquiditätsbedarf weit höher als der für Umsätze der Realwirtschaft.

3.5 Die Geldflutung des Kapitalmarktes durch die Notenbanken zur Vermeidung von Depressionen

Um die Konjunktur anzukurbeln, haben die Zentralbanken die Geldmenge seit Jahren stärker ausgedehnt, als die realwirtschaftlichen Umsätze gewachsen sind. Entsprechend warnten die Wirtschaftstheoretiker ständig vor einer Inflation. Was sie übersahen, war den weit größeren Geldbedarf für Kapitalmarkttransaktionen. Für realwirtschaftliche Unternehmen hat es keinen Sinn, übermäßige Liquidität zu halten. Auf dem Kapitalmarkt hat das Geld dagegen eine Chipfunktion und erleichtert die Spekulation.

Für Banken ist die Anlage auf dem Kapitalmarkt im Zweifel attraktiver, als die Kreditgewährung an die Realwirtschaft. Infolgedessen dürfte der realwirtschaftliche Kreditbedarf erst finanziert werden, wenn die Wünsche des Kapitalmarktes befriedigt sind. Stellen die Notenbanken nicht genügend Liquidität bereit, so muss befürchtet werden, dass die Wirtschaft wegen zu geringer Kreditgewährung abgewürgt wird. Deswegen gingen die Notenbanken dazu über, immer mehr Geld auf den Markt zu werfen, um das Spekulationsfeuer anzuschüren, in der Hoffnung, dass dann auch genügend Geld an die Realwirtschaft fließt und realwirtschaftliche Investitionen durchgeführt werden.

Ein realwirtschaftlicher Effekt ist noch nicht zu spüren und auch nicht zu erwarten, es sei denn, ohne die Geldflutung wären die Investitionen noch geringer gewesen. Aber der Kapitalmarkt hat sich bereits auf die Geldflutung eingestellt und erwartet davon weitere Kurssprünge.

In dem pervertierten Kapitalmarkt hat sich ein *Monster* entwickelt, das in der gegenwärtigen Weltwirtschaftsverfassung ständig neu mit Geld und Geldwerten *gefüttert* werden muss, damit die Weltwirtschaft nicht einbricht.

3.6 Zusammenfassung der wirtschaftlichen und gesellschaftlichen Entwicklung der kapitalistischen Industrieländer

Die Faktoren für die dynamische wirtschaftliche und gesellschaftliche Entwicklung Europas kann man so zusammenfassen:

---

[46] Klaus Stocker: *Management internationaler Finanz-und Währungsrisiken*, Gabler Verlag, Aufl. 2006, S. 3.

1. kreative freie sich selbst verwirklichen wollende Individuen, denen Arbeit nicht nur Mühsal, sondern Lebenszweck ist,
2. die dafür notwendigen gesellschaftlichen Rahmen in Form von Marktwirtschaft und demokratischer Willensbildung ohne religiöse Bevormundung.

Als Fehlentwicklungen zeigten sich im Zuge der wirtschaftlichen Entwicklung entstehende Ungleichgewichte in Form von
1. ungleicher Einkommens- und Vermögensentwicklung,
2. eine gefährlich hohe Staatsverschuldung aller Länder, die jederzeit zu einer Gefahr für den Kapitalmarkt und damit auch für die Realwirtschaft werden kann,
3. die Pervertierung des Kapitalismus in einen Casinokapitalismus.

4. Die Globalisierung des westlichen Europäismus

4.1 Die Globalisierung des westlichen Europäismus durch Kolonisierung der Dritten Welt

Die Länder Europas hatten eine gemeinsame Geschichte und standen in ihrer kulturellen und zivilisatorischen Entwicklung wie auch in ihren militärischen Fähigkeiten auf gleicher Stufe, wenn auch in der naturwissenschaftlichen, technischen und wirtschaftlichen Entwicklung die nordeuropäischen Länder, und insbesondere Großbritannien, vorn lagen. Wie Max Weber ausgeführt hat, war der puritanische Glaube, wonach die Auserwähltheit eines Menschen durch Gott sich in seinem wirtschaftlichen Erfolg zeigt, der kapitalistischen Entwicklung besonders förderlich. Die europäischen Länder hatten auch von jeher enge Wirtschaftsbeziehungen und konnten am ehesten ihre Arbeitsteilung im Zuge der technischen Revolution intensivieren.

Die eigentliche Globalisierung beginnt somit erst mit der Beherrschung der außereuropäischen Länder durch Europa. Im Osten wurde Russland bis nach Wladiwostok ausgedehnt. Der Westen zwang die außereuropäischen Länder zu Handelsbeziehungen, beutete sie aus und kolonisierte sie. Verbunden war damit die Missionierung zum christlichen Glauben und später zum humanistischen Menschenbild und zum europäischen Gesellschaftssystem.

Im Folgenden wird die Ausbreitung des westlichen Europäismus und die von ihm ausgehende Kolonisierung überseeischer Gebiete zusammenfassend nachgezeichnet. Dabei soll zugleich fühlbar gemacht werden, wie die Menschen in die traditionellen Gesellschaftsverhältnisse der außereuropäischen Länder eingegriffen haben und welche Verantwortung sich daraus für Europa ergibt. Wer die Kolonialgeschichte kennt, oder der eilige Leser mag diese Ausführungen überspringen. Sie werden zu diesem Zwecke in besonderen Lettern gefasst.

4.1.1 Die Entwicklung der internationalen Handelsbeziehungen, des Imperialismus und der Kolonisation bis zum Ersten Weltkrieg

Schon vor Tausenden von Jahren wurden von unternehmungslustigen Händlern Waren durch die ganze Welt transportiert. Zumeist waren es insbesondere Güter, die in anderen Ländern nicht vorkamen, wie Bernstein von der Ostsee, Elfenbein und Gewürze aus Afrika und Asien oder besondere Kunstgegenstände nach der Art der jeweiligen Völker.

H. Schumacher schreibt: >>Die Seehandel treibenden Bewohner Phöniziens galten allgemein als die ersten Überseekolonisatoren. Sie errichteten schon um 1100 v. Chr. Kolonien an den Küsten des Mittelmeeres. Seit dem 8. Jahrhundert v. Chr. folgten viele griechische Stadtstaaten diesem Beispiel und gründeten Handelsniederlassungen im Mittelmeerraum. Die Stadt Karthago, als phönizische Kolonie gegründet, wurde selbst eine bedeutende Kolonialmacht: Die Karthager errichteten ein auf der Kontrolle der Schifffahrt des Mittelmeeres basierendes Handelsimperium, zu dem auch Kolonien in Spanien und auf Sizilien gehörten. Das Reich der Karthager wurde in den Punischen Kriegen (3. bis 2. Jahrhundert v. Chr.) von Rom vernichtet. In den folgenden Jahrhunderten dehnten die Römer ihren Herrschaftsbereich kontinuierlich aus und herrschten als Kolonialmacht über weite Teile Europas und des Nahen Ostens.<<[47]

Wie *Die Zeit* schreibt, entstand in Westeuropa der Wille, fremde Länder für den Handel zu erschließen, >>mit den kapitalistischen Wirtschaftssystemen ... ab dem 16. Jahrhundert. Denn der Bedarf an Rohstoffen, Gold, Gewürzen und Farbstoffen war in Europa hoch und nicht mehr durch die lokalen Ressourcen zu decken. Die Waren von Zwischenhändlern wie dem Osmanischen Reich zu kaufen, war teuer. Auch das Bevölkerungswachstum und der steigende Bedarf an Nahrungsmitteln führten dazu, dass die Europäer Kolonien errichteten. Die Industrialisierung beförderte die Bewegung zusätzlich.

Kaufleute schlossen sich zu Handelsgesellschaften zusammen und finanzierten ebenso wie Könige und Adelige die Fahrten in die neue Welt. So entstand zunächst ein weltumspannendes Handelsnetz. Die Herrschaft über Kolonien erlangten die Machthaber Europas, indem sie Militär in die Kolonien entsendeten und Zivilverwaltungen aufbauten. Dieses Vorgehen rechtfertigten sie damit, dass sie die Bevölkerung in den kolonialen Besitzungen für minderwertig erklärten. Die sogenannten Wilden betrachteten sie als rassisch unterlegen, als unzivilisiert und unfähig, sich selbst zu verwalten. Es galt daher als legitim, sie in den Kolonien zur Arbeit zu zwingen oder als Sklaven zu exportieren.

Kolonialmächte wollten Kolonien aber nicht nur beherrschen und ausbeuten, sondern ihnen auch ihre Kulturen und Religionen aufprägen. Die Kirchen entsandten Missionare, um die Menschen in den Kolonien zu christianisieren. Die Kolonialverwaltungen zwangen der Bevölkerung die Sprache der Kolonialherren auf und versuchten, regionale Traditionen abzuschaffen. Gleichzeitig nutzten Wissenschaftler die koloniale Bevölkerung als Forschungsgegenstand.<<[48]

H. Schumacher beschreibt die weitere Entwicklung der Kolonialgeschichte: >>Mit der Eroberung des marokkanischen Ceuta 1415 und der Errichtung von Stützpunkten an der afrikanischen Küste zum Zweck des Gold- und Sklavenhandels eröffnete Portugal die europäische Expansion. Den eigentlichen Beginn der Epoche des neuzeitlichen Kolonialismus setzten jedoch die Entdeckung Amerikas durch Kolumbus von Spanien aus (1492) und die Erschließung des Seeweges nach Indien durch den Portugiesen Vasco da Gama (1498). Im Vertrag von Tordesillas (...) verständigten sich Spanien und Portugal, die beiden ersten Kolonialmächte der Neuzeit, über die Aufteilung der noch unerschlossenen Teile der Erde.

Spanien und Portugal verfolgten in ihren Einflusszonen unterschiedliche Kolonialstrategien. Die Spanier eroberten innerhalb weniger Jahrzehnte weite Teile Süd- und Mittelamerikas sowie der Karibik; die Konquistadoren errichteten riesige Vizekönigreiche (Neuspanien 1535, Peru 1543), bauten systematisch die überseeische Territorialverwaltung und die wirtschaftliche Erschließung aus und unterwarfen die einheimische Bevölkerung einem drastischen Ausbeutungssystem (Encomienda). Die Territorien und der Goldreichtum der Kolonien sicherten für eine Weile den Anspruch der spanischen Krone auf die Vorherrschaft in Europa und in der Welt.

Die Portugiesen nahmen 1500 Brasilien in Besitz, gliederten es als integralen Bestandteil ihrer Monarchie ein, kolonisierten es auf der Basis des Zuckerrohranbaus und nutzten extensiv ihr Monopol auf den transatlantischen Handel mit Sklaven, die sie über ihre afrikanischen Stützpunkte geliefert bekamen. Da es den Portugiesen im Übrigen vornehmlich um die Vorherrschaft im Gewürzhandel ging, für den sie

[47] http://www.hschumacher.de/html/kolonialismus.html.
[48] Zeit-Online 30. 3. 2012: *Europäischer Kolonialismus*, http://blog.zeit.de/schueler/2012/03/30/kolonialismus/.

Festungen und Handelsposten an den Küsten Westafrikas (u. a. Moçambique, Sansibar), Indiens (Goa, Kalikut) und Chinas (Macao) errichteten, verzichteten sie auf eine weiträumige Eroberung des Landesinneren, zumal sie auch aufgrund der im Vergleich zu Spanien wesentlich geringeren Kapazitäten dazu kaum in der Lage waren. Ende des 16. Jahrhunderts machten Engländer und Holländer den Portugiesen das Monopol im Fernhandel mit Ostasien streitig und verdrängten sie nach und nach aus ihren Stützpunkten; Anfang des 17. Jahrhunderts etablierte sich die englische Ostindische Kompanie in Indien und begann 1757 mit der Eroberung des Subkontinents, und um 1800 hatten die Holländer die Herrschaft über Java und Ceylon (heute Sri Lanka) erlangt.<< [49]

>>Ende des 16. Jahrhunderts traten die Niederlande durch die Aktivitäten der privilegierten Privatgesellschaft Vereenigde Oostindische Companie in den Kreis der Kolonialmächte. 1619 wurde Batavia (Jakarta) auf Java erobert, das Zentrum des niederländischen Kolonialreiches wurde. Die Gründung von Kapstadt als Proviantstation 1652 auf der Route nach Südostasien ermöglichte die Zuwanderung von Siedlern, die als Buren bald ein vom Mutterland abgeschiedenes Eigenleben entwickelten. Sie drangen auf Trecks ins Landesinnere vor und gründeten im 19. Jahrhundert mehrere Republiken, u. a. den Oranje-Freistaat und die Südafrikanische Republik (Transvaal).<< [50]

>>Die Ankunft und Ansiedelung englischer Kolonisten, die aus religiösen Gründen emigriert waren, in Amerika in der ersten Hälfte des 17. Jahrhunderts legten den Grundstein für die Entstehung der 13 englischen Kolonien an der nordamerikanischen Ostküste. Auf der Grundlage einer massiven Zuwanderung aus Europa dehnten die Kolonien ihr Siedlungsgebiet sukzessive nach Westen aus, wobei sie mehrmals in kriegerische Konflikte mit den Franzosen gerieten, die 1608 Quebec gegründet hatten und in die gleiche Richtung expandierten. Gegenüber den Indianern setzten sich die britischen Siedler trotz teilweise heftigen Widerstands mit einer kompromisslosen Vertreibungs- und Vernichtungspolitik durch. Die von England geübte Praxis, die Kolonien weitgehend der Selbstverwaltung zu überlassen, barg die Gefahr, dass diese sich rasch vom Mutterland emanzipierten, dass sie eher zu rebellieren begannen, wenn die Politik des Mutterlandes den Interessen der Kolonie zuwiderlief. Ein solcher Konflikt mündete 1776 in die Unabhängigkeitserklärung der britischen Kolonien in Nordamerika und im Unabhängigkeitskrieg, aus dem die USA siegreich und als souveräner Staat hervorgingen.

Ungeachtet dieser Niederlage blieb England, das im Siebenjährigen Krieg (1756-1763) Frankreich im Kampf um die koloniale Vorherrschaft besiegt hatte, führende Kolonialmacht. Zum Kern des britischen Empire entwickelte sich im 18. Jahrhundert der indische Subkontinent, den sich die 1600 gegründete East India Company vollständig erschloss, nachdem sie bis 1761 die französischen Kolonisatoren verdrängt hatte. 1858 musste die Kompanie nach einer breiten Aufstandsbewegung im Norden Indiens ihre Herrschaft über den Subkontinent an die britische Regierung übertragen. <<[51]

>>Frankreich gründete seit 1608 Handels- und Militärstationen in Kanada und dehnte seinen Einflussbereich weiter in den Westen und Süden aus. Im Konflikt mit Großbritannien musste es sich 1763 nach dem Siebenjährigen Krieg aus den südlichen Teilen seiner Eroberungen, die sich über den ganzen Kontinent bis an den Golf von Mexiko (Lousiana) erstreckten, zurückziehen.<< [52]

>>Im Gefolge der industriellen Revolution, die den Drang der Europäer nach Rohstoffen verstärkte und zugleich ihre waffentechnischen Vorteile noch weiter ausbaute, wandelten sich im 19. Jahrhundert Intention und Ausprägung des Kolonialismus. Mit Nachdruck wurden überseeische Gebiete in Besitz genommen: In der Absicht, ein neues Kolonialreich aufzubauen, eroberte Frankreich Algerien (1830-1847), erweiterte seine Kolonien im Senegal und begann mit der Eroberung Indochinas. Großbritannien expandierte auf dem indischen Subkontinent, gliederte zahlreiche Territorien in das Empire ein, darunter die

---

[49] http://www.hschumacher.de/html/kolonialismus.html.
[50] http://www.hschumacher.de/html/kolonialismus.html.
[51] a.a.O.
[52] a.a.O.

Kapkolonie (1815), Australien und Neuseeland (1840), Natal (Südafrika, 1843), Burma (1852) und Lagos (Nigeria, 1861). Zugleich wurden neue Regionen für den Handel und als Einflussgebiete europäischer Nationen erschlossen, so das Osmanische Reich und Ägypten, Persien, Teile Chinas und Japan.<<[53]

>>Eine neue Dynamik entfaltete der europäische Kolonialismus nach der Eröffnung des Suezkanals 1869 und vor allem der Besetzung Ägyptens durch Großbritannien 1882. Die Rivalität unter den europäischen Mächten um die noch nicht kolonisierten Gebiete und geostrategische Vorteile steigerte sich zu einem Wettlauf der kolonialen Expansion, an dem sich nach der deutschen Reichsgründung 1871 auch Deutschland beteiligte (...). Um das Kriegsrisiko zu vermindern, verständigten sich die Großmächte auf die gegenseitige Abgrenzung ihrer Interessengebiete; auf der bedeutendsten dieser Teilungskonferenzen, der Berliner Afrika-Konferenz (Kongo-Konferenz) 1885, teilten die Kolonialmächte Afrika komplett untereinander auf: Frankreich übernahm die Regionen nördlich und südlich der Sahara (Französisch-Westafrika und Französisch-Äquatorialafrika), die Briten den größten Teil des Ostens (Britisch-Ostafrika) und des Südens, der Anspruch des Deutschen Reiches auf mittelafrikanische Gebiete wurde anerkannt, Portugal dehnte seine Küstenenklaven von Angola und Moçambique ins Landesinnere aus, Belgiens König Leopold wurde die Kongoregion als privater Kongo-Freistaat zugesprochen. Die Kolonialisierung des Kontinents (mit Ausnahme Liberias und Äthiopiens) erfolgte ohne jede Rücksicht auf die Interessen der Völker Afrikas und war 1900 praktisch abgeschlossen. Dabei kam es in Regionen, in denen sich die Interessen der Kolonialmächte überschnitten, z. B. im Sudan und in Marokko, zu Konflikten (Faschodakrise zwischen Frankreich und Großbritannien 1898, Marokkokrisen 1905 und 1911 zwischen Deutschland und Frankreich), die zur Verschlechterung des internationalen Klimas und einer Steigerung des Wettrüstens, insbesondere des Flottenbaus, beitrugen.

Gegenüber dem politisch geschwächten China verständigten sich die Großmächte, von denen einige schon bedeutende Gebiete in China kontrollierten, 1899/1900 auf eine Politik der offenen Tür. Die USA hatten sich gegen eine regionale Aufteilung Chinas nach dem Muster Afrikas gewandt, um allen Staaten einen ungehinderten Zugang zum potentiell riesigen chinesischen Markt zu gewährleisten. Zur Niederschlagung des Boxeraufstands (1900) bildeten sie ein gemeinsames Expeditionskorps, das für die unbedingte Durchsetzung ihrer imperialistischen Interessen sorgte.<<[54]

>>Als „verspätete Nation" machte Deutschland nach anfänglichem Zögern des Reichskanzlers Otto von Bismarck erst seit den achtziger Jahren des 19. Jahrhunderts expansionistische Interessen in Übersee geltend. Vorkämpfer und erste Träger der Kolonialpolitik waren Kolonialgesellschaften, besonders der Deutsche Kolonialverein und die Gesellschaft für deutsche Kolonisation unter Führung von Carl Peters, die sich 1887 zur Deutschen Kolonialgesellschaft zusammenschlossen. 1884/85 stellte Bismarck die ersten Gebietserwerbungen – in Südwestafrika (heue Namibia), Togo, Kamerun, Ostafrika und im Pazifik – unter den „Schutz" des Reiches. Zwar wertete Bismarck diese Kolonien öffentlich lediglich als unbedeutende Handelsstützpunkte, doch brachte er mit ihnen Deutschland in den Kreis der Kolonialmächte. Die von Bismarck geleitete Berliner Afrika-Konferenz 1885 bestätigte die deutsche Kolonialansprüche in Afrika und im Pazifik. ... In der zweiten Welle der Kolonialerwerbungen (1897-1899) kamen nur vergleichsweise unbedeutende Gebiete hinzu: Kiautschou in China als Flottenstützpunkt, Nauru, die Karolinen-, Marianen-, Palau- und West-Samoa-Inseln im Pazifik.<<[55]

In den nicht-europäischen Ländern gab es für die Industrialisierung keine mit europäischen Ländern vergleichbaren Voraussetzungen. Sie waren daher dem Handelsinteresse der entwickelteren Industrieländer schutzlos ausgeliefert und konnten sich auch militärisch dagegen nicht wehren. Je nach kulturellem und zivilisatorischem Entwicklungsstand gab es allerdings Unterschiede zwischen den Entwicklungs-

---

[53] a.a.O.
[54] http://www.hschumacher.de/html/kolonialismus.html.
[55] a.a.O.

ländern. Die ostasiatischen Hochkulturen, wie Japan und China, waren wegen ihres kulturellen und zivilisatorischen Entwicklungsstandes als Handelspartner für die europäischen Industrieländer nicht nur interessanter als kulturell weniger entwickelte Länder. Sie konnten ihre Souveränität auch entsprechend bewahren, mussten den europäischen Ländern allerdings Handelskonzessionen zubilligen.

Solange sie die eigenen Märkte und die eigene Industrie nicht schützen konnten, waren sie aber dem Diktat der europäischen Handelsinteressen ausgeliefert, und zwar so sehr, dass China sogar der Import von Opium vorgeschrieben wurde. Allerdings konnten Japan und China sich mental für westliches Denken und Wirtschaften öffnen und sich deshalb selbst auch industrialisieren.

Auch Japan musste sich zunächst ungleichen Handelsverträgen unterwerfen. Marcus Kunath schreibt: >>Als die Kriegsschiffe des Admirals Perry schließlich die Öffnung des Landes erzwangen, musste Japan den westlichen Nationen in den Handelsverträgen von 1858 eine Reihe von Konzessionen einräumen, die jenen einen erheblichen Vorteil verschafften:

So bestimmten die Verträge extraterritoriale Rechtsprechung für westliche Staatsangehörige durch ihre jeweiligen Konsuln, bis Japan schließlich im Jahre 1899 seine eigene Rechtsgewalt uneingeschränkt durchsetzen konnte.

Weiterhin verlor Japan seine Zollautonomie und musste sich dem 1866 einseitig festgesetzten Einheitszolltarif von 5% unterwerfen.

Von äußerst schädlicher Wirkung für den Staatshaushalt schließlich war die Festlegung eines externen Wechselkurses für Gold- und Silbermünzen, der durch seine Nichtübereinstimmung mit dem internen Wechselkurs die Möglichkeit für Arbitragegeschäfte bot und bis zu seiner Revision im Jahre 1860 einen substanziellen Verlust der japanischen Goldreserven zu verantworten hatte[56].<< [57]

Im Gegensatz zu Japan musste China westlichen Ländern Gebiete für Handelsniederlassungen abtreten, wie Hongkong, Macau, Tsingtau und weiter unter ungleichen Verträgen leiden.

Weit mehr als in allen übrigen Kolonien und abhängigen Gebieten hatten sich Auswanderer, die wegen Arbeitslosigkeit oder als verfolgte christliche Sekten Europa verlassen hatten, in Amerika angesiedelt. Sie bildeten dort nicht nur die gesellschaftlichen Eliten, sie fühlten sich auch als Bürger Amerikas und damit auch selbst von den Kolonialmächten unterdrückt. Es kam zu Unabhängigkeitskämpfen, in denen sich die *Vereinigten Staaten von Amerika* bereits im 18. Jahrhundert zur unabhängigen Republik erklären konnten.

>>Gewachsenes Selbstbewusstsein der spanischen Statthalter in Südamerika, die zudem vom Unabhängigkeitskampf der britischen Siedler in Nordamerika beflügelt wurden, führten<<, wie H. Schumacher schreibt, >>im ersten Drittel des 19. Jahrhunderts zu einer relativ raschen Ablösung der spanischen Überseegebiete vom Mutterland. Gleichfalls als Konsequenz aus gewachsenen Widersprüchen zwischen der portugiesischen Herrenschicht in der Kolonie und der Zentrale in Europa erklärte sich 1822 Brasilien zur unabhängigen, konstitutionellen Monarchie.<< [58]

Besonders ungünstig war die Marktposition afrikanischer Länder gegenüber den Industrieländern. Die Afrikaner lebten in Stammesverbänden als Tierzüchter und Landwirte, die von ihrem eigenen Acker lebten. Afrika hatte ursprünglich kaum Produkte, die für Industrieländer interessant waren und entsprechend auch kaum Kaufkraft. So konnten afrikanische Potentaten zunächst eigentlich nur Sklaven verkaufen, die bei Kämpfen mit anderen Stämmen gefangen genommen worden waren.

Um aus Afrika einen finanziellen Nutzen ziehen zu können, mussten diese Gebiete kolonisiert und, wie Sören Utermark in Bezug auf die deutschen afrikanischen Kolonien schreibt, >>bestimmte Voraussetzungen erfüllt werden, Hierzu gehörten insbesondere die Etablierung des deutschen Machtapparates, das

---

[56] Baba, Masao/Tatemoto, Masahiro: *Foreign Trade and Economic Growth in Japan: 1858-1937.* S.162f.
[57] Marcus Kunath: *Japans Industrielle Revolution im 19. Jahrhundert.* TU Dresden 2005, S.7f. http://www.qucosa.de/fileadmin/data/qucosa/documents/1458/1140508799041-4763.pdf.
[58] http://www.hschumacher.de/html/kolonialismus.html.

heißt die völlige Inbesitznahme des Landes, die Unterwerfung der dort ansässigen Menschen, der Aufbau einer Verwaltung und Infrastruktur sowie das Ansiedeln von Siedler, Kaufleuten und Wirtschaftsgesellschaften.<<[59] Die Kolonisation erlaubte es weißen Siedlern nach Afrika zu kommen, den Einheimischen den größten Teil des Bodens wegzunehmen und Plantagen zu gründen, auf denen exportfähige Produkte angebaut wurden.

Dabei gab es aber Probleme mit der Beschäftigung von einheimischen Arbeitskräften. Dazu Sören Utermark: >>Ein grundlegender Umstand, der zu einem nicht ausreichenden Angebot an Arbeitskräften führte, war die Subsistenzwirtschaft der autochthonen Bevölkerung. So gab es viele Stämme, die von Jagd, Fischfang oder ausschließlich von der Viehzucht lebten. Vielerorts waren die Einheimischen fest in das althergebrachte Gefüge dieser Wirtschaftsform eingebunden, so dass es für viele zunächst keine Notwendigkeit darstellte, in Lohnarbeit bei den Europäern zu treten. Ein weiteres Problem ergab sich dadurch, dass die afrikanischen Arbeitskräfte meistens über große Entfernungen herangeholt werden mussten. Dies wurde noch erschwert durch die Tatsache, dass viele Arbeitskräfte auf den Plantagen nur saisonal beschäftigt werden konnten, was wiederum Probleme für die Existenzsicherung in der übrigen Zeit mit sich brachte. Auch war es sicherlich für viele Afrikaner unvorstellbar, ihre Familien für einen längeren Zeitraum zu verlassen und auf einer Plantage fernab ihrer Heimat zu arbeiten. Diese Abneigung wurde noch dadurch verstärkt, dass den Afrikanern die Entführungen und Verschleppungen aus der Zeit der Sklavenjagden noch in Erinnerung gewesen sein müssen.[60]

Betrachtet man des Weiteren die Art und Weise des Auftretens sowie die Handlungen der Kolonialherren, ist es nicht verwunderlich, dass die eingeborene Bevölkerung kein großes Interesse an Lohnarbeiten auf deutschen Betrieben hatte. Die deutschen Kolonialherren kamen als eine fremde Macht in die afrikanischen Länder, unterjochten in relativ kurzer Zeit die uransässige Bevölkerung und zerstörten die indigenen Strukturen. Mit den Methoden des Landraubs, der Enteignung, der rigorosen Anwendung von Gewalt und Vertreibung, begleitet von einem rassistischen und äußerst abwertenden Überlegenheitsgefühl sollte in den Kolonien von Anfang an ein deutsches Werte- und Arbeitssystem eingeführt werden.<<[61]

Utermark unterscheidet dabei die Zeit bis 1906, deren Probleme in Deutschland sehr kritisiert wurden, und die sogenannte reformatorische Zeit, in der der neue Kolonialbeauftragte Dernburg für die afrikanischen Kolonien zuständig war, und schreibt: >>In der praereformerischen Zeit versuchte die deutsche Kolonialverwaltung mit Hilfe der Anwendung von Zwangsmethoden, den stetig wachsenden Bedarf an indigenen Arbeitskräften zu decken. Die Zwangsmethoden lassen sich in drei Formen unterteilen:

- „Rechtmäßige Zwangsarbeit". Durch Verordnungen konnten die Afrikaner zu unentgeltlichen Arbeiten (z.B. Wegebau) herangezogen werden. Offiziell war die Zwangsarbeit rechtmäßig, wenn sie im öffentlichen Interesse von der Kolonialverwaltung angeordnet wurde.[62]. Mit Genehmigung der Gouvernements wurden zudem männliche Eingeborene „auch zu anderen Arbeiten", meist auf europäischen Plantagen herangezogen[63]. Auch sollte durch unentgeltliche Regierungsarbeiten die Bereitschaft der Afrikaner gefördert werden, bevorzugt auf privaten Plantagen besser bezahlte Lohnarbeit zu leisten. Somit wurden die Afrikaner nicht nur zu unbezahlten Zwangsarbeiten herangezogen, um dem öffentlichen Wohl zu dienen, sondern auch, um sie indirekt zur Lohnarbeit bei privaten Arbeitgebern zu bewegen. Ein genereller

[59] Sören Utermark: „Schwarzer Untertan versus schwarzer Bruder". Bernhard Dernburgs Reformen in den Kolonien Deutsch-Ostafrika, Deutsch-Südwestafrika, Togo und Kamerun, Dissertation, S.61.
[60] Vgl. Gründer, Horst: Geschichte der deutschen Kolonien, S. 151.
[61] Sören Utermark: a.a.O.
[62] Claß, Paul: Die Rechtsverhältnisse der freien farbigen Arbeiter in den deutschen Schutzgebieten Afrikas und der Südsee, S. 73.
[63] Vgl. § 2 der Instruktion zur Ausführung der Verordnung, betreffend die Heranziehung der Eingeborenen zu öffentlichen Arbeiten. In: Zimmermann, Alfred (Hg.): Die deutsche Kolonial-Gesetzgebung, Bd. 9/10, S. 108.

Arbeitszwang bestand für alle portugiesisch-ostafrikanischen Kolonien für sämtliche arbeitsfähige Afrikaner; ebenso in den französischen, britischen und belgischen Kolonien.[64]

- Rechtswidrige Zwangsarbeit. Vor allem in Kamerun und Deutsch-Ostafrika wurden die Afrikaner rechtswidrig und unter Anwendung von Gewalt zu entlohnten Arbeitsleistungen auf europäischen Plantagen gezwungen[65].
- Indirekter Arbeitszwang. Indirekt sollten die Afrikaner durch Steuern, Enteignungen oder, wie im Falle Deutsch-Südwestafrikas, durch Landstreichergesetze zur Lohnarbeit bewogen werden [66]. Eine Steuergesetzgebung als indirektes Zwangsmittel zur Aufnahme von Lohnarbeit war allerdings nur bedingt geeignet, da sie in der Regel nur die Afrikaner betraf, die nicht an den Eingeborenenproduktionen im verkehrsmäßig schlecht erschlossenen Landesinneren beteiligt waren. Mit der Erschließung des Landesinneren durch den Bau von Bahnlinien verbesserte sich allerdings nach dem Amtsantritt Dernburgs auch deren Möglichkeit, landwirtschaftliche Produkte für den Markt zu erzeugen und gegen Bargeld zu verkaufen. In der Ära Dernburgs verringerte sich daher durch die Erschließung der Kolonien die Wirksamkeit der Steuergesetzgebung als Zwangsmittel zur Lohnarbeit [67].<<[68]

Ähnliches ist aus den Kolonien anderer Länder zu berichten.

>>Die Portugiesen hatten die Leibeigenschaft durch die sogenannte Kontraktarbeit ersetzt. Schwarze, die nicht nachweisen konnten, dass sie freiwillig ein halbes Jahr lang gearbeitet hatten, mussten kostenlose Zwangsarbeit auf den Feldern verrichten. Die meisten Arbeiter mussten sogar ihr Essen und ihre Geräte mitbringen. Die Zwangsarbeiter waren rechtlos wie Gulag-Sträflinge. Sie konnten beliebig von einer Kolonie in eine andere gebracht werden. Noch Anfang der fünfziger Jahre [19. Jhd.] wurden mehrere hunderttausend Kontraktarbeiter zwischen den portugiesischen Kolonien hin und her oder nach Rhodesien und Südafrika verschoben<<.[69]

>>Als der amerikanische Abenteurer Henry Morton Stanley die Kongo-Kolonie in den siebziger Jahren des 19. Jahrhunderts für den belgischen König Leopold II. erwarb, lebten dort über 20 Millionen Menschen. Bis zum Ersten Weltkrieg war die Bevölkerung um rund 10 Millionen zusammengeschmolzen. Es war die Folge des Genozids, der als Kongo-Gräuel in die Geschichte eingegangen ist.<< [70]

Berichte über die zum Teil skandalösen menschenverachtenden Verhaltensweisen der gegenüber den indigenen Völkern, gibt es aus allen Kolonien.

4.1.2 Die Kolonisierung des Nahen Ostens und Nordafrikas durch die Errichtung von französischen und britischen Mandatsgebieten nach dem Ersten Weltkrieg

Das den Nahen Osten und Nordafrika beherrschende Osmanische Sultanat war zum sogenannten „Kranken Mann am Bosporus" geworden und infolge des Ersten Weltkrieges zerbrochen. Damit entstand für die europäischen Kolonialmächte Großbritannien und Frankreich eine neue Lage.

Persien und das Osmanische Reich waren ein Bollwerk gegen das die Seewege nach Indien potenziell bedrohende Russland und damit natürliche Verbündete Großbritanniens gegen Russland. Der Nahe Osten und Persien gewannen auch durch die entdeckten Ölvorkommen zunehmend an strategischer Bedeutung.

---

[64] Claß, Paul: Die Rechtsverhältnisse der freien farbigen Arbeiter ..., S. 73.
[65] Schröder, Peter: *Gesetzgebung und Arbeiterfrage in den Kolonien*, S. 366-370.
[66] Claß, Paul: a.a.O., S. 74ff.
[67] Schröder, Peter: *Gesetzgebung und Arbeiterfrage in den Kolonien*, S. 593.
[68] Sören Utermark: *„Schwarzer Untertan versus schwarzer Bruder"*, S.61f.
[69] Erich Wiedemann: DAS ZEITALTER DER KOLONIEN ZWIESPÄLTIGES ERBE, in: SPIEGEL SPECIAL Geschichte 2/2007, S.40.
[70] Erich Wiedemann: S.41.

die auch nicht den Russen zufallen sollten. Solange das Osmanische Reich existierte, konnten die Ölquellen durch Konzessionsverträge gemeinsam mit Frankreich und der Türkei ausgebeutet werden.

Die wohlwollende Politik gegenüber dem Osmanischen Reich musste England jedoch unterbrechen, als sich vor dem Ersten Weltkrieg die Beziehungen der Türken zum Deutschen Kaiserreich intensivierten und die Türkei im Ersten Weltkrieg Bündnispartner Deutschlands wurde.

Georg Brunold schreibt: >>Die Briten sehen sich dadurch gezwungen, binnen weniger Wochen ihre Nahostpolitik zu revidieren, der sie während des ganzen 19. Jahrhunderts die Treue gehalten haben. Deren Imperativ war die Erhaltung des angeschlagenen Großreichs. Schon im Krimkrieg der Jahre 1853 bis 1856 stehen Briten und Franzosen den Türken gegen Russland bei. An dessen Vorabend hatte Zar Nikolaus I. in einem Gespräch mit dem britischen Botschafter den Sultan der Hohen Pforte – der Regierung in Konstantinopel – spöttisch als "kranken Mann am Bosporus" bezeichnet, ein Titel, der über Nacht auf das gesamte Osmanische Reich überging. Doch bis zur Stunde hat der morsche Koloss an den britischen Verbindungswegen nach Indien, dem Kronjuwel des viktorianischen Empire, den Briten weniger Sorgen bereitet als die Visionen des Chaos nach seinem Zusammenbruch.<<[71]

So begann Großbritannien die Unabhängigkeitsbestrebungen der von der Türkei beherrschten arabischen Länder nicht nur zu unterstützen, sondern sogar zu provozieren. Wikipedia schreibt: >>1916 einte Emir Faisal I. die Beduinenstämme gegen die osmanische Vorherrschaft und beteiligte sich maßgeblich an den Guerillaaktionen während des Ersten Weltkriegs. Gemeinsam mit dem britischen Offizier T. E. Lawrence stand er im Kampf für die Unabhängigkeit der arabischen Halbinsel. Er kämpfte erfolgreich in Palästina und Syrien. 1918 erreichten die arabischen Truppen Damaskus.<<[72] >>Vom syrischen Nationalkongress wurde Faisal am 7. März 1920 zum König von Syrien proklamiert.<<[73]

Frankreich und England erfüllten die vorher geschürten Unabhängigkeitshoffnungen der Araber nicht, sondern machten eigene Herrschaftsansprüche geltend. Georg Brunold schreibt: Bereits das geheime >>Sykes-Picot-Abkommen vom 16. Mai 1916 teilt die arabischen Osmanenprovinzen in britische und französische Einflusszonen auf. An Frankreich sollten die Gebiete des heutigen Libanons und Syriens gehen sowie die Vilâyet Mossul. Großbritannien beansprucht für sich Palästina und die osmanischen Vilâyets Bagdad und Basra. Auch Russland [das im Ersten Weltkrieg Bündnispartner war] wird in dem Abkommen nicht vergessen: Konstantinopel mit den Meerengen und Armenien sollen fortan zum Zarenreich gehören – ein Plan, der hinfällig wird, als im Jahr darauf die Bolschewisten die Macht übernehmen und das Geheimabkommen veröffentlichen.<<[74]

>>Aufgrund des Sykes-Picot-Abkommens erhielt Frankreich jedoch auf der San-Remo-Konferenz im April 1920 das Völkerbundmandat für Syrien und Libanon. Faisal I. wurde daraufhin nach der Schlacht von Maysalun am 24. Juli 1920 durch die Franzosen vertrieben und ging nach Großbritannien ins Exil.[75]<<[76]

Großbritannien erhielt die Treuhandschaft über Palästina und Mesopotamien. Das britische Mandatsgebiet Mesopotamien umfasste drei unterschiedliche Gebiete: die türkischen Reichsprovinzen Basra, Bagdad und, abgetreten von Frankreich, Mossul, drei sehr unterschiedliche Gebiete mit unterschiedlichen Bevölkerungsanteilen und Religionszugehörigkeit. Abgesehen davon, dass diese drei Provinzen mit ihren jeweiligen unterschiedlichen Bevölkerungsanteilen und Unterschieden untereinander bereits das Konfliktpotenzial bildeten, das bis heute den Irak bestimmt, verhielten sie sich auch rebellisch gegenüber der britischen Mandatsmacht.

---

[71] Georg Brunold: *Die Erfindung des Iraks*, in: http://www.zeit.de/2015/03/osmanisches-reich-entstehung-irak-winston-churchill.

[72] https://de.wikipedia.org/wiki/Faisal_I.

[73] https://de.wikipedia.org/wiki/Faisal_I.

[74] Georg Brunold: *Die Erfindung des Iraks*.

[75] Al-Massad Joseph: Colonial Effects. *The Making of National Jordan*, S. 102ff.

[76] https://de.wikipedia.org/wiki/Faisal_I.

4.1.3 Was hat die Kolonisation und Beherrschung von Protektoratsgebieten für die Europäer und für die Kolonien und Protektoratsgebiete gebracht?

Die ursprüngliche Motivation der Industrieländer für die Ausdehnung des Handels auf die Entwicklungsländer war, zusätzliche Absatzmärkte zu finden und mehr und günstiger Rohstoffe importieren zu können. Fragt man, ob dieses Ziel erreicht wurde, so ist die Antwort zumindest für die Zeit der Kolonisation überwiegend negativ.

Ein extremes Beispiel dafür ist der Nutzen, oder sagen wir besser der Verlust, den das deutsche Kaiserreich aus seinen Kolonien zog. Dazu berichtet Sören Utermark: >>Um zunächst die Frage nach dem Stellenwert der Kolonien als Rohstofflieferanten zu klären, bedarf es einer Betrachtung der Importe aus den Kolonien in das Reich sowie des Anteils der Kolonialimporte am deutschen Gesamtimport. Die folgenden Angaben beziehen sich ausschließlich auf die deutsch-afrikanischen Kolonien[77]<<[78]

Jahr	Import aus den Kol. in das Reich (in Mio. Mark)	Deutscher Gesamtimport (in Mio. Mark)	Prozentualer Anteil des Imports aus Kolonien am Gesamtimport des Deutschen Reiches
1895	3,37	4566	0,07%
1900	5,76	6406	0,09%
1910	41,52	9535	0,44%
1913	42,51	11638	0,37%

Entsprechend niedrig waren die deutschen Exporte in die deutschen Kolonien:

Jahr	Export aus dem Reich in die Kolonien (in Mio. Mark)	Deutscher Gesamtexport (in Mio. Mark)	Prozentualer Anteil des Exports in die Kolonien am Gesamtexport des Deutschen Reiches
1895	4,90	4132	0,13%
1900	17,54	5101	0,34%
1910	43,78	8080	0,54%
1913	52,02	10892	0,48%

[79]

Für den deutschen Steuerzahler war die Unterhaltung der Kolonien ein Minusgeschäft. >>Die Einnahmen der Kolonien setzten sich hauptsächlich aus Zöllen, Steuern und Gebühren zusammen […]. Die Zölle bildeten dabei die Haupteinnahmequelle […]. Jede Kolonie bildete ein gegenüber dem Deutschen Reich abgeschlossenes Zollgebiet mit eigenen Ein- und Ausfuhrzöllen. Dementsprechend

---

[77] Zusammengestellt von Sören Utermark aus: Stat..s Jahrbuch für das Deutsche Reich, Bd. 1895-1914 in: Sören Utermark: „Schwarzer Untertan versus schwarzer Bruder", S.332.f
[78] Sören Utermark: S.110f.
[79] Zusammengestellt von Sören Utermark aus: Stat. Jb. für das Deutsche Reich, Bd., a. a.O. S.333.

wurden die kolonialen Güter bei der Einfuhr in das Deutsche Reich verzollt. Dies galt umgekehrt auch für die Kolonien [...].<<[80]

Die Einnahmen reichten aber nicht aus, um die Staatsausgaben zu finanzieren. Deswegen mussten während der Kolonialzeit, das heißt von 1894-1913, laufend Reichszuschüsse gewährt werden. Sie betrugen für Kamerun 58,1 %, für Deutsch-Südwestafrika 330,4 % und für Deutsch-Ostafrika 73,5 % der Einnahmen. Nur für Togo brauchten nur 5,4 % der Einnahmen an Reichszuschüssen aufgewendet werden.

Nach Horst Gründer stand dem nationalen kolonialen Verlustgeschäft >>allerdings von Anfang an die private Bereicherung einzelner Bodenspekulanten, Großreeder und Kolonialunternehmer bzw. Kolonialratsmitglieder, wie z.B. Woermann, Scharlach, von der Heydt, Hofmann, Douglas mitsamt ihren Handelsgesellschaften, gegenüber. Ebenso konnten die mit den Handels- und Schifffahrtsgesellschaften in Verbindung stehenden Banken dank der Kolonien große Gewinne verbuchen, wobei diese größtenteils aus staatlichen Subventionen und nur dank der vom Reich übernommenen Rolle als Verwalter und Garant erzielt werden konnten [81]. Insgesamt blieb die Entwicklung der Kolonien bei weitem hinter den anfänglichen Erwartungen zurück, so dass in der deutschen Öffentlichkeit die Kritik an den vielen Unzulänglichkeiten der deutschen Kolonialpolitik wuchs [82]<<[83]

Dieses Missverhältnis thematisierend erklärte Bebel 1899 >>im Deutschen Reichstag: "Wo immer wir die Geschichte der Kolonialpolitik in den letzten drei Jahrhunderten aufschlagen, überall begegnen wir Gewalttätigkeiten und die Unterdrückung der betreffenden Völkerschaften, die nicht selten schließlich mit deren vollständiger Ausrottung endet ... Und um die Ausbeutung der afrikanischen Bevölkerung im vollen Umfang und möglichst ungestört betreiben zu können, sollen aus den Taschen des Reiches, aus den Taschen der Steuerzahler Millionen verwendet werden ... Dass wir als Gegner jeder Unterdrückung nicht die Hand dazu bieten, werden Sie begreifen."<<[84]

Im Großen und Ganzen dürfte diese Minus-Bilanz auch für die anderen europäischen Staaten zutreffen. Erich Wiedemann schreibt: >>Gewiss, der Sklavenhandel war für die Europäer im 16. bis 18. Jahrhundert ein großes Geschäft gewesen. Doch dazu wurden keine Stützpunkte an Land benötigt. Die Einheimischen lieferten die Sklaven ja frei Schiff. Aber spätestens nachdem die Südstaaten der USA nach dem amerikanischen Bürgerkrieg (1861 bis 1865) die Sklaverei abschafften, galt auch dieses Ausbeutungsmodell als endgültig überholt.

Es ist wahr, einige Kolonien haben dazu beigetragen, einige Kolonialisten reich zu machen. Aber das waren Ausnahmen. Es gibt sogar Indizien für die Annahme, dass die Prosperität der europäischen Mächte im umgekehrten Verhältnis zur Ausdehnung ihrer Kolonialreiche stand.

Der Weltökonom Adam Smith hat 1776 vorgerechnet, dass die Kosten zum Erhalt der britischen Besitzungen in Nordamerika, illusionsbereinigt, in einem

---

[80] Sören Utermark: S.99.

[81] Vgl. Gründer, Horst: *Geschichte der deutschen Kolonien*, S. 240.

[82] So wurde insbesondere die Misswirtschaft sowie der Assessorismus und Bürokratismus der Kolonialverwaltung kritisiert. Vgl. Laak van, Dirk: *Über alles in der Welt*, S. 84.

[83] Utermark: S.110f.

[84] Erich Wiedemann: das Zeitalter der Kolonien *zwiespältiges Erbe*, a.O.S.45.

krassen Missverhältnis zum wirtschaftlichen Ertrag standen. Wenn man die defizitären Kolonien nicht rentabler machen könne, riet er, solle man sich besser von ihnen trennen. „Unsere Staatsmänner sollen endlich den goldenen Traum, den sie und wohl auch das Volk geträumt haben, verwirklichen oder aus ihm erwachen." England sei gut beraten, seine Politik der Mittelmäßigkeit seiner wirtschaftlichen Lage anzupassen.<< [85]

>>Marokko und Algerien waren für den französischen Imperialismus zwei willkommene Experimentierfelder, die sicher auch für die Wirtschaft in Frankreich von Nutzen waren. Aber wozu Mali, Mauretanien, Senegal, Tschad und Ubangi-Schari? Es war nur die Lust der Militärs am Muskelspiel, die sie veranlasste, sich fremder Territorien zu bemächtigen.

In der Privatwirtschaft sah die Kosten-Nutzen-Rechnung stellenweise günstiger aus. Eine Handvoll Reeder, Kaufleute und Plantagenbesitzer wurde mit dem Handel von Kaffee, Kakao, Elfenbein und Mineralien reich. Aber gesamtwirtschaftlich fielen diese Erträge nicht sonderlich ins Gewicht.

Kolonialafrika verfügt über enorme Bodenschätze. Doch die damals schon erschlossenen Ressourcen waren nicht sonderlich bedeutend. Die Bergwerksindustrie von Ghana erzeugte 1949 Diamanten im Handelswert von 6,4 Millionen Pfund Sterling. Das war der Gegenwert von gut drei Prozent der ghanaischen Auslandsreserven. Superrenditen aus der Gold- und Diamantenförderung wurden zwar in Südafrika gemacht. Doch darauf hatten die Kolonialisten keinen Zugriff. Und das Ölzeitalter hatte damals in Schwarzafrika noch nicht begonnen.<< [86]

Die Protektoratsgebiete erwiesen sich auch sehr bald als Kostenschlucker und Problemgebiete mit Ausnahme der Öl-Fördergebiete im Irak, den Arabischen Emiraten und dem Einfluss auf den Iran, aus denen riesige Gewinne gezogen wurden. Um Kosten einzusparen, hat Großbritannien trotzdem die Schutzverträge mit den Arabischen Emiraten gegen deren Willen 1971 gekündigt, so dass diese Länder sich gezwungen sahen, eine eigene Streitkraft aufzubauen. Die Oberherrschaft über Ägypten sicherte die Kanalgebühren für den Suezkanal.

Wie sieht das Ergebnis der Kolonisation nun für die betroffenen Entwicklungsländer aus? Ihre traditionelle Gesellschaft wurde zerstört. Sie wurden unterdrückt, erniedrigt und ausgebeutet.

Andererseits ist zu bedenken, dass die traditionellen Hochkulturen in Asien und Lateinamerika über Jahrtausende keine wesentliche wirtschaftliche und gesellschaftliche Weiterentwicklung erfahren haben und die Menschen in Afrika, Nordamerika und anderen Gebieten sich noch auf dem Stand der Sammler und Jäger oder allenfalls der Viehzüchter befanden und nur im geringen Umfang als Selbstversorger Agrarprodukte anbauten.

Bezüglich Afrika schreibt Sören Utermark: >>Die Lebensumstände auf dem Schwarzen Kontinent waren in der vorkolonialen Phase alles andere als paradiesisch. Afrika war kein naturbelassener Garten Eden, in dem edle Wilde von den Früchten ihrer ehrlichen Arbeit lebten und sich in Nächstenliebe übten. Er war ein vorwiegend finsterer Ort, der beherrscht war von Tyrannei, Sklaverei und zum

---

[85] Wiedemann: a.a.O.
[86] Wiedemann: S.46.

Teil von Kannibalismus.<<[87] Die Bevölkerung Afrikas wurde auch immer wieder dezimiert durch kriegerische Auseinandersetzungen. Deshalb waren viele Gebiete, um den inneren Frieden zu sichern, auch bereit, sich zu von europäischen Staaten garantierten Schutzgebieten zusammenzuschließen.

Auch von Vertretern der ehemaligen Kolonien wird anerkannt, >>dass die Kolonisierten von einzelnen Elementen des Kolonialismus auch profitiert haben. Der indische Ministerpräsident Manmohan Singh hat in einer Rede vor den Studenten der Universität Oxford sein Heimatland Indien als das "leuchtendste Juwel in der britischen Krone" gepriesen. Indien, so sagte er, sei zwar zu Beginn des 20. Jahrhunderts das Land mit dem geringsten Pro-Kopf-Einkommen der Erde gewesen. Dafür sei die britische Zivilisation zu tadeln. Die Herrschaft über Indien habe aber auch einige "segensreiche Komponenten" gehabt. Sie hätten Indien eine freie Presse gebracht, ferner eine vorbildliche Verwaltung und „eine gute Vorstellung vom Rechtsstaat". Das alles gilt prinzipiell auch für die früheren britischen Besitzungen in Afrika.<<[88]

>>James Feyrer und Bruce Sacerdote von Dartmouth College in New Hampshire haben den Nutzen quantifiziert. Sie errechneten pro Jahrhundert Kolonialismus ein Plus an Sozialprodukt im Umfang von 40 Prozent.<<[89]

>>Auch die Unterwerfung unter die Sprachen der Kolonialisten erwies sich später als nützlich. Ohne die Kolonialsprachen Englisch, Französisch und Portugiesisch wäre der größte Teil Schwarzafrikas Babylonien geblieben. Vor allem Englisch und Französisch sind heute die kulturelle Brücke zur restlichen Welt. Die afrikanische Literatur wäre, schon weil die großen Kulturen keine Schrift kannten, nichts ohne die Sprachen ihrer ehemaligen Besatzer.<<[90]

Ohne die zwangsweise Öffnung der Märkte und die dadurch, wie in Japan, ausgelösten Initiativen zur eigene Industrialisierung oder die Kolonisation hätten sich die Entwicklungsländer nicht zu selbstständigen Staaten entwickeln können, die Partner der globalisierten Welt sind. Dazu mussten auch die traditionellen Verhaltensweisen und Gesellschaftsbedingungen aufgebrochen werden und die Menschen zu selbstständigen Individuen entwickelt werden. Je mehr dies in den einzelnen Ländern gelang oder gelingt, können sie ihre Wirtschaft und Gesellschaft weiterentwickeln.

4.1.4 Das Ende der Kolonien

Nach dem Zweiten Weltkrieg reifte in den europäischen Ländern zwar die Einsicht, sich wegen der relativ geringen Vorteile oder sogar der hohen Kosten und angesichts der Selbständigkeitsbestrebungen sich von den Kolonien zu trennen. Auch waren die europäischen Mächte so stark durch den Zweiten Weltkrieg geschwächt, dass sie ihre Kolonien kaum mehr beherrschen konnten. Begünstigt wurden die Unabhängigkeitsbewegungen auch durch den sich verstärkenden Ost-West-Gegensatz, der die Kolonialmächte zwang, durch Zugeständnisse die Kolo-

---

[87] a.a.O., S.37.
[88] a.a.O., S.42.
[89] a.a.O.
[90] a.a.O.

nien in ihrem Einflussgebiet zu halten. Trotzdem vollzog sich dieser Prozess häufig auf blutige Weise, wie die Beispiele in Indochina und Algerien, aber auch die Auseinandersetzungen mit der Mau-Mau-Bewegung in Kenia demonstrieren. Anders als die übrigen Kolonialmächte hat Frankreich Kolonien, wenn sie politisch souverän sein wollten, sogar noch gezwungen, dafür Entschädigungsleistungen zu zahlen und Frankreich Vorrechte zuzugestehen, von denen Frankreich noch heute zu Lasten der ehemaligen Kolonien profitiert. So verlangte Frankreich >>als Gegenleistung für die Anerkennung der Unabhängigkeit Haitis im Jahr 1825 Entschädigungen für ehemalige Plantagenbesitzer. Jahrzehntelang zahlte Haiti an Frankreich, insgesamt 90 Millionen Gold-Franc.<<[91] Oder die ehemaligen Kolonien blieben noch durch Verträge und Kapitalbeziehungen weiterhin in vielfacher Weise von den Industriemächten abhängig.

Wie die Deutschen Wirtschaftsnachrichten schreiben, entschieden die afrikanischen Kolonien Frankreichs in den 1950er- und 60er-Jahren, >>sich unabhängig zu machen. Zwar akzeptierte die Regierung in Paris die Unabhängigkeitserklärungen formal, verlangte jedoch, dass die Länder einen sogenannten „Pakt zur Fortsetzung der Kolonialisierung" unterzeichnen. Darin verpflichteten sie sich, die französische Kolonialwährung FCFA („Franc für die Kolonien Frankreichs in Afrika") einzuführen, das französische Schul- und Militärsystem beizubehalten und Französisch als Amtssprache zu etablieren.

Aufgrund dieses Gesetzes sind 14 afrikanische Staaten nach wie vor dazu verpflichtet, etwa 85 Prozent ihrer Währungsreserven in der französischen Zentralbank in Paris zu lagern. Dort unterstehen sie der direkten Kontrolle des französischen Finanzministeriums. Die betroffenen Länder haben keinen Zugang zu diesem Teil ihrer Reserven. Sollten ihre verbleibenden 15 Prozent Reserven nicht ausreichen, müssen sie sich die zusätzlichen Mittel vom französischen Finanzministerium zu marktüblichen Zinsen leihen. Seit 1961 kontrolliert Paris so die Währungsreserven von Benin, Burkina Faso, Guinea-Bissau, Elfenbeinküste, Mali, Niger, Senegal, Togo, Kamerun, Zentralafrikanische Republik, Tschad, Kongo, Äquatorialguinea und Gabun.

Zudem müssen diese Länder jährlich ihre „kolonialen Schulden" für die von Frankreich errichtete Infrastruktur an Paris überweisen, wie *Silicon Africa* ausführlich berichtet. >>Der französische Staat kassiert von seinen ehemaligen Kolonien jährlich 440 Milliarden Euro an Steuern. Frankreich ist auf die Einnahmen angewiesen, um nicht in der wirtschaftlichen Bedeutungslosigkeit zu versinken, warnt der ehemalige Präsident Jacques Chirac. Der Fall zeigt: Eine gerechte Welt ist schwer möglich, weil die ehemaligen Kolonialmächte von der Ausbeutung selbst abhängig geworden sind.<<[92]

Die Regierung in Paris verfügt auch über ein Vorkaufsrecht auf alle neuentdeckten Rohstoffvorkommen in den afrikanischen Ländern. Und schließlich müssen französische Unternehmen bei der Vergabe von Aufträgen in den Ex-Kolonien

---

[91] https://de.wikipedia.org/wiki/Haiti#Geschichte.

[92] Frankreich kann seinen Status nur mit Ausbeutung der ehemaligen Kolonien halten Deutsche Wirtschafts- Nachrichten | Veröffentlicht: 15.03.15, deutsche-wirtschafts-nachrichten.de/2015/03/15/ frankreich-kann-seinen-status-nur-mit-ausbeutung-der-ehemaligen-kolonien-halten/.

bevorzugt behandelt werden. Als Folge dessen befinden sich dort die meisten Ver-mögenswerte in den Bereichen Versorgung, Finanzen, Transport, Energie und Landwirtschaft in den Händen französischer Konzerne.<<[93]

Wenn sich ein Land weigerte, Frankreichs Bedingungen zu akzeptieren oder diese abzuschütteln, gingen die Franzosen mit Gewalt dagegen vor. Wirtschafts-nachrichten schreibt: >>Ein Beispiel hierfür ist der erste Präsident des westafrika-nischen Togo, Sylvanus Olympio. Er weigerte sich den „Pakt zur Fortsetzung der Kolonialisierung" zu unterzeichnen. Doch Frankreich bestand darauf, dass Togo Entschädigung für die Infrastruktur zahlt, die die Franzosen während der Koloni-alzeit errichtet hatten. Die Summe belief sich jährlich auf rund 40 Prozent des Haushaltes von Togo im Jahr 1963 und brachte das gerade erst unabhängige Land schnell an seine wirtschaftlichen Grenzen.

Darüber hinaus entschied der neue Präsident Togos, die französische Koloni-alwährung FCFA abzuschaffen und eine eigene Landeswährung zu drucken. Nur drei Tage nach dieser Entscheidung wurde die neue Regierung von einer Gruppe ehemaliger Fremdenlegionäre gestürzt und der Präsident getötet. Der Anführer der Legionäre, Gnassingbe Eyadema, erhielt umgerechnet 550 Euro von der lokalen französischen Botschaft für das Attentat, wie der britische Telegraph berichtet. Vier Jahre später wurde Eyadema mit Unterstützung aus Paris der neue Präsident von Togo. Er etablierte eine tyrannische Diktatur in dem westafrikanischen Land und hielt sich bis zu seinem Tod im Jahr 2005 an der Macht.

In den folgenden Jahren griff die Regierung in Paris immer wieder auf ehema-lige Fremdenlegionäre zurück, um unliebsame Regierungen in den Ex-Kolonien zu stürzen. So wurde der erste Präsident der Zentralafrikanischen Republik, David Dacko, im Jahr 1966 durch ehemalige Mitglieder der Fremdenlegion gestürzt. Ebenso erging es dem Präsidenten Burkina Fasos, Maurice Yaméogo, und dem Präsidenten von Benin, Mathieu Kérékou. Und auch der erste Präsident der Re-publik Mali, Modiba Keita, fiel im Jahr 1968 einem Putsch von Ex-Legionären zum Opfer. Nur wenige Jahre zuvor hatte auch er beschlossen, die französische Kolonialwährung abzuschaffen.<< [94]

Es ist deshalb verständlich, dass sich in den französischen Kolonien, nur Re-gierungen halten konnten, die eine den Franzosen genehme Politik verfolgten, de-ren Mitglieder dabei aber auch selbst profitierten. Wenn somit französische Trup-pen immer wieder in Krisensituationen in ihren ehemaligen Kolonien eingreifen und die zerbrechende Ordnung wiederherstellen, so tun sie es auch deshalb, um ihre eigenen Interessen zu wahren. Allerdings kann man angesichts der chaoti-schen Verhältnisse in den von Schwarzen allein regierten Ländern auch zur Über-zeugung kommen, dass die normalerweise relativ friedliche Entwicklung in den ehemaligen französischen afrikanischen Kolonien auch dem Interesse Frankreichs an seinen Einnahmen aus diesen Ländern zu verdanken ist.

Zum Ende der Kolonien der übrigen europäischen Länder wird ausgeführt: >>Im Gegensatz dazu haben sich die anderen Kolonialmächte von solchen Maß-nahmen verabschiedet. Großbritannien musste seine Lektion bereits im Zuge der Amerikanischen Revolution von 1763 lernen. Auslöser war die Entscheidung

---

[93] a.a.O.
[94] a.a.O.

Großbritanniens, den amerikanischen Kolonien die Kosten für den gerade beendeten Franzosen- und Indianerkrieg aufzubürden. Der Protest dagegen mündete in der „Boston Tea Party" und schließlich im Unabhängigkeitskrieg und der Gründung der Vereinigten Staaten 1776. Im Jahr 1778 verabschiedete das britische Parlament den „Taxation of Colonies Act". Darin verzichtete Großbritannien künftig auf Steuern und Abgaben auf Umsätze in den Kolonien „British America" und „British West Indies".

Gleiches gilt für die ehemaligen Kolonien Australien und Kanada. Zwar gehören diese nach wie vor zum „Commonwealth of Nations" und unterstehen damit formal dem britischen Königshaus, doch die Steuerhoheit liegt spätestens seit der Unabhängigkeitserklärung der Länder Anfang des 20. Jahrhunderts ausschließlich bei den dortigen Regierungen.

Auch die ehemalige Kolonialmacht Niederlande erhebt keinerlei Steuern mehr auf seine ehemaligen Einflussgebiete in Südamerika und Südostasien. In Südostasien seien die Finanzen Anfang des 20. Jahrhunderts aufgrund verheerender Kriege so desaströs gewesen, dass die Niederlande ihre Kolonien regelmäßig finanziell stützen mussten. Das Königreich trennte sich von einem Großteil seiner Kolonien bereits Anfang des 19. Jahrhunderts. Zuletzt verließen die niederländischen Antillen im Oktober 2010 das Königreich. Lediglich die Karibikinseln Aruba, Curaçao und Saint Maarten sind nach wie vor Bestandteil des Königreichs der Niederlande.<<[95] Über die ehemalige belgische Kolonie *Kongo* und ihrem Ende und den chaotischen Verhältnissen danach brauchen wohl keine weiteren Ausführungen gemacht zu werden.

Franz Ansperger fasst zusammen: >>Während die eigene Kosten-Nutzen-Bilanz der Kolonialmächte im Hinblick auf ihre Einflussgebiete teils zwiespältig und teils negativ ausfallen konnte[96], waren die Kolonisierten hauptsächlich der Ausplünderung preisgegeben. So blieben die Kolonien und Halbkolonien der europäischen Mächte in Asien und Afrika während der Jahrzehnte intensiver Wirtschaftsbeziehungen zu ihren Mutterländern ebenso wie die Halbkolonien der USA in Lateinamerika arm und rückständig, während die Entwicklung in Europa und Nordamerika eine rasche Zunahme des gesellschaftlichen Wohlstands aufwies. Die französischen Kapitalanlagen im Ausland gingen 1914 zu annähernd einem Viertel nach Russland, hingegen nur zu knapp 9 Prozent in die französischen Kolonien. Deutschlands Auslandsinvestitionen vor Ausbruch des Ersten Weltkriegs gingen sogar nur zu 2 Prozent in die kolonialen Schutzgebiete.[97]<<[98]

---

[95] Frankreich kann seinen Status nur mit Ausbeutung der ehemaligen Kolonien halten a.a.O.
[96] Bezeichnend in diesem Zusammenhang ist das Wort von D'Estournelles de Constant 1899 im französischen Parlament: „Il y a deux choses dans la politique coloniale: d'abord la joie des conquêtes et ensuite la carte à payer." Franz Ansprenger: *Auflösung der Kolonialreiche*, S. 22 f.
[97] Franz Ansprenger: a.a.O., S. 22 f. und 26.
[98] https://de.wikipedia.org/wiki/Kolonialismus.

4.2 Die Entwicklung des Nationalismus in Europa und den Entwicklungsländern nach dem Zweiten Weltkrieg

4.2.1 Der Untergang des alten Europas am Nationalismus und die Verselbstständigung der Kolonien und Protektoratsgebiete nach dem Zweiten Weltkrieg

Im Wettstreit der großen Nationalstaaten waren Großbritannien und Frankreich durch ihre Kolonien relativ gesättigt und in ihren Kapazitäten ausgelastet. Deutschland und Italien strebten aber nach einem größeren Weltreich.

Nach Gründung des Kaiserreiches 1871 träumte Deutschland davon, auch einen „Platz an der Sonne" zu bekommen, worunter ein Gleichziehen mit den westeuropäischen Ländern in Bezug auf Kolonialbesitz verstanden wurde. Nachdem dann die Kolonien im Versailler Friedensvertrag (oder wohl eher: -*diktat*) verloren gegangen waren, proklamierten die Nazis Deutschland als „Volk ohne Raum" und verfolgten eine Ausdehnung Deutschlands nach Osten. Italien wollte das Römische Reich wiederbeleben, dehnte sich nach Libyen, Eritrea, Äthiopien und Somalia aus und versuchte im Zweiten Weltkrieg, auch den Balkan und Griechenland zu erobern. Da diese Weltreichsträume die nationalen Rahmen sprengten, wurde das Selbstbewusstsein der Menschen über die Nation hinausgehend an der germanischen bzw. römischen Rasse festgemacht.

Eine Nation enthält noch das gesamte geistige und kulturelle Erbe eines Volkes. Wer sich mit seiner Nation identifiziert, kann sich noch geistig und menschlich weiterentwickeln. *Rasse* war aber ein untermenschlicher Begriff und entsprechend vertierten die Verhaltensweisen der Nazis und der italienischen Faschisten. Verständlich, dass die Nationalismen aufeinanderstießen und Kriege entfesseln mussten.

Der Erste Weltkrieg wurde bereits aus nationalistischer Zielsetzung geführt. Im Versailler Friedensvertrag lebte sich der pure Nationalismus der westlichen Länder weiter aus und wurde vom damaligen amerikanischen Präsidenten Woodrow Wilson auch noch zum *Friedensprinzip* erhoben. Die Folge war, dass unterdrückte Nationen, wie die Polen, Tschechen und Slowaken zwar frei wurden, dann aber auch ihren eigenen Nationalismus auslebten. So begann der neu entstandene polnische Staat unter Pilsudzki, baltische Staaten zu unterwerfen. Józef Piłsudski verfolgte >>das Ziel der Wiederherstellung der Grenzen aus der Zeit vor den Teilungen Polens, auch weit über die Grenzen des polnischen Siedlungsgebietes hinaus. Durch diese Politik kam es zunächst zur durch den Versailler Vertrag festgelegten Integration von Großpolen sowie zum Krieg mit Sowjetrussland und zum Krieg mit Litauen wegen des von beiden Seiten beanspruchten Gebietes um Wilna/Vilnius (Mittellitauen).<<[99]

Auch erhielten die neuen Länder Gebiete mit deutscher Bevölkerung. Teile Schlesiens fielen an Polen, das Sudetenlandgebiet an die Tschechoslowakei und Südtirol an Italien. Dadurch wurden neue nationalistische Tendenzen gefördert. Zudem wurde den Mittelmächten, das heißt insbesondere Deutschland, die alleinige Kriegsschuld zugesprochen, und sie wurden mit Kriegsfolgekosten derartig belastet, dass sie daran zu zerbrechen drohten.

---

[99] https://de.wikipedia.org/wiki/J%C3%B3zef_Pi%C5%82sudski.

Hinzu kamen, die sozialistische Revolution in Russland, durch die ein Gegenbild zum westlichen Kapitalismus entstand, das dann in Konkurrenz zur westlichen Wirtschafts- und Gesellschaftsordnung trat, und der Zusammenbruch der kapitalistischen Wirtschaft in der Weltwirtschaftskrise 1929. Aus dieser Gemengelage entstanden die extremen reaktionären Nationalismen in Italien, Spanien, Portugal, am extremsten aber im nationalsozialistischen Deutschland.

Um das Fass gleichsam voll zu machen, entwickelte sich ein ähnlich extremer rassistisch basierter Nationalismus in Japan. Deutschland und Japan lösten den Zweiten Weltkrieg aus, der ungeheure Zerstörung und Elend brachte, in dem aber auch die Erkenntnis reifte über die Gefahren des Nationalismus. Daraus entstand die Idee einer Vereinigung Europas. Sie wurde noch gefördert durch den sich verstärkenden Ost-West-Gegensatz zum Kalten Krieg und dadurch, dass die europäischen Kolonialmächte zu schwach waren, ihr koloniales Weltreich zu halten und sich deswegen aneinander anlehnten.

4.2.2 Der Nationalismus in den Entwicklungsländern als Motor für die Entwicklung einer säkularen Gesellschaft und sein Spannungsverhältnis zu religiösen, theokratischen und stammesbezogenen Bewegungen

Der Nationalismus wurde auch in den nichteuropäischen Ländern Triebkraft zur Individualisierung und Emanzipation des Menschen aus traditionellen Lebensformen und zur Säkularisierung der Gesellschaft. Träger dieser Entwicklung waren die europäisch geschulten Intellektuellen und das Militär.

Soweit nationalistische Bestrebungen in Konflikt mit anderen Bevölkerungsgruppen kamen, wurden und werden auch blutige Kriege geführt. In der Türkei trafen die nationalistischen Bestrebungen der Türken, der Armenier und Kurden aufeinander, die sogar zum Völkermord an den Armeniern führten.

Die Teilung der britischen indischen Kronkolonie in Indien und Pakistan führte zu den blutigsten Fehden und Vertreibungen, wobei zumindest der pakistanische Nationalismus zugleich muslimisch motiviert war. Aber während in vor- und kolonialen Zeiten die Religionsgruppen relativ friedlich zusammenlebten, kam es mit dem Einfluss nationalistischer Bestrebungen zu Konflikten, die in Bezug auf Kaschmir nach wie vor schwelen.

Soweit der Nationalismus die Menschen aus traditionellen Beziehungen löst und sie sich nicht mehr als Stammesangehörige, sondern als Staatsbürger verstehen, fördert der Nationalismus die Globalisierung der Menschen und damit auch die wirtschaftliche und gesellschaftliche Entwicklung. Allerdings ergreift der sich darin auswirkende *Europäismus* meist nur die dünne Schicht der Intellektuellen und die Militärs, die dann für die in traditionellen Bezügen lebende Masse der Bevölkerung zum Fremdkörper werden können. Hinzu kommt, dass säkulare Herrschaften relativ korruptionsanfällig sind. Die muslimischen Gruppen sind an die sozialen Gebote des Islam gebunden, während die religiöse Verankerung beim Handeln der Säkularen geringer ist. Das unterscheidet sich von der Situation in den christlichen Ländern, insbesondere zu protestantischen Ländern – man denke an die preußische Beamtenmoral und die puritanischen Wurzeln des Kapitalismus, wie sie Max Weber beschrieben hat.

Unter anderem wegen dieser größeren Korruptionsanfälligkeit säkularer Machtstrukturen konnten sich die religiös fundierte Hamas von der säkularen PLO abspalten. Die Korruptionsanfälligkeit der ägyptischen Militärherrschaft wurde immer von den islamischen Mudschahidin gegeißelt. Sie erwarben sich ihre Zustimmung auch durch ihr soziales Verhalten. Auch deshalb stehen säkulare Regime in muslimischen Ländern immer in der Gefahr, von der durch muslimische Geistliche aufgestachelten Bevölkerung weggefegt zu werden, wie das im Iran der Fall war und in Ägypten versucht wurde.

Säkulare Regime können sich deswegen auch schwer demokratisieren und sind daher zwangsweise eher autokratische Herrschaften, wie sie in nahezu allen muslimischen Staaten des Nahen und Mittleren Ostens und in Afrika vorherrschen. Extreme Beispiele waren Saddam Hussein im Irak, Gaddafi in Libyen und abgeschwächt auch die autokratischen Herrschaften in Algerien und Ägypten sowie das Assad-Regime in Syrien.

Dadurch dass die Diktatoren mit westlicher Hilfe ausgeschaltet und nicht sofort alternative säkulare Strukturen geschaffen wurden, die den Länder natürlich hätten angepasst sein müssen, hat der Westen zur Chaotisierung der Verhältnisse in diesen Ländern und den daraus resultierenden Flüchtlingsbewegungen beigetragen.

4.3 Die Auswirkungen des Europäismus auf die Länder der Dritten Welt

4.3.1 Die Zerstörung traditioneller Lebensformen durch den Europäismus
Die urwüchsigen Gesellschaftsbeziehungen werden durch säkulare Wirtschafts- und Gesellschaftsformen gestört. Wirtschaftlich heißt das, dass die Menschen zu Lohn- und Gehaltsabhängigen werden oder selbst ein Unternehmen gründen müssen. Die Menschen arbeiten nicht mehr in einem hierarchischen Familienverband, sondern mit wildfremden anderen Arbeitskräften zusammen und werden dort nicht als Mitglied einer Familie, sondern nach ihren individuellen Leistungen gewertet.

Auch die Qualifizierung selbst beeinträchtigt das Verhältnis von den Jungen zu den Alten in der Familie, weil das moderne Wissen zunächst von den Jungen erworben wird und somit die Wissenspyramide sich bis zu einem gewissen Grade umkehrt. Wer ist nicht auf seine Enkel angewiesen, wenn es um Probleme mit dem Smartphone geht?! So wird die Individualisierung der Gesellschaft gefördert. In einer traditionellen und zudem noch religiös fundierten Familie kann das zu Erschütterungen in dem Selbstverständnis aller Familienmitglieder werden und traditionelle Gesellschaften zerstören.

Parallel zu den ersten Stufen einer Industrialisierung oder dieser Entwicklung sogar vorauslaufend wurden die Kolonien und späteren Entwicklungsländer überschwemmt mit Waren aus den Industrieländern und seit der agrartechnischen Revolution gehören dazu auch Agrarprodukte. Dadurch wurden traditionelle Wirtschaftsbetriebe und viele landwirtschaftliche Betriebe vernichtet und die darin tätigen Menschen wurden arbeitslos. Das Hauptproblem, warum sich viele Entwicklungsländer nicht über die Aneignung angelernten Fertigungs-Know-hows zu Industrieländern entwickeln konnten, ist das Fehlen ausreichender Forschungsmentalität und dynamischer Unternehmer.

In über 2000 Jahren hat sich, wie beschrieben, der individualisierte und kreative Forscher und Unternehmer in Europa entwickelt, der Geld in Forschung und

Entwicklung und Maschinen und Anlagen investiert, um neue Produkte zu entwickeln, zu produzieren und zu vermarkten. In Entwicklungsländern hat es zwar auch von jeher Vermögende und sogar sehr Reiche gegeben. Sie kamen und kommen aber selbst heute noch kaum auf die Idee, ihre Mittel für eigene Forschung und Entwicklung und die Errichtung von Produktionsstätten zu verwenden, es sei denn, dass Produktionsverfahren ist bereits etabliert und verspricht schnellen Gewinn. Selbstständige Tätigkeit wird in diesen Ländern eigentlich nur aus Händlermentalität aufgenommen. Ansonsten wird das Kapital exportiert und in den Industrieländern angelegt. So kann ein Land aber nicht zu einem fortschrittlichen Industrieland werden.

Länder mit wertvollen Rohstoffreserven können zwar einen gehobenen Lebensstandard erreichen. Meist fließen die Gewinne aus den Bodenschätzen aber nur den Eliten zu, die sie dann eher in Industrieländern anlegen. Nur bei extremen Gewinnen aus zum Beispiel Ölvorkommen und bei geringer Bevölkerung werden die Einnahmen auch mit der breiten heimischen Bevölkerung bis zu einem gewissen Grade geteilt. So in den Golfstaaten, aber auch im Iran und in dem eher sozialistischen Venezuela. Aber, wenn dann die Einnahmen schwinden wegen Verfalls der Rohstoffpreise, dann kann es, wie zurzeit insbesondere in Venezuela, zur Massenarmut und zum Zusammenbruch der Versorgung der Bevölkerung kommen.

Am ungünstigsten ist die wirtschaftliche Lage in den Ländern, in denen die Menschen sich noch eher als Stammesangehörige verstehen, als als Nationalbürger, wie in Schwarzafrika, aber auch mehr oder weniger ausgeprägt in muslimischen Ländern, insbesondere in Libyen und Afghanistan.

Diese Länder werden, was die wirtschaftliche und gesellschaftliche Entwicklung angeht, soweit vorhersehbar, immer auf die europäischen Länder angewiesen bleiben. Die europäischen Länder werden, ob sie es wollen oder nicht, dafür sorgen müssen, dass sich diese Länder so entwickeln, dass Verarmte und Arbeitslose sich nicht auf dem Weg nach Europa machen.

In vielen, insbesondere muslimischen Ländern, werden auch viele qualifizierte Ingenieure ausgebildet. Aber, da diese selbst auch nicht als Entwickler und/oder Unternehmer tätig werden und auch keine Anstellung im Lande finden, bildet sich in diesen Ländern sogar ein akademisches Proletariat, das häufig nur in der Auswanderung eine Perspektive sieht.

Im Gegensatz zur Unfähigkeit schwarzafrikanischer Staaten und der Unwilligkeit muslimischer Staaten, sich dem Europäismus völlig zu öffnen, leisten die taoistischen, hinduistischen und buddhistischen Religionen Ostasiens kaum einen Widerstand gegen die Übernahme westlichen Denkens und Wollens. Am Eindrucksvollsten zeigt sich das in Japan und China, wenn man bei China von dem vielleicht nötigen Festhalten an einer autokratischen Parteidiktatur absieht.

4.3 2.Die durch bessere medizinische Versorgung rasante Bevölkerungszunahme als zusätzlicher Grund zu Konflikten in Entwicklungsländern und Auswanderung nach Europa

Durch die Europäisierung wurde auch die Gesundheit der Bevölkerung verbessert und die Sterblichkeit ging dramatisch zurück, insbesondere durch die geringere Säuglings- und Kindersterblichkeit. So konnte die Bevölkerung stärker wachsen.

In Industrieländern ging die Geburtenhäufigkeit zwar zurück. Aber in außereuropäischen Ländern nahm sie umso mehr zu.

Da alle Menschen, wenn sie nicht bereits reich geboren wurden, ihren Lebensunterhalt verdienen müssen und Arbeitsplätze suchen, die in dem Umfang, wie Arbeitsplätze gebraucht werden, insbesondere in den industriell zurückgebliebenen Ländern, nicht geschaffen werden, nimmt die Arbeitslosigkeit zu. Auch dadurch entstehen Wanderungsbewegungen in die industrialisierten Länder. Zum Teil werden diese Wanderungsbewegungen noch durch Stammes- oder Religionskonflikte, die auch durch das Anwachsen der Bevölkerung ausgelöst oder verschärft werden, geschürt.

An sich ist die Verbesserung der Gesundheitslage ein Fortschritt, wie überhaupt der Europäismus erst die Entwicklung der Wirtschaft und Gesellschaft und die des Individuums ermöglicht hat. Konstatiert werden muss aber, dass die Länder die Folgen dieser Entwicklungen allein ohne die Unterstützung der Industrieländer nicht bewältigen können, auch weil sie den Europäismus mental nicht so schnell „inhalieren" können, dass sie selbst zu Erfindern und investierenden Unternehmern werden. Wenn die Europäer diese Unterstützung nicht leisten, werden sich eben immer mehr Menschen aufmachen und in den Industrieländern ihr Heil suchen.

4.4. Die wirtschaftliche Entwicklung der Entwicklungsländer und die Entwicklungspolitik nach dem Zweiten Weltkrieg

Franz Ansperger schreibt: >>In volkswirtschaftlicher Hinsicht wurden die kolonialpolitischen Weichen nach dem Ersten Weltkrieg … neu gestellt. Während der Kolonialismus für Frankreich und Großbritannien vor 1914 – trotz teilweise hoher Gewinne einzelner Firmen und Spekulanten – wegen der Kosten für Militär und Verwaltungsbürokratie in den Kolonien eher ein Verlustgeschäft gewesen war, begann er sich nun aufgrund von Investitionen in die koloniale Infrastruktur, die speziell Frankreich vornahm, für die Mutterländer zu rentieren.[100] Den großen Eisenbahnbauten folgte der Ausbau von Landstraßen, die auch entlegene Gegenden für den Lastwagenverkehr erschlossen und das einheimische Transportunternehmertum ankurbelten. Zugleich wurden damit Grundlagen für eine neue Logistik kolonialer Herrschaftssicherung gelegt, indem militärische Verbände schneller und einfacher zu Unruheherden transportiert werden konnten. Hinzu kamen die neuen Möglichkeiten von Luftüberwachung und Luftangriffen. Dadurch dass mittels neuer Verkehrswege sich die Exportproduktion von den Küstenregionen immer weiter ins Binnenland erstreckte, kam es zu einem zunehmend profitablen Aufschwung der kolonialen Exportwirtschaft.[101]<< [102]

---

[100] Boris Barth: *Die Zäsur des Ersten Weltkriegs. Hochzeit und Dekolonisation der Kolonialreiche*, S. 115.

[101] Jürgen Osterhammel: *Vom Umgang mit dem „Anderen". Zivilisierungsmissionen – in Europa und darüber hinaus.* In: Boris Barth et al.: Das Zeitalter des Kolonialismus. Stuttgart 2007, S.43.

[102] Sören Utermark: „Schwarzer Untertan versus schwarzer Bruder", S.61f..

Wie bereits dargelegt waren die Auslöser für die Globalisierung die wirtschaftlichen Interessen, aber auch die Missionierungsintentionen der europäischen Länder. Die Missionierungsintention war zwar ursprünglich die Ausbreitung des Christentums zum Wohle aller Menschen. Darin eingeschlossen war aber selbstverständlich auch, dass der Lebensstandard aller Menschen erhöht werden sollte. Insofern war die gesamte Kolonisation schon auch mit dem Ziel der Entwicklung der Länder verbunden. Dieses Ziel blieb natürlich auch, nachdem die Kolonien selbstständig geworden waren, zumal schon allein durch ihr politisches, aber auch wirtschaftliches Engagement in diesen Ländern diese Entwicklung auch im Interesse der europäischen Länder lag.

Beschleunigt wurde das Engagement der westlichen, aber auch der kommunistischen Welt durch den Ost-West Gegensatz. Beide Seiten waren interessiert, möglichst viele Länder auf ihre Seite zu ziehen. Es kam zu einem Werben um die Entwicklungsländer und dieses Werben löste Entwicklungshilfezahlungen und Militärhilfe für die umworbenen ehemaligen Kolonien aus.

Nach wie vor blieb natürlich auch das Interesse an den Absatzmärkten und den Rohstoffen, wobei die Rohstoffe im Zuge des Wettrüstens zunehmende Bedeutung gewannen und somit auch, was vorher während der Kolonialzeit relativ wenig geschah, die Rohstoffreserven erschlossen wurden. Das erforderte mehr Investitionen in die Entwicklungsländer, zumal diese weder das Kapital noch das Knowhow hatten, um ihre Ressourcen zu nutzen.

Der Handelswettbewerb mit den wenig kreditwürdigen Entwicklungsländern brachten Länder dann dazu, öffentliche Bürgschaften (in Deutschland die sogenannten Hermes-Bürgschaften) für auf Zahlungsziel gelieferte Waren und Garantien für Investitionen zur Verfügung zu stellen. Aber diese Bürgschaften und Garantien erlaubten den Entwicklungsländern auch, mehr Kredite aufzunehmen und sich entsprechend zu verschulden, als dies ohne diese Bürgschaften und Garantien möglich gewesen wäre. Als Folge davon waren dann immer wieder Schuldenerlasse und Umschuldungvereinbarungen notwendig.

Außer in lukrative Rohstofferschließung wurden zunächst keine größeren Investitionen in Entwicklungsländer durchgeführt. Der Grund dafür sind nicht nur häufig mangelnde rechtliche Voraussetzungen und mangelnde Sicherheit der Investitionen sowie eine unzureichende Infrastruktur, sondern auch nicht genügend ausgebildete Arbeitskräfte und eine Notwendigkeit, diese auszubilden, sahen die Unternehmen der Industrieländer zunächst nicht.

Das änderte sich, als größere Entwicklungsländer den Zugang für die Industrien zu ihren Märkten erschwerten, die nicht selbst auch im Lande investierten. So waren die Unternehmen der Industrieländer gezwungen, wenn sie den Markt erhalten wollten, zumindest untergeordnete Fertigungen in den Entwicklungsländern selbst zu etablieren. Für die Pharmaindustrie war das die letzte Stufe des Produktionsprozesses, das sogenannte *Konfektionieren*, das heißt, das Pressen von Pillen und die Verpackung.

Aber auch schon für diese Fertigungsstufen mussten Arbeitskräfte angelernt werden, und je mehr das geschah, umso interessanter wurde es auch, diese billigen Arbeitskräfte für qualifiziertere Tätigkeiten einzusetzen und somit in den Entwicklungsländern nicht nur für den Markt selbst, sondern auch für den übrigen Weltmarkt zu produzieren. Es entstand in den Entwicklungsländern die sogenannte

Lohnfertigung. Dabei wurde, sofern es sich nicht um für bestimmte Industrien eigene Produktionsvorgänge handelt, das Risiko der Fertigung auf lokale Unternehmen abgewälzt. Dadurch konnten in bestimmten Bereichen, wie zum Beispiel in der Textilindustrie, selbstständige Unternehmen in den Entwicklungsländern entstehen.

Die Lohnfertigung hat jedoch den Nachteil, dass sie jederzeit in andere Länder verlagert werden kann, wenn dort noch billigere Arbeitskräfte genutzt werden können. Eine nachhaltige Entwicklung setzt deswegen voraus, dass im Lande selbst ansässige Unternehmen entstehen, die auch genügend an den Unternehmergewinnen partizipieren, so dass sie selbst investieren können, und nicht fast alle Gewinne nur ausländischen Investoren und Kapitalgebern zufließen.

Um das zu erreichen, ist es häufig notwendig, ausländischen Investoren die Auflage zu machen, inländische Unternehmen als Joint-Venture-Partner an den Investitionen zu beteiligen. In kleineren Entwicklungsländern ist dies schwieriger durchzusetzen, als in großen Volkswirtschaften, die für Unternehmen aus dem Ausland einen nicht zu vernachlässigenden Absatzmarkt darstellen. So konnten sich beispielsweise in China eine eigene Unternehmerschaft und auch reiche Kapitalgeber entwickeln, ein Grund, für die spätere rasante industrielle Entwicklung Chinas zu einer der größten Volkswirtschaften der Welt.

Weniger entwickelte kleinere Entwicklungsländer werden dagegen von immer mächtiger werdenden globalen Playern dominiert. Um überhaupt als Investitionsstandort interessant zu sein, müssen kleinere Entwicklungsländer akzeptieren, dass westliche Länder sie mit ihren Produkten überschwemmen, und dazu gehören auch Agrarprodukte aus den riesigen Farmen der USA und Kanadas sowie Agrarprodukte aus moderner Agrarindustrie in Europa. Die Folge ist, dass eigene Industrien sich umso weniger leicht entwickeln können und selbst die traditionelle Agrarwirtschaft gefährdet wird.

4.4.1 Die stärkere Globalisierung des Handels durch Abschluss des Allgemeinen Zoll- und Handelsabkommens (GATT)

Um die internationalen Handelsbeziehungen zu intensivieren, wurde 1947 das *Allgemeine Zoll und Handelsabkommen (GATT)* gegründet. Wikipedia schreibt: GATT >>stellt eine internationale Vereinbarung über den Welthandel dar. Bis 1994 wurden in acht Verhandlungsrunden Zölle und andere Handelshemmnisse Schritt für Schritt abgebaut. Durch das GATT ist im Verlauf der Geschichte der Grundstein zur Gründung der Welthandelsorganisation (WTO 1995) gelegt worden, in die es heute noch eingegliedert ist. Damals gehörten dem Abkommen 123 gleichberechtigte Mitgliedsländer an. Zur Unterscheidung zwischen dem ursprünglichen und dem heutigen Übereinkommen im Rahmen der WTO wird in der Regel die Jahreszahl 1947 bzw. 1994 hinzugefügt.[103][104] << [105]

---

[103] Allgemeines Zoll- und Handelsabkommen (GATT). BMZ, 7. August 2010, abgerufen am 20. 10. 2010.

[104] Welthandelsorganisation und allgemeines Zoll- und Handelsabkommen. BMZ, 29.12.2009, abgerufen am 20. 10. 2010.

[105] https://de.wikipedia.org/wiki/Allgemeines_Zoll-_und_Handelsabkommen.

Die Mitglieder verpflichten sich, die Zolltarife immer weiter zu senken und die sonstigen Einfuhrbarrieren abzubauen und zur sogenannten *Meistbegünstigung* überzugehen, das heißt, dass Einfuhrvergünstigungen, die ein Land einem anderen Land zubilligt, auch allen anderen Ländern eingeräumt werden müssen.

Wenn man bedenkt, dass die Einfuhrbarrieren in ihrer jeweiligen Höhe für einzelne Produkte zugleich eine Schutzfunktion haben, dass heimische Industrien nicht durch ausländische Produkte verdrängt und damit zerstört werden oder damit sie sich besser entwickeln können, dann ist verständlich, dass die Zolltarife in jedem Land anders sind und das auch noch in Bezug auf unterschiedliche Produkte, und es eines sehr langwierigen Prozesses bedarf, um Zölle so zu senken, damit die betroffenen Länder von den Senkungen größere Vorteile haben, als wenn sie die Barrieren behalten würden.

Die Stärke der Industrieländer im Verhältnis zu den Entwicklungsländern liegt darin, dass sie wegen ihres höheren Entwicklungsstandes rationeller produzieren und durch ihr Know-how in vielen Fällen auch solche Produkte billiger herstellen können, die durch natürliche geographische Bedingungen in Entwicklungsländern normalerweise vorteilhafter hergestellt werden können. Deswegen brauchen die Entwicklungsländer mehr Importbarrieren, als die Industrieländer und diese werden ihnen, wenn auch nicht immer ausreichend, nach dem GATT auch ermöglicht.

Da die Entwicklungsländer aber nach wie vor in Bezug auf eine diversifizierte Wirtschaftsentwicklung weit hinter den Industrieländern herhinken, werden weitere Liberalisierungen der allgemeinen Handelsbeziehungen immer schwieriger, je tiefer die Tarife und Barrieren schon gesenkt worden sind.

Eine besondere Problematik bietet dabei die Landwirtschaft. Durch die Industrialisierung der Landwirtschaft und Landreformen, ist die Produktivität auch in der Landwirtschaft in den Industrieländern im Allgemeinen höher als in Entwicklungsländern. Insbesondere die riesigen Getreideplantagen der USA und Kanadas sind in ihrer Produktivität anderen Land überlegen und drängen mit ihren Produkten auf den Weltmarkt.

Dennoch bleibt normalerweise die Produktivität der Landwirtschaft in den Industrieländern hinter der der übrigen Industrie zurück. Damit die Einkommen in der Landwirtschaft gegenüber den Einkommen in den Städten nicht zurückfallen und landwirtschaftliche Betriebe aufgegeben werden, werden der Landwirtschaft in den Industrieländern vielfältige Subventionen gewährt. Dadurch fallen Importchancen aus anderen Ländern weg und, soweit die Agrarwirtschaft in den Industrieländern mehr produziert, als im eigenen Land verbraucht wird, und die Gefahr besteht, dass, wenn die Produkte nicht exportiert werden, die Preise für landwirtschaftliche Güter zu weit fallen, unterstützen die Staaten die Landwirtschaft auch noch durch Exportsubventionen.

Durch die produktiveren Herstellungsmöglichkeiten plus Exportsubventionen werden dann die landwirtschaftlichen Produkte auf den Weltmärkten zu einem so niedrigen Preis angeboten, dass sie die Landwirtschaft in den Entwicklungsländern zerstören können. Das kann sich natürlich kein Land leisten, und so scheitern häufig die GATT Verhandlungen über weitere Liberalisierungen des Welthandels daran, dass die Entwicklungsländer den Wegfall der Exportsubventionen für landwirtschaftliche Produkte von den Industrieländern fordern, die Industrieländer aber nicht dazu bereit sind. Soweit die Entwicklungsländer dann dem Druck der

Industrieländer nachgeben oder nachgeben müssen, weil sie wirtschaftlich abhängig sind oder ihre Eliten mit daran verdienen, kommt die Landwirtschaft in dem betroffenen Land in größte Bedrängnis.

Harald Schumann schreibt dazu: >>Weil viele afrikanische Länder aber von den Entwicklungsgeldern der Industriestaaten abhängig sind, haben sie der Forderung ihrer Gläubiger nachgegeben und jahrelang ihre Zölle gesenkt. Die Folgen waren verheerend. Europäische Agrarexporteure überschwemmten die afrikanischen Märkte mit billigen Hähnchenflügeln, subventioniertem Milchpulver oder Gemüsekonserven und brachten damit die einheimischen Produzenten um ihre Existenz.

In Ghana etwa sind Tomaten ein Grundnahrungsmittel. Die rote Paradiesfrucht fehlt an kaum einer Speise und ihre Herstellung bot dereinst vielen tausend Bauern Lohn und Brot. Aber dann senkte die Regierung auf Geheiß ihrer Geldgeber den Zoll für Tomatenkonserven. Die Bauern verarmten und ihre Söhne machten sich auf den Weg nach Europa. Dort, so schildern es Matthias Krupa und Caterina Lobenstein in einer preisgekrönten Reportage für die „Zeit", arbeiten nun tausende Ghanaer für Hungerlöhne auf italienischen Plantagen, um dort das Gleiche zu tun, was sie früher zu Hause taten: Tomaten pflücken.<<[106]

Eine besondere Gefahr für die Weltwirtschaft und insbesondere für Entwicklungsländer erwächst aus dem Erstarken der internationalen Konzerne und sogenannten Global Player. Denn es sind heute nicht primär andere Staaten, mit denen es einzelne Volkswirtschaften zu tun haben. Die Wirtschaftsmacht liegt mehr und mehr in den global operierenden Unternehmen, die Werte bewegen, die größer als das Sozialprodukt oder der Haushalt eines Landes sein können.

Diese Unternehmen können auch immer weniger von den Staaten kontrolliert werden, sondern können ihrerseits die Staaten sogar zwingen, ihren Interessen zu dienen. Wie die letzte Wirtschaftskrise zeigte, fühlten sich die Staaten genötigt, Hedgefonds und Banken, wenn sie straucheln, aufzufangen, und wichtige Unternehmen wurden mit staatlichen Geldern gerettet und die Autoindustrie wurde durch Abwrackprämien gestützt.

Die globalen Player genießen in den Staaten, in denen sie ihren Sitz haben, die Unterstützung ihres Heimatlandes, weil diese an den globalen Unternehmensgewinnen partizipieren, soweit sich die internationalen Konzerne und Vermögenden nicht durch Verlagerung ihrer Gewinne in Steueroasen auch der Steuerhoheit ihres Sitzlandes entziehen. Denn die übrigen Länder buhlen um Investitionen weltweit operierender Unternehmen. International operierende Unternehmen versuchen sogar, den Staaten die Rechtsprechung zu entziehen, indem sie in internationalen Wirtschaftsabkommen fordern, dass über Streitigkeiten zwischen Unternehmen und Staaten internationale Schiedsgerichte entscheiden sollen.

Dabei berufen sie sich auf die Rechtsschutzbestimmungen, die mit Entwicklungsländern abgeschlossen wurden. Bei diesen Abkommen ging es aber darum, Investitionen in einem Entwicklungsstand überhaupt erst möglich zu machen, soweit dort kein ausreichendes Rechtssystem und keine Sicherheit für Investitionen

---

[106] Harald Schumann: *Fluchtursache Handelspoltik*, in Der Tagesspiegel Nr. 22925, 31.10.2016, S.6.

vorhanden war. Heute gibt es aber in der Regel ausreichende nationale Schutzbe-stimmungen, so dass Streitigkeiten auch vor nationalen Gerichten ausgetragen werden können. Im Übrigen haben die globalen Player eine so große Kapitalkraft, dass sie weit weniger schutzbedürftig sind, als die Menschen der betroffenen Län-der, wofür die Staaten verantwortlich sind.

Es muss deshalb bei internationalen Wirtschaftsabkommen und Verträgen über Zoll- und Wirtschaftsunionen, darauf geachtet werden, dass die Gestaltungsrechte der Staaten zum Schutz einer diversifizierten Wirtschaft nicht ausgehebelt werden. Sonst kann die Globalisierung zum Fluch werden.

4.4.2 Der Zusammenschluss einzelner Länder zu Freihandelszonen und Wirtschaftsunionen

Um die Nachteile einer allgemeinen Senkung der Zölle und Einfuhrbarrieren zu vermeiden und doch die Arbeitsteilung eines größeren Wirtschaftsraumes zu nut-zen, schließen sich Länder mit in ihrer Wirtschaftskraft vergleichbaren anderen Ländern zu Wirtschaftsunionen zusammen.

Die Gründungen von regionalen Freihandelszonen und Wirtschaftsunionen sind einerseits ein Schritt zu weiterer Globalisierung, da sie für das Vertragsgebiet Handels- und möglicherweise auch Investitionsbarrieren abbauen. Andererseits aber sind sie auch ein Schutz gegen zu umfassende Globalität, weil die an der Union beteiligten Länder gegen Dritte Schutzzölle und Barrieren bilden können. Denn es darf nicht vergessen werden, dass die etablierten Industriestaaten einen natürlichen Vorteil gegenüber den Entwicklungsländern haben in Form von Know-how, Kapital, weltumspannender Handelsorganisation, Logistikbetrieben etc., wodurch ein kleines Land, das sich schutzlos diesen Mächten aussetzt, zu deren Spielball werden könnte.

Zweifellos war die Vereinigung der europäischen Länder zur *Europäischen Wirtschaftsunion* ein Vorbild für die Bestrebungen in anderen Ländern, obwohl es sich bei den europäischen Ländern um entwickelte Volkswirtschaften handelt. Zwar ergänzen sich in der *Europäischen Union* die einzelnen Länder in gewisser Weise. Die südlichen Länder können ihre Agrarprodukte bevorzugt in der europä-ischen Gemeinschaft absetzen, während die Industrieländer für ihre Produkte ei-nen Wettbewerbsvorteil haben. Dennoch ist die Wirtschaftskraft unterschiedlich entwickelt und kann deswegen die *Europäische Union* nur dann weiter florieren, wenn die weniger entwickelten Länder von den Industrieländern unterstützt wer-den und ihre Wirtschaft gefördert wird.

Ein Teil der europäischen Länder ist noch einen Schritt weitergegangen und hat mit dem Euro eine gemeinsame Währung geschaffen. Eine Währungsunion kann allerdings nur bei einer einheitlichen Wirtschafts- und Finanzpolitik funkti-onieren, die auch den Nationalstaaten für ihre Wirtschafts- und Finanzpolitik den Rahmen gibt.

Da die Rahmenbedingungen unzureichend waren und es diese einheitliche Po-litik nicht gab, konnten sich die Löhne und Gehälter in einzelnen Ländern unter-schiedlich entwickeln. Dadurch fielen viele europäische Staaten zusätzlich in ihrer Wettbewerbsfähigkeit gegenüber Deutschland zurück und hatten deshalb negative Außenhandelsbilanzen.

Nach dem Vorbild der Europäischen Union entwickelten sich auch in anderen Regionen Freihandelszonen und Ansätze zu Wirtschaftsunionen. Aber auch dort mussten die Verantwortlichen darauf achten, dass möglichst Länder auf gleichem Entwicklungsstand sich zusammenschließen und keine Volkswirtschaft die anderen dominiert.

Da es auch bei weniger entwickelten Ländern unterschiedliche Stärken bei den einzelnen Partnern gibt, kann die durch einen Zusammenschluss ermöglichte bessere Arbeitsteilung allen Partnern Vorteile bringen. Doch ist dabei zu beachten, dass bei Freihandelszonen und Wirtschaftsunionen, die noch keine gemeinsame Wirtschaftspolitik und wenn möglich sogar eine gemeinsame Währung haben, es für einzelne Länder auch gefährlich sein kann, Produktionsfähigkeiten zu Gunsten anderer Länder aufzugeben.

Zwar ist es richtig, dass alle Länder davon profitieren, wenn jeweils die Waren ausgetauscht werden, die jeder günstiger herstellen kann. Doch die Kaufkraftparitäten zwischen zwei Ländern können sich aus den verschiedensten Gründen ändern. Aus irgendeinem Grunde kann der Wechselkurs des einen Landes fallen oder steigen und damit verschieben sich auch die Relationen bei den Kaufkraftparitäten. Als Beispiel dazu mögen Probleme bei dem Zusammenschluss von Brasilien und Argentinien zur Mercosur-Wirtschaftsunion angeführt werden:

Helio Jaguaribe schreibt: Integrationsprozesse bringen es >>unweigerlich mit sich, dass jeder Mitgliedsstaat seine eigenen nicht wettbewerbsfähigen Sektoren zugunsten der wettbewerbsstärkeren des anderen Landes aufgibt. Der brasilianische Weizen und der argentinische Zucker sind typische Beispiele einer solchen Situation. Integrationsprozesse werden ja mit dem ausdrücklichen Ziel ins Leben gerufen, den konkurrenzfähigeren Sektoren der anderen Teilnehmer im eigenen Markt Raum zu verschaffen, was wiederum für alle Beteiligten von Vorteil ist, vorausgesetzt, der globale Austausch hat ein zufriedenstellendes Gleichgewicht erreicht. Der Weizen aus Südbrasilien wird vorteilhaft durch den argentinischen Zucker substituiert, mit der Folge, dass die brasilianischen Produzenten auf andere Bereiche wie z.B. Soja auszuweichen gehalten sind. Der Zucker aus Tucumán wiederum wird vorteilhaft durch den brasilianischen ersetzt, so dass die argentinischen Produzenten eine Verlagerung auf andere Bereiche, wie z.B. Zitrusfrüchte, in Erwägung ziehen sollten.<<[107]

Wenn sich die Wechselkursverhältnisse zwischen Brasilien und Argentinien ändern, können sich andere Wettbewerbsverhältnisse ergeben, und das ist insbesondere beim Anbau von Agrarprodukten, die auch eine spezielle Vermarktung erfordern, problematisch.

Noch schwieriger ist der Zusammenschluss zu einer Wirtschaftsunion, wenn die unterschiedlichen Produktionsbedingungen auf einem unterschiedlichen Know-how-Einsatz und einer unterschiedlichen Kapitalkraft beruhen. Dann muss ein Handel nicht unbedingt vorteilhaft für das Land sein, das weniger Know-how hat oder weniger Kapital. Vielmehr besteht dann die Gefahr, dass das schwächere Land von den Produkten der Unternehmen des stärkeren Landes überflutet wird. In einer derartigen Lage kann es besser sein, wenn die schwächere Volkswirtschaft

---

[107] Helio Jaguaribe: *Mercosur: faktische und institutionelle Probleme*, S.29ff.
http://www.kas.de/wf/doc/kas_297-544-1-30.pdf?020319150939.

sich abschirmt und ihren Markt nur öffnet, wenn damit zugleich die Chance verbunden ist, dass im eigenen Land Know-how, Fachkräfte und Kapital entstehen können. Dazu wird es meist erforderlich sein, wie im Falle Europas, dass die jeweils stärkeren Partner durch finanzielle Mittel zur Wirtschaftsentwicklung der Zurückgebliebenen beitragen.

Im Lichte des Dargelegten muss von Freihandelszonen zwischen Industrieländern und Entwicklungsländern dringend abgeraten werden. Ein eindrucksvolles Beispiel dafür ist das nordamerikanische Freihandelsabkommen NAFTA der Länder USA, Kanada und Mexiko, das am 1. Januar 1994 in Kraft trat. >>Schon zur zehnjährigen Bilanz des Abkommens hatte die Weltbank in einer Studie zugegeben, dass auch in Mexiko die „Entwicklung seit dem NAFTA-Start nicht gerade bemerkenswert" gewesen sei. Zwar hätten die Exporte zugenommen, aber das Lohnniveau habe sogar noch unter dem Stand von 1994 gelegen, die Zahl der unter der Armutsgrenze lebenden Mexikaner steige stetig an.<<[108]

Über die Ergebnisse dieses Abkommens nach 20 Jahren, das heißt bis Ende 2013, schreibt Wikipedia: >>Die wirtschaftlichen und sozialen Folgen des Abkommens werden außer von den Hauptnutznießern eher negativ beurteilt: Mexiko, früher Selbstversorger mit dem Hauptnahrungsmittel Mais, wurde mit hochsubventionierten US-amerikanischen Landwirtschaftsprodukten und Fleisch überschwemmt, dessen Preis 20 Prozent unter den Produktionskosten liegt. Die erwartete Spezialisierung der mexikanischen Landwirtschaft trat nicht ein: Millionen Maisbauern mussten nach Angaben des US-amerikanischen Gewerkschaftsdachverbands aufgeben, die vielen Land- und Arbeitslosen konnten aber nicht in den neu entstandenen Zulieferindustrien absorbiert werden. Die Kriminalität stieg. Mexiko muss heute 60 Prozent seines Weizen- und 70 Prozent seines Reisbedarfs importieren. Kanada wurde wieder zu einem Exporteur von Rohstoffen und hat verstärkt mit Umweltproblemen zu kämpfen, während gleichzeitig die internationale Ölwirtschaft Druck auf die Umweltschutzbestimmungen ausübt. Insgesamt stagnierten die Einkommen in den Mitgliedsländern, während die Einkommensungleichheit stieg.[109]<<[110]

Durch die Verlagerung von Betriebsstätten nach Mexiko verloren die USA auch selbst Arbeitsplätze. Die TAZ schreibt: >>Ebenso vollmundig wie unbelegt waren im Vorfeld der NAFTA-Gründung die Versprechungen über neue Jobs gewesen, die durch den freien Handel gewissermaßen automatisch entstünden – …. Tatsächlich schätzte der Washingtoner Thinktank Economic Policy Institute schon vor zwei Jahren die Zahl der durch NAFTA verlorenen US-Jobs auf rund 700.000.<<[111]

Da auch die weggefallenen Arbeitsplätze in der mexikanischen Landwirtschaft größer waren, als die neu geschaffenen Industriearbeitsplätze, kam es per Saldo überall zum Arbeitsplatzabbau und fielen die Löhne. Als wirtschaftliches Ergebnis

---

[108] BERLIN taz 1. 1. 2014: *Weniger Jobs, weniger Kleinbauern. 20 Jahre Nafta*, http://www.taz.de/!5051711/
[109] Barbara Eisenmann: *Das Netz des Geldes*. In: Der Tagesspiegel, 6. Dezember 2014, online:
[110] Wikipedia: *Das Nordamerikanische Freihandelsabkommen*, https://de.wikipedia.org/wiki/Nordamerikanisches_Freihandelsabkommen#Folgen
[111] BERLIN taz 1. 1. 2014: *Weniger Jobs, weniger Kleinbauern. 20 Jahre Nafta*.

der NAFTA kann man deswegen nur von einer durch Rationalisierung erreichten Einkommensverschiebung von Arbeitskräften zu Kapitaleignern sprechen. >>Inzwischen sind nicht einmal mehr die so genannten Maquiladoras, in denen Mexikaner zu Hungerlöhnen Waren für den US-Markt produzieren, ein Beschäftigungsmotor, denn längst haben die noch billigeren Fabriken in China und anderen ostasiatischen Ländern ihnen den Rang abgelaufen.<< [112]

Mit der TAZ kann man also nur feststellen: >>Hat also irgendjemand etwas durch NAFTA gewonnen? Die Antwort lautet: ja, Investoren und Konzerne. Ziel des Abkommens ist nämlich neben dem Abbau von Zöllen und anderen Handelsbarrieren auch der Schutz von Auslandsinvestoren vor Enteignungen und anderen Willkürakten des jeweiligen Gastlandes. Wozu das führt, zeigte als Erstes die Ethyl Corporation: Das US-Unternehmen hatte die kanadische Regierung 1997 vor einem NAFTA-Schiedsgericht auf Schadenersatz verklagt, weil das kanadische Importverbot von Benzin mit dem giftigen Zusatzstoff MMT einer Enteignung gleichkomme. Kanada hob darauf das Verbot auf und zahlte im Rahmen eines Vergleichs eine Millionenentschädigung.<< [113]

>>Stephen Gill von der York University in Toronto, einer der „Fifty Key Thinkers of International Relations", spricht von einer Privatisierung des Handelsrechts und von der „Verrechtlichung neoliberaler Dogmen". 2014 waren nach einer Studie der NGO *Public Citizen's Trade Watch* vor den Schiedsgerichten NAFTA-Verfahren mit Schadensersatzansprüchen an Regierungen (vor allem an die kanadische) in Höhe von 12,4 Milliarden US-Dollar anhängig.[114] Verurteilt wurden Staaten nach der Studie zu Schadensersatzzahlungen von insgesamt 360 Millionen US-Dollar.[115] <<[116]

4.4.3 Wachstumsschub für die Entwicklungsländer wegen steigenden Rohstoffbedarfs

Im Zuge des Kalten Krieges und dem damit im Zusammenhang stehenden Wettrüsten als auch der geführten Kriege, wie zum Beispiel der Koreakrieg, der Vietnamkrieg, aber auch wegen der allgemeinen wirtschaftlichen Entwicklung in den Industrieländern stieg der Rohstoffbedarf und davon profitierten die Entwicklungsländer, soweit sie Rohstoffe liefern konnten. Als dann der Ost-West-Konflikt zu Ende war und die Staaten begannen, ihre Haushalte zu konsolidieren, brach der Rohstoffbedarf ein. Dadurch konnten die Rohstoffe herstellenden Entwicklungsländer nicht nur weniger exportieren, die Rohstoffpreise brachen auch ein, sodass sich die Entwicklungsländer mit sehr viel weniger Einnahmen bescheiden mussten.

Sinnvoll wäre es gewesen, wenn die rohstoffexportierenden Länder ihre Gewinne aus den Exporten für die Diversifizierung der Wirtschaft eingesetzt hätten,

---

[112] a.a.O.
[113] a.a.O.
[114] NAFTA's 20-Year Legacy and the Fate of the Trans-Pacific Partnership, Public Citizen, Februar 2014.
[115] NAFTA's 20-Year Legacy a.a.O.
[116] Wikipedia: *Das Nordamerikanische Freihandelsabkommen*, https://de.wikipedia.org/wiki/Nordamerikanis-ches_Freihandelsabkommen#Folgen.

um sich von Rohstoffexporten weniger abhängig zu machen. Dann hätte sie der Rückgang der Exporte und Rohstoffpreise weniger getroffen bzw. hätten sie auch selbst durch ihr Wachstum zu einem höheren Rohstoffbedarf beigetragen.

Durch die rasante Wirtschaftsentwicklung in den Schwellenländern mit ihrem zusätzlichen Rohstoffbedarf, insbesondere Chinas, stiegen die Exportmöglichkeiten der Rohstoff exportierenden Länder und die Preise der Rohstoffe wieder erheblich an und bescherten diesen Ländern steigende Einnahmen. Insbesondere hat der Rohstoffbedarf Chinas, da China im Verhältnis zu seiner Industrieentwicklung nicht genügend über eigene Rohstoffe verfügt, weltweit zu einer Verknappung der Rohstoffe geführt und damit den Entwicklungsländern mit Rohstoffreserven ein stärkeres Wirtschaftswachstum und zusätzliche Einnahmen beschert.

Auch diesmal wurde in den meisten afrikanischen Ländern, aber auch in Russland zu wenig dafür getan, die eigene Industrie zu entwickeln. Bezeichnend ist, dass die russische Regierung in dem neuerlichen Embargo aufgrund des Ukraine-Konfliktes sogar insofern einen gewissen Vorteil sieht, als dadurch ein Anreiz besteht, die Produktionsmöglichkeiten im eigenen Lande besser zu entwickeln.

Zudem hat insbesondere China in Schwarzafrikas und anderen Regionen in die Rohstofferschließung investiert und dabei auch dort die Infrastruktur verbessert. Die Investitionen Chinas in afrikanischen Ländern haben diesen Ländern aber kaum die Möglichkeit gegeben, eigene Fachkräfte auszubilden und zu beschäftigen, weil die Fachkräfte häufig aus China mitgebracht wurden. Die weniger entwickelten Länder werden auch, und das wird mehr und mehr schmerzvoll empfunden, mit Produkten aus China überflutet. Viele Entwicklungsländer werden so trotz ihrer Unabhängigkeit nicht nur von den alten Industrieländern, sondern jetzt auch von China weitgehend dominiert.

Auch in diesem Fall ergibt sich die fatale Situation, dass die Eliten der Entwicklungsländer in Schwarzafrika keine eigene wirtschaftliche unternehmerische Initiative entwickeln, sondern sich von den neuen Investoren aus China finanzieren und korrumpieren lassen.

Der Energiehunger der Welt hatte schon vorher die erdölexportierenden Länder reich gemacht. Die meisten erdölexportierenden Länder hatten sich darüber hinaus zum Kartell OPEC zusammengeschlossen und innerhalb kurzer Zeit die Energiepreise extrem hochgetrieben.

Die Abhängigkeit der Industrieländer von den erdölexportierenden Ländern ermöglichte es diesen, zur Durchsetzung von politischen Zielen die Ölmenge zu reduzieren und so die erste Ölkrise auszulösen. Wikipedia schreibt: >> Die erste und folgenreichste Ölkrise wurde im Herbst 1973 anlässlich des Jom-Kippur-Krieges (6. bis 26. Oktober 1973) ausgelöst. Die Organisation erdölexportierender Länder (OPEC) drosselte bewusst die Fördermengen um etwa fünf Prozent, um die westlichen Länder bezüglich ihrer Unterstützung Israels unter Druck zu setzen. Am 17. Oktober 1973 stieg der Ölpreis von rund drei US-Dollar pro Barrel (159 Liter) auf über fünf Dollar. Dies entspricht einem Anstieg um etwa 70 Prozent. Im Verlauf des nächsten Jahres stieg der Ölpreis weltweit auf über zwölf US-Dollar.<< [117]

---

[117] Wikipedia: Ölpreiskrise, https://de.wikipedia.org/wiki/%C3%96lpreiskrise.

Die zweite Ölkrise wurde 1979/80 ausgelöst >>im Wesentlichen durch Förderungsausfälle und Verunsicherung nach der Islamischen Revolution im Iran und dem folgenden Angriff des Iraks auf den Iran (Erster Golfkrieg). Der damalige Preisanstieg fand bei ca. 38 US-Dollar für einen Barrel (159 Liter) sein Maximum. Ende der 1980er Jahre fiel der Ölpreis wieder auf unter 20 $ pro Barrel.<< [118]

Was die erste Ölkrise für Deutschland bedeutete, dazu schreibt Wikipedia: >>1974 musste die Bundesrepublik für ihre Ölimporte rund 17 Milliarden DM mehr bezahlen als im Jahr zuvor. Dies verstärkte die Wirtschaftskrise und führte zu einem deutlichen Anstieg von Kurzarbeit, Arbeitslosigkeit, Sozialausgaben und Insolvenzen von Unternehmen.<< [119]

Es versteht sich, dass die höheren Energiepreise alle Produkte, bei denen Energie eingesetzt wird, entsprechend dem Energieverbrauch verteuern. Längerfristig können solche Preiserhöhungen zwar weitergegeben werden. Kurzfristig können Unternehmen daran aber zerbrechen.

Eine so starke Verteuerung von Rohstoffen und die durch sie bedingten Preiserhöhungen anderer Produkte führt natürlich zu einer erheblichen Umverteilung der weltwirtschaftlichen Einkommen. In Industrieländern werden davon insbesondere die Konsumausgaben beeinträchtigt, das heißt, im Haushalt der Konsumenten fehlt, was mehr ausgegeben werden muss für Heizung, Benzin und die Preiserhöhung der anderen Produkte, es sei denn sie würden weniger sparen, was aber nur im begrenzten Maße möglich ist.

Bei den erdölexportierenden Ländern fällt dagegen diese in Industrieländern wegfallende Kaufkraft als zusätzliche Einnahme an. Da diese Länder aber zunächst nicht gewohnt sind, diese Einnahmen auch wieder auszugeben, werden diese Mittel zunächst im größeren Umfang gespart und fehlen insoweit in der weltwirtschaftlichen Nachfrage. Entsprechend können weniger Produkte verkauft werden. Das bedingt eine Einschränkung der Produktion und Arbeitslosigkeit. Mit anderen Worten: die ohnehin vorhandene säkulare Stagnation, schlägt in eine Depression um.

In dem Maße, in dem die erdölexportierenden Länder ihren Reichtum auch wieder als Kaufkraft einsetzten, das heißt konsumierten und investierten, stieg die gesamte weltwirtschaftliche Nachfrage wieder und ließen die depressiven Tendenzen nach. Dabei wurden natürlich die Ausgaben der erdölexportierenden Länder zu einem festen Bestandteil der weltwirtschaftlichen Nachfrage.

Der Ölmarkt zeigt, dass in einer globalisierten Welt einzelne Länder eine so große Macht erlangen können, dass sie die Weltwirtschaft nahezu lahmlegen können. Als Folge der Ölkrise waren deswegen die Industrieländer bestrebt, sich möglichst unabhängig von den Erdöl- und Erdgaslieferungen zu machen. Deshalb wurden zunächst zusätzliche Atomkraftwerke gebaut und unter dem Einfluss der zu erwartenden Klimakatastrophe wurde der Ausbau der erneuerbaren Energien vorangetrieben.

---

[118] Ebd.
[119] Ebd.

Die USA gingen noch einen Schritt weiter, indem sie ihre Erdöl- und Erdgasförderung durch das sogenannte *Fracking* so stark erhöhten, dass sie immer weniger von Lieferungen aus dem Weltmarkt angewiesen sind und sogar anstreben, 2020 selbst zum Energieexporteur zu werden.

Zudem bedingt der Rückgang der Wachstumsraten in China auch einen geringeren Energiebedarfszuwachs, und zusätzlich drängt der Iran nach dem Atomabkommen mit seinen riesigen Erdölreserven wieder auf den Markt. Zwar ist es denkbar, dass die erdölexportierenden Länder ihre Exportmenge zurückfahren und so die Preise stabilisieren. Doch kein Land möchte an Einnahmen aus Energieexporten verlieren. Saudi-Arabien fürchtet zudem, dass die USA wegen ihrer geringeren Abhängigkeit von Ölimporten aus Saudi-Arabien nicht mehr im gleichem Umfang ihre Schutzmacht sein und Interessen Saudi-Arabiens verfolgen werden. Saudi-Arabien sieht daher in einem Aufrechterhalten ihrer bisherigen Fördermengen und dem daraus resultierenden Fortbestand der niedrigen Energiepreise zugleich ein Mittel, das Fracking in den USA unwirtschaftlich zu machen und so die Abhängigkeit der USA von Saudi-Arabien wieder zu erhöhen. Allem Anschein und den entsprechenden Prognosen nach ist auf absehbare Zeit daher eher mit einer weiteren Senkung der Erdöl- und Erdgaspreise zu rechnen.

Die geringen Energiepreise haben natürlich erhebliche Auswirkungen auf die erdölexportierenden Länder. Denn die Rohstoffexporte und die daraus gewonnenen Einnahmen machen in vielen Ländern den größten Teil der Exporte und der Haushaltseinnahmen aus. So schreibt *VOV*: >>Prognosen des Internationalen Währungsfonds, IWF, zufolge ist Russland davon am schwersten betroffen, weil das Erdöl bis zu 80 Prozent des gesamten russischen Exportwerts ausmacht und etwa 50 Prozent zum Bruttoinlandsprodukt dieses Landes beiträgt. Seit der Ölpreiskrise musste der russische Staatshaushalt einen Verlust von mehr als 100 Milliarden US-Dollar hinnehmen. Der Wertverlust der russischen Währung hat sich dramatisch beschleunigt. ... Auch der Iran, Venezuela und Nigeria sind von der Senkung des Ölpreises stark betroffen. Sie können ihren Haushalt nur ausgleichen, wenn der Ölpreis bei mindestens 120 US-Dollar pro Barrel liegt.<<[120]

Während durch die seinerzeitigen Ölpreiserhöhungen die Kaufkraft aus Industrieländern in die erdölexportierenden Länder verlagert wurde, fließt diese natürlich mit der Senkung der Energiepreise wieder in die Industrieländer zurück und begünstigt die Konsumausgaben. Allerdings kommt die dadurch bewirkte Einnahmenerhöhung in Industrieländern nur zum Teil den unteren Bevölkerungsschichten zugute, die den überwiegenden Teil ihrer Einkünfte für Konsumausgaben verwenden. Der größte Teil dürfte bei den Unternehmern und Kapitalgebern anfallen, die ohnehin schon nicht wissen, was sie mit überschüssigen Ersparnissen machen sollen, sodass per Saldo eine Verstärkung der säkularen Stagnation zu erwarten ist.

Aus dem Dargelegten geht hervor, dass der Besitz von Rohstoffressourcen eine erhebliche Reichtumsquelle für eine Volkswirtschaft sein kann. Längerfristig zum Segen führt Rohstoffreichtum allerdings nur dann, wenn

---

[120]http://vovworld.vn/de-DE/Politische-Aktualit%C3%A4t/Einfl%C3%BCsse-der-%C3%96lpreissenkung-auf-die-Weltwirtschaft/295081.vov

1. er allen Einwohnern der Volkswirtschaft zugutekommt und nicht nur bei mehr der weniger korrupten Eliten hängen bleibt und
2. er die Volkswirtschaft nicht dazu verführt, sich nicht geistig und industriell weiterzuentwickeln.

Sonst kann Rohstoffreichtum zum Fluch werden. Die Eliten sind, wenn sie alleine verdienen, häufig nicht einmal engagiert, die mit der Erschließung der Rohstoffvorkommen entstehenden Umweltschäden zu beseitigen und, wenn die Bevölkerung an den Rohstoffeinnahmen partizipiert, kann ein Preisverfall die ganze Volkswirtschaft erheblich treffen. An der Überwindung der Energieknappheit durch die Entwicklung von erneuerbaren Energien und auch dem Fracking zeigt sich wiederum, dass Forschung und Entwicklung und das daraus entstehende Know-how längerfristig bedeutender sind, als Rohstoffreserven.

4.4.4. Die Entstehung von Schwellenländern und deren Einfluss auf die Wirtschaftsentwicklung der Industrieländer

Wie bereits dargelegt, ist die Größe eines potentiellen Absatzmarktes eines der wichtigsten Investitionsmotive für Industrieländer. Die großen Volkswirtschaften außerhalb der westlichen Welt sind: China, Russland, Brasilien, Indien und Südafrika. Diese Länder sind aber auch diejenigen, die, wie China Indien und Russland und in gewisser Weise auch Brasilien, auf eine sehr lange eigene Kultur zurückgreifen können oder viele europäische Einwanderer haben, wie Südafrika und Brasilien, die die wirtschaftliche und gesellschaftliche Entwicklung entscheidend mitbestimmen.

Aufgrund ihrer Größe und entwickelten Gesellschaft konnten sie westliche Investoren auch daran hindern, die eigene Wirtschaft zu stark zu dominieren bzw. mit ihren Produkten den Markt zu überschwemmen. So hatten diese sogenannten BRICS-Staaten eine außerordentlich dynamische Entwicklung, allen voran China, wodurch zugleich die Weltwirtschaft insgesamt belebt, ja, man kann wohl sagen, daran gehindert wurde, in eine Depression zu fallen.

Durch das enorme Wachstum in den Schwellenländern, in China stieg es 2007 um über 14 % und betrug 2010 noch 10,6 %[121], entstand ein ungeheurer Sog nach hochindustriellen Gütern, durch die die Industrien der Industrieländer zusätzliche Absatzmöglichkeiten erhielten. Ohne diese Nachfrage wäre die Wirtschaft der Industrieländer wahrscheinlich in eine Depression eingemündet. Entsprechend groß ist auch heute die Befürchtung vor einem Wachstumseinbruch in den Industrieländern, weil die Wachstumsraten in China zurückgehen.

Natürlich muss auch berücksichtigt werden, dass infolge der niedrigeren Löhne in den Entwicklungsländern viele Produktionen aus den Industrieländern dorthin verlagert wurden und somit die Entwicklungsländer nunmehr Textilien, Schuhe, Massenelektronikgeräte etc. als Gegenleistung für die bezogenen Maschinen und Anlagen in die Industrieländer liefern. Aber die Liefermöglichkeiten von Massenkonsumwaren in die Industrieländer stößt an Sättigungsgrenzen. China sieht sich deshalb gezwungen, seine Produkte stärker im Binnenmarkt abzusetzen. Dabei wird die chinesische Wirtschaft zwar noch weiterwachsen, aber nicht mehr

---

[121]http://de.statista.com/statistik/daten/studie/14560/umfrage/wachstum-des-bruttoinlands-produkts-in-china/.

in dem Umfang wie bisher, und die Frage entsteht für die Industrieländer, wohin sie ihre Produkte liefern. Per Saldo wird sich dadurch die Gefahr vergrößert, dass die säkulare Stagnation in eine Depression umschlägt.

4.4.5 Die Globalisierung des Kapitalmarktes

Wenn in Industrieanlagen investiert wird, kommt das Kapital in der Regel aus den Industrieländern. Zwar gibt es auch in den Entwicklungsländern erhebliche Vermögensunterschiede und insofern reiche Leute. Im Verhältnis zu den in Industrieländern anfallenden Gewinnen bleiben deren Vermögen jedoch marginal. Auch fehlt es den Eliten in Entwicklungsländern häufig an der westlichen Unternehmermentalität, sodass sie, wenn sie das Geld überhaupt anlegen, sie in Unternehmen der westlichen Welt investieren. Das Kapital kann dann, wenn das westliche Unternehmen Betriebsstätten in dem Land des Anlegers gründet, wieder in ihr Land zurückfließen. Dabei bleibt aber das eigene Land abhängig von den Unternehmensentscheidungen in den Industrieländern.

Die Abhängigkeit von Industrieländern besteht auch bei der Kreditaufnahme von Entwicklungsländern aus Industrieländern. Investoren aus den Industrieländern versuchen auch, attraktive Immobilien in Entwicklungsländern zu erwerben. Dabei stehen sie dann in Konkurrenz zu heimischen Anlegern. Denn heimische Vermögende investieren bevorzugt in Immobilien. So können die Immobilienpreise durch den Einfluss von Spekulationskapital stärker steigen, und es kann zu Spekulationsblasen kommen.

Verschuldet sich ein Land gegenüber dem Ausland stark oder verschlechtern sich die wirtschaftlichen Bedingungen in dem Entwicklungsland oder auch in dem Industrieland, so können Gelder aus Entwicklungsländern schnell wieder abgezogen werden. Bei einer Wirtschaftsverschlechterung in Entwicklungsländern sind die Gründe schlechtere Renditemöglichkeiten, bei Verschlechterung der Wirtschaftslage im Industrieland selbst kann es sein, dass die Unternehmen das Kapital brauchen, um Verluste zu finanzieren, und deswegen Gelder aus Entwicklungsländern abziehen.

Ein Beispiel für eine durch den Kapitalmarkt ausgelöste Krise ist die Asienkrise Ende der Neunzigerjahre. Dazu schreibt Wikipedia: >>Infolge der Liberalisierung der Finanzsektoren asiatischer Staaten entstand in den 1990er Jahren ein Kreditboom in Asien. Das Wachstum des Kreditvolumens lag in dieser Zeit im Durchschnitt bei 8 bis 10 Prozent über den Wachstumsraten des BIP. Es entstanden nicht nur industrielle Überkapazitäten wie in Südkorea, sondern ein immer größerer Teil der Kredite wurde zum Kauf von Aktien und Immobilien eingesetzt. Die Folgen waren ein Anstieg der Aktienmärkte und ein starkes Ansteigen der Immobilienpreise und das bis zum Vierfachen. Mit den steigenden Immobilien- und Aktienpreisen glaubten die asiatischen Banken gute Sicherheiten zu haben, was weitere Kreditvergaben begünstigte. Dieses Kapital floss wiederum in Aktien und Immobilien. Durch die daraus resultierenden Preissteigerungen entstand in einigen Bereichen eine spekulative Blase. Dieser „Teufelskreis" aus Kreditvergabe und gestiegenem Wert der Sicherheiten hatte eine stark einseitige Ausrichtung der Kreditvergabe zur Folge. Ende 1997 lag der Anteil der durch Immobilien besicherten Kredite in Thailand, Indonesien und Malaysia zwischen 25 und

40 Prozent.[122] Dies machte die Banken gegenüber Preisrückgängen am Aktien- und Immobilienmarkt verwundbar.<<[123]

>>Das Hauptproblem dieser Finanzpolitik war, dass den kurzfristigen Fremd- währungskrediten, die die asiatischen Banken aufgenommen hatten, nur ein ver- hältnismäßig geringer Währungsreservebestand gegenüberstand.[124] Die Krisen- länder waren bei Eintreten der Krise und Fälligkeit der zuvor aufgenommenen Kredite nicht in der Lage, diese fristgerecht mit ausländischen Devisen zurückzu- zahlen. …

Das damals relativ niedrige Zinsniveau in Japan gilt als ein Faktor, der asiati- sche Banken dazu verleitete, Fremdwährungskredite in Yen aufzunehmen. Viele Investoren wollten in dem Zukunftsmarkt Südostasien dabei sein und finanzierten ihre Engagements mit einer geringen Eigenkapitalquote. Auch im Westen herrschte die Meinung, dass die Regierungen in Asien, sollte es zu Problemen kommen, über die Ressourcen verfügen würden, um eventuelle Solvenzprobleme abzufangen. Als die Gläubigerbanken aber nicht mehr „stillhielten", als die asiati- schen Währungen und Vermögenswerte zunehmend verfielen, und ihre Forderun- gen fällig stellten, kam es zu einem massiven Abzug von Kapital aus diesen Län- dern. Der führte wiederum zu einer Herabstufung der Kreditwürdigkeit dieser asi- atischen Länder, was den weiteren Verkauf dort gehaltener Anlagen durch sicher- heitsorientierte institutionelle Investoren zur Folge hatte. Diese sich selbst verstär- kende Kapitalflucht aus den Krisenländern gilt als ein Koordinationsversagen. Für einen einzelnen Gläubiger war es rational, Forderungen möglichst schnell einzu- treiben und so Verluste zu begrenzen. Dass viele Gläubiger fast gleichzeitig so handelten (Herdenverhalten), trug zum Wertverlust ihrer Anlagen bei<<[125]

Kapitalströme aus anderen Ländern können auch dadurch ausgelöst werden, dass eine Notenbank entscheidet, die Geldmenge zu begrenzen oder das Zinsni- veau anzuheben, und dieser Kapitalabfluss kann in dem betroffenen Land erheb- liche Wirtschaftsturbulenzen verursachen. So ist für die Entscheidung, wieweit das amerikanische Zinsniveau wieder angehoben werden soll, auch von Bedeu- tung, ob dadurch Geldströme aus den Entwicklungsländern ausgelöst werden.

Erhebliche negative Einflüsse können auch aus einer Veränderung der Kursre- lationen unter den Währungen entstehen, und diese können die unterschiedlichsten Ursachen haben. Während der Euro-Krise hatte es einen erheblichen Run auf den Schweizer Franken gegeben. Die Schweiz sah sich veranlasst, den festen Wech- selkurs im Verhältnis zum Euro aufzugeben, wodurch der Schweizer Franken im Wert stark stieg. Das hatte erhebliche Folgen für Länder, die Kredite in Schweizer

---

122 Für Banken ist normalerweise der Anteil der durch Immobilien besicherten Kredite im Vergleich zur Gesamtkreditvergabe maximal 15 % bis 20 %. In Indien zum Beispiel betrug das durch Immobilien besicherte Kreditvolumen am 31. März 2006 durchschnittlich zwi- schen 8 % und 17 %. Vgl. Weber, W.L., Devaney,M: Bank Efficiency, Risk-Based Capital, and Real Estate Exposure: The Credit Crunch Revisited. Real Estate Economics, Vol. 27 March 1999 und RBI to cap banks' home loan exposure.
123 Wikipadia: Asienkrise, https://de.wikipedia.org/wiki/Asienkrise
124 Vgl. McKinnon, Ronald; Pill, H (1996): *Credible Liberalizations and International Ca- pital Flows*: The *"Overborrowing Syndrome"*, in: Takatoshi Ito, Anne O. Krueger (Hrsg.): Financial Deregulation and Integration in East Asia, Chicago, London, S. 7–42., 1996.
125Wikipadia: Asienkrise, https://de.wikipedia.org/wiki/Asienkrise

Franken aufgenommen hatten. Als Beispiel mag gelten, was über die Folgen in Polen und anderen osteuropäischen Ländern berichtet wird:

>>Das Ende des Franken-Mindestwechsel-Kurses löste in Polen eine Panik aus. Der Höhenflug des Franken kommt rund 700.000 Haushalte dort teuer zu stehen, die Immobilienkredite abbezahlen müssen, die in Schweizer Franken abgeschlossen wurden. Die polnische Landeswährung Zloty verlor im Vergleich zum stark angestiegenen Franken fast 20 Prozent an Wert. Der Leitindex an der Börse in Warschau gab am Mittag rund zwei Prozent nach.

Insgesamt wurden rund 40 Prozent der Immobilienkredite in Polen in Schweizer Franken abgeschlossen. Nach Angaben der polnischen Finanzaufsicht belaufen sie sich auf rund 31 Milliarden Euro.

Der Trend war Anfang des Jahrtausends in Polen, Kroatien und Ungarn aufgekommen. In Kroatien sind rund 60.000 Kreditnehmer betroffen, die in Schweizer Franken aufgenommene Darlehen abbezahlen müssen, wie deren Interessenvertretung Franak mitteilte.<<[126]

Auch die steigende öffentliche Verschuldung, wenn sie eine von den Kapitalmärkten nicht mehr tolerierte Höhe erreicht hat, kann Währungsturbulenzen auslösen, wodurch der gesamte Welthandel in Mitleidenschaft gezogen werden kann. Ein Beispiel dafür war die Euro-Krise, die wieder aufflammen kann.

4.4.6 Die Globalisierung der säkularen Stagnation

Es wurde bereits dargelegt, dass sich die Wirtschaft in den westlichen Industrieländern im Zustand einer säkularen Stagnation befindet, weil die Summe der Ersparnisse höher ist, als die lukrativen Investitionsmöglichkeiten. Ein beredtes Zeichen dafür ist das einmalig niedrige Zinsniveau und dass die Zentralbanken auch durch weitere künstliche Zinssenkungen nicht genügend Investitionen anregen können.

In Entwicklungsländern haben wir an sich seit Jahrtausenden eine Stagnation, weil die wirtschaftlichen Eliten allenfalls Schätze thesaurierten, aber ihr Geld nicht in Produktionsanlagen investiert haben. Durch das enorme Wachstum, insbesondere in den Schwellenländern, ergaben sich für Anleger neue Investitionsmöglichkeiten sowohl in Entwicklungsländern selber, als auch in Industrien, die die Entwicklungsländer belieferten. Nun zeichnet sich ab, dass die hohen Wachstumsraten in China und sicherlich auch in anderen Ländern sich nicht halten lassen und mehr und mehr auf das Niveau der alten Industrieländer sinken. Damit fällt für Investoren aus Industrieländern, aber auch für Kapitalanleger aus China und anderen Entwicklungsländern selbst dieses Ventil für zusätzliche Investitionen weg.

Da es in den Entwicklungsländern auch erhebliche Vermögens- und Einkommensunterschiede gibt, entsteht auch in diesen Ländern eine Diskrepanz zwischen Ersparnissen und Anlagemöglichkeiten, sodass auch durch die Entwicklungsländer die säkulare Stagnation tendenziell verstärkt wird.

---

[126]http://www.t-online.de/wirtschaft/boerse/devisen/id_72511678/nach-aufwertung-desschweizer-franken- die-folgen-fuer-verbraucher.html.

4.4.7 Tendenziell weiter abnehmende Beschäftigung durch Rationalisierungen, insbesondere infolge zunehmender Digitalisierung und Roboterisierung

Da die qualifizierteren Arbeitsplätze eher in den Industrieländern beschäftigt werden, die weniger qualifizierten in Entwicklungsländern arbeiten, werden letztere durch die zu erwartenden Rationalisierungen umso mehr ihre Arbeitsplätze verlieren und versuchen, ihren Lebensunterhalt in Europa zu verdienen.

Die bisherige Rationalisierung der Herstellung ging im Wesentlichen über Massenproduktion. Basiert die Massenproduktion auf Fließbandfertigung, bei der viele wenige qualifizierte Arbeitskräfte gebraucht werden, lohnt es sich, die Produktion in Billiglohnländer auszulagern. In dem Maße, in dem die Arbeitskräfte durch Maschinen, Computer und Roboter ersetzt werden können, und es nur noch auf wenige höher qualifizierte Fachkräfte ankommt, könnte es wiederum interessant sein, die Fertigung in die Industrieländer zurück zu verlagern.

Viele technisch hergestellten Produkte bestehen aus Teilen, die wiederum in ihrer Herstellung selbst Rationierungsmöglichkeiten unterliegen. Je mehr diese Teile standardisiert und die Weiterverarbeiter angeregt werden, diese Standardprodukte zu verwenden, können sie auch in einer umso größeren Stückzahl angefertigt werden – man denke an Schrauben, Computerchips, Roboter-Elemente, Steuerungen und vieles mehr –. So erwies es sich als sinnvoll, Teile aus wenigen Fabriken, die irgendwo in der Welt angesiedelt sind, zu beziehen. Dadurch kam es zu einer Vernetzung der Industrieproduktion weltweit und zu entsprechend großen internationalen Transportbewegungen. Auch für diese Teilfertigungen gilt natürlich, dass sie dort hergestellt werden, wo die dafür nötigen Fachkräfte am billigsten sind.

Je mehr solche Teilfertigung auf Massenfabrikationsstätten verteilt werden, umso größer sind die internationalen Warenbewegungen. Andererseits bleiben immer weniger Massenfertigungsbetriebe übrig und die meisten Länder verlieren ihre Produktionsmöglichkeiten.

Gegen solche Gefahren wird natürlich von Neoliberalen standardgemäß eingewandt, dass die dadurch freiwerdenden Arbeitskräfte durch Innovationen und Erweiterungsinvestitionen wiederum in Lohn und Brot gebracht werden. In Zeiten der säkularen Stagnation geschieht das aber gerade nicht, weil die kaufkräftige und zugleich kaufwillige Nachfrage hinter den Produktionsmöglichkeiten zurückbleibt bzw. die Ersparnisse nicht genügend Anlagemöglichkeiten finden.

Die neuesten Möglichkeiten der digitalen Produktion, die sogenannten *fraktalen* Fabriken, erlauben es, getrennte Produktionsprozesse wieder zusammenzuführen, weil die verschiedenen Teile in Fertigungsschritten programmiert werden und bei Bedarf abgerufen werden können. Dadurch fallen Transportkosten und die dadurch bedingten logistischen Abläufe weg, wodurch Transportmittel, wie auch die dafür beschäftigten Arbeitskräfte freigesetzt werden können.

Wenn der eigene Markt groß genug ist, können die Märkte geschlossen werden und die internationalen Know-how-Träger gezwungen werden, die jeweils in den Ländern gebrauchten Mengen auch dort zu fertigen. Es wurde schon dargestellt, welche enormen Rationalisierungsmöglichkeiten die zunehmende Digitalisierung und Roboterisierung der Wirtschaft mit sich bringt. Von der dadurch bedingten Freistellung von Arbeitskräften sind insbesondere auch die Entwicklungsländer betroffen. Die zu erwartende wachsende Arbeitslosigkeit wird durch Abschottung der Märkte vielleicht besser über die Welt verteilt. Per Saldo wird sie aber zunehmen und damit auch die Verarmung der Masse der Arbeitskräfte. Entsprechend wird die durch sie vorher getätigte Nachfrage sinken. Wenn die Politiker das Problem der extrem ungleichen Vermögensverteilung und dadurch mitbestimmten Einkommensverteilung nicht lösen, wird sich die säkulare Stagnation noch weiter erhöhen.

4.5 Globalisierung und Umwelt

Die industrielle Revolution greift immer tiefer in die natürlichen Gegebenheiten ein. Solange die technische und wirtschaftliche Entwicklung nur Europa betraf, waren die negativen Auswirkungen auf die Umwelt überschaubar. Mit der Globalisierung werden die Umweltbelastungen aber zu einem Problem, primär für Luft, Wasser und Klima und über diese dann für Pflanzen, Tiere und Menschen, wie immer wieder und dringlicher beschrieben wird.

Diese Entwicklung wird noch, wenn auch ungewollt, durch die Entwicklungshilfe begünstigt. Anstatt in Entwicklungsländern kleinbäuerliche Betriebe zu stützen und die Umwelt zu schonen, werden eher großflächige Agrarunternehmen gefördert, die ihre Produkte wie Soja, Palmöl und andere Rohstoffe in die Industrieländer exportieren.

Agrar-und Pharmakonzerne aus Industrieländern exportieren genmanipuliertes Saatgut, Düngemittel und Pestizide und zerstören die Umwelt. Der Gewinn fällt überwiegend bei den ausländischen Lieferanten und Beziehern der Produkte an. Da sich die Interessen der großenteils korrupten Eliten der Entwicklungsländer mit ausländischen Kapitalinteressen treffen, kann nicht verhindert werden, dass großflächig Urwald gerodet wird und Kleinbauern vertrieben und arbeitslos werden.

So schreibt Philipp Lichterbeck aus Rio de Janeiro: >>Nach drei Jahren der Stagnation hat die brasilianische Wirtschaft wieder zugelegt: ein Prozent Wachstum im ersten Quartal 2017. Bei genauerem Hinsehen zeigte sich, dass das Wachstum einzig einer Soja-Rekordernte zu verdanken ist. 20 Prozent mehr Bohnen als im Vorjahr fuhren die Bauern 2016/17 ein. Die Ernte beläuft sich nun auf 114 Millionen Tonnen. Damit macht Soja mehr als die Hälfte des in Brasilien geernteten Getreides aus, an zweiter Stelle kommt der Futtermais mit 94 Millionen Tonnen.

Die Zahlen skizzieren eine schleichende Umweltkatastrophe. Denn die Rekordernte ist in erster Linie auf eine Ausdehnung der Anbauflächen für Soja zurückzuführen. Um sieben Prozent wuchsen sie innerhalb eines Jahres – damit gedeiht Soja in Brasilien auf einer Fläche, die fast so groß ist wie Deutschland. …
Mehr als die Hälfte des Sojas geht direkt in den Export nach China, Europa und in die USA. Dort werden die Bohnen an Masttiere verfüttert, insbesondere an Schweine und Geflügel.

Die ökologischen Folgen sind verheerend. In Brasilien bedecken Soja-Monokulturen heute Böden, auf denen einst Regenwälder oder der tropische Tropenwald Cerrado standen. Außerhalb Brasiliens kaum bekannt, ist der Cerrado das zweitgrößte Ökosystem Südamerikas.

Ebenso zerstörerisch ist die Produktionsmethode. 100 Prozent des brasilianischen Sojas ist so genmanipuliert, dass es Allround-Pestiziden widersteht, die jede andere Pflanze und jeden Schädling töten. Das bekannteste dieser Pestizide ist Glyphosat. Es steht im Verdacht, schwere Krankheiten auszulösen. Es könnte auch für das weltweite Bienensterben verantwortlich sein. Ohne Allround-Pestizide und Genveränderung aber wäre der massive Soja-Anbau nicht mehr möglich.<<[127]

Die negativen Auswirkungen agrarischer Großbetriebe, insbesondere die Massentierhaltung belasten auch in Industrieländern die Umwelt. Trotzdem kann sich nicht einmal die Regierung der Bundesrepublik Deutschland dazu durchringen, die schon von der Europäischen Union geforderte Nitratbelastung der Böden zu bekämpfen.

Nun bedingen technischer und wirtschaftlicher Fortschritt nicht automatisch Naturzerstörung. Denn der technische Fortschritt kann auch die Mittel und Wege zur Vermeidung oder Behebung von Naturschäden entwickeln. Dazu müssen sich aber die Völker auf einzuhaltende Regeln verpflichten, nicht nur mit Hintanstellung egoistischer Motive, sondern auch der Bereitschaft der entwickelteren Länder, den weniger entwickelten zu helfen. Weltweiter Umweltschutz erfordert weltweite Solidarität.

II. Der östliche Europäismus und seine Globalisierung

Russland aber auch die anderen osteuropäischen Länder, insbesondere Polen, sind die Träger des *Osteuropäismus*. Der nach-byzantinische Osteuropäismus begann mit der Gründung des Kiewer Rus, als 882 die Hauptstadt des wenige Jahre vorher gegründeten *Altrussischen Staates* von Nowgorod nach Kiew verlegt wurde[128] und 988 die griechisch-orthodoxe Christianisierung begann[129].

>>Das Herzogtum Polen, dessen Name sich vom westslawischen Stamm der Polanen ableitet, ist im frühen 10. Jahrhundert von Poznań (Posen) und Gniezno (Gnesen) aus gegründet worden. Es wurde von 960 bis 992 von Herzog Mieszko I. aus der Dynastie der Piasten regiert, der nach und nach die anderen westslawischen Stämme zwischen Oder und Bug unterwarf.

966 ließ sich Mieszko I. nach römisch-katholischem Ritus taufen. Das Territorium erreichte durch Eroberungen unter Mieszko I. und seinem Sohn Bolesław dem Tapferen Grenzen, die den heutigen Staatsgrenzen sehr nahe kamen.<<.[130]

>>Die heutige Ukraine hat ihren Ursprung, genau wie Russland und Weißrussland, im ersten ostslawischen Staat, der Kiewer Rus. Ab dem 8. Jahrhundert befuhren Wikinger die osteuro-päischen Flüsse und vermischten sich mit der slawischen Mehrheitsbevölkerung. Diese auch Waräger oder Rus genannten Kriegerkaufleute waren maßgeblich an der Gründung der Kiewer Rus mit Zentren in Kiew und Nowgorod, beteiligt.<<[131]

[127] Philipp Lichterbeck: *Der Fluch des Sojas*, in: Der Tagesspiegel, Nr. 23 161/ 2.7.2017, S. 32.

[128] https://de.wikipedia.org/wiki/Kiewer_Rus.

[129] https://de.wikipedia.org/wiki/Ukraine#Geschichte.

[130] https://de.wikipedia.org/wiki/Polen#Fr.C3.BChgeschichte_und_Gr.C3.BCndung.

[131] https://de.wikipedia.org/wiki/Ukraine#Geschichte.

>>Gebiete der heutigen Ukraine gelangten … ab dem 16. Jahrhundert in den polnischen Herrschaftsbereich. Im Osten wurde aus dem Fürstentum Wladimir-Susdal das Großfürstentum Moskau, das nach und nach alle russischen Nachbarfürstentümer um sich konsolidierte und schließlich das tatarische Khanat Kasan unterwarf. Die Ukraine wurde durch dessen Ausdehnung zum russisch-polnischen Rivalitätsgebiet und Grenzland.<<[132]

Russen, Ukrainer und Polen sind Slawen und haben insofern gleiche Tradition und Ideale. Die Russen sind aber orthodoxe und die Polen katholische Christen und vertreten damit unterschiedliche christliche Glaubensrichtungen.

Entsprechend dem Einfluss Russlands und Polens ist die Ukraine >>ein konfessionell gemischtes Land. Ca. 75 % der Ukrainer gehören den orthodoxen Kirchen an. Die höchste Zahl an Gläubigen hat die international anerkannte Ukrainisch-Orthodoxe Kirche Moskauer Patriarchats,[…] ein autonomer Teil der Russisch-Orthodoxen Kirche. Daneben gibt es die international nicht anerkannte, nach 1991 entstandene Ukrainisch-orthodoxe Kirche des Kiewer Patriarchats. … Dem orthodoxen Ritus folgt auch die 1596 entstandene Ukrainische griechisch-katholische Kirche, die allerdings die Suprematie des Papstes anerkennt und mit Rom uniert ist. Ihr gehören ca. 5,5 Mio. Gläubige, hauptsächlich im Westen des Landes, an.

Daneben gibt es in der Ukraine ca. 2 Mio. Muslime (4 %, davon 1,7 % Tataren), 1,1 Mio. römisch-katholische Christen (2,4 %, vor allem Polen und Deutsche) sowie 1,2 Mio. evangelische Christen (2,7 %), und etwa 300.000 Juden[[133]].<<[134]

Seit dem Beginn ihrer Staatenbildungen bestimmt der Antagonismus ihrer gleichen ethnischen Herkunft und ihrer unterschiedlichen Konfessionen das Verhältnis zwischen Russen und Polen und entzündet sich dieser Antagonismus bemerkenswerterweise bis heute an der Ukraine. Zum Verständnis der politischen Entwicklung und der heutigen politischen Lage ist es deshalb sinnvoll, sowohl das Selbstverständnis der Russen, wie das der Polen zu analysieren.

1. Russland

1.1 Russlands gefühlte Mission

Russlands gefühlte Mission soll an Zitaten von Wilhelm Goerdt in seinem Buch *Russische Philosophie* deutlich gemacht werden: Nach Louis J. Shein ist „Leitmotiv russischer Philosophie" >>die Frage nach der „Natur des Menschen", der „Natur der Freiheit", nach „des Menschen moralischer Verantwortung gegenüber der Gesellschaft" und schließlich nach der „Transzendenz und Immanenz Gottes und der organischen Einheit des Kosmos".<<[135] Die trinitarische Formel russischen Strebens war: *Rechtgläubigkeit, Selbstherrschaft, Volkstum.*[136]

---

[132] https://de.wikipedia.org/wiki/Ukraine#Geschichte.
[133] http://www.worldjewishcongress.org/en/about/communities/UA.
[134] https://de.wikipedia.org/wiki/Ukraine#Religion.
[135] Wilhelm Goerdt: *Russische Philosophie*, S. 43.
[136] Wilhelm Goerdt: S. 57.

Nach einer These von M. Leo vollzieht sich die russische Philosophie >>in einem komplexen Prozeß des Zusammenlaufens, als Syndrom von Gegenstandsbewußtsein, Selbst- und Nationalbewußtsein.<< >>Gegenstandsein erzeugt Selbstbewußtsein. Wenn man eine Sache versteht, „kann", kann man mit ihr arbeiten. Kenntnis des Gegenstandes und der Aufgabe der Philosophie impliziert die Möglichkeit des Bewußtseins eigener Kompetenz in der Sache, nämlich der Fähigkeit, selber zu philosophieren, Philosophie nicht nur zu reproduzieren, sondern zu produzieren. …

Eine besondere Komponente des Zusammenhangs des Bewußtseins der allgemeinen Aufgabe der Philosophie und der Befähigung des einzelnen zu ihr bildet der Patriotismus, das Bewußtsein nationaler Identität, und zwar so, daß Individuen als Russen, als Sprösslinge des russischen Landes, des Vaterlandes, gleichsam in dessen Auftrag sich der universalen Aufgabe der Philosophie stellen. Die „patriotische Führung" der russischen Kultur ist seit Peter dem Großen mächtig spürbar. [137]<<.[138]

Radischtschew geht >>von einer Konzeption des Menschen „an sich" aus, dessen Naturanlage durch Aufklärung gebildet werden muß, damit der Mensch wahrhaft er selbst, Mensch werden könne.

Die Abfolge seiner Gedankenkette führt über einen Begriff von wahrer Philosophie, die Erkenntnis „wahrer Pflichten" vermittelt, zur Auffassung vom „wahren Menschen", der aufgrund seiner guten, vom Geist auf den rechten Weg gewiesenen Natur handelt, das heißt tugendhaft handelt… „Im ewigen Dienst am Menschengeschlecht, besonders aber an den eigenen Landsleuten" [139] … Patriotismus ist die letzte Konsequenz, die aus dem allgemeinen Begriff der Humanität unter konkreten raum-zeitlichen Umständen ableitbar ist. Genauso versteht Radischtschew sich als Patriot. Er kann als „Sohn des Vaterlandes" nur aus Gründen, und nicht in der „Finsternis der Leidenschaften" [140] handeln, aus Gründen, die durch das Denken, durch Philosophie einsichtig gemacht worden sein müssen. Das bedeutet, daß in Rußland von Russen für die Kompatrioten und das ganze Menschengeschlecht schöpferisch philosophiert werden muß …. Das Allgemeine – die Philosophie – soll von einzelnen, von Individuen in einer historischen Besonderheit – Rußland – verwirklicht werden wie andererseits die Verwirklichung der Philosophie in Rußland dem Menschengeschlecht, der Ökumene, wohl tun (…) eben für alle Menschen bedeutungsvoll werden soll.<<[141]

>>Die bei aller Einsicht in die Positivität der Wissenschaften für Skoworoda doch unumgängliche Kritik an ihnen und ihren Folgen ist in seiner Überzeugung begründet, daß diejenigen – wie der Historiker, Chemiker, Physiker, Logiker, Grammatiker, Geometer, Soldat, Pächter, Uhrmacher usw. und so fort –, „deren Gegenstand diese dingliche Welt ist", den Menschen weder Glück noch Seelenfrieden bringen können. Das sei Sache der „aufgeklärten christlichen Lehrer", der

---

[137] M. Leo: *Patriotische Färbung und Wirklichkeit in der russ. Lit.im ersten Drittel des XVIII. Jahrhunderts.*

[138] Goerdt: S. 180.

[139] A.N. Radischtschew: Ausgew. Werke …, Berlin 1959, S. 119: „Wer ist ein Sohn des Vaterlandes?";

[140] Ebd., S. 114.

[141] Wilhelm Goerdt: *Russische Philosophie*, S. 182f.

„geistlichen Väter" und Apostel, denen Christi Wort „Meinen Frieden hinterlasse ich euch" (Joh. 14,27) zugesprochen worden sei. Geradezu wie ein Ruf der Besinnung an Lomonossow und alle Wissenschaftsoptimisten klingt Skoworodas – L. Tolstoi vorwegnehmender – Satz: „Deine Wahrheit liegt auf dem Erdball, aber die Wahrheit der Apostel ist in uns, wie geschrieben steht: ‚Das Reich Gottes ist in euch' (Lk. 17,21)." [142].<<143

>>Während Lomonossow die „heilig-väterlichen" Schriften zur Begründung der Legitimität moderner Naturwissenschaft heranzieht, setzt Skoworoda eben diese zur Rechtfertigung seiner Wissenschaftskritik und als Beleg für seine Auffassung von wahrer Wissenschaft, als „Wissenschaft von Christus", „christliche Philosophie", Selbsterkenntnis und Gotteserkenntnis ein, die praktisch zur Selbstwerdung und Gottwerdung, Vergöttlichung führt.

Auch Lomonossow hatte von „Vergöttlichung" gesprochen, deren der Mensch in der Erkenntnis und Rekonstruktion der Natur als ihr zweiter Herr und Schöpfer teilhaftig werde, während Skoworoda die Einswerdung Gottes mit dem Menschen und in ihm, die Schau Gottes meint, die durch aszetisch-mystische „Theoria" und Praxis zu erreichen ist.<<144

Dem entsprechend schreibt Vladimir Solowjeff: >>„Das Ziel der Arbeit ist in bezug auf die materielle Natur nicht ihre Nutzung zur Gewinnung von Sachen und Geld, sondern die Vervollkommnung dieser Natur selbst – die Belebung dessen, was in ihr tot, die Vergeistigung dessen, was in ihr stofflich ist", – das ist ihr „Recht auf unsere Hilfe" (…), [145] unser „Dienst" an ihr. [146]<<147

1.2 Russlands zwiespältiges Verhältnis zum Westen und die Folgen für die Entwicklung Russlands

Rudolf Steiner hat 1915 dargestellt, wie sich die als Aufgabe von den Russen empfundene Mission mit imperialen Motiven verquickt, und dies auch von Vladimir Solowjeff erkannt wird:

In der Idee von der besonderen Mission des russischen Volkes >>lebt der Glaube, daß das westeuropäische Geistesleben in den Zustand der Greisenhaftigkeit, des Niederganges eingetreten sei, und daß der russische Volksgeist berufen sei, eine vollständige Erneuerung, Verjüngung dieses Geisteslebens zu bewirken. Diese Verjüngungsidee wächst sich aus zu der Meinung, daß alles geschichtliche Werden der Zukunft zusammenfalle mit der Sendung des russischen Volkes.

Chomiakow bildet schon in der ersten Hälfte des neunzehnten Jahrhunderts diese Idee zu einem umfassenden Lehrgebäude aus. … Es ist getragen von dem Glauben, daß die westeuropäische Geistesentwickelung im Grunde nie darauf angelegt war, den Weg zum rechten Menschentum zu finden. Und daß das russische Volkstum erst diesen Weg finden müsse.

---

[142] Grigorij Skoworoda: *Socinenija v dvuch tomach* (Werke in zwei Bänden), Moskau 1973 T. 1, S. 354f. …
[143] Goerdt: S. 208.
[144] Goerdt: S. 208f.
[145] Wl. Solowjew: *Deutsche Gesamtausgabe der Werke*, Bd. V, Freiburg i.Br. 1957, S. 498;
[146] Ebd. S. 498;.
[147] Goerdt: S. 500.

Chomiakow sieht in seiner Art diese westeuropäische Geistesentwickelung an. In dieselbe ist, nach dieser Anschauungsart, zunächst eingeflossen das römische Wesen. Dies habe niemals inneres Menschentum in den Taten der Welt zu offenbaren vermocht. Es habe, im Gegenteil, dem menschlich Innerlichen die Formen der äußerlichen Menschensatzungen aufgezwängt, und es habe verstandesmäßig-materialistisch gedacht, was im inneren Weben der Seele ergriffen werden sollte. Diese Äußerlichkeit im Erfassen des Lebens setzte sich, meint Chomiakow, im Christentum der westeuropäischen Völker fort. Deren Christentum lebe im Kopfe, nicht im Innersten der Seele.

Was nun Westeuropa als Geistesleben hat, das haben, nach dem Glauben Chomiakows, die modernen «Barbaren» - nach ihrer Art wieder veräußerlichend, was innerlich leben sollte – aus Römertum und Christentum gemacht. Die Verinnerlichung werde nach der ihm von der geistigen Welt einverleibten höheren Mission das russische Volk zu bringen haben. …

Wird man auch von dem liebenswürdigen, poetisch hochsinnigen Chomiakow einerseits sagen können, daß er die Erfüllung der russischen Sendung von einer friedlichen Geistesströmung erwartete, so darf doch auch daran erinnert werden, daß sich in seiner Seele diese Erwartung mit dem zusammenfand, was Rußland als kriegerischer Gegner Europas erreichen möchte. Denn man wird ihm gewiß nicht Unrecht tun, wenn man sagt, daß er 1829 als freiwilliger Husar am Türkenkriege deshalb teilnahm, weil er in dem, was Rußland damals tat, ein erstes Aufleuchten von dessen weltgeschichtlicher Sendung empfand. - Was in dem liebenswürdigen Chomiakow oft in poetischer Verklärung rumorte, es rumorte weiter; und in einem Buche Danilewskys «Rußland und Europa», das gegen das Ende des neunzehnten Jahrhunderts von einer Anzahl von Persönlichkeiten wie ein Evangelium über die Aufgabe Rußlands betrachtet wurde, sind die Triebkräfte zum Ausdruck gebracht, welche die «Geistesaufgabe des russischen Volkes» zur völligen Einheit verschmolzen dachten mit einem weit ausgreifenden Erobererwillen.

…Besonders kennzeichnend ist die Stellung, welche der feinsinnige russische Philosoph Wladimir Solowieff gegenüber diesen Gedanken- und Empfindungsrichtungen eingenommen hat. Solowieff kann als eine der bedeutendsten Verkörperungen russischen Geisteswesens angesehen werden. In seinen Werken lebt schöne philosophische Kraft, edle geistige Aufschau, mystische Tiefe. Doch von der in den Köpfen seiner Landesgenossen rumorenden Idee der hohen Sendung des Russentums war auch er lange durchdrungen. Auch bei ihm fand sich diese Idee zusammen mit der anderen von der Abgelebtheit des Westeuropäertums. Für ihn war der Grund, warum Westeuropa der Welt nicht zum Offenbaren des vollen innersten Menschentums habe verhelfen können, der, daß dieses Westeuropa das Heil erwartet habe von der Entwickelung der im Menschen liegenden Eigenkräfte. Doch in solchem Streben aus den Eigenkräften des Menschen heraus, konnte Solowieff nur einen ungeistigen Irrweg sehen, von dem die Menschheit erlöst werden müsse dadurch, daß, ohne menschliches Zutun, durch ein Wunder sich aus anderen Welten geistige Kraft auf die Erde ergieße und daß dasjenige Volkstum, welches zum Empfangen dieser Kraft auserwählt sei, der Retter der verirrten Menschheit werde. In dem Wesen des russischen Volkes sah er dasjenige, was vorbereitet sei zum Empfangen solcher außermenschlicher Kraft und daher zum Retter des wahren Menschentums.<<[148]

Er machte jedoch >>die Entdeckung, daß viele andere gar nicht davon sprechen, welchem Ideale das russische Volk zu seinem eigenen Heile nachstrebe, sondern daß sie das russische Volk, wie es gegenwärtig ist, selber zum Idole machen. Und durch diese Entdeckung wurde Solowieff zu dem herbsten Kritiker derjenigen, die unter der Flagge einer Sendung des russischen Volkes die gegen Westeuropa gerichteten Angreiferinstinkte wie heilsame Triebkräfte der ferneren Geistesentwickelung in den Willen der Nation einführten. …

Solowieff, der die russischen Angreiferinstinkte im Kleide der Ideen von der weltgeschichtlichen Mission Rußlands besonders in Danilewskys Buch ausgesprochen sah, fand in einer Kritik dieses Buches (1888) in seiner Art die Antwort auf diese Frage. Danilewsky hatte gemeint, «Europa fürchtet uns als den neuen und höheren Kulturtypus, welcher berufen ist, die Greisenhaftigkeit der romanisch-germanischen Zivilisation zu ersetzen». Dies führt Solowieff als den Glauben Danilewskys an. Und darauf erwidert er: «Dennoch führen sowohl der Inhalt des Buches Danilewskys wie auch seine späteren Zugeständnisse und diejenigen seines gleichgesinnten Freundes» - gemeint ist Strachow, der für Danilewskys Ideen nach dessen Tode eintrat - «auf eine andere Antwort: Europa blickt gegnerisch und mit Befürchtung auf uns, weil im russischen Volke dunkle und unklare elementarische Gewalten leben, weil dessen geistige und Kulturkräfte ärmlich und ungenügend sind, dafür aber seine Ansprüche offenbar und scharf bestimmt zutage treten. Gewaltig tönen nach Europa hinaus die Rufe von dem, was das russische Volk als Nation wolle, daß es die Türkei und Österreich vernichten wolle, Deutschland schlagen, Konstantinopel und, wenn möglich, auch Indien an sich reißen wolle.<<[149]

Der russische Missionswillen auch gegenüber dem Westen kreuzte sich mit dem Wunsch, sich dem Westen zu öffnen und sich dessen Errungenschaften nutzbar zu machen.

Der wesentliche Unterschied des östlichen Europäismus zum westlichen war uns das Verhältnis zum Individuum und zu Gesellschaft und Natur. Der westliche Mensch will seine Individualität entwickeln und sich in der Natur verwirklichen entsprechend dem ursprünglich alttestamentarischen göttlichen Auftrag: „Bevölkert die Erde, unterwerft sie euch und herrscht über die Fische des Meeres, über die Vögel des Himmels und über alle Tiere, die sich auf dem Land regen" (Gen 1,28). Dem östlichen Menschen geht es dagegen primär darum, sich gemeinsam mit seinen Mitmenschen zu vervollkommnen, also folgte er eher der Aufforderung Christi: „Wo zwei oder drei versammelt sind in meinem Namen, da bin ich mitten unter ihnen". (Matthäus 18:20)

Dementsprechend will der westliche Mensch den Staat so weit wie möglich zurückdrängen zu Gunsten einer möglichst freien Entfaltung der Persönlichkeit. Der darin liegende Egoismus ist für den östlichen Menschen dagegen eher suspekt. Er sieht darin eine Gefährdung der zwischenmenschlichen Beziehungen und die

---

[148]Copyright Rudolf Steiner Nachlass-Verwaltung Buch: 2 4 S. 310ff. http://fvn-archiv.net/PDF/ GA/GA024.pdf.
[149] Ebd.

Gefahr eines gesellschaftlichen Chaos. Zwar würde der östliche Mensch auch gern sehen, wenn der Staat abstirbt und die Menschen eine Liebesgemeinschaft pflegen würden. Ihre Geschichte habe die Russen jedoch gelehrt, so K. S. Aksakowa, den Staat als notwendige Einrichtung anzuerkennen, aber dann doch als Teil in die Liebesgemeinschaft einzubinden. Entsprechend interpretiert Wilhelm Goerdt die russische Geschichte wie folgt: >>In unvordenklichen Zeiten haben die Slawen für sich und ohne Zwang, voll Hass gegen jedes fremdländische Joch in der Gemeinde (…, Obschtschína) gelebt, friedlich und selbstständig, verbunden in Brauchtum, Glauben und Lebensart.

„So war die slawische Gemeinde ein Bund von Menschen, der auf dem sittlichen Prinzip gegründet war, gelenkt durch das innere Gesetz und somit durch gemeinschaftlichen Brauch." Aber 862 nach Christus sind die slawischen Gemeinden unter das Joch der bei Ihnen einfallenden fremden Völker geraten. Die nördlichen Slawen haben sie bald vertreiben können. Die Zeiten der Unterjochung zeigten ihnen jedoch einerseits „die Unmöglichkeit, auf Erden in rein-sittlicher, gemeinschaftlicher Organisation zu leben", andererseits einen Weg, „der ihnen Sicherheit vor den Nachbarn (Hauptsache) und Ordnung der inneren Wirren, die so stark zur Verletzung des sittlichen Prinzips auffordern, geben konnte". So begannen die Slawen selbst, Herrschaft aufzubauen. Aber diese Abweichungen von ihrem inneren sittlichen Prinzip führte zu inneren Zwistigkeiten und Wirren, „denn die Organisation der äußeren Gerechtigkeit konnte bei ihnen nicht heimisch werden, sie war bei ihnen fremd". Eigene Erfahrung zeigte ihnen die „falsche Seite" staatlicher Einrichtung, während andererseits deren „Nutzen und Notwendigkeit evident" waren.

In dieser paradox-aporetischen Situation, die nach einer Lösung drängte, haben sie den Staat „berufen". So anerkannte die slawische Gemeinde etwa die „Notwendigkeit" des Staates, aber „bewahrt sich selbst, vermischt sich nicht mit dem Staat, trennt den Staat von sich, beruft ihn von fremder Erde".

Damit sind die Grundlagen der russischen Geschichte gelegt worden: das *Land* als Vielzahl der sittlich-freien Gemeinden und der *Staat* als Einheit gesetzlich-notwendiger Organisation „im Bunde der Liebe. Nirgendwo vermischt sich der Staat mit dem Land …" [150]

Dieser ordo naturaliter christianus ist schließlich durch die Annahme des Christentums geheiligt worden; [151] so ist die als empirisch-historisch angesehene Deduktion des Staates bei Axakow eingebettet in religiöse Substanz: Das äußere Gesetz, der Staat ist notwendig wegen der menschlichen Schwäche und Wirtschaftlichkeit, die das Reich Gottes auf Erden nicht zuläßt, den Staat nötig macht [152] und die auch die Gemeinde, das Land, von innen angreift. [153]<<[154]

Um Feinde abzuwehren, aber auch wegen der Schwachheit des Menschen, namentlich wegen seines Egoismus, wird die Notwendigkeit des Staates anerkannt.

[150] K. S. Aksakowa: *Socinenija istriceskija*, Moskva 1861, S. 53-56.
[151] K. S. Aksakowa: Zapiska, s. N.L. Brodskij: *Rannie slavjanofily*, Moskva 1910, S. 73.
[152] N.L. Brodskij: *Rannie slavjanofily*, Moskva 1910, S. 76.
[153] K. S. Aksakowa: *Socinenija istriceskija*, Moskva 1861, S. 54.
[154] Goerdt: S. 307ff.

Die gesellschaftliche Entwicklung wird auch eher vom Staat als von den Individuen erwartet. Dabei wird übersehen, dass Kreativität nur von Individuen ausgehen kann und auch der Staat durch Individuen handelt. Deswegen ist auch ein Staat umso kreativer, je demokratischer und entsprechend weniger kreativ je zentralistischer er organisiert ist. Ein noch so dynamischer Herrscher kann nicht so viel Kreativität entfalten, wie Millionen von freien Bürgern. Wohl aber kann ein dynamischer autokratischer Herrscher durch seine Macht die gesellschaftlichen Verhältnisse verändern und dadurch Dynamik in der Gesellschaft anregen.

Bezeichnenderweise kamen die Entwickler der russischen Gesellschaft auch aus dem Westen oder öffnete sich Russland dem Westen und erhielt von dort her seine neuen Impulse. Schon die erste Reichsgründung geht auf die aus Schweden kommenden Waräger, einen Wikingerstamm, zurück. Peter der Große öffnete sein Land westlichen Ideen und holte westliche Intellektuelle, Künstler, Unternehmer und Bauern ins Land. Er dokumentierte die Öffnung nach Westen mit der Gründung St. Petersburgs als neue Hauptstadt. Die Zaren nach ihm folgten ihm auf diesem Wege, insbesondere die aus Deutschland importierten Zaren: Peter III. und Katharina die Große.

Der traditionellen russischen Gesellschaftsordnung und dem Selbstverständnis von Adel und Leibeigenen wurde dadurch die Grundlage entzogen. Im traditionellen Gesellschaftaufbau Russlands war der Adel zum Dienst an der Krone verpflichtet und musste deswegen von der Bauernschaft vom eigenen Broterwerb freigestellt werden. So hatte sich auch die Leibeigenschaft in Europa entwickelt. Durch die Öffnung zum Westen und die moderne Kriegstechnik wurde der Dienstadel nicht mehr gebraucht und der Adel deshalb vom Zarendienst freigestellt.

Wilhelm Goerdt schreibt:>>1762 erließ Zar Peter III sein Dekret „Über die Freiheit des Adels"(…). Der Adel wurde damit vom Staatsdienst befreit, er brauchte nicht mehr bei Militär oder in der Zivilverwaltung zu dienen –, wenngleich das Dekret auf die moralische Verpflichtung zum Dienst hinwies. Dem Adligen war es nun sogar gestattet, außer Landes zu gehen. Der Adel hatte sich so die Privilegien erkämpft, um die er lange schon gerungen hatte. Aber das war nur die eine Seite dieses Dekretes. Denn dem Adel wurden mit der Befreiung vom Staatsdienst nicht zugleich jene Rechte gestrichen, die sich aus der vormaligen Dienstverpflichtung herleiteten: Der Adel, der zum größten Teil Dienstadel war, durfte seine Güter behalten, und das bedeutete, daß der Bauer weiterhin verpflichtet war, seinem adligen Gutsbesitzer durch seine Arbeit den Lebensunterhalt und darüber hinaus in vielen Fällen ein vergnügliches und angenehmes Leben in den Hauptstädten Rußlands und Europas zu verschaffen.

Diese neue Ordnung der Dinge widersprach völlig den Aufgaben, die den Bauern innerhalb des Gefüges des mittelalterlich russischen Dienstleistungsstaates zugewiesen worden waren. Wie der Adel dem Zaren in der Armee und Staatsverwaltung diente, so fand der Bauer seine Würde darin, den Dienst des Adels für den Zaren durch seine Arbeit auf dem Lande zu ermöglichen. Nun aber, da der Adel nicht mehr zu dienen verpflichtet war, hätte konsequent auch die Freizügigkeit des Bauern wiederhergestellt werden müssen. Dies geschah aber keineswegs. Im Gegenteil, je mehr der Adel seine Freiheiten vor der Krone und seinen neuen Status konsolidierte, desto mehr sank der Bauer in die Knechtschaft des Adels hinab. 1785 hatte Katharina II. die „Gnadenurkunde" (…) für den Adel ausgestellt, die das Dekret Peters III. bestätigte, die Selbstverwaltung des Adels einführte und dazu den Adelsbesitz mitsamt den Bauern erblich machte.

Aber schon Ende der Sechzigerjahre war durch eben dieselbe aufgeklärte Monarchin verfügt worden, daß der Adlige seine Bauern strafweise zur Zwangsarbeit nach Sibirien verschicken dürfe und daß jegliche Klage des Bauern gegen seinen Herrn verboten sei. So war der Bauer zur Sache geworden, zum Objekt der Willkür, außerhalb jeder vernünftigen Ordnung und eines allgemeingültigen Rechtes stehend, während sich der Adel im Genuß einer bis dahin kaum geahnten, verbrieften Subjektivität sonnte. Hier pflegte man gewöhnlich von der Leidensfähigkeit des russischen Bauernvolkes zu sprechen, von Dulder Mutschíg – und es gab diese Kraft der Erdduldung unsagbarer Verhältnisse wirklich –, aber wirklich waren auch und ebenso sehr andauernde Unruhen, Revolten und Aufsässigkeiten der Bauern, deren größter, der Pugatschów-Aufstand (1773-1775), unverkennbar eine soziale Note trug und das russische Imperium bis in seine Grundfesten erzittern ließ.<<[155]

Aber auch der Adel hatte seine Aufgabe verloren und degenerierte zum Feste feiern, schöngeistigem Schwärmen und Leiden und Nichtstun, wenn er nicht selbst auch gegen die Zarenherrschaft rebellierte.

>>Nach dem die Dekabristenaufstand von 1825, dessen Gelingen vielleicht einiges hätte ändern können, versinkt die russische Adelsgesellschaft unter dem Druck der III. Abteilung der Kanzlei Seiner Majestät, des Zaren Nikolaus I., der öffentlich-geheimen Gesinnungs- und Gedankenpolizei, in Lethargie. Die Stimmung des Doch-nichts-ändern-Könnens greift um sich. Man versucht hier und da, die Lage der Bauern zu mildern, ihnen persönlich entgegenzukommen, aber das macht im Grunde nichts aus. [[156]]. Es ist die gesellschaftliche Nichtigkeit Rußlands, die dem Adel die Sophistik eines Tuns und Denkens im Als-ob, eines illusionären Planens und Handels unterhalb jeder Wirklichkeit fast zur Pflicht macht.

Das ist die Geburtsstunde der Oblomowerei: Die bis zur Mitte des 19. Jahrhunderts auf ihren Höhepunkt unnachsichtig zustrebende soziale und politische Krise Rußlands und die damit verbundene und zugleich aufsteigende Zerrüttung geistiger Ordnung und Folgerichtigkeit, wie seelischen Wohlbefindens, das Ungenügen an dem allen und an sich selbst, der Ekel, die Lähmung, das innere Chaos, die Langeweile und der Ausweg in den flüchtigen ästhetischen Genuß, der im Verdunsten die Langeweile wieder kondensieren läßt.<<[157]

Vom Westen importiert wurde, vereinfacht gesprochen, Individualismus, der auf die russische Gemeinschaftsbezogenheit traf. Die russische Seele und Gesellschaft wurden dadurch gespalten in Westler und Slawophile. Die Slawophilen, und dazu gehörte die Masse der einfachen Untertanen in dem riesigen Reich, wünschten eine Rückverlagerung der Hauptstadt nach Moskau. Die Westler waren die das gesellschaftliche Leben bestimmenden westlich orientierten Eliten. Dennoch waren auch die Eliten in sich gespalten. Der westliche Geist legte sich gleichsam über die gefühlte russische Seele. Da auch die russischen Eliten vom Ideal einer voll-

---

[155] Wilhelm Goerdt, S. 254ff.
[156] siehe dazu V. Gitermann: *Geschichte Rußlands*. Bd. 1-3, Hamburg 1949, …
[157] Goerdt: S. 256f.

kommenen Gemeinschaft geleitet wurden, waren sie insbesondere offen für sozialistische Ideen. So nimmt es nicht Wunder, dass für Russland eine Umwandlung in eine kommunistische Gesellschaft angestrebt wurde.

Durch die industrielle Revolution waren auch im Westen Arbeitskräfte aus traditionellen Fertigungen freigesetzt worden und in Not geraten. Die sich entwickelnde moderne Klassengesellschaft wurde insbesondere von Karl Marx und Friedrich Engels thematisiert, die wirtschaftliche Entwicklung nicht mehr als Werk kreativer Unternehmer und Wissenschaftler, sondern als *kristallisierte Arbeit* und damit Werk der Arbeiterklasse beschrieben. Die Gemeinschaft der Arbeiter wurde zum Subjekt der wirtschaftlichen und gesellschaftlichen Entwicklung erklärt.

Im Westen konnte der Sozialismus wegen des ausgeprägten Individualismus nicht zur herrschenden gesellschaftlichen Doktrin werden. Sozialistische Ideale werden im Westen entweder mit individualistischen Idealen synthetisiert, wie in der Sozialdemokratie, aber auch in dem Ideal der *Sozialen Marktwirtschaft*, oder fristen nur noch ein politisches Nischendasein.

Im Osten fiel die Umwertung der individuellen Unternehmertätigkeit in gemeinschaftliche Arbeit als Motor der Geschichte auf fruchtbaren Boden. So wurde in Russland der Marxismus zur herrschenden Lehre und Begründung für die Oktoberrevolution. Der Marxismus ist aber nur eine Entwicklungsutopie für eine immer gesättigter werdende industrielle Gesellschaft, in der die Kapitalisten sich selbst gegenseitig aus dem Markt werfen und somit am Ende nur noch die letzten Expropriateure expropriiert werden müssen.

Als Handlungsanweisung für eine gesellschaftliche und wirtschaftliche Entwicklung, insbesondere in einem industriell unterentwickelten Land, wie Russland, musste der Marxismus durch den Leninismus ergänzt werden. Den Leninismus kann man verstehen als politische Handlungsanweisung nach den Verwaltungsprinzipien der Deutschen Reichsbahn, wie es Lenin formuliert hat. Bezogen auf die Wirtschaft ist dann für ihn: *Kommunismus Sowjetmacht plus Elektrifizierung des ganzen Landes.* Verwirklicht in dem riesigen russischen Reich und aufbauend auf der zaristischen Verwaltung wurde die Sowjetunion eine modifizierte sozialistische Zarenherrschaft.

Die Gründung der Sowjetunion war für die westliche Welt eine Provokation. Sie wurde auch mit ihrem missionarischen Anspruch, alle Welt sozialistisch zu machen, als politische Gefahr angesehen. Deswegen wurden, bis die Sowjetunion sich in den zwanziger Jahren konsolidiert hatte, alle gegenrevolutionären Aktionen in Russland von westlichen Ländern militärisch unterstützt.

Entgegen ihrer eigenen Ideologie fiel die wirtschaftliche Entwicklung in der Sowjetunion und im ganzen Ostblock gegenüber dem Westen immer weiter zurück. Deshalb ist es verständlich, dass das Sowjetregime schließlich zusammenbrach.

1.3 Russlands Globalisierung

Was die von Russland ausgehende Globalisierung angeht, so nahm sie ihren Anfang damit, dass der russische Zar *Iwan III.* das islamisch tatarische Joch im Jahre 1480 abschüttelte. Danach drang Russland >>weiter nach Sibirien und

Zentralasien vor, wo es die kulturell hochentwickelten Khanate Kasachstan, Turkestan, Turkmenien, Kokand, Chiwa und Buchara eroberte und an der langen Grenze zu Persien und Afghanistan an den Einflussbereich Großbritanniens stieß. Im Osten dehnte es seine Kolonialaktivitäten in die Mandschurei und nach Nordkorea aus, wo es schließlich die Expansionsinteressen Japans verletzte, von dem es im Russisch-Japanischen Krieg 1904/05 zurückgedrängt wurde.<< [158]

Wikipedia schreibt: >>Zu einem Vielvölkerstaat wurde Russland erstmals nach der Eroberung der tatarischen Khanate Kasan und Astrachan in den Jahren 1552 und 1556. Daran anschließend begann die Eroberung Sibiriens, wo nach dem Fall des Khanats Sibirien die russischen Kosaken immer weiter östlich vordrangen, Forts gründeten und die indigene Bevölkerung zu Tributzahlungen an den Zaren zwangen. Ein großer Antrieb für die Erschließung und die Besiedelung war der Pelzhandel sowie die Freiheit von der Leibeigenschaft. Ende des 17. Jahrhunderts wurde mit China der Vertrag von Nertschinsk geschlossen, der die Grenzen der Einflussgebiete zweier Staaten am Amur festlegte. Im Laufe des 18. Jahrhunderts brachte Russland ganz Sibirien bis zur Beringstraße unter Kontrolle und begann mit der Ausdehnung auf dem nordamerikanischen Kontinent (Alaska, Fort Ross). In der zweiten Hälfte des 19. Jahrhunderts entledigte sich Russland aus Sorge vor Überdehnung der amerikanischen Besitzungen (Verkauf von Alaska), erweiterte jedoch seinen Einfluss im Fernen Osten auf Kosten Chinas (Vertrag von Aigun). Weiteres russisches Vordringen in die Mandschurei und die Gründung von Häfen Port Arthur und Dalian lösten Spannungen mit Japan aus und führten zum Verlust des Einflusses in Korea und der Mandschurei.<< [159]

Man hat die russische Expansion als eine *Binnenkolonisation* verstanden. Aber seit *Peter dem Großen* strebte Russland auch an, Seemacht zu werden und nach einem Zugang zum Schwarzen Meer, Persischen Golf und zum Indischen Ozean. Es gelang Russland mehr und mehr dem Osmanischen Reich Gebiete in Richtung Schwarzes Meer abzunehmen. Es war sogar Russlands Ziel, wenn möglich Istanbul zu erobern und damit den Zugang zum Schwarzen Meer zu kontrollieren.

Da Konstantinopel der Ursprungssitz der orthodoxen Kirche ist, sah Russland in diesem Bestreben sogar eine Art Kreuzzug zur Rückgewinnung vom Islam eroberter Gebiete und lag dieser Kreuzzug im Sendungsbewusstsein Russlands als *Drittem Rom*.

Auch in Persien versuchte Russland deshalb Einfluss zu gewinnen. Um >>den russischen Einfluss auf die kaspische Region und den Südkaukasus auf Kosten Persiens auszudehnen sowie den Rivalen Osmanisches Reich von Territorialgewinnen abzuhalten<< [160], führte Peter der Große von 1722 bis 1723 einen Krieg gegen Persien. >>Am Vorabend des Russisch-Türkischen Krieges 1735–1739 gab die Zarin Anna Ioannowna [jedoch] all die eroberten Territorien den Persern zurück, um mit ihnen ein Bündnis gegen das Osmanische Reich einzugehen.<< [161]

---

[158] http://www.hschumacher.de/html/kolonialismus.html.
[159] https://de.wikipedia.org/wiki/Russische_Kolonisation.
[160] https://de.wikipedia.org/wiki/Russisch-Persischer_Krieg_(1722%E2%80%931723).
[161] https://de.wikipedia.org/wiki/Russisch-Persischer_Krieg.

In dem Russisch-Persischen Krieg 1804-1813 konnte >>Russland sein Territorium bis an die Flüsse Kura und Aras ausdehnen… In der Folgezeit wurden die Khane von Aserbaidschan nach und nach abgesetzt oder verstarben, sodass die Gebiete russische Provinzen wurden.<<[162].

In einem weiteren Krieg 1826-1828 verlor Persien die >>Khanate von Jerewan und Naxçıvan, die nun zu Russland gehörten. Zudem musste der Schah 20.000.000 Silberrubel bezahlen und die Migration von Armeniern nach Russland erlauben. Außerdem wurde den Russen die Seeherrschaft über das Kaspische Meer und freier Handel zugesichert.<<[163]

Das Aufeinanderstoßen von östlichem und westlichen Europäismus und die Verkettung von handelspolitischen Interessen und christlicher Missionierung kulminierte bei der Globalisierung Chinas. Vom Norden her versuchte der östliche Europäismus, Teile von China, der Mongolei und Koreas Russland einzuverleiben. Die russischen Gebietserweiterungen stießen sich aber nicht an dem westlichen Handelsinteressen, so dass der westliche und der östliche Europäismus in Bezug auf die Beherrschung Chinas zum Teil Hand in Hand gingen.

Zum Ende des 19. Jahrhunderts begann aber auch der asiatische Musterschüler des westlichen Europäismus, Japan, seinerseits sein Einflussgebiet auszudehnen und Korea und Teile Chinas zu kolonisieren. Das führte zum Russisch-Japanischen Krieg 1895-1905, den Russland nicht zuletzt wegen seiner zu wenig entwickelten Industrie verlor. Das Selbstbewusstsein des Zarenreiches erlitt durch diese Niederlage einen Riss, der auch mit zu seinem Zerfall in der russischen Revolution von 1905 und endgültig in der Oktoberrevolution von 1917 beitrug.

Die Ausdehnung Russlands nach Osten, Süden und Westen war natürlich weitgehend von imperialistischen Bestrebungen bestimmt, wurde aber wie dargelegt auch von der empfundenen russischen Mission getragen.

Nach der Oktoberrevolution wandelte sich die russische Politik in eine Globalisierung des Kommunismus im Sinne des Schlachtrufes „Proletarier aller Länder vereinigt euch!" Bis zum Beginn des Zweiten Weltkrieges waren die Sowjets allerdings voll damit ausgelastet, im Bereich des ehemaligen Zarenreiches ihre Macht zu festigen und das Land zu konsolidieren und während des Zweiten Weltkrieges wurden alle Kräfte für die Abwehr und Besiegung Deutschlands absorbiert.

Die zunehmende Schwäche der ehemaligen Kolonialmächte in Asien verbunden mit der Destabilisierung der dortigen Gesellschaftsordnungen durch die japanische Invasion begünstigte dann sozialistische Entwicklungen in China, Korea, und Indochina. Dabei war Japan der gemeinsame Feind von Ost und West. Erst nach dem Zweiten Weltkrieg mit Beginn des Kalten Krieges kam es zur verstärkten Frontstellung gegenüber dem Westen.

---

[162] Ebd.
[163] Ebd.

2. Polen

Russland ist zwar das bedeutendste osteuropäische Volk, auch wenn sein Europa nur bis zum Ural reicht. Trotzdem ist es natürlich eine Verengung des Osteuropäismus ihn nur auf Russland zu beziehen, zumal im Mittelalter andere osteuropäische Völker eine größere Bedeutung hatten.

Wir wollen den Osteuropäismus Polens als den nach Russland größten osteuropäischen Land analysieren. Er steht auch weitgehend für die anderen osteuropäischen Länder.

Polen wird deswegen etwas ausführlicher behandelt, weil es mit den anderen kleineren osteuropäischen Ländern die Grenze zu Russland bildet und aufgrund seiner Geschichte und insbesondere, weil es von 1772 bis 1918 zwischen Russland, Österreich und Preußen, von 1939-1945 zwischen Russland und Deutschland aufgeteilt bzw. von Deutschland besetzt und von 1945 bis zur Wende Teil des von Russland bestimmten Ostblocks war und sich von daher sein Antagonismus insbesondere gegen die Teilungsmächte verschärft hat.

Polens Volkscharakter als slawisches und katholisches Volk lebt, wenn auch nationalistisch modifiziert, irgendwie immer noch fort und macht das Verständnis der übrigen Europäer für Polen auch deswegen schwerer, weil Polen als politischer Machtfaktor bis zur Wende kaum ernst genommen wurde, heute aber als Glied der Europäischen Union sich in seinen Eigenheiten, insbesondere bei den Wählern der gegenwärtigen regierenden Partei *PiS Recht und Gerechtigkeit*, geltend macht.

Im Interesse eines schon von der Weltpolitik dringend gebotenen harmonischen Zusammenwachsens Europas muss deswegen auch Polen in seinen Motiven und Ängsten von den übrigen europäischen Ländern besser verstanden werden, und damit geht einher auch ein besseres Verständnis für die übrigen kleineren osteuropäischen Länder, ja, bis zu einem gewissen Grade auch der Ostdeutschen.

Dazu sollen analysiert werden:

1. Der Osteuropäismus Polens als slawisches Land.
2. Das Selbstverständnis des katholischen Polens als Hüter des wahren Europäismus.
3. Der Untergang Polens als Adelsrepublik und seine Wiedergeburt als nationalistischer Staat.

Ich beziehe mich dabei im Wesentlichen auf das Buch von Alix Landgrebe: „*Wenn es Polen nicht gäbe, dann müsste es erfunden werden*"[164], in dem sehr detailliert und fundiert auf 294 Seiten die Entwicklung des polnischen Nationalbewusstseins im europäischen Kontext dargestellt wird.

2.1 Der Osteuropäismus Polens als slawisches Land

Axil Landgrebe schreibt: >>Die Einstellung zum Element des Slavischen bezüglich Polens ist bei Demokraten und bei Konservativen sehr unterschiedlich und zwar in dem Sinne, daß man sich uneinig darüber ist, inwiefern das Slavische

---

[164] Alix Landgrebe: „*Wenn es Polen nicht gäbe, dann müsste es erfunden werden*" *Die Entwicklung des polnischen Nationalbewusstseins im europäischen Kontext*, Studien der Forschungsstelle Ostmitteleuropa an der Universität Dortmund, Bd. 35, Harrassowitz Verlag 2003.

überhaupt als eine wichtige Kategorie der nationalen Bestimmung Polens angesehen werden kann.

Zu Beginn des 19. Jahrhunderts hatte es vor allem unter den polnischen Hochadeligen einige Slavophile gegeben, die sich an Russland orientierten und die russische Hegemonie anerkannten. Aber schon in den 1820er Jahren waren sie meist von diesem Standpunkt abgewichen und bekannten sich zu einer polnischen Führungskraft innerhalb der Slaven, auch weil sie das russische Herrschaftssystem als despotisch und damit dem Slawischen sowie auch Polen gemäß der *Rzeczpospolita*-Traditionen nicht angemessen ansahen. …

Proslavische, jedoch Rußland gegenüber ablehnende Haltungen sind besonders seit der Mitte des 19. Jahrhunderts auch eine Reaktion auf den in Rußland sich immer stärker entwickelnden Panslavismus, der, …, seine Wurzeln in der slavophilen russischen Ideologie hat und sich zu einer expansiven aggressiven Ideologie entwickelt, die in Polen als besondere Gefahr angesehen wird.<<[165] >>Als Führungskraft in der Slavenheit geht es Polen, den polnischen Denkern zufolge, nicht wie Rußland darum, eine Hegemonie aufzubauen, sondern in erster Linie darum, kleinere slavische Völker vor dem Zarenreich und anderen imperialistischen Mächten (vor allem den Germanen) zu schützen.<<[166]

Alix Landgrebe verweist bezüglich der romantischen Historiographie Polens auf Joachim Lelewel, >>einer der bedeutenden polnischen Historiker des 19. Jahrhunderts. Seine Sicht der polnischen Geschichte hat vor allem im Zeitraum zwischen den beiden Aufständen (1831-1863) ausschlaggebende Bedeutung und prägt das polnische romantische Geschichtsbild.<<[167]

Danach berufen sich die Polen in ihrem Selbstverständnis auch auf >>Herders berühmtes Slavenkapitel in den „Ideen zur Geschichte der Menschheit", in dem er betont, daß dieser Stamm sich trotz seines geschichtlichen Alters eine ungewöhnliche Jugend erhalten habe, die seine Bedeutung in der Zukunft als wichtigstes und führendes Element im zukünftigen Europa begründet, wobei dies vor allem auf Polen bezogen wird. [[168]] Dabei wird das besondere Jugendliche der Slaven dahingehend interpretiert, daß sie der Einfachheit ihres Lebens treu geblieben seien und eine dem rationalen Wesen des Westens entgegengesetzte Unverdorbenheit sich im Volk (*lud*), also unter den Bauern, konserviert habe. …Die Polen gelten dabei unter den slavischen Stämmen bei den meisten Denkern als dasjenige Volk, das die slavischen Traditionen am besten gepflegt hat, und durch seine Geschichte als treuester Nachfolger der alten slavischen Welt und Repräsentant der slavischen Zivilisation gelten kann.<<[169]

Die Slawen >>werden in manchen Darstellungen als eines der ersten Völker der Erde dargestellt, von denen entweder schon in der Genesis berichtet wird, oder man meint, die Slaven dürften sich zumindest genauso wie die Römer, Griechen

---

[165] Alix Landgrebe: *a.a.O.*, S. 156.

[166] Landgrebe, S. 156.

[167] Alix Landgrebe, S. 64.

[168] Vgl. dazu: Kuk, Leszek: *Orientacja slowianska w mysli politycznejWielki Emigracji. (do wybuchu wojny krymskiej). Geneza uwarunkowania, podstawowe koncepcje.* Thorn 1996: 101. Zur Herder Rezeption im allgemeinen: Drews, Peter: *Herder und die Slawen.*
…

[169] Alix Landgrebe, S. 65f.

oder Gallier als antikes ruhmreiches Volk bezeichnen, das schon viele Jahrhunderte vor Christi Geburt in Europa ansässig war. Auch werden die Slaven als „älteste prähistorische europäische Kolonie des indogermanischen Stamms" [170] bezeichnet.<<171

Nach diesem Selbstverständnis waren die Slawen >>immer ein guter Stamm, der ohne großes Aufsehen eher unbemerkt und autark lebte, und von anderen Völkern aufgrund seiner Gutmütigkeit unterdrückt und geknechtet wurde. Auch werden sie als Stamm gesehen, der in völliger Naturverbundenheit und „reinster Tugend" gelebt und aufgrund seiner Emotionen gewußt habe, wie sein Leben zu organisieren sei, dazu keine Schriftlichkeit benötigt habe. So wird die intuitive Lebensweise der Slaven im moralischen Sinne als die den anderen Gesellschaften, die Schriftlichkeit entwickelten, überlegen interpretiert, gerade weil das Fehlen der Schriftlichkeit auf eine natürliche Eintracht und Sittlichkeit der Slaven zurückgeführt wird. ... Der Geist der Slaven" richtete sich zum Gerechten, Schönen, Heiligen und Göttlichen, zeichnete sie so unter allen Völkern Europas aus." [172] ...

Das Zivilisationsprinzip der Slawen wird dabei konsequent als dörflich (*wiejska cywilizacja*) angesehen, im Gegensatz zum fremden römischen oder westeuropäischen Prinzip der Stadt.<<173

>>Der *gmina*-Mythos ist als integraler Bestandteil des proslavischen Geschichtsbildes anzusehen, als eine der Grundlagen in der ideologischen Anwendung des „slavischen Prinzips". [174] Die Unberührtheit und Abgeschiedenheit der frühen Dorfgemeinde von den anderen Kulturen wird aus der proslavischen Sicht in diesem Zusammenhang nicht als Mangel, sondern als Chance der Slaven gesehen, denn nur durch diese besondere Lage ist es dem Stamm vergönnt, eine Sonderposition einnehmen zu können, hatte er nicht, wie die anderen Völker den Einfluß von zahlreichen anderen Kulturen in sich aufgenommen, sondern war in seinem Organismus (*ustroj*) verblieben, und hatte ein wirklich gerechtes Zusammenleben schon in Urzeiten realisiert. Als herausragende Merkmale der slavischen Urgesellschaft werden besonders ihre patriarchalische und gerechte Struktur sowie ihre demokratische Organisation nach Prinzipien der Gleichheit und Freiheit bezeichnet. Die Dorfgemeinde (*gmina*) und das Zusammenleben bzw. ihre Herrschaftsform (*gminowladztwo*) wird als das Prinzip gesehen, dem die gesamte Gesellschaft im Idealzustand unterworfen war und das Lelewel zugleich als das Hauptprinzip der polnischen Prädestination ansieht [175].<<176

Man vergleiche, was bereits über die Russen gesagt wurde. Was die Polen ebenfalls mit den Russen gemein haben, ist die gefühlte Mission und ihre Leidensfähigkeit, durch die sie sich wie die Juden als ein auserwähltes Volk erleben. Dabei

---

[170] Vgl. Mickiewicz, Dziela 1875:250ff. ... Das Zitat ist aus der Zeitung *Gmina* 1866 Ner.1: 1. Diese Vorstellung hält sich auch in der Geschichtswissenschaft der 2. Hälfte des 19. Jahrhunderts und wird häufig vertreten. ...

[171] Landgrebe, S. 66.

[172] Vgl. dazu Mickiewicz, Dziela. 875:233 und 242.

[173] Landgrebe, S. 67.

[174] Vgl. Bronowski, Franciszek: *Idea gminowladztwa w polskiej histografii*. Lodz 1969.

[175] Vgl. Lelewel, Uw.agi: In: *Polska. Dzieje i rzeczy jej*. Posen 1855: S. 278ff. ...

[176] Landgrebe, S. 68

wird die ethnische Leidensfähigkeit des urwüchsigen Bauern noch durch christliche Motive überhöht.

>>Anhand der Geschichte Polens wird zu beweisen versucht, daß diese Nation auserwählt ist, Erretter der wahren Christenheit und der Menschheit zu sein. In diesem Zusammenhang erhält Polen als Mauer der Zivilisation die Position eines Erretters der Menschheit. …

Die Hypostasierung Polens als auserwähltes Volk wird durch den Verlauf seiner Geschichte und in seinem „Märtyrertum" begründet. Teilweise wird die aus dem polnischen Messianimus übernommene Vorstellung von Polen als Christus der Völker in die Niedergangstheorie einbezogen und so dem Leid der Polen ein Sinn im Kontext der Weltgeschichte zugeordnet. Diesen Gedanken äußert Mickiewicz in seiner Darstellung der Geschichte. Er sieht ihren Sinn darin, daß Polen im Laufe seiner Entwicklung Fehler beging, weil es von seinem eigentlichen *ustroj* abgekommen war, und nach seiner Buße in „Reinheit" wieder auferstehen und dann zugleich die anderen Nationen erlösen wird, betont also das Moment einer erlösten Weltgemeinschaft.<<[177]

Wie die Russen haben Polen Vorbehalte gegen jede Form von Hierarchie und somit auch gegen einen hierarchischen Staat. Deshalb kam es in Polen nur zu einer Adelsdemokratie der sogenannten *Szlachta*, in der jedes Mitglied ein „liberum veto" hat, das heißt: gemeinsame Beschlüsse verhindern kann. Denn Beschlüsse erfordern Einstimmigkeit.

Die Mitglieder der *szlachta* verstehen sich zwar als volksnäher, als dem germanischen Adel unterstellt wird, und halten mit 8-10 % auch einen weit größeren größeren Bevölkerungsanteil. Dennoch ist bereits die *Szlachta* für Radikale eine Beeinträchtigung des gleichberechtigten Zusammenlebens aller Bürger in einer Dorfgemeinschaft.

>>Das Entstehen des Adels wird im Zusammenhang mit einer Überfalltheorie auf die Slaven gesehen. Die Vorfahren der *szlachta* waren demnach Eindringlinge und keine Slaven gewesen, sondern, so nimmt man an Normannen und hatten die Prinzipien der slavischen Urgesellschaft korrumpiert.[[178]] Teilweise wird auch betont, daß der den Slaven fremde Ritterstand schließlich doch hätte eingeführt werden müssen, weil die Slaven ständig von fremden Mächten bedrängt worden seien. Allerdings wird die *szlachta* von vielen Denkern auch in den Zeiten der früheren *Rzeczpospolita* als Repräsentant der slavischen demokratischen Ideale gesehen,[…], so daß grundsätzlich hier sehr unterschiedliche, teilweise aus der ideologischen Betrachtungsweise der romantischen Historiographie resultierende widersprüchliche Interpretationen vorgenommen werden, um das slavische Element mit Polen zu verbinden.

Die Entstehung einer Monarchie mit feudalen Elementen wird von manchen Historikern ebenfalls als fremdes, dem Slavischen widersprechendes Element interpretiert, das zum Unglück des slavisch-polnischen fälschlicherweise von den

---

[177] Landgrebe, S. 82.
[178] Vertreter dieser Überfalltheorie ist beispielsweise Waclaw A. Maciejowski. Auch anderer Historiker sehen den Adel als etwas Fremdes in Polen an, wie Historiker der Warschauer Schule Koronowicz, Wroblewski oder der Historiker Karol Szajnocha, siehe ders. :*Nowe szice historyczne*. Lemberg 1857: 265,269. Moraczewski, Jedrzej, *Dzieje Rzeczypospolitej Polskiej do pietnastego wieku*. Posen 1843: 2f.

Germanen übernommen worden sei, deren Gesellschaftssysteme in der Weltgeschichte das Polen entgegengesetzte Prinzip der Alleinherrschaft repräsentierten [179]. Diese Gesellschaftsform sei immer an das Lateinische und die im Westen verbreitete Religion gebunden gewesen, während Polen seine wichtigsten Traditionen aus dem Slavischen bezogen und die dem Christentum eigenen positiven Werte schon lange vorher gekannt habe.<<[180]

Die Russen werden dagegen in vielen Darstellungen >>entweder gar nicht als Slaven sondern als Mongolen angesehen, also als asiatisches Volk, das mit europäischen Völkern nichts gemein hat. … Bei vielen Autoren wird allerdings die slavische Herkunft der Russen nicht geleugnet, sondern sie werden als ein Volk gesehen, in dem die slavischen Tugenden schon vor Jahrhunderten zunächst durch die Wikinger oder Waräger und das Tatarenjoch unterminiert wurden. Die Russen werden demnach als asiatisierte, barbarisierte oder auch germanisierte Slaven angesehen, die unter tatarischer und warägischer Herrschaft zu einem von Despotismus gekennzeichnetem Land wurden und daher das Schicksal erfuhren, orientalisch und nicht europäisch zu sein. <<[181]

>>Auch die Orthodoxie wird als Ausdruck des finsteren, rückständigen, abergläubischen Zustands des russischen Volkes angesehen. Sie wird häufig als Häresie oder Aberglaube bezeichnet, nicht aber als christliche Religion anerkannt, dem katholischen Polen wird ein häretisches Rußland gegenübergestellt. Rußlands Kirche ist gewissermaßen eine feindliche Pseudokirche mit barbarischen Inhalten.<<[182]

Die Polen sind ihnen gegenüber der Hort des reinen Slawentums und somit gebührt ihnen die Führerschaft unter den slawischen Völkern. Polen fühlt sich berufen, die Slawen wieder zu ihrem eigenen eigentlichen Slawentum zurückzuführen.

>>Die anderen slavischen Völker, auch die Südslaven, werden meist als „Freunde" angesehen, den Tschechen wird jedoch von manchen Denkern vorgehalten, sie seien germanisiert oder zu sehr an Russland orientiert. … Die Rusinen (später Ukrainer) werden meist positiv beurteilt, oft im Kontrast zu Russland, sie werden nicht als Barbaren dargestellt, sondern erscheinen in positivem Licht. So werden sie von Slavophilen als die „reinsten Slawen" angesehen, die sich, durch Polen beschützt, die alten Prinzipien der Gmina am besten erhalten konnten. [183].<<[184]

Allerdings gibt es in Polen auch Kritiker der Romantisierung des Polentums, sodass die Polen, wie die Russen, geteilt sind in Westler und Östler. Die Westler sehen in der Romantisierung des Polentums die Ursache für die wirtschaftliche, gesellschaftliche und politische Rückständigkeit Polens und wollen, dass Polen die westliche Lebenseinstellung, Gesellschaftsform und Wirtschaft übernimmt. Dazu einige Beispiele:

---

[179] Lelewel, Joachim: *Historyczny rozbior prawodawstwa polskiego* (1828) In: Polska wiekow srednich, 3. Bd. Posen 1859, S. 1ff.
[180] Landgrebe, S. 69f.
[181] Landgrebe, S. 145.
[182] Landgrebe, S. 146f.
[183] Siehe *Gmina* 1866, (August) Nr. 1: 3f.
[184] Landgrebe, S. 144.

Karol Boromeusz Hoffmann >>ist einer der schärfsten Kritiker der von der Lelewelschen Schule propagierten Verherrlichung der *Rzeczpopolita*. Hoffmanns Kritik an der polnischen Geschichte beruht vor allem darauf, daß Polen aus seiner Sicht kein ausreichend starkes Staatswesen hatte und dies der Grund der negativen Entwicklung der polnischen Geschichte sei. Er betont, es sei im Verlauf der Geschichte eine Anarchie entstanden, die es völlig unmöglich gemacht habe, die reichen Ressourcen des Landes sinnvoll zu nutzen; so sei auch der wirtschaftliche Untergang Polens zu erklären [185]. ...

Die bei Lelewel und anderen Vertretern der romantischen Schule glorifizierten Freiheiten werden hier folglich negativ gesehen und als Depravation eines ehemals von sinnvollen Reformen geprägten Staates gedeutet. Hoffmann bezeichnet das Verhalten der *szlachta* als einen patriotischen Individualismus, der dem Gemeinwesen und so der gesamten Nation schadete. [186]. ... Hoffmann kritisiert den Mangel an feudaler Entwicklung in Polen, da es so auch keinen Absolutismus in Polen gegeben habe, den Hoffmann zur Modernisierung des Staatswesens als notwendig ansieht. Hoffmann besteht deshalb nicht auf der von den Romantikern geforderten Verstärkung der *rodzimosc*, sondern sieht im Gegenteil eine zu schwache Verwirklichung von westeuropäischen Prinzipien als Grund für die Schwäche Polens an. Für ihn besteht das spezifisch Positive an Polen also nicht in der *rodzimosc*, sondern eher in den Elementen, die Polen von Westeuropa übernahm und dann auf seine Weise weiterentwickelte, also im nationalen Sinne umwertete. Für Hoffmann gehört Polen damit ganz klar zum westlichen Kulturkreis, hat mit Asien nichts gemein, was die Entwicklung Polens aus Sicht Hoffmanns noch pathologischer macht<<[187]

Entsprechend wird auch die Monarchie von vielen westlich orientierten Polen als positiv angesehen. So geht Karol Sienkewicz davon aus, >>dass das *narod* [Volk] einen starken König zur Orientierung braucht und es keine *concordia* in Polen gegeben habe, als in Polen die schwachen Wahlkönige regierten. Die Schwäche des Staates, so Sienkewicz, habe dazu geführt, daß die ehemalig tugendhafte *szlachta*, als sie noch einen König zur Orientierung hatte, der Dekadenz verfiel und einen Egoismus pflegte, der den Staat ins Unglück stürzte. [188] Das sieht Sienkewicz als umso fataler an, als die *szlachta* zu Anfang der polnischen Geschichte aus seiner Sicht eine positive Rolle in der Entwicklung Polens gespielt hatte.<<[189]

Josef Szujski, einer der maßgebenden Vertreter der Krakauer Schule, äußert ähnliche Kritik und sieht darüber hinaus Schwächen im polnischen Volkscharakter. >>So stellt er fest, die Slaven seien von Urzeit her Fatalisten gewesen, woraus dann auch die anderen negativen Eigenschaften resultierten: „Aus dem Fatalismus rührt seine [des Slawen A. L.] ganze Unbekümmertheit über die Zukunft, daher

---

[185] Siehe zum Begriff *nierzad* beispielsweise, Hoffmann, Skarb 1839, S. 111. Die schlimmste Phase wird von Hoffmann 1365-1717 datiert. Hier wird also auch das gesamte „goldene Zeitalter" negativ gesehen.

[186] Vgl. Hoffmann, Karol Boromeusz: *Historya reform politycznych w dawnej Polsce*, Leipzig 1867, S. 71.

[187] Landgrebe, S. 87f.

[188] Siehe: *Kronika Emigracyi Polskiej* Bd. 5 1837, S. 113ff.

[189] Landgrebe, S. 89.

kommt auch seine lebhafte leichtsinnige Fröhlichkeit am Vorabend des Unglücks […]; er ist streitsüchtig, zänkisch und mißtrauisch, wenn allgemeine Disziplin und Einigkeit gefordert ist. Er mag die Strömungen des einfachen Volkes (*rucho ludowe*), aber den Erfolg von Organisation erkennt er selten an, […] Lange war er nicht imstande zu regieren." [190]. Allerdings räumt Szujski ein, daß „der Slave" diese Schwächen mit anderen guten Seiten ausgleiche, wie beispielsweise dadurch, daß er ein besonders gutes Herz habe und seine nationalen Traditionen (*narodowe tradycje*) wahre. Daß „der Slave und Pole" eine gute Seele habe, nütze ihm aber nichts, weil dies nicht für ein funktionierendes Staatswesen reiche. [191]<<192

2.2 Das Selbstverständnis des katholischen Polens als Hüter des wahren Europäismus

Wikipedia schreibt über die Religion der Polen: Polen war >>im Mittelalter nie religiös homogen. Noch bevor sich der christliche Glaube endgültig durchsetzen konnte, wanderten in den nächsten Jahrhunderten, begünstigt durch das Toleranzedikt von Kalisz von 1265 Juden aus Westeuropa und Hussiten aus Böhmen nach Polen ein. Durch die Union mit Litauen 1386 und 1569 kamen viele weißrussisch- und ukrainischsprachige orthodoxe Christen unter die Herrschaft der polnischen Könige. Das Luthertum fand seit dem 16. Jahrhundert besonders bei der deutschen Bevölkerung in den nordpolnischen Städten viele Anhänger, während der Calvinismus beim Kleinadel, der Szlachta, beliebt war. Aus der Reformierten Kirche entstand 1565 die unitarische Kirche der Polnischen Brüder, die in Raków über eine eigene Akademie verfügten ... . Der Sejm von 1555 debattierte über die Einführung einer protestantischen Nationalkirche in Polen. Diese wurde zwar nicht eingeführt, doch die Warschauer Konföderation und die Articuli Henriciani von 1573 sicherten die individuelle Glaubensfreiheit in der polnischen Verfassung, daher kam es in Polen nie zu Religionskriegen. 1596 wurde in der Kirchenunion von Brest die griechisch-katholische Kirche gegründet. Im 17. Jahrhundert vermochte die Gegenreformation jedoch die meisten „Andersgläubigen" auf die katholische Seite zu ziehen.

Gegen Ende des 17. Jahrhunderts siedelte der polnische König Jan Sobieski muslimische Tataren in Podlachien an. Eine relativ große muslimische Minderheit lebte auch um Kamieniec Podolski in Podolien, das zwischen 1672 und 1699 zum Osmanischen Reich gehörte.<<193

>>Seit dem Zweiten Weltkrieg und der Westverschiebung Polens ist das Land größtenteils katholisch. 87 % der polnischen Gesamtbevölkerung sind römisch-katholisch (Anteil der katholisch Getauften an Gesamtbevölkerung, 2011) [194],

---

[190] Vgl. Szujski, Josef: *History polskiej trasciwie opowiedzianej -Ksiag dwanascie.* Warschau 1880: II.

[191] Vgl. dazu ebd.

[192] Landgrebe, S. 73.

[193] https://de.wikipedia.org/wiki/Polen#Mittelalter_und_Neuzeit.

[194] Główny Urząd Statystyczny: Mały rocznik statystyczny Polski 2012. Zakład Wydawnictw Statystycznych, Warszawa 2012, S. 117, 134–135 (PDF [abgerufen am 15. Januar 2013]).

vor 1939 waren es nur 66 %. [195] Davon geben 54 % an, ihren Glauben auch zu praktizieren.[196]<<[197] Als Katholiken fühlen sich die Polen zugehörig zu Europa. Russland gehört für sie dagegen zu Asien.

>>Das Weltbild der Polen ist fast ohne Ausnahme eurozentralistisch, daher wird konsequent argumentiert: Es ist im polnischen Denken selbstverständlich, daß positive Werte europäisch, hingegen alles Bedrohliche und Negative asiatisch sind.<<[198]

Polen versteht sich als Bollwerk gegen Asien. >>Echte Popularität gewinnt die Bollwerktheorie im 17. Jahrhundert während der Türkenkriege, […] besonders durch den Erfolg Jan Sobieskis in Wien. Im 18. Jahrhundert schließlich wird sie im Kontext eines vormessianischen Gedankenguts weitergeführt, in dem Sinne, daß die Polen als Mauer Europas die Funktion der Verteidigung des heiligen Glaubens einnehmen.<<[199] Als nächster Feind Polens im Osten verkörpert Russland Asien. >>Der Bollwerk-Mythos wird auch von nichtpolnischen Denkern unterstützt. … wie beispielsweise Napoleons Ausspruch über Polen als *clef de voute de L'Europe* (Schlußstein) oder Victor Hugos Ansicht, Polen sei Grenzhüter Europas.<<[200]

Russland wird >>in zahlreichen Darstellungen zum für Europa gefährlichsten Vertreter Asiens und Feind Europas stilisiert, und unter der Bezeichnung Moscovia als tatarische-mongolisches Gebilde beschrieben, das zum ersten Ziel und zu seiner „Mission" und Bestimmung die Zerstörung Europas hat, um schließlich die Weltherrschaft zu übernehmen. Asien wird also mit dem Prinzip der Expansion gleichgesetzt, mit einem unaufhaltsamen barbarischen Eroberungsdrang.<<[201]

Entsprechend werden die geographischen Größen Europa und Asien >>in den Darstellungen der polnischen Denker als verschiebbar angesehen und auf diese Weise zu ideologischen Größen: Die ursprünglichen Grenzen Europas sind die östlichen Grenzen Polens von 1772 gewesen, wonach die Ukraine (*rus*) zu Europa gehörte und hinter dem Dniepr Asien anfing und nicht erst hinter dem Ural, Polen so geographischer Vorposten Europas gewesen ist.<< Alix Landgrebe zitiert dazu Ks. Wojciech z Medyki: >>Die barbarische Nacktheit der asiatischen Zivilisation offenbarte sich sogleich an den Grenzen der beiden Kontinente. Die Wildheit und Unzivilisiertheit Asiens stach ins Auge. Wenn man den Dniepr überschritt, sah man die Nacktheit und die Grausamkeit Asiens." <<[202]

Polen versteht sich als Vertreter der westlichen Zivilisation, der sich für die Zivilisierung Asiens einsetzt. Kasimierz Kazimierzewicz schreibt: >>Polens schöne, aber höchst schwierige und gefährliche, gar nicht beneidenswerte Mission, war, ist und wird immer bleiben, die Kultur, Humanität, Freiheit und Zivilisation

---

[195] Dieter Bringen, Krzysztof Ruchniewicz (Hrsg.): *Länderbericht Polen*, S. 373.

[196] Ebd.

[197] https://de.wikipedia.org/wiki/Polen#Mittelalter_und_Neuzeit.

[198] Landgrebe, S. 115.

[199] Landgrebe, S. 123.

[200] Landgrebe, S. 124.

[201] Landgrebe, S. 117.

[202] Ks. Wojciech z Medyki: *Poglad na wschopdnia Europe i Azya i wyjasnienie stosunkow, jakie miala Moskwa z ludami slowianskiemi od pierwocia bytu do czasow naszych.* Przemysl 1864: 7ff. zit. nach Landgrebe a.a.O. S. 117.

des Okzident immer weiter nach dem Orient und Norden Europas und Asiens zu verbreiten und durch Behauptung seiner eigenen Selbstständigkeit, die Unabhängigkeit und Kultur des Westens vor dem Ausbruch der östlichen Barbaren zu schützen und zu erhalten.<<[203]

Innerhalb Europas ist das polnische Selbstverständnis >>deutlich davon geprägt, das Slavische nicht als ein Europa fremdes Element gelten zu lassen, sondern allen Ansichten zum trotz, die Polen im 19. Jahrhundert immer noch als barbarisches Land ansehen, ihm sogar eine besondere Stellung in Europa einzuräumen. Das heißt, daß auch die proslavischen Positionen in ihren historischen Ausführungen gewissermaßen als Versuch gedeutet werden können, das slavische Element in Europa populärer, selbstverständlicher zu machen und zugleich zu betonen, daß es als Element Europas unverzichtbar sei, zudem für die Zukunft Europas und für seinen Fortschritt nutzbar gemacht werden könnte.<<[204]

Jedrzej Moraczewski unterscheidet sogar >>das gute Europa, das von Rom repräsentiert wird, und das negative Europa der Germanen. Daher versteht er Polen als ein doppeltes Bollwerk, das die Slaven von der westlichen germanischen Zivilisation einerseits und andererseits von der asiatischen im Osten schützt. [[205]]<<[206]

Josef Ordega schreibt: >>Unter den Völkern Europas ist Polen dasjenige, das außer Frankreich am meisten dazu getan hat, das Wort Gottes als das Prinzip der Menschheit zu realisieren. Polen ist so wie Frankreich die Tochter der Kirche durch den Einfluss des Katholizismus.<<[207]

Julian Klaczko schreibt: >>Der Slave ist der wahre Demokrat, für Slaven ist Demokratie Stimme des Gewissens, immanente Sitte und Sittlichkeit, nicht wie bei Deutschen nur ein durch Stimmen angenommener Paragraph, weshalb der Slave auch gegen die Germanen und für die Freiheit aller Nationen kämpft<<[208]

Für Polen sind das slavische und das germanische Prinzip >>insofern Antagonisten, als die Deutschen in der gesamten Geschichte als aggressives imperialistisches Volk angesehen werden, das immer einen Eroberungsdrang gegen die Slaven gehabt hat. Als Beleg dafür wird das Schlagwort *Drang nach Osten* zitiert. Zugleich repräsentieren sie das typisch germanische Prinzip des Individualismus, während die Slaven das Prinzip des Altruismus und der Bruderschaft verkörpern. Dabei werden als Beispiele das nach Karl dem Großen entstandene Deutsche Reich sowie der Ritterorden angeführt, um nachzuweisen, daß sich der deutsche Zerstörungswahn durch die gesamte Geschichte hindurchzieht.<<[209]

Aus ihrer urwüchsigen sozialen Grundhaltung heraus sind die Polen antikapitalistisch und treten für einen katholisch inspirierten Sozialismus ein. In heutiger Zeit wird diese slavisch-katholische Einstellung insbesondere von der polnischen

---

[203] Kazimierzewicz, Kasimierz: *Europa wird es kosakisch oder republikanisch? S.140.* Zit. nach Landgrebe S. 172.
[204] Landgrebe, S. 93.
[205] Vgl. beispielsweise Zbyszewski, Leon: *La Pologne*, Paris 1863, S.158.
[206] Landgrebe, S. 126f.
[207] Ordega, Josef: *O narodowosci polskkiej z punktu widzenia kotolicyzmu i postepu.* Paris 1840, S. 65. zit. nach Landgrebe a.a.O. S. 241.
[208] Vgl. dazu Klaczko, Julian: *Die Deutschen Hegemoden.* Offenes Sendschreiben an Herrn Georg Ger Venus, Berlin 1849: 22. Zit. nach Landgrebe a.a.O. S. 233.
[209] Landgrebe, S. 151.

Mehrheitspartei und derzeitigen Regierungspartei *PiS Recht und Gerechtigkeit* vertreten.

Jan Puhl schreibt: Ideologisch steht Jarosław Kaczyński >>für die im Grunde linke Vision eines großzügigen Sozialstaats, die er mit „nationalkatholischer Soße" verfeinert, wie der liberale Politiker Leszek Balcerowicz einmal sagte. Kaczyński gibt sich als Beschützer der kleinen Leute, der sie vor den angeblich „pathologischen" Folgen des Wirtschaftsliberalismus der Nachwendezeit bewahrt.

Seit dem Beginn seiner politischen Karriere vertritt er die Ansicht, vom wirtschaftlichen Aufschwung nach 1989 habe nicht die breite Masse profitiert – sondern ehemalige Kommunisten und die Dissidenten. Diese hätten sich so Kaczyński, die besten Stücke aus der polnischen Konkursmasse, die wichtigsten Posten und Firmen, unter den Nagel gerissen und dann einen Raubtierkapitalismus entfesselt. Die einfachen Polen seien abgehängt worden. Ein starker Staat müsse die „Netzwerke" von damals bekämpfen und die schlimmsten Auswüchse der kalten neuen Wirtschaftsordnung einhegen.<<[210]

>>PiS spricht Polen an, die frustriert darüber sind, dass die wirtschaftlichen Fortschritte langsamer kommen als erhofft. Es sind nicht die Ärmsten, die PiS wählen, sondern Angehörige der Mittelschicht: Familien, die marode Schulen und Kindergärten vorfinden, aber auch Kleinunternehmer oder Ladenbesitzer, die sich durch internationale Ketten in Gefahr sehen. Für diese Wähler ist vor allem wichtig, dass PiS etwa ein Kindergeld von 500 Zloty ab dem zweiten Kind eingeführt und das Rentenalter von 67 wieder auf 65 Jahre für Männer und 60 Jahre für Frauen abgesenkt hat.<< [211]

>> Kaczyński „liebt Polen, glaubt an Gott und an den Staat", sagt Michal Kamiński. ... Kaczyński sei zutiefst überzeugt, dass er selbst am besten wisse, was für die Polen und ihr Land gut sei. Er sei nicht prinzipiell gegen die Demokratie, wolle aber nicht durch lästige Checks und Balances, wie etwa ein Verfassungsgericht, aufgehalten werden. „PiS gleicht im Innern mehr einer Sekte als einer politischen Partei", sagt Kamiński.<<[212]

2.3 Der Untergang Polens als Adelsrepublik und seine Wiedergeburt als nationalistischer Staat

Wikipedia schreibt: >>Nach der Schlacht bei Tannenberg (1410) und der damit verbundenen schweren Niederlage des Deutschen Ordens in Preußen gegen den Doppelstaat Polen-Litauen, stieg das aus Polen und Litauen hervorgegangene Großreich zu einer der führenden Kontinentalmächte auf und war lange Zeit der größte Staat Europas mit Einflusssphären vom Baltischen- zum Schwarzen Meer und von der Adria bis an die Tore Moskaus. Auf Betreiben des letzten polnischen Königs aus der Jagiellonen-Dynastie, Zygmunt August, wurde die Personalunion zwischen Polen und Litauen in Lublin im Jahr 1569 in eine Realunion umgewandelt. Polen und Litauen bildeten seit 1569 die sogenannte Adelsrepublik und damit den ersten modernen Staat Europas mit einem adelsrepublikanischen System und

---

[210] Jan Puhl: *Herrscher im Hinterzimmer*, in: Der Spiegel 30/22.7.2017, S. 90.
[211] Jan Puhl: S. 90.
[212] Ebd.

einer Gewaltenteilung.<<[213] In dieser Zeit fühlte sich auch Russland von Polen gefährdet und kam es zu wiederholten Kriegen, die die Polen bis nach Moskau vordringen ließen.

Da die Polen sich wirtschaftlich und gesellschaftlich nicht weiterentwickelten und darüber hinaus den unentwickelten bäurischen Urzustand auch noch als besonders hehr verklärten, konnten sie sich als Staat nicht behaupten und wurden von Russland, Österreich und Preußen geteilt.

Ein wesentlicher Grund für die Schwäche Polens war die Basisdemokratie der Aristokraten, in der jedes Mitglied gemeinsame Beschlüsse verhindern konnte. Sienkiewicz sieht das *liberum veto* >>als „politisches Monstrum", das die Sejme und ihre Gesetze zunichte gemacht habe. [[214]]<<[215] So war das politische Leben Polen schon lange vor der Teilung weitgehend gelähmt. Zudem konnten die späteren Teilungsmächte über einzelne Aristokraten ihnen nicht genehme politische Beschlüsse durch deren Veto unterbinden.

Polen nimmt aus seiner basisdemokratischen Grundhaltung für sich in Anspruch, bereits vor der Französischen Revolution ein der französischen gleichwertige Verfassung erlassen zu haben. >>Die Prinzipien Gleichheit (*rownosc*), Freiheit (*wolnosc*) und Brüderlichkeit (*braterstwo*) sind aus dieser Sicht schon immer Prinzipien der slavisch-polnischen Urgesellschaft gewesen, womit die Slaven auch die Grundsätze, die in Westeuropa erst durch die Französische Revolution und so viele Verluste hatten erkämpft werden müssen, viel früher und auf friedliche Weise realisiert haben. [[216]]<<[217]

Diese Verfassung war dann allerdings tragischerweise mit der Grund für die letzte politische Teilung, weil die weiterhin absolutistisch regierten Teilungsmächte die darin liegende revolutionäre Dynamik unterdrücken wollten.

>>Eines der wichtigsten Stereotype der polnischen Historiographie des 19. Jahrhunderts ist der schädigende Einfluß der Jesuiten und der daraus resultierenden inneren Schwäche des Landes. Es wird von Vertretern aller möglichen verschiedenen politischen Richtungen aufgegriffen, ist daher das am weitesten verbreitete Erklärungsmodell und geht auf Joachim Lelewel zurück. ...

In der Polemik gegen die Jesuiten wird argumentiert, daß ihre Ideen nicht polnisch waren, sondern im Gegenteil dem polnischen Wesen vollkommen entgegengesetzt. Die Jesuiten repräsentieren alles Negative der westlichen Gesellschaften und drangen in einen Mechanismus ein, den sie ablehnten und daher wissentlich und mit allen ihnen zur Verfügung stehenden Mitteln zerstörten. Am Eindringen der Jesuiten waren wiederum die fremden Könige schuld; mit der immer weiter fortschreitenden Etablierung des Ordens endete das goldene Zeitalter, der Ruhm Polens verblaßte [...].

Die Jesuiten werden für die Hemmung des Fortschritts und die Verhinderung aller positiven politischen Ideen in Polen verantwortlich gemacht, so wie viele

---

[213] https://de.wikipedia.org/wiki/Polen#Mittelalter_und_Neuzeit
[214] Vgl. Sienkiewsicz, Karol: *Skarbiec historii polskiej*. Paris 1839: XIV.
[215] Landgrebe, S. 89.
[216] Vgl. Widman, Karol: *Narodowosc a rewolucja. Studjum plityczne.* Lemberg 1864,. S. 12. ...
[217] Landgrebe, S. 68.

Denker davon ausgehen, daß auch die *szlachta* erst durch die Jesuiten zu der ideologischen Verirrung gelangte, sich als privilegierte Kaste anzusehen und danach zu handeln. So wird den Jesuiten die Unterwanderung der gerechten slavischen demokratischen Gesellschaft vorgeworfen, deren Grundlage für Polen so wichtig war, daß es seine Existenz ohne sie nicht mehr zu rechtfertigen wußte. Es wird angeführt, daß sie die Monarchie schwächten, indem sie mit ihren dem Katholizismus widersprechenden „heidnischen Organisationsprinzipien" die Könige und den gesamten Hof verdarben. [218]<<219

Als das reine Polentum zerstörende Kräfte werden neben den Jesuiten auch die Germanen und Juden angesehen. >>Der polnische Handel in der Hand von Deutschen und Juden führte gemäß dieser Auffassung dazu, daß die Polen ständig von diesen fremden Elementen betrogen wurden, und so weder Import noch Export dem Land etwas einbrachte [220] ... Das typisch Polnische wird dem so beschriebenen jüdischen Wesen gegenübergestellt, die gute Volksseele des polnischen Bauern wird aus dieser Sicht durch die jüdische Bevölkerung unterdrückt oder verdorben. [221]<<222

Gegen diese Interpretation stellten sich die polnischen Positivisten. >>Zu den „Krankheiten" der polnischen Gesellschaft rechnen die polnischen Positivisten daß das *lud* sich in einem finsteren und bekümmernswerten Zustand befindet. Die romantische Vorstellung vom *lud* und seiner demokratischen Kraft wird vollständig aufgegeben. Der Schriftsteller Boleslaw Prus sieht das *lud* und seine Bräuche als primitiv an: durch die feudalen Strukturen der Gesellschaft sei es bis heute „wild" und habe eine mittelalterliche Mentalität. [223] Die alten Gesellschaftsstrukturen, gegen die die Positivisten ebenfalls polemisieren, werden also in hohem Maße für das Elend der Nation verantwortlich gemacht. Prus zieht die Konsequenz, man müsse den *chlop* (Bauer), um ihn im Rahmen einer nationalen Politik brauchbar machen zu können, zum modernen Bürger erziehen. [224] Ähnlich formuliert dies auch der Historiker Josef Szujski, der diese Mißstände durch Bildungsreformen lösen will.<<225

>>Das Urteil der Positivisten, das gemeine Volk habe kein Nationalbewußtsein [...], ist Grundlage für eine bewußte Förderung dieser Gruppe. Die Positivisten stellen sich in diesem Zusammenhang vor, daß sie selbst als geistige Elite die Nation formen könnten. Man will die Bauern davon abbringen, in dynastischen und traditionellen Kategorien zu denken und sich als Untertanen des jeweiligen Herrschers der Teilungsgebiete zu fühlen. Wenn Aktivität von ihnen gefordert wird, dann im nationalen Interesse.<< 226

---

[218] Siehe Jablonowfski, Waclav: *Do emigracyi polskiej*. Paris 1843, S. 8f.

[219] Landgrebe, S. 105f.

[220] Siehe: Zebrowski: *Polska*. Paris 1847, S. 35f.

[221] Zukowski, Jan Ludwik: *O panszczyznie z dolaczeniem uwag nad moralnym i fizycznym stanem ludu naszego*. Warschau 1830,. S.6, 26 und 96. ...

[222] Landgrebe, S. 108.

[223] Prus, Boleslaw: *Wybor publicystyki*. Hrgs. V.F. Przylubski 1957, S.106.

[224] Ebd.

[225] Landgrebe, S. 252.

[226] Landgrebe, S. 254.

Allerdings >>trotz aller Kritik und aller und utilitaristischer Argumente fehlt es auch bei positivistischen Denkern nicht an nationalem Pathos. Mit dem Hinweis auf die Erinnerung wird auch darauf bestanden, sich an dem eigenen *zywiol* (Polentum) zu orientieren und bei aller Fortschrittlichkeit auch das zu bewahren, was an Traditionen wichtig ist, um die Einheit aller zu erhalten. [[227]]<< [228]

In der Szlachta waren die Adeligen, wie alle Adeligen Europas, nicht primär Deutsche, Russen, Polen, sondern einfach herausgehobene Menschen. Deswegen konnten sie auch Könige anderer Ethnien werden. Im aufkeimende Nationalismus emanzipierten sich zwar die Bürger aus den Familien- und Stammesbindungen, aber wurden nicht einfach Weltbürger, sondern Glieder einer Volksgemeinschaft.

Wir charakterisierten den Nationalismus als einen Gruppenegoismus. Der Nationalismus enthält eine sozial-darwinistische Komponente, die in Europa und der Welt zu vielen Konflikten geführt hat, letztlich aber westeuropäischen Ursprung ist.

Indem er auch die osteuropäischen Völker erfasst hat, ist das eigentliche slawische Ideal des friedlichen Zusammenlebens aller Menschen dadurch bereits korrumpiert. Polen konnte als Staat aber nur auf nationalistischer Basis wiedererstehen, schuf damit jedoch, wie auch andere osteuropäische Länder, die sich neu formierten, wieder nationalistische Konfliktherde. So gab es in Polen nach 1918 viele Minderheiten und versuchte der starke Mann Polens, Józef Piłsudski, auch gleich nach der Unabhängigkeit, Litauen und andere ehemals polnische Gebiete wieder zu erobern.

In der Tschechoslowakei fühlten sich die Sudetendeutschen, aber auch die Slowaken benachteiligt, weswegen sich letztere von den Tschechen trennten. Ähnliche Probleme gab es in Ungarn, Rumänien, Tirol und anderswo.

Zu internationalen, aber auch gesellschaftlichen Spannungen kommt es dann, wenn, wie in Polen, slawisch-katholisches Selbstverständnis nationalistisch ausgelebt werden soll. Dann kann es zur Spaltung der eigenen Gesellschaft in Säkulare und Traditionalisten und zu Abgrenzungen und egoistischem Verhalten gegenüber Nachbarländern kommen.

Wie dargestellt hat der Nationalismus zwei Seiten. Einerseits individualisiert er den Menschen so weit, dass er sein Selbst nicht mehr an der Familie und dem Stamm festmacht, sondern an der Nation. Wir haben die slawischen und katholischen Wurzeln Polens dargestellt. Aus diesen ergab sich auch eine Rückbesinnung auf ein brüderliches Zusammenleben der Menschen. Diese Rückbesinnung kann in Europa zu Überwindung eines pervertierten Kapitalismus beitragen.

Andererseits beinhaltet der Nationalismus auch die Freiheit der Bürger und damit eine verfassungsmäßige Gewaltenteilung und Unabhängigkeit der Justiz. Diese werden mit Rückgriff auf urwüchsiges Polentum von der regierenden PiS gerade abgeschafft. Zudem müssen die Verengungen des Selbstes auf die Nation in Europa überwunden werden.

Der eigentliche Führer der *PiS* Jarosław Kaczyński kultiviert dagegen die alten Vorurteile der Polen gegen Russen und Deutsche mit einer kruden Mystifikation seines bei einem Flugzeugabsturz in Smolensk verunglückten Zwillingsbruders.

---

[227] Prus: *Wybor*. Warschau 1957, S. 7.
[228] Landgrebe, S. 255.

Jan Puhl schreibt: Kaczyński >>glaubt, wie viele in seiner Partei, sein Bruder sei nicht etwa einem Unglück zum Opfer gefallen, sondern durch ein Attentat ums Leben gekommen, das von Russland ins Werk gesetzt worden sei – und die damalige liberale Regierung in Warschau habe es gebilligt.<< [229] >>Der überlebende Zwilling Jaroslav ist zu einem Teil des Nationalmythos geworden, der für die polnische Rechte so identitätsstiftend ist: Polen sind die ewigen Helden und immer wieder Opfer der Russen und Deutschen.

Dieses Grundverständnis prägt auch Kaczyńskis Außenpolitik. „Er versteht das Prinzip der EU nicht", sagt ein ehemaliges PiS-Mitglied. Die Geschichte sei für Kaczyński ein einziger Wettstreit zwischen den Nationen. Folgerichtig hält er auch die Europäische Union nicht für ein Projekt, um gemeinsam Frieden und Wohlstand zu sichern. Die EU ist für ihn in erster Linie ein Machtinstrument der Deutschen.<< [230]

III. Die Entwicklung des Ost-West Gegensatzes und seine Auswirkungen auf die Dritte Welt

Der Nationalismus in Europa hatte zu den beiden verheerenden Weltkriegen geführt. Diese Katastrophen haben die Menschen wachgerüttelt und sie aufgerufen, die europäischen Länder zu vereinen.

Verstärkt wurden diese Bestrebungen durch den sich entwickelnden *Kalten Krieg*. Die Sowjetunion hatte als Folge des Zweiten Weltkriegs ihre kommunistische Gesellschaftsordnung auf alle osteuropäischen Länder ausdehnen können. Auch unterstützte sie in Asien, Afrika und Lateinamerika die Entwicklung von sogenannten *Volksdemokratien*.

Nach der Sowjetideologie gibt es im Westen nur eine *formale* Demokratie, da die Macht bei dem Kapitalisten liegt, die auch die Medien beherrschen. Somit erkenne die Masse der Bevölkerung ihre eigenen eigentlichen Interessen nicht und kann ihre Interessen aufgrund der gegebenen Machtverhältnisse auch nicht durchsetzen. In der westlichen Demokratie herrsche somit eine Minderheit – die Kapitalisten – über die Mehrheit – die arbeitenden Menschen. Im Sozialismus herrsche dagegen nach ihrer Auffassung die Arbeiterklasse, vertreten durch die Kommunistische Partei, über die Kapitalisten und somit die Mehrheit über die Minderheit. Was die Interessen der Mehrheit sind, ergibt sich für die Kommunisten aus der marxistischen Analyse der gesellschaftlichen Entwicklung. Diese Analyse gilt ihnen als wissenschaftlich.

Die Sowjetunion hoffte auch darauf, dass die Not der Europäer, und insbesondere der Deutschen und Österreicher, als die Verlierer des Krieges, sie nach dem Zweiten Weltkrieg dazu bringen würde, sich dem Sozialismus anzuschließen.

Da die Westmächte befürchteten, dass die zunehmende Not in Deutschland die sozialistischen Bestrebungen beflügeln würde, sie andererseits aber mit der Sowjetunion nicht zu einer Vereinbarung kamen, wie die Wirtschaft Deutschlands sta-

---

[229] Jan Puhl: Herrscher im Hinterzimmer, in: Der Spiegel 30/22.7.2017, S. 89.
[230] Puhl: S. 90.

bilisiert werden konnte, führten sie in den westlichen Besatzungszonen eine Währungsreform durch und schufen aus ihnen die Bundesrepublik Deutschland. Als Reaktion darauf wurde die sowjetische Besatzungszone zur *DDR Deutschen Demokratischen Republik* und versuchte Russland durch eine Blockade, Berlin in die DDR einzubeziehen.

Zur militärischen Verteidigung wurden im Westen die *NATO, North-Atlantic-Treaty-Organization* und im Osten der *Warschauer Pakt*, gegründet. Deutschland und seine Hauptstadt Berlin wurden dadurch geteilt und waren somit der sichtbarste Teil des sich verschärfenden Ost-West Gegensatzes.

1. Die Auswirkungen des Kalten Krieges auf die Länder der Dritten Welt

Zwischen Ost und West entbrannte ein Wettstreit, die Länder der Dritten Welt in den westlichen oder östlichen Machtbereich zu ziehen. Der Ost-West-Gegensatz begünstigte deshalb die Unabhängigkeitsbestrebungen der von den westlichen Industriestaaten gehaltenen Kolonien. Mit Militär- und Entwicklungshilfe wurden diese Länder zusätzlich geködert, sich dem Westen oder Osten anzuschließen.

Bei diesem Tauziehen gelang es der Sowjetunion, China Vietnam und Kuba kommunistisch zu machen. In Korea kam es wie in Europa zu einer Teilung. Die USA konnten sozialistische Bestrebungen insbesondere mithilfe ihrer CIA im Iran zurzeit Mohammad Mossadeghs und in Chile unter Allende ersticken.

Vorgeprägt für den Anschluss an den Osten oder Westen waren linke Revolutionäre, wie die Maoisten in China, und an den Westen autokratische Herrscher, wie Mobutu Sese Seko im Kongo. Dennoch stand nicht für alle Länder fest, welchem Lager sie sich anschließen würden. So hoffte *Ho Chi Minh*, Vietnam zunächst mithilfe der USA zu einen, und schloss sich erst dem Ostblock an, als die USA in die Fußstapfen der ehemaligen Kolonialmacht Frankreich getreten waren und Partei für den südvietnamesischen Kaiser Bao Dai nahmen. Auch *Fidel Castro* verband sich erst wegen des Widerstands der USA gegen seine Machtübernahme und die gesellschaftlichen Veränderungen mit dem Ostblock.

Wenn man von der Kubakrise absieht, spielte sich die Auseinandersetzung zwischen Ost und West am ausgeprägtesten an der Grenze des Ostblocks ab, das heißt in Europa und im Nahen, Mittleren und Fernen Osten.

Von westlicher Seite wurden zur Eindämmung der Sowjetunion, wie in Europa die NATO, 1954 in Ostasien die SEATO (Southeast Asia Treaty Organisation) und 1955 im Nahen und Mittleren Osten die CENTO (Central Treaty Organization), auch Bagdadpakt genannt, gegründet. Der SEATO gehörten die Länder: Australien, Frankreich, Neuseeland, Pakistan, Philippinen, Thailand, das Vereinigte Königreich und die Vereinigten Staaten an. Vertragsstaaten der CENTO >>waren Großbritannien, Irak, Iran, Pakistan und die Türkei. Die USA hatten einen Beobachterstatus. [231].<<232

Ägypten und Syrien widerstanden dem Werben der Westmächte, Mitglied anti-sowjetischer Pakte zu werden. Markus Eckelt schreibt: >>In den 1950er Jah-

---

231 Guy Hadley: CENTO: The Forgotten Alliance. ISIO Monographs, University of Sussex, UK 1971, S. 2.
232 https://de.wikipedia.org/wiki/Central_Treaty_Organization.

ren war ein Plan der CIA bekannt geworden, eine Invasion der Türkei zu finanzieren, um die Zusammenarbeit des syrischen Staates mit der Sowjetunion zu beenden. Die Invasion der US-Marines in den Libanon 1958 erhöhte die Furcht vor US-Einmischungen in die Region. Der diplomatische Druck der USA, Syrien und Ägypten durch Druck in den anti-sowjetischen Bagdad-Pakt zu zwingen, scheiterte und verstärkte nur deren Annäherung an die Sowjetunion. [233]<<234

Das Ringen des Westens und des Ostens um die zum Teil erst nach dem Zweiten Weltkrieg unabhängig gewordenen Staaten stellt aus russischer Sicht der Fernsehsender RT am Beispiel Syriens wie folgt dar: >>Noch bevor die internationale Staatengemeinschaft die Unabhängigkeit Syriens anerkannt hatte, nahm die damalige Sowjetunion im Jahr 1944 diplomatische Beziehungen mit Damaskus auf. Wenige Monate nach dem Ablauf des Französischen Mandats im Oktober 1945 schloss Syrien das erste wichtige Abkommen mit der UdSSR. Am 1. Februar 1946 unterzeichneten sie einen geheimen Vertrag, der besagte, dass die UdSSR Syrien im außenpolitischen Bereich und beim Aufbau seiner Streitkräfte unterstützen würde. In den 1950er Jahren strebte der Kreml verbesserte Beziehungen zu den arabischen Staaten an, um den wachsenden Einfluss der USA einzudämmen.

Zur Jahreswende 1954/55 drohte ein Krieg zwischen dem Bagdadpakt (Großbritannien, Irak, Iran, Pakistan und Türkei) und Syrien, das sich weigerte, dem Pakt beizutreten. Die Sowjets eilten Syrien zur Hilfe und garantierten, dass sie Syrien zukünftig bei ähnlichen Bedrohungen verteidigen würden. Vor dem Hintergrund dieser Bedrohung vereinbarte Damaskus im Jahr 1955 einen umfangreichen Waffenkauf und ein Handelsabkommen mit der Sowjetunion. In den Folgejahren unterzeichnete Syrien weitere wirtschaftliche Verträge mit der Sowjetunion und anderen sozialistischen Staaten. Der Handel stieg kräftig an. Im Jahr 1957 unterstützte die UdSSR Damaskus erneut gegen türkische Aggressionen. Der Kreml schickte ein kleines Fliegergeschwader nach Syrien.

Die Phase der Vereinigten Arabischen Republik (1958-1961), als sich Ägypten und Syrien zu einem Staat zusammenschlossen, führte zur kurzzeitigen Unterbrechung der Beziehungen. Nach dem Austritt Syriens aus dem Staatenverbund knüpften beide Staaten wieder enge Kontakte. Sie vereinbarten erneut Waffenlieferungen, ein landwirtschaftliches Hilfsprogramm sowie weitere Abkommen. Obwohl die syrische Regierung intern antikommunistische Maßnahmen ergriff, hielt Moskau an dem Kontakt zu Syrien fest, da es ein wichtiger Verbündeter gegen den westlichen Einfluss im Nahen Osten war.

Nachdem im Jahr 1966 die linke Fraktion der herrschenden Baath-Partei die Macht übernahm, verbesserte sich die sowjetisch-syrische Partnerschaft noch weiter. Da die neue syrische Regierung einen linksradikalen Kurs verfolgte, war es auf die Unterstützung der UdSSR angewiesen. Der sowjetische Einfluss auf die syrische Innenpolitik vergrößerte sich. Moskau betrachtete nunmehr Syrien als ein Land, das sich auf dem nichtkapitalistischen Weg befand. Die Perspektive einer sozialistischen Entwicklung eröffnete sich.

---

[233] Vgl. Stäbeli 2001, 32.
[234] Markus Eckelt: *Syrien im internationalen System. Die Politische Ökonomie des Ba'th-Regimes vor und nach der doppellten Zäsur 1990, Demokratie und Entwicklung* Bd.64, LIT Verlag. S.34.

Eine weitere Annäherung beider Staaten erfolgte 1967 nach dem Sechstage-krieg zwischen Israel und Ägypten, Jordanien, Syrien sowie weiteren arabischen Staaten. Für das syrische Militär endete der Krieg in einer ruinösen Niederlage. Der Westen verkaufte fortan keine Waffen mehr an Syrien. Syrien deckte diese Lücke, indem es große Mengen sowjetischer Waffen erwarb. Moskau entsandte Militärberater. Die Kontakte zur UdSSR wurden für die syrische Führung immer wichtiger, da das Land intern und extern politisch isoliert war. Die Staaten des Ostblocks vergaben Kredite, die den staatlichen Sektor in Syrien stärken sollten.

Hafiz Al-Assads Machtübernahme im November 1970 stellte die sowjetisch-syrische Partnerschaft auf die Probe. Er galt, im Gegensatz zur linken Fraktion der Baath-Partei, als politisch eigenständig und moskaukritisch. Die sowjetisch-syrischen Beziehungen überstanden jedoch diese Krise. Damaskus sagte der UdSSR seine Zusammenarbeit zu. Assad reiste schon im Februar 1971 nach Moskau. Beide Staaten waren aufeinander angewiesen, um ihre regionalen strategischen Ziele zu verwirklichen.

Zwar verringerte sich der Einfluss der sowjetischen Führung auf die syrische Innenpolitik, dafür wurde aber die Zusammenarbeit in anderen Bereichen gestärkt. Ab 1971 vergrößerten sich die wirtschaftlichen Aktivitäten und Waffenlieferun-gen der Ostblockstaaten rasant. Zwischen 1971 und 1980 verdreifachte sich das Volumen der sowjetischen wirtschaftlichen und technischen Förderung. In den frühen 1970er Jahren ging ein Viertel der sowjetischen Militärhilfen für Entwick-lungsländer an Syrien. Die von Assad sichergestellte Stabilität wurde für Moskau wichtiger als ein sozialistisches Regime sowjetischer Art zu errichten. Er setzte der politischen Instabilität, die Syrien in den 1950er und 1960er Jahren geplagt hatte, ein Ende.

Während des Oktoberkrieges von 1973, der zwischen Israel und Ägypten so-wie Syrien geführt wurde, unterstützte die UdSSR Damaskus in großem Maße. Bis zum Kriegsende wurden 42.500 Tonnen militärische Ausrüstung geliefert. Mi-litärberater und Ingenieure aus der Sowjetunion halfen den syrischen Streitkräften. Nach dem Krieg war die syrische Führung erneut auf die UdSSR angewiesen, um ihre Streitkräfte wiederaufzubauen.

Als Ägypten Mitte der 1970er Jahre sich vom sozialistischen Lager distan-zierte, blieb für Moskau Syrien als einziger verlässlicher Verbündeter im Nahen Osten übrig. Sie arbeiteten eng miteinander, um die „shuttle diplomacy" von Henry Kissinger einzudämmen. Kissinger strebte bilaterale, von den USA vermit-telte Friedensverhandlungen an. Die Sowjetunion dagegen bestand auf einer gro-ßen internationalen Friedenskonferenz, auf der sie auch eine wichtige Rolle spie-len konnte.

Assads Eingreifen in den ersten Libanonkonflikt 1976 bewirkte eine Krise in den Beziehungen zwischen Moskau und Damaskus. Syrische Truppen griffen stel-lenweise palästinensische und linke Kräfte an, mit denen die UdSSR verbündet war. Der Kreml verringerte daraufhin zweitweise seine Unterstützung Syriens. Al-lerdings musste die Sowjetunion letztendlich die syrische Libanonpolitik akzep-tieren, da sie auf die syrische Führung angewiesen war, um die Entwicklungen im Nahen Osten effektiv beeinflussen zu können. Die Tatsache, dass 1978 mehr Mi-litärberater aus den Ostblockstaaten in Syrien stationiert waren als in irgendeinem anderen Entwicklungsland, belegt, wie wichtig das Land für den Kreml war.

Vor dem Hintergrund zunehmender innen- und außenpolitischer Probleme trachtete Damaskus ab der zweiten Hälfte der 1970er Jahre nach noch engeren Beziehungen zur Sowjetunion. Dieses Bestreben gipfelte 1980 in einem Freundschaftsvertrag zwischen der UdSSR und Syrien. Die Syrer bemühten sich, Moskau zu beeindrucken. Syrien war eines der wenigen muslimischen Länder, die den sowjetischen Eingriff in Afghanistan nicht verurteilten. Den Sowjets wurden größere Zugriffsrechte auf syrische Hafenanlagen zugestanden. Moskau konnte mehrere westliche und israelische diplomatische Initiativen im Libanonkonflikt abwehren. Damaskus ermöglichte dies durch seinen großen Einfluss im Libanon.<<[235]

In dem Maße, in dem die Länder des Nahen und Mittleren Ostens selbstständig wurden oder ihre Regime wechselten, wechselten sie auch häufig, wie am Beispiel Syrien deutlich wird, ihre Position im Ost-West-Verhältnis. Zudem änderte sich das Ost-West-Verhältnis in Asien nach dem Ende des Vietnamkrieges und der Annäherung zwischen den USA und China. Die Folge war, dass in den siebziger Jahren SEATO und CENTO sich auflösten.

>>Auf Initiative des indischen Ministerpräsidenten Nehru und des jugoslawischen Ministerpräsidenten Tito trafen sich 1955 Abgesandte aus 23 asiatischen und sechs afrikanischen Staaten im indonesischen Bandung. Es handelte sich dabei um Staaten, die weder dem westlichen noch dem östlichen Bündnissystem angehörten. …

Als Ergebnis der Konferenz verabschiedeten die 29 Staaten mehrere Resolutionen. In einer verurteilten sie „jede Form von Kolonialismus und Rassendiskriminierung" und forderten die „Beachtung der Charta der Vereinten Nationen". In einer weiteren Resolution sprachen sie sich für den „Abbau der Spannungen zwischen den Machtblöcken, eine allgemeine Abrüstung und ein Verbot von Kernwaffen" aus. Bei der Konferenz von Bandung wurden auch erstmals Forderungen der Dritten Welt nach Gleichberechtigung und Gleichbehandlung gegenüber den ehemaligen Kolonialmächten laut. Der Geist von Bandung trug wesentlich zum Entkolonialisierungsprozess bei.<<[236] >>120 Staaten waren 2012 Mitglieder der Blockfreien-Bewegung<<[237] Auch die Unabhängigen nutzten die Ost-West Spannungen, um von beiden Seiten ein Maximum an Unterstützung zu erlangen, so wie Ägypten zur Finanzierung und zum Bau des Assuan Staudammes.

2. Die Entwicklung der muslimischen Welt und ihr Widerstand gegen die Europäisierung

Die Menschen in den alten Hochkulturen Mittel- und Ostasiens waren geistig und zivilisatorisch so hoch entwickelt, dass sie sich dem Europäismus öffnen und sich auch selbst zu Industriemächten entwickeln konnten, wie insbesondere Japan, China und Indien, oder noch auf dem Wege dazu sind.

---

[235]rt am 6.08.2016: *Historischer Überblick der russisch-syrischen Beziehungen seit 1946*, https://deutsch.rt.com/der-nahe-osten/39826-historischer-uberblick-russisch-syrischen-beziehungen/..

[236] https://de.wikipedia.org/wiki/Bewegung_der_Blockfreien_Staaten.

[237] Ebd.

Große Schwierigkeiten hatten und haben dagegen die muslimischen Länder, sich dem Europäismus zu öffnen. Bekanntlich entstand der Islam ca. 500 Jahre nach dem Christentum. Nach eigenem Verständnis war er eine Fortentwicklung aus dem Judentum und Christentum. Mohammed bezeichnete sich als letzten Propheten. Das Christentum war für Muslime somit eine rückständige Religion, letztlich aber auch vom Teufel. Denn, wie Wikipedia schreibt: >>Der Jurist und Theologe Ibn Qayyim al-Ğauziyya († 1350) zählt fünf nichtislamische Gemeinschaften auf: die Juden, die Christen, die Zoroastrier, die Sabier und die Polytheisten. Dementsprechend lässt man Ibn ʿAbbās sagen: „Es gibt sechs Religionen: eine (d.i. der Islam) ist für den Barmherzigen (Gott) bestimmt, die fünf anderen für den Teufel."

Sure 2, Vers 42: „Und verdunkelt nicht die Wahrheit mit Lug und Trug..." wird schon bei den frühesten Koranexegeten wie Yaḥyā ibn Salām († 815) [238] unter Berufung auf Qatāda ibn Diʿāma wie folgt ausgelegt: „vermischt nicht den Islam mit dem Judentum und Christentum." Bei dem späteren Exegeten Al-Qurṭubī († 1275) wird die Tendenz, dem Islam vor anderen Religionen die absolute Priorität einzuräumen, noch deutlicher: „verwechselt Judentum und Christentum nicht mit dem Islam, denn ihr wisst, dass die Religion Gottes, an deren Statt nichts anderes akzeptabel und durch nichts ersetzbar ist, der Islam ist. Judentum und Christentum (hingegen) sind Ketzerei (Bidʿa); sie sind nicht von Gott."[239]<<[240]

Demzufolge kann ein Christ wie ein Jude oder Heide zwar Muslim werden, der Übertritt eines Moslem zum Christentum gilt dagegen als ein todeswürdiges Verbrechen. Zudem hatten die frühen Kalifate aufbauend auf dem Hellenismus einen höheren kulturellen und zivilisatorischen Rang als die damaligen christlichen Länder. Von daher war es für Muslime eine Unmöglichkeit, von Christen beherrscht zu werden.

Muslime haben sich im Allgemeinen so sehr in ihre Unterwerfungsmystik unter ihren Allah verrannt, dass es für sie nichts Höheres gibt, als sich in den Koran zu vertiefen. Die westliche Bildung und der westliche Individualismus sind ihnen ein Gräuel und Sünde.

Der Mensch ist ihnen seiner Natur nach ein Genuss- und Geschlechtswesen, das sich erst im Paradies voll ausleben darf. Entsprechend sinnlich werden die paradiesischen Freuden besungen. Auf Erden verlangt Allah jedoch, dass das Genuss- und Geschlechtsleben strengen Essensvorschriften und Gesetzen für die Geschlechtsbeziehungen unterworfen werden. Insbesondere die Frauen gelten als notorische Versucherinnen des Mannes. Sie müssen von ihrem Vater oder Ehemann beherrscht und ansonsten möglichst weggesperrt und für Dritte verhüllt werden.

Abgesehen davon, dass nach islamischer Auffassung nur Gott kreativ sein kann und eigenes kreatives Handeln an Anmaßung und Sünde grenzt, kann in einer solchen Gesellschaft, in der nicht in erster Linie Männer und Frauen als freie Individuen gelten, kaum kreative Dynamik erwartet werden. In diesem religiös fundierten Menschenbild konnten sich die Menschen nicht einmal von ihren Familien

---

[238] Fuat Sezgin: *Geschichte des arabischen Schrifttums*. Brill, 1967. Band 1, S. 39.
[239] M. J. Kister: *„Do not assimilate yourselves..."* Lā tashabbahū. In: Jerusalem Studies in Arabic and Islam (JSAI) 12 (1989), S. 321. Anm. 2.
[240] https://de.wikipedia.org/wiki/Dhimma

emanzipieren, so dass sie weiterhin in einer vormittelalterlichen, stammesbezogenen Gesellschaft lebten und ihre Loyalität zu Stammeshäuptlingen oder -ältesten größer war, als zum Staat oder König.

Die Stammesbezogenheit der meisten Muslime im Nahen und Mittleren Osten und Nordafrika hat sich bis heute erhalten. Wikipedia schreibt: >>Die Macht der Stämme kann so weit gehen, dass sie innerhalb ihres Gebietes den Einfluss des Staates auf ein Minimum zurückgedrängt haben und der Staat nach dem Prinzip des indirect rule mit den Stammesältesten kooperiert. Die pakistanische Provinz Belutschistan ist ein Musterbeispiel für eine Stammesherrschaft.[241] In den kurdischen Gebieten in der Türkei und im Irak hat der Einfluss der Stammesführer trotz der gleichzeitigen Urbanisierung seit den 1980er Jahren zugenommen.[242]<<[243]

>>In Nordafrika und im Nahen Osten mit einer überwiegend islamischen Bevölkerung sind es in den meisten Fällen Muslime, die sich mit Stammeseinheiten identifizieren, während die christlichen Minderheiten in zahlreiche Sekten zersplittert sind, die für ihre Mitglieder den gesellschaftlichen Zusammenhalt bilden. Der vom Islam erhobene universale religiöse und politische Führungsanspruch verträgt sich ideologisch nicht mit dem Streben der Stämme nach politischer Selbstbestimmung.<<[244] Die islamischen Staaten zu Grunde liegende uralte archaische Stammesbezogenheit erschwert zusätzlich die Entwicklung des Einzelnen zum selbstbewussten und auch kreativen Individuum und damit auch zu demokratischen Gesellschaftsformen.

Um loyale Gefolgsleute zu haben, kauften oder raubten islamische Herrscher schon im Mittelalter Knaben, machten sie zu Soldaten, die nur ihnen gegenüber loyal waren. Deshalb entstanden Privatarmeen wie die Mameluken in Ägypten und später die Janitscharen der osmanischen Sultane. Die Knaben waren vorzugsweise von christlichen Eltern vom Balkan geraubt oder gekauft.

So nimmt es nicht Wunder, dass westliche Ideen und Ideale in islamischen Ländern – das gilt aber auch für andere Kolonien – in erster Linie von Militärs übernommen wurden, die von Kolonialmächten zunächst als Hilfstruppen rekrutiert waren. Die Militärs waren dann auch diejenigen, die die Unabhängigkeit erkämpften und versuchten, ihre Länder zu modernisieren und zu industrialisierten. Sie übernahmen auch demokratische Staatsformen, fielen aber immer, wenn ihre fortschrittlichen säkularen Gesellschaftsideale gefährdet wurden, in Militärdiktaturen zurück. Sehr anschaulich ist diese Entwicklung in der Türkei nach Kemal Atatürk, aber auch in anderen islamischen Staaten abzulesen.

Entsprechend ließen sich die relativ säkular denkenden Militärs nicht von religiösen, sondern von nationalistischen Idealen inspirieren. Unterstützt wurden die Reformen insbesondere von Händlern, Industriellen und einer aufstrebenden Mittelschicht.

---

[241] Boris Wilke: *Governance und Gewalt. Eine Untersuchung zur Krise des Regierens in Pakistan am Fall Belutschistan*, S. 20.
[242] Martin van Bruinessen: *Innerkurdische Herrschaftsverhältnisse: Stämme und religiöse Brüderschaften*. epd-Dokumentation, Evangelischer Pressedienst, Juli 2003, S. 9–14.
[243] https://de.wikipedia.org/wiki/Volksstamm
[244] Ebd.

Für die Mehrheit der muslimischen Bevölkerung wurden die Militärs und die sie stützenden Schichten wegen ihrer säkularen Einstellung jedoch als Fremdkörper empfunden, zumal sie bei der Durchsetzung säkularer Einrichtungen und Verhaltensweisen – als Beispiel mag nur das Kopftuchverbot in der Türkei nach Kemal Atatürk gelten – in die Lebensweise der Bevölkerung eingriffen. So kam es zu einer Spaltung der islamischen Gesellschaft: Militärs, sich entwickelnde Intelligenz, grenzüberschreitende Kaufleute und Industrielle, die alle überwiegend in den Städten lebten, auf der einen Seite und die Masse, insbesondere der muslimischen Landbewohner auf der anderen Seite.

Hinzu kamen gesellschaftliche Spannungen zwischen den verschiedenen Religionsgruppen selbst. Denn die Christen, Drusen und andere, aber auch islamische Sekten, die zum Teil noch zoroastrische Elemente aus vorislamischer Zeit enthielten, wie die Alawiten, die Alewiten, Jesiden, aber auch die Kurden, standen den modernen Ideen mental aufgeschlossener gegenüber als die orthodoxen Sunniten und Schiiten.

Vor der Globalisierung lebten die verschiedenen Religionsgruppen friedlich zusammen. Die Mehrheitsreligion war gleichsam die staatstragende und die Anhänger anderer Religionen mussten seit Mohammed allenfalls Sondersteuern zahlen, waren dafür aber auch vom Kriegsdienst befreit.

Nun wurden die Militärs in einzelnen Ländern zudem noch von religiösen Minderheiten getragen. Die Mehrheit in der syrischen Armee stellten die von der sunnitischen Mehrheit vorher verachteten Alawiten. Im Irak wurde dagegen eine schiitische Mehrheit von sunnitisch bestimmten Militärs beherrscht.

Am stärksten waren die Spannungen zwischen den beiden religiösen islamischen Hauptströmungen: den Sunniten und den Schiiten, deren uralter Streit über die wahre Lehre und die rechtmäßige Nachfolge Mohammeds wieder aufflammte.

Den wohl größten Impuls für das Wiedererstarken des politischen Islamismus, der zunächst sogar alle islamischen Richtungen einte, war die Gründung Israels. Mit dem jüdischen Staat wurde nach islamischer Sicht auf der Basis einer noch rückständigeren Religion, als das Christentum, ein Staat gegründet, der sich zudem westlichen Gesellschafts- und Menschenidealen verpflichtet fühlte und der Israel zu einem modernen Industrieland entwickelte.

Die Gründung Israels bedeutete nicht nur die Abtrennung eines als arabisch verstandenen Landes. Es war zugleich eine religiöse und gesellschaftliche Provokation. Zudem erwies sich Israel den muslimischen Staaten gegenüber als militärisch und wirtschaftlich weit überlegen und ließ die muslimischen Länder ständig ihre wirtschaftliche und gesellschaftliche Rückständigkeit spüren. Lebensfrustration ist aber das wirksamste Ferment für politische Radikalisierung.

Solange infolge der Modernisierungen der allgemeine Wohlstand annähernd gesichert war, konnte sich in den islamischen Staaten die säkularisierte Oberschicht halten. In dem Maße, in dem die Einkommens- und Vermögensverteilung sich jedoch zulasten der Masse der Bevölkerung der islamischen Bevölkerung verschlechterte, die herrschenden Schichten korrupt wurden und die Arbeitslosigkeit sich vergrößerte, kam es zu sozialen Unruhen. Die durch die wirtschaftliche Entwicklung benachteiligten islamischen Massen neigten dazu, die Schuld für ihre sozialen Probleme dem *Europäismus* anzulasten. Deshalb mischten sich soziale mit islamistischen Motiven und wurden, wie in Ägypten, selbst ursprünglich eher soziale Unruhen für mehr Freiheit und Demokratie von Islamisten unterwandert. Als Folge davon wurden bei Wahlen die Islamisten immer stärker und drohten, den säkularen Eliten die Macht zu entreißen. Die säkularen Machthaber wehrten sich, indem sie muslimische Parteien verboten, von den Wahlen ausschlossen oder die Wahlen zu ihren Gunsten manipulierten. Dadurch radikalisierten sich aber die muslimischen Kräfte noch mehr.

So entwickelte sich in der muslimischen Welt eine Gemengelage von Spannungen aus sozialen, ethnischen, nationalistischen und religiösen Motiven und wirtschaftlichen, politischen und militärischen Eingriffen der Industrieländer, die ihre Interessen gefährdet sahen. Daraus erwuchs dann das derzeitige wirtschaftliche, gesellschaftliche und politische Chaos im Nahen und Mittleren Osten und Nordafrika.

Im Folgenden versuche ich, das Ineinander der vielfältigen politischen Kräfte in den einzelnen Regionen fühlbar zu machen. Wer die Entwicklung der islamischen Länder kennt oder der eilige Leser mag diese Ausführungen überspringen oder nur zum Nachschlagen für einzelne Länder nutzen. Sie werden zu diesem Zwecke in besonderen Lettern gefasst.

2.1 Persien/Iran

Das Konfliktpotenzial des heutigen Iran zur übrigen Welt ergibt sich aus
1. seiner Stellung als Zentrum des schiitischen Islam zur Mehrheit des sunnitischen Islam und
2. seiner radikal islamischen Abwehr des Europäismus.

>>Das Achämenidenreich (auch als Altpersisches Reich bezeichnet) war das erste persische Großreich. Es erstreckte sich vom späten 6. Jahrhundert v. Chr. bis ins späte 4. Jahrhundert v. Chr. über die Gebiete der heutigen Staaten Türkei, Zypern, Iran, Irak, Afghanistan, Usbekistan, Tadschikistan, Turkmenistan, Syrien, Libanon, Israel, Palästina und Ägypten. Das Achämenidenreich expandierte erstmals 550 v. Chr. unter Kyros II. durch die Annexion des Mederreiches. Unter den Nachfolgern erfolgte die Fortsetzung bis zur späteren größten Ausdehnung, die ihren Höhepunkt um 500 v. Chr. erreichte und zu dieser Zeit auch Teile der Staaten Libyen, Griechenland, Bulgarien, Pakistan sowie Gebiete im Kaukasus, Sudan und Zentralasien umfasste. Im Jahr 330 v. Chr. beendete Alexander der Große die Herrschaft der Achämeniden.<<[245]

Nach einer wechselvollen Geschichte wurde Persien 1000 Jahre später um 600 n.Chr. islamisch und wurde nach der Spaltung des Islam Zentrum der schiitischen Richtung. Nach weiteren fast 1000 Jahren von 1501-1722 regierten die Safawiden >>eine aus Ardabil stammende Fürstendynastie in Persien<<, die >>den schiitischen Islam als Staatsreligion etablierte.<<[246]

>>Die Epoche der Safawiden hatte fundamentale Folgen für das heutige islamische Staatswesen. Unter Ismail I. gelang nicht nur ein Zusammenschluss mehrheitlich iranisch bevölkerter Gebiete und Landstriche, sondern es wurde auch der Keim zu einem persischen „Nationalbewusstsein" gelegt und damit die Grundlage für den heutigen iranischen Staat geschaffen.<<[247] Damit wurde Persien aber auch der große Gegenspieler zu dem sich seit dem zwölften Jahrhundert entwickelnden Osmanischen Reich.

>>Ab 1514, waren das Osmanische Reich und das Safawiden-Reich ein Jahrhundert lang in einem fast durchgehenden Krieg verwickelt, der sich um die Herrschaft des Kaukasus und Mesopotamiens drehte. Die zwei Reiche waren die mächtigsten des Nahen Ostens. Diese Rivalität wurde besonders durch die

---

[245] https://de.wikipedia.org/wiki/Ach%C3%A4menidenreich.
[246] https://de.wikipedia.org/wiki/Safawiden.
[247] https://de.wikipedia.org/wiki/Safawiden.

dogmatischen Differenzen beider Reiche vertieft. Die Osmanen waren Sunniten, während die Safawiden fanatische Schia Muslimen ... waren und von den Osmanen als Ketzer gesehen wurden. [[248]]<< [249]

>>Der Osmanisch-Safawidische Krieg von 1623 bis 1639 war der letzte einer Serie von militärischen Konflikten zwischen dem Osmanischen Reich und dem persischen Safawiden-Reich, bei dem es um die Besetzung von Mesopotamien ging.<<[250] >>Der Vertrag von Qasr-e Schirin, der am 17. Mai 1639 abgeschlossen wurde, klärte letztlich die osmanisch-persische Grenze. << [251]

Was die Auseinandersetzung Persiens mit der von Europa ausgehenden Globalisierung angeht, so litt Persien unter den russischen Expansionsbestrebungen an den Persischen Golf und unter Großbritannien und später insbesondere den USA, die sich durch die sowjetischen Expansionsbestrebungen provoziert fühlten und sich deshalb in die inneren Angelegenheiten Persiens einmischten.

Wie muslimische Länder sich gezwungen sahen,
1. sich zu säkularisierten, um sich zu entwickeln,
2. sich dabei gegen Herrschaftsansprüche europäischer Staaten wehren mussten,
3. sie dabei zugleich in den europäischen Ost-West Gegensatz geraten, und
4. diese Herausforderungen auch zu Aufständen der islamischen Bevölkerung führte,

kann auch an der Entwicklung Persiens, bzw. des späteren Irans abgelesen werden.

>>Bis 1828 ging der Kaukasus an Russland verloren und Russland bekam Mitspracherecht in der iranischen Thronfolgeregelung. Großbritannien erreichte, dass große Gebiete des Ostiran Teil Afghanistans wurden. [[252]] ...

Der Umstand, dass die Regierung des Schah kaum fähig war, Steuern einzutreiben, öffnete die Tür für die ökonomische Einflussnahme europäischer Staaten. Dies geschah vor allem durch die Vergabe von Konzessionen, die Ausländern gegen Zahlung geringer Abgaben Teile der Wirtschaft überließ, so etwa ab den 1860er Jahren der Aufbau des Telegraphennetzes, Fischereirechte, der Betrieb von Banken oder Erdöl-Exploration. Der Höhepunkt dieser Entwicklung wurde mit dem Tabakmonopol für ein britisches Konsortium erreicht, das zu einem vollständigen Tabakboykott und zur Rücknahme der Konzession führte – die erste erfolgreiche Bewegung von Händlern, Geistlichen und Intellektuellen gegen die Herrschenden.[[253]]

Die Geistlichkeit konnte sich in diesem Umfeld als Wahrer der nationalen Interessen profilieren und entwickelte unter Einfluss Intellektueller wie Dschamal ad-Din al-Afghani einen kämpferischen Islam. Als der Schah 1905 angesichts eines Staatsbankrottes weitere Zugeständnisse an Russland machen wollte, kam es zu monatelangen Unruhen, in deren Resultat der Iran sein erstes Parlament erhielt. Es verabschiedete am 5. August 1906 die erste Verfassung, die 1907 umfassend erweitert wurde.[[254]] Sie sah eine Gewaltenteilung nach westlichem Vorbild, aber auch die Vereinbarkeit aller Gesetze mit der Scharia[[255]][[256]][[257]] und ein Kontrollgremium aus fünf Geistlichen vor. Diese Verfassung blieb auf dem Papier

[248]Caroline Finkel: *Osman's Dream: The Story of the Ottoman Empire 1300-1923*, S. 104-105.

[249] https://de.wikipedia.org/wiki/Osmanisch-Safawidischer_Krieg_(1623%E2%80%931639).

[250] Ebd.

[251] Ebd..

[252] Monika Gronke: *Geschichte Irans, Von der Islamisierung bis zur Gegenwart*, S. 87.

[253] Monika Gronke: S. 92.

[254] Wilhelm Litten: *Die neue persische Verfassung. Übersicht über die bisherige gesetzgeberische Arbeit des persischen Parlaments*. In: Beiträge zur Kenntnis des Orients: Jahrbuch der Münchener Orientalischen Gesellschaft. 6 (1908), S. 1-51, (online auf archive.org).

[255] Mahnaz Shirali: *The Mystery of Contemporary Iran*, S. 23-25.

[256] Monika Gronke: S. 97.

[257] Michael Axworthy: *Revolutionary Iran: A History of the Islamic Republic*, S. 28.

bis 1979 in Kraft. Somit beendete die konstitutionelle Revolution die absolute Monarchie im Iran.[258][259]<<[260]

Der am 19. Januar 1907 zum Schah von Persien gekrönte Mohammed Ali >>war nicht gewillt, die absolute Macht eines Schah mit einem Parlament zu teilen ...und wollte die seit 1906 bestehende konstitutionelle Monarchie wieder in die alte, absolutistische Staatsform zurückverwandeln. Unterstützt wurde er dabei vom konservativen Klerus, der die neu eingeführten demokratischen Institutionen als zu säkular und zu westlich ablehnte. Nationalismus war für den Klerus eine fremde, westliche Idee und im Grunde genommen mit dem Islam nicht zu vereinbaren. Einige Kleriker hatten zwar die konstitutionelle Revolution unterstützt, taten dies aber vor allem aus dem Widerstand gegen die westlichen Konzessionäre heraus.[261]<<[262]

>>In die Regentschaft Mohammed Ali Schahs sollte allerdings ein Vertrag fallen, der eine neue Stufe der Einmischung in die staatliche Integrität Persiens darstellte. Der am 31. August 1907 von den Außenministern Russlands und Großbritanniens unterzeichnete Vertrag von Sankt Petersburg teilte Persien in drei Zonen ein, eine russische, eine britische und eine neutrale Zone. Die russische Zone umfasste das Gebiet nördlich der (groben) Linie Kermanschah - Yazd - Sarachs, die britische den südöstlichen Teil des Landes (heutiges Iranisch-Belutschistan). Nachdem der Vertrag im Iran im September 1907 bekannt geworden war, kam es zu Demonstrationen und Protesten in ganz Iran.<<[263]

>>Der Streit zwischen dem Regenten und dem Parlament über die zukünftige Politik weitete sich zu einem Machtkampf aus, in den dann im Juni 1908 Großbritannien und Russland direkt eingriffen. Sie setzten die Regierung und das Parlament unter Druck, den Wünschen des Schahs nachzugeben. Ende Juni 1908 brachen dann auf den Straßen um das Parlamentsgebäude offene Kämpfe zwischen parlamentstreuen und regierungstreuen Truppen aus. Wenig später brachen auch Straßenkämpfe in Täbris aus. Das ganze Land war in Aufruhr.<<[264]

>>Teile der regulären Truppen unter Führung von Mohammad Vali Khan versagten dem Schah die Gefolgschaft und marschierten von Mazandaran nach Teheran, um die konstitutionelle Bewegung zu unterstützen.<< Als Folge der daraus entstehenden Unruhen musste Mohammed Ali dann zugunsten seines Sohnes auf den Thron verzichten und ging nach Russland ins Exil. >>Die Pahlavi kamen 1925 als Nachfolger der Kadscharen an die Macht. Diese waren nach einem Parlamentsbeschluss vom 31. Oktober 1925 abgesetzt worden. Am 12. Dezember 1925 beschloss das Parlament die Erhebung Reza Khans zum Schah. Er wurde in der Folge Reza Schah Pahlavi genannt.<<[265]

>>Die beiden Monarchen der Pahlavi-Dynastie betrieben eine Politik der Modernisierung und Säkularisierung, parallel dazu wurde das Land im Ersten Weltkrieg durch russische, britische und türkische Truppen und im Zweiten Weltkrieg durch britische und sowjetische Truppen besetzt. Danach kam es wiederholt zu ausländischer Einflussnahme wie die Gründung einer Autonomen Republik Aserbaidschan mit sowjetischer Hilfe oder einem von der CIA organisierten Staatsstreich im Jahr 1953.<<[266]

Hintergrund dieses Staatsstreiches von 1953 waren die Verstaatlichung der von der BP beherrschten Ölförder- und Raffinerieanlagen und die Befürchtungen, dass der Iran dem Westen entgleiten und in den Machtbereich des Ostblocks fallen würde. In dem iranischen Machtkampf standen sich der damalige Ministerpräsidenten Mossadegh und seine Anhänger, zu der auch die Kommunistische Partei gehörte, auf

---

[258] Ervand Abrahamian: *A History of Modern Iran*, S. 47–48.
[259] Monika Gronke: S. 97.
[260] https://de.wikipedia.org/wiki/Iran.
[261] Cyrus Ghani: *Iran and the Rise of Reza Shah. From Qajar Collapse to Pahlavi Rule*, S. 8.
[262] https://de.wikipedia.org/wiki/Mohammed_Ali_Schah.
[263] Ebd.
[264] Ebd.
[265] https://de.wikipedia.org/wiki/Pahlavi_(Dynastie).
[266] https://de.wikipedia.org/wiki/Iran.

der einen Seite und der Schah, das Militär, aber auch die Geistlichkeit auf der anderen Seite gegenüber. Die daraufhin verfolgte >>Unterdrückung der liberalen, kommunistischen und islamistischen Opposition führte zu vielseitigen Spannungen, die in der Revolution von 1979 und dem Sturz des Schah kulminierten.<<[267]

>>Der schiitische Klerus (Ulama) hatte immer großen Einfluss auf den Teil der iranischen Bevölkerung, der religiös und konservativ war und westliche Einflüsse in der iranischen Gesellschaft ablehnte.<< Revolutionsführer Chomeini bezog sich in seinen Schriften direkt auf den 1909 von den Konstitutionalisten erhängten Scheich Fazlollah Nuri und bezeichnete ihn als Vorbild, der für die Vorherrschaft der Religion im politischen System des Iran gekämpft habe. Nuri hatte in der verfassunggebenden Versammlung durchgesetzt, dass eine Kommission schiitischer Geistlicher jedes vom Parlament verabschiedete Gesetz daraufhin überprüfen müsse, dass es nicht den Gesetzen des Islam widerspreche; ansonsten sei es nichtig.<<[268]

>>Jahrzehnte später kam es dann zu den zu erwartenden Auseinandersetzungen zwischen dem Klerus und Reza Schah Pahlavi, der bis dahin gültige islamische Gesetze und Gerichte 1927 durch eine moderne Rechtsordnung westlicher Prägung ersetzte, das Tragen des Hidschab verbot und die koedukative Erziehung in den Schulen einführte.<<[269]

So wandte sich >>der schiitische Geistliche Ruhollah Chomeini 1963 >>vehement gegen das Reformprogramm des Schah, das später den Titel Weiße Revolution tragen sollte.... Chomeini sah in dem Programm, dessen Hauptpunkte aus einer Landreform, der Stärkung der Rechte der Frauen und einer Alphabetisierungskampagne bestand, einen Angriff auf den Islam.<<[270]

Khomeini kam unter Hausarrest, wurde verhaftet und musste schließlich den Iran verlassen. Im Exil >>entstand Chomeinis wichtigstes Werk: Der Islamische Staat (1970). In diesem Werk entwickelte er das Staatsprinzip der Welayat-e-faghih („Herrschaft des Obersten Rechtsgelehrten"). In seiner Agitation gelang es ihm allmählich, die Idee des gesellschaftlichen Fortschritts durch die Ausrichtung am Westen, die eine der Grundlage des Reformprogramms des Schahs war, zu diskreditieren und eine eigene, islamische Fortschrittsideologie zu entwickeln. Dabei griff er auf Dschalāl Āl-e Ahmads Kritik der Verwestlichung des Iran zurück. Al-e Ahmad sprach von der Verwestlichung (Gharbzadegi) als Plage, die die iranische Gesellschaft vergifte. [271] Einen weiteren wichtigen Beitrag, den als rückwärtsgewandt geltenden schiitischen Islam als fortschrittsorientiert erscheinen zu lassen, waren die Veröffentlichungen von Ali Schariati. Für ihn zeigte der Islam den Weg zur Befreiung der Dritten Welt vom Joch des Kolonialismus, Neokolonialismus und des Kapitalismus. [272] Morteza Motahharis populäre Predigten über den Kampf des schiitischen Islam gegen die Ungerechtigkeit in der Regelung der Nachfolge Mohammads tat ein Übriges, seine Zuhörer für den neuen Kampf gegen die vermeintlichen Ungerechtigkeiten des Schahregimes zu mobilisieren.

Eine der zentralen Themen Chomeinis war es, dass die Revolte und besonders der Kampf des Märtyrers gegen Ungerechtigkeit und Tyrannei zentraler Bestandteil des schiitischen Islam sei, [273] und dass Muslime weder dem westlichen Weg (Liberalismus und Kapitalismus) noch dem östlichen Weg (Kommunismus) folgen sollten.<<[274]

---

[267] https://de.wikipedia.org/wiki/Iran.

[268] https://de.wikipedia.org/wiki/Islamische_Revolution.

[269] Ebd.

[270] Ebd.

[271] Sandra Mackay: Iranians. 1996, S. 215.

[272] Nikki R. Keddie: Modern Iran. 2003, S. 201ff.

[273] *The Last Great Revolution Turmoil and Transformation in Iran*, von Robin WRIGHT.

[274] https://de.wikipedia.org/wiki/Islamische_Revolution.

An der Entwicklung des Iran kann man ablesen, wie sich die islamisch bestimmte Bevölkerung geleitet von ihrem Klerus nicht nur gegen den Westen, sondern auch gegen eigene säkularisierte Eliten wendet. Da sich der revitalisierte politische Islamismus gegen den *Europäismus*, insbesondere aber gegen konkurrierende islamische Glaubensrichtungen wendet und sich verpflichtet fühlt, politisch die Existenz Israels infrage zu stellen, sind islamisch geprägte Staaten eine ständige Gefahr für den Weltfrieden. Dabei darf allerdings auch nicht übersehen werden, dass Israel mit seiner Siedlungspolitik und seinem Expansionismus die islamische Welt auch ständig provoziert.

Nach der schiitischen Revolution im Iran wurden die gesellschaftlichen Verhältnisse im Sinne der islamischen Scharia neu geordnet und damit wurde natürlich die freie Entfaltung der Personen eingeschränkt. Bezeichnend für die Haltung zur westlichen Intelligenz ist, dass der Revolutionsrat auf Anweisung Chomeinis am 4. Juni 1980 beschloss, >>alle Universitäten des Landes zu schließen und mit einer Kulturrevolution zu beginnen. Chomeini war sich der Unterstützung der Studenten und des Lehrkörpers mit den Worten: „Wir haben keine Angst vor militärischen Angriffen, wir haben Angst vor kolonialen Universitäten, [275]" nicht sicher. Hintergrund war die Störung der Rede Alī Akbar Hāschemī Rafsandschānīs im April 1980 in der medizinischen Fakultät. Die Worte „Universitäten sind gefährlicher als Handgranaten" [276] vom 17. Dezember 1980 brachten die Sorge Chomeinis auf den Punkt.<<[277]

Technisch versuchte der Iran aber zum Westen aufzuschließen, und da er auch in der Entwicklung der Atomenergie ein Prestigeziel verfolgte, wurde der Iran von der übrigen Welt als den Weltfrieden bedrohend empfunden.

Der Westen stand dem neuen Regime ohnehin feindlich gegenüber, weil der Iran aus der Phalanx der westlichen Eindämmungsmächte gegen die Sowjetunion herausfiel, die Ölindustrie total verstaatlichte und damit der westliche Einfluss auf die Ölförderung aufhörte. Zudem galten die USA dem Iran als ideologischer Hauptfeind. Der Iran baute seine religiös fundierte Gesellschaftsordnung geradezu als Gegenentwurf zum amerikanischen Menschen- und Gesellschaftsbild auf.

Der Irak unter Saddam Hussein, der mit einer sunnitischen Minderheit eine überwiegend schiitische Bevölkerung im Irak beherrschte, musste fürchten, dass der Iran die von ihm unterdrückte schiitische Mehrheit im Irak beeinflusst. Allerdings wollte Saddam Hussein sich auch die iranischen Öl-Fördergebiete einverleiben. Wir kommen darauf bei der Behandlung des Irak zurück.

Saudi-Arabien, das mit den Hauptpilgerstätten der islamischen Welt, Mekka und Medina, sich als das eigentliche Zentrum der islamischen Welt versteht und den sunnitischen als den wahren Islam vertritt, und zwar in seiner radikalen wahhabitischen Version, empfindet einen schiitischen Staat mit gleichem Alleinvertretungsanspruch für den wahren Islam als eine religiöse Provokation und politische Gefahr.

Der ohnehin vorhandene religiöse Gegensatz zwischen Schiiten und Sunniten wurde noch zu einem Gegensatz zwischen Iran und Saudi-Arabien verschärft, als, wie Daniel Steinvorth, schreibt, Abd al-Aziz ibn Mohammed al-Saud am 21. April 1802 die Einwohner und schiitischen Pilger, die an jenem Tag ein Fest zu Ehren des Märtyrers Ali feierten, überfiel und die Wallfahrt in einem Blutbad endete. >>Al-Saud ging es nicht alleine um Geld und Juwelen, es ging ihm auch um einen religiösen Auftrag.<< Er fühlte sich dem Wahhabismus verpflichtet. >>Schiiten waren in seinen Augen so weit von der reinen Lehre des Islams abgewichen, dass sie nicht mehr als Muslime gelten konnten. sondern als Abtrünnige.<<[278]

---

[275] Bahman Nirumad, Keywan Daddjou. Chomeini. S. 343.
[276] Bahman Nirumad, S. 343.
[277] https://de.wikipedia.org/wiki/Ruhollah_Chomeini.
[278] Daniel Steinvorth: *Quelle des Terrors*, in: Der Tagesspiegel Nr. 23 175/ 16.7.2017,Geschichte S 2.

2.2 Afghanistan

Um die gesellschaftlichen und politischen Verhältnisse in Afghanistan zu verstehen, muss das Ineinanderwirken folgender Gegebenheiten betrachtet werden:
1. die ethnische Vielfalt Afghanistans,
2. die politischen Beziehungen zu Nachbarländern,
3. Afghanistan als Spielball östlicher und westlicher Globalisierung und der religiöse Widerstand dagegen und
4. die Entwicklung von Milizen in Afghanistan als Folge der Auflösung der traditionellen Gesellschaftsstruktur und der staatlichen Ordnung.

2.2.1 Ethnische Vielfalt Afghanistans

Wikipedia schreibt: >>Die Bevölkerung des Landes fühlt sich einer Vielzahl ethnischer Gruppen und Stämme zugehörig, wobei sich aus historischen Gründen die Paschtunen häufig als staatstragendes Volk ansehen. Oftmals leben mehrere Volksgruppen gemischt innerhalb von Siedlungsgebieten, deren Einwohnerzahlen nur geschätzt werden konnten. Die Kategorisierung in ethnische Gruppen ist zudem nicht eindeutig, da sich Selbstidentifikation und Fremdzuschreibung häufig unterscheiden.

Angaben über Größe und Bevölkerungsanteil der ethnischen Gruppierungen können deswegen nicht als konkrete Werte, sondern nur in bestimmten Bereichen gemacht werden. Die folgenden Angaben sind auf die Bevölkerungszahl des Jahres 2009 hochgerechnet. [279].<< [280]

Die >>Paschtunen, historisch „Afghanen", sind die Begründer und Namensgeber des Landes. Sie machen etwa 42 % der Bevölkerung aus. [281] Die zahlenmäßig größten Untergruppen sind die Durrani (Süden und Westen) und die Ghilzai (Osten).[282] Den Paschtunen zugeordnet sind mehrere Nomadenstämme, allen voran die Kutschi mit rund 5 Millionen Menschen.<< [283] Die Paschtunen sind in Volksstämmen, >>Sippen und Clans organisiert, die sich auf gemeinsame Ahnen berufen. Ein Volksgefühl existiert bei den meisten in ländlichen Gebieten lebenden Paschtunen bis heute nicht. Vielmehr steht jeder Stamm als Verband für sich und betrachtet andere Stämme zum Teil als fremd und feindlich. So waren bis zum späten 19. Jahrhundert (und in manchen Fällen bis heute) die zwei größten paschtunischen Stämme, die Durranis und Ghilzai, miteinander verfeindet. Bis zum frühen 20. Jahrhundert wurden die Durranis und Ghilzai als zwei unterschiedliche ethnische Gruppen angesehen.<<[284]

>>Die Paschtunen sind überwiegend sunnitische Muslime.<< Deshalb wird ihre Gesellschaft >>hauptsächlich durch das Stammeswesen mit seinem strengen, stark vom orthodoxen Islam geprägten, Ehrenkodex Paschtunwali bestimmt.<<[285] >>Das Paschtunwali ist ein Verhaltenskodex und Gewohnheitsrecht, wird jedoch von europäischen Forschern als Ehrenkodex oder „way of the Pathans" (Spain) bezeichnet. Es ist vorislamischen Ursprungs und zeigt Enevoldsen zufolge einen alten indoeuropäischen Ursprung, jedoch erinnern einige Praktiken, wie das Badal (Rache), an die Merkmale der abrahamitischen Religion.

---

[279] Conrad Schetter: *II. Strukturen und Lebenswelten – Stammesstrukturen und ethnische Gruppen*, S. 124.
[280] https://de.wikipedia.org/wiki/Afghanistan#Ethnien.
[281] https://www.cia.gov/library/publications/the-world-factbook/geos/af.html.
[282] Aghanistan – Provincial Overviews, Afghanistan Tribal Map (Memento vom 28. April 2015 im Internet Archive).
[283] https://de.wikipedia.org/wiki/Afghanistan#Ethnien.
[284] https://de.wikipedia.org/wiki/Paschtunen.
[285] Ebd..

Zu den wichtigsten Begriffen de Paschtunwali zählen:

- die Gastfreundschaft (Melmastya)
- die Rache (Badal), wörtlich „Austausch" (siehe auch Blutrache)
- der Zusammenhalt der Familie
- das Asylrecht (Pana).<<[286]

>>Zur Schlichtung von Konflikten wird die Dschirga („Versammlung") einberufen, auf nationaler Ebene die Loya Dschirga („Große Versammlung"). Die streitenden Parteien (Gond) werden durch die Dschirga versöhnt. Bei Bedarf werden die Beschlüsse der Dschirga durch die Zalwechti, einer Exekutive aus 40 Männern, durchgesetzt. ... Die Beschlüsse der Dschirga sind bindend.<< [287]

Die Kombination von extremer Stammesbezogenheit und orthodoxer sunnitischer Religiosität machen den Aufbau eines Staates mit säkularer Gesellschaft und Verhaltensformen schwierig.

>>Tadschiken sind mit etwa 27 % die zweitgrößte Gruppe des Landes. „Tadschik" ist eine generelle Bezeichnung der persischsprachigen Bevölkerung in Afghanistan, oft werden sie auch als „Parsiwan" („Persischsprecher") oder, im Osten und Süden, als „Dihgan" und „Dihwar" („Dorfbesitzer", im Sinne von „sesshaft") bezeichnet. [[288]] Die Tadschiken bilden keine ethnische Gruppe im engen Sinn, eine erkennbare kulturelle, soziale oder politische Abgrenzung zu anderen Gruppen besteht nicht. Im Westen sind sie die direkte Fortsetzung der persischsprachigen Bevölkerung des Iran, im Norden die der persischsprachigen Bevölkerung Zentralasiens. Sie bilden zudem die Mehrheit in den meisten Städten.[[289]] ...

Hazara, ebenfalls persischsprachig, jedoch größtenteils schiitischen Glaubens und mongolischer Abstammung, stellen etwa 9 % der Bevölkerung. Aufgrund ihrer ethnischen und religiösen Zugehörigkeit wurden und werden sie in Afghanistan verfolgt und gezielt getötet.

Usbeken, eines der vielen Turkvölker Zentralasiens, stellen etwa 9 % der Bevölkerung.

Daneben existieren noch mehrere kleinere Gruppen von unter anderem Aimaken (4 %), Turkmenen (3–4 %), Belutschen (2 %), Nuristani und zahlreiche weitere Ethnien (4 %).<<[290]

Edda Schlager schreibt: >> Immer wieder wird die Instabilität des afghanischen Staates auf die vielen verschiedenen Völkerstämme zurückgeführt. Gegen eine Überbewertung der ethnischen Hintergründe für die Konflikte in Afghanistan spricht sich jedoch Conrad Schetter vom Zentrum für Entwicklungsforschung in Bonn aus. Schetter sieht eher ein „Problem der ethnischen Abgrenzung und der Passivität vieler Afghanen gegenüber ihrer ethnischen Gruppe". Für viele Afghanen seien Dörfer, Talschaften, Großfamilien, Stämme und religiöse Gruppen viel eher Grundlage ihrer politischen Identität.<<[291]

2.2.2 Die politischen Beziehungen zu Nachbarländern

Afghanistan ist >>ein Binnenstaat Südasiens an der Schnittstelle von Süd- zu Zentralasien, der an den Iran, Turkmenistan, Usbekistan, Tadschikistan, die Volksrepublik China und Pakistan grenzt.<<[292] Seit über 2000 Jahren gehört Afghanistan zu Großreichen, die abwechselnd von Persern, zur Zeit Alexander des Großen von Griechen, von Mongolen, indischen Mogulen und anderen beherrscht wurden. Am längsten und häufigsten gehörte Afghanistan zu Persien.

---

[286] Ebd..

[287] https://de.wikipedia.org/wiki/Paschtunwali.

[288] R. Ghirshman: Afghanistan, (ii) ethnography, in The Encyclopaedia of Islam. New Edition, CD-ROM Edition v. 1.0 ed. , Leiden, Niederlande.

[289] R. Ghirshman: Afghanistan a.a.O.

[290] https://de.wikipedia.org/wiki/Afghanistan#Ethnien.

[291]Edda Schlager: *Paschtunen, Tadschiken, Nuristani. Wer sind die Afghanen?*, http://www.scinexx.de/dossier-detail - 408-11.html.

[292] https://de.wikipedia.org/wiki/Afghanistan.

Zwar ist Paschto, die Sprache der Paschtunen, >>per königlichem Dekret seit 1936 Amtssprache<<, Persisch aber >>die Mehrheitssprache[293] und seit dem Mittelalter die dominierende Verwaltungs- und Kultursprache der Region. Die literarische Schriftsprache des Persischen fungiert seit der Staatsgründung Afghanistans als Amts- und Verwaltungssprache. Mehr als die Hälfte der Bevölkerung Afghanistans ... spricht einen Dialekt des Persischen als Muttersprache. ...[294]<<295

Ethnisch stehen sich die Afganen den Iranern nahe. In Afghanistan sind über 99,9 % der Bevölkerung Muslime, davon aber >>etwa vier Fünftel meist hanafitische Sunniten und ein Fünftel imamitische Schiiten.<<296 Dagegen sind laut Volkszählung des Jahres 2011 >>99,4 % der Bürger des Iran Muslime ...[297]. Es wird geschätzt, dass sich 89 % bis 95 % der Iraner zur Staatsreligion der Zwölfer-Schia und die verbleibenden 4 % bis 10 % zum sunnitischen Islam bekennen [298].<<299

Der Iran, als Zentrum des schiitischen Islam, versucht, Einfluss auf die Schiiten zu nehmen und missionarisch im Nachbarland Afghanistan zu wirken und insbesondere eine von der streng sunnitischen Taliban bestimmten Regierung zu verhindern. Um den westlichen und insbesondere amerikanischen Einfluss auf Afghanistan auszuschalten, hat der Iran aber auch dazu beigetragen, Afghanistan zu destabilisieren, indem er die Taliban unterstützte. Afghanistan geht zwar gegen religiöse Missionierungen seitens des Iran vor, braucht aber den Iran als Gegengewicht zu Pakistan, das lange Zeit die Taliban unterstützte, um politischen Einfluss auf Afghanistan zu bekommen.

Der größte Bevölkerungsanteil Afghanistans sind Paschtunen (ca. 12 Millionen Paschtunen), die die politische Entwicklung Afghanistans wesentlich bestimmten. Im Jahr 1747 begründete der Paschtu Ahmad Schah Durrani >>ein selbstständiges, paschtunisches Königreich, das als Vorgänger des modernen Staates Afghanistan betrachtet werden kann.<<300 Sein Reich reichte zeitweise vom Osten des modernen Irans bis Nordindien.301 Aus der Geschichte Afghanistans ergibt sich somit auch eine Zusammengehörigkeit mit Pakistan und Indien.

>>Alle linguistischen Analysen besagen, dass Paschtunen aus dem heutigen Pakistan stammen, die sich die Konflikte zwischen den Moguln und den Safawiden zu Nutze machten, um sich einerseits ganz unabhängig zu machen, andererseits um selbst zu Herrschern zu werden. Zudem leben ca. 23 Millionen Paschtunen [302] das heißt fast doppelt so viele Paschtunen in Pakistan.303

Nach den ersten beiden Britisch-Afghanischen Kriegen gelang es Großbritannien 1893 mit der Durand-Linie, seine kolonialen Besitzungen in Britisch-Indien (heute Pakistan) gegen das Emirat Afghanistan abzugrenzen. ... Die Demarkationslinie wurde bewusst durch die Siedlungsgebiete der Paschtunen gelegt, was dazu führte, dass einige Stämme der Paschtunen, wie die Kharoti, entzweit und Hunderte afghanische Dörfer voneinander getrennt wurden. Etwa ein Drittel des afghanischen Gebietes fiel so an die Briten. Des Weiteren verfolgte die britische Kolonialmacht das Ziel, durch die Errichtung einer strategischen Pufferzone die nordwestliche Grenze ihres Territoriums, des damaligen Britisch-Indien, besser

293 CIA World Factbook: Afghanistan.
294 Ch. M. Kieffer: *Languages of Afghanistan.* In: Ehsan Yarshater (Hrsg.): Encyclopædia Iranica, Stand: 2009,eingesehen am 20. 9 2015 (engl., inkl. Literaturangaben.)
295 https://de.wikipedia.org/wiki/Afghanistan#Sprachen.
296 https://de.wikipedia.org/wiki/Afghanistan#Religion.
297 Ervand Abrahamian: *A History of Modern Iran,* S. 77.
298 Jacques Leclerc: *L'aménagement linguistique dans le monde – Iran,* Université Laval Québec, 1. März 2015, Abgerufen am 8. 7. 2015.
299 https://de.wikipedia.org/wiki/Iran#Religion.
300 https://de.wikipedia.org/wiki/Afghanistan.
301 https://de.wikipedia.org/wiki/Ahmad_Schah_Durrani.
302 Jörg Mittelsten Scheid: *Pulverfass Pakistan..*
303 https://de.wikipedia.org/wiki/Paschtunen.

gegenüber dem expandierenden zaristischen Russland zu schützen. [304]<<305 Das Zerreißen des paschtunischen Lebensraumes wurde nie überwunden und ist auch Ursache für die derzeitigen politischen Probleme zwischen Pakistan und Afghanistan und den militärischen Problemen im ungeklärten Grenzgebiet.

>>1947 wurde der Staat Pakistan unter Einbeziehung paschtunischer Gebiete gegründet. Die afghanische Loja Dschirga von 1949 erklärte daraufhin die Durand-Linie für ungültig, da das ursprüngliche Abkommen mit den Briten und nicht mit der pakistanischen Regierung beschlossen worden war; das Wiener Übereinkommen über das Recht der Verträge, nach dem ein bilateraler Vertrag nicht durch unilateralen Widerspruch anfechtbar ist, wurde weder von Afghanistan noch von Pakistan ratifiziert. ...[306].<< 307 Seitens Afghanistan wurde damit zum Ausdruck gebracht, dass es die Abtrennung der paschtunischen Gebiete von Afghanistan nicht mehr anerkannte und somit eigentlich zurückforderte.

Zur Unterstützung seines Anspruchs lehnte sich Afghanistan stärker an Indien und die damalige Sowjetunion an. Pakistan kam dadurch in eine Zwei-Fronten-Stellung, einerseits gegenüber Indien, mit dem es noch den nie endenden Konflikt über Kaschmir auszufechten hatte, und andererseits zu Afghanistan. Deswegen hat Pakistan immer versucht, Afghanistan enger an sich zu binden und hat damit auch säkulare Tendenzen in Afghanistan zunächst wegen der Anlehnung Afghanistans an die Sowjetunion, später durch den westlichen Einfluss bekämpft und dabei auch innerafghanische Milizen und später die Taliban unterstützt.

>>Nach 1992 prägten ethnische Konflikte die Auseinandersetzungen zwischen den Mudschaheddin. Die traditionellen Herrscher Afghanistans waren die Paschtunen, sie bilden auch die große Mehrheit der Taliban-Bewegung. Der Sturz des Taliban-Regimes im Jahr 2001 gab einer Allianz aus Tadschiken, Hazara und Usbeken die Gelegenheit, ein Abkommen über die Aufteilung der Macht durchzusetzen. Die Paschtunen sehen sich seitdem Vergeltungsangriffen ausgesetzt. Unter den Taliban war es darüber hinaus zu Auseinandersetzungen zwischen Sunniten und Schiiten gekommen.<<308

>>Die kaum zu überwachende Demarkationslinie rückte in der Folge des Antiterrorkampfes nach den Anschlägen vom 11. September 2001 wieder stärker ins öffentliche Bewusstsein. Taliban-Kämpfer und Al-Qaida-Anhänger bewegten sich relativ ungehindert in der Gegend und fanden so Schutz in den autonomen Paschtunengebieten in Pakistan. Somit ist die Festlegung einer offiziellen Grenze für den weiteren Frieden und die Stabilität beider Länder von enormer Bedeutung und spielt eine Schlüsselrolle bei den Friedensverhandlungen.<< 309

Syed Irfan Ashraf schreibt: >>Als die USA 2001 Afghanistan angriffen, floh ein bunter Haufen von Tausenden ausländischen Kämpfern über die Durand-Linie – ... – und verteilte sich auf die sieben Bezirke der Stammesgebiete unter Bundesverwaltung (FATA). Im Laufe der nächsten Jahre vernetzten sich die Neuankömmlinge mit örtlichen radikalen Gruppen von Paschtunen, und gemeinsam übernahmen sie die Kontrolle über die halbautonomen FATA-Gebiete. Seit dieser Zeit sind die paschtunischen Gebiete (...) zu dem wichtigsten Anwerbungsgebiet für Terroristen geworden, und haltlose Jugendliche aus ganz Pakistan strömen hier hin, um sich von örtlichen „Gotteskriegern" im bewaffneten Kampf ausbilden zu lassen und dann jenseits der Grenze die „ungläubigen" ausländischen Truppen in Afghanistan anzugreifen. Den Taliban ist es so gelungen, den Stammesgürtel Pakistans zum Ausbildungszentrum für Radikale zu machen.

---

304 Habibo Brechna: *Die Geschichte Afghanistans*.
305 https://de.wikipedia.org/wiki/Durand-Linie.
306 http://afghanic.de/images/Docs/Durand%20Line%20Agreement.pdf Durand Line Agreement 12 1.1893, abgerufen am 11. 12. 2014.
307 https://de.wikipedia.org/wiki/Durand-Linie.
308 https://de.wikipedia.org/wiki/Afghanistan#Ethnien.
309 https://de.wikipedia.org/wiki/Durand-Linie.

Zum Auftakt ihrer Terrorherrschaft zerschlugen die Militanten zuerst die politische und gesell-schaftliche Ordnung in den bergigen Stammesgebieten und ermordeten gezielt über 8.000 gegen die Taliban eingestellte Anführer und sogenannte Stammesälteste. Im Jahr 2007 nahm die Gewalt in den FATA-Gebieten noch weiter zu. Die ersten Einheiten arbeitsloser Jugendlicher waren soweit ausgebildet, dass sie den Terror in die angrenzenden Gebiete von Pakhtunkhwa tragen und die afghanischen Taliban jenseits der Grenze unterstützen konnten. Die Terroristen hatten fünf Jahre Zeit, von den abgelegenen Stammesländern aus alle paschtunischen Gebiete in Pakistan und Afghanistan zu erobern, während die Regierenden in Islamabad wegschauten.<<[310]

Erst die Unruhen ab Juni 2007 als Folge eines Aufstandes in der Koranschule der Roten Moschee (Lal Masjid), der die Hauptstadt Islamabad lahmlegte, >>rüttelten die Menschen wach. Schließlich bela-gerte das Militär die Rote Moschee und beendete die seit 18 Monaten andauernden Studentenunruhen. Bewaffnete Studenten, die sich widersetzten, wurden beschossen, und bei der Erstürmung kamen an die hundert Besetzer in der Moschee ums Leben. Als Reaktion griffen Radikale aus anderen Koranschulen sowie Dschihadisten den pakistanischen Staat an. Von El Kaida unterstützte Radikale innerhalb der Stam-mesgebiete hatten auf eine solche Gelegenheit nur gewartet.

Nachdem die Sicherheitskräfte insgesamt neun militärische Operationen starteten – allesamt auf vorwiegend paschtunischem Gebiet – wurde Pakistan zu einem Schlachtfeld. Der Versuch der Staats-macht, Gewalt mit Gegengewalt zu beenden, führte so zu noch mehr Gewalt. Eines allerdings machte diese tragische Episode klar, religiöser Extremismus war keine Eigenheit der paschtunischen Kultur (wie man zuvor in Pakistan geglaubt hatte). Vielmehr hatte die jahrelange offizielle Duldung des Dschihadismus dazu geführt, dass religiöse Akademien und Gruppen von „Gotteskriegern" sich ausbreiteten und es in Pakistan wie Afghanistan zu einer umfassenden Radikalisierung kam.<<[311]

>>Als nach 2001 El Kaida-Kader in die Stammesgebiete kamen, fürchteten paschtunische Nationalis-ten und Stammesälteste, das Gespenst des Krieges könne zurückkehren. Hinzu kam, dass die Taliban eine sehr strenge Auslegung des Islams vertreten, die sich mit der paschtunischen Kultur nicht verträgt. Aus diesen Gründen wehrten sich in den ausgedehnten Stammesgebieten national und fortschrittlich geson-nene Paschtunen gegen die Taliban und El Kaida. Sie mussten jedoch viel durchmachen, bevor Anfang 2009 Sicherheitskräfte die Taliban im Swat-Tal entscheidend schlugen.<< [312]

2.2.3 Afghanistan als Spielball östlicher und westlicher Globalisierung und der religiöse Widerstand dagegen

Wikipedia schreibt: >>In Afghanistan kollidierten russische und britische Kolonialinteressen (The Great Game). Seit der Aufstellung der Kaiserlich Russischen Marine durch Zar Peter den Großen war es Ziel russischer Expansionspolitik, zum Indischen Ozean vorzustoßen und dort einen eisfreien Hafen zu bauen. Um Russland zuvorzukommen,<< versuchten die Briten von 1839-1842 vergeblich Afghanistans zu er-obern. Bei ihrem Rückzug wurden sie >>am Chaiber-Pass angegriffen und alle Soldaten, darunter 690 britische und 2840 indische, aber auch 12.000 Zivilisten getötet.<<[313] Erst in einem weiteren Krieg 1878-1880 gelang es den Briten, sich in Afghanistan durchzusetzen.

Eine Marionette wurde >>als König installiert. Gleichzeitig übernahmen die Briten für die folgenden 40 Jahre die afghanische Außenpolitik. Aufgrund vieler Aufstände in Afghanistan wurde 1893 das Land

---

[310] Syed Irfan Ashraf: *Paschtunen in Pakistan: Warum der Krieg gegen den Terror verloren geht,* https://www.boell.de/de/navigation/asien-Pakistan-Warum-der-Krieg-gegen-den-Terror-verloren-geht-DSAFGHANISTAN11-13515.html.

[311] Syed Irfan: Ashraf: Paschtunen in Pakistan ... l

[312] Ebd.

[313] https://de.wikipedia.org/wiki/Afghanistan.

durch die Durand-Linie von den Briten geteilt und das süd-östliche Gebiet (die heutigen pakistanischen Provinzen NWFP, FATA und ein kleiner Teil Belutschistans) der indischen Kronkolonie einverleibt.<<[314]

Im Mai 1919 versuchte Afghanistans, sich von den britischen Kolonialbestrebungen zu befreien, und es gelang ihm schließlich durch die Drohung, sich Russland weiter anzunähern, am 8. August 1919 die >>Anerkennung Afghanistans als souveräner und unabhängiger Staat durch Großbritannien.<< Dabei ging allerdings ein großer Teil der Gebiete verloren, der der indischen Kronkolonie bzw. heute dem Staat Pakistan zugesprochen wurde. >>Das unabhängige Afghanistan bildete einen Puffer zwischen russischen und britischen Interessen.<< [315]

>>Seit 1933 bestand mit Mohammed Sahir Schah (Mohammedzai) an der Spitze ein konstitutionelles Königreich. Sahir Schah läutete jedoch eine demokratische Wende in Afghanistan ein. .... Schahs fortschrittliche und westliche Politik war jedoch nicht unumstritten unter der afghanischen Bevölkerung.[316] Nach Daouds Sturz 1978 in der Saurrevolution übernahm die von Nur Muhammad Taraki geführte, kommunistisch geprägte Demokratische Volkspartei Afghanistans die Macht in Kabul, rief die Demokratische Republik Afghanistan[DVPA] aus und versuchte mit sowjetischer Unterstützung eine gesellschaftliche Umgestaltung, zum Beispiel eine Alphabetisierung der Landbevölkerung.<< [317] >>Durch die Stärkung der säkularen Regierung Afghanistans sollte die Ausbreitung des radikalen Islams auf die zentralasiatischen Sowjetrepubliken (Turkmenistan, Usbekistan, Tadschikistan und Kirgisistan) verhindert werden.[318]<<[319]

>>Insbesondere die forcierte Säkularisierung sowie die Entmachtung und teilweise Vertreibung bislang privilegierter Gruppen führten aber schnell zu einem breiten Widerstand, der bald von der CIA unterstützt und finanziert wurde. Es gründeten sich in dieser Zeit rund 30 Mudschahedin-Gruppen. Überdies kam es auch zu politischen Richtungsstreitigkeiten und Machtkämpfen innerhalb der DVPA. Mit der Ermordung Tarakis übernahm Hafizullah Amin im September 1979 die Macht und versuchte den Widerstand niederzuschlagen. In der Folge eskalierte der Bürgerkrieg.<<[320]

>>Taraki hatte seit Ende 1978 mehrfach und dringend um sowjetische Militärhilfe gebeten, um innere Unruhen zu bekämpfen. Damals lehnte die Sowjetunion, unter anderem wegen des hohen außenpolitischen Risikos, die militärische Hilfe ab. Da der KGB nun jedoch fürchtete, Amin könne sich an den Westen anlehnen und NATO-Truppen ins Land rufen, um seine Macht zu sichern, mehrten sich innerhalb der Führung der UdSSR die Stimmen, die sich für eine zeitlich begrenzte Militärintervention aussprachen. Als die Beziehungen zum Westen nach dem NATO-Doppelbeschluss vom 12. Dezember 1979 einen neuen Tiefpunkt erreicht hatten, setzte sich diese Position durch, und so gab Leonid Iljitsch Breschnew den Einsatzbefehl. Ziel dieser Invasion sollte es sein, ein sowjetfreundliches, moskauhöriges Regime in Kabul einzusetzen und das Land gewaltsam zu befrieden, um so zugleich die Südflanke der Sowjetunion zu sichern.<<[321]

>>Mit dem Einmarsch sowjetischer Truppen im Dezember 1979 entwickelte sich der Bürgerkrieg zu einem zehnjährigen Stellvertreterkrieg (...) zwischen sowjetischer Besatzungsmacht und den von den Vereinigten Staaten, Saudi-Arabien und Pakistan unterstützten islamischen Guerillas (Mudschaheddin).<<[322] >>Dieser endete schließlich mit dem Abzug der sowjetischen Truppen 1989. Die sowjetisch gestützte Regierung unter Präsident Mohammed Nadschibullāh konnte sich noch bis zur Einnahme Kabuls

---

[314] Ebd.
[315] Ebd.
[316] Sophie Mühlmann: *"Vater der Nation" Sahir Schah begraben*. In: Welt Online. 24. Juli 2007 (welt.de [abgerufen am 1. Juni 2016).
[317] https://de.wikipedia.org/wiki/Afghanistan
[318] Joseph J. Collins: *Understanding War in Afghanistan*.
[319] https://de.wikipedia.org/wiki/Sowjetische_Intervention_in_Afghanistan.
[320] Ebd..
[321] Ebd..
[322] https://de.wikipedia.org/wiki/Afghanistan.

1992 durch die Mudschahedin halten.[323] Im April 1992 wurde der Islamische Staat Afghanistan durch die Peschawar-Abkommen gegründet. Danach kam es zu verschiedenen Kämpfen zwischen verschiedenen Stammesmilizen mit und gegen die in Kabul residierende Regierung.<<324

>>Am 27. September 1996 marschierten die Taliban in Kabul ein und errichteten das Islamische Emirat Afghanistan, das lediglich von Pakistan, Saudi-Arabien und den Vereinigten Arabischen Emiraten anerkannt wurde. Die Regierung des Islamischen Staates Afghanistans, zu der der Verteidigungsminister Massoud gehörte, blieb jedoch die international anerkannte Regierung Afghanistans (mit Sitz bei den Vereinten Nationen).<<325

Da die Vereinigten Staaten >>Mitglieder der Al-Qaida des aus Saudi-Arabien stammenden Osama bin Laden, die ihre Basis in dem Emirat der Taliban hatte und mit den Taliban verbündet war, als Täter der Terroranschläge des 11. Septembers 2001<< identifizierten, >>begannen die Vereinigten Staaten im Oktober 2001 eine Invasion Afghanistans mit Hilfe eines Militärbündnisses unter ihrer Führung.<< >>Ende 2003 wurde eine verfassungsgebende Loja Dschirga einberufen, welche die neue afghanische Verfassung im Januar 2004 ratifizierte.<<326

Der Taliban und die religiösen Widersacher jeder Säkularisierung gingen in den Untergrund. Zum Wiederaufbau, der Überwindung der Rückständigkeit und der Sicherung vor Anschlägen der verschiedenen Milizen wurde die demokratische säkulare Regierung in Afghanistan von den westlichen Staaten politisch wirtschaftlich und militärisch unterstützt.

Aus dem Dargelegten ergibt sich, wie Afghanistan ins Fadenkreuz der russischen und britischen Globalisierung kam und die traditionellen und insbesondere religiösen Kräfte dagegen aufbegehrten und noch aufbegehren.

2.2.4 Die Entwicklung und Rolle von Milizen in Afghanistan

Milizen sind bewaffnete Gruppierungen, die sich spontan bilden aus kriminellen, politischen, nationalen, aber auch religiösen Motiven oder zur gemeinsamen Verteidigung. Oft handelt es sich auch um eine Kombination aus diesen Motiven oder die Motive wechseln.

Milizen finanzieren sich, rekrutieren Kämpfer und verfolgen ihre Ziele häufig durch kriminelle Machenschaften, wie Erpressung, Erhebung von Zwangsabgaben, Raub und Gewaltakte bis hin zum Terror. Der Übergang zu Verbrecherbanden ist fließend. Allerdings sind ihre Handlungen nur so lange illegal, solange sie noch nicht ein Gebiet beherrschen und als staatliche Autorität von anderen Ländern anerkannt sind.

Milizen entstehen bevorzugt dann, wenn die staatliche Ordnung versagt bzw. wegen Unwirksamkeit nicht überall durchzusetzen ist. So auch in Afghanistan. Wie dargestellt stieß die von Russland und Großbritannien begünstigte Säkularisierung auf den Widerstand der religiösen in Stämmen und Sippen mit stark patriarchalischer Ausrichtung lebenden Landbevölkerung Afghanistans. Als die volksdemokratische Regierung auch noch von sowjetischen Truppen gestützt wurde, wurde der Kampf gegen die russischen Besatzer sogar zu einer nationalen Aufgabe. Es bildeten sich unzählige Milizen, die, obwohl keine legalen Kombattanten, von unterschiedlichsten Ländern und aus den unterschiedlichsten Motiven enorm militärisch gestärkt wurden.

Claudia Hangen zitiert Sayed Yaqub Ibrahimi, der seit März 2004 für das *Institute for War and Peace Reporting (IWPR)*, mit Hauptsitz in London arbeitet: >>"Warlords sind, wie die Taliban auch, Fundamentalisten. Sie denken ähnlich, tragen aber andere Kleider als die Taliban. In ganz Afghanistan gibt es 20 Warlords, von denen einige sogar Schlüsselpositionen in der Regierung Hamid Karzais bekleiden", sagt

---

323 Nikolas K. Gvosdev: *The Soviet Victory That Never Was.* Foreign Affairs 10. Dezember 2009.
324 https://de.wikipedia.org/wiki/Afghanistan.
325 Ebd..
326 Ebd..

Sayed Yaqub Ibrahimi. ... Als einer der wenigen unabhängigen Journalisten hat er im Vielvölkerstaat Kontakte zu allen politischen und ethnischen Gruppierungen des Landes.<<[327]

Die Milizen wurden, meist verdeckt, unterstützt von Pakistan, weil Pakistan eine ihm genehme Regierung in Kabul haben wollte, die weder mit den Russen noch mit den Indern zusammenarbeitet. Die Westmächte und insbesondere die USA wollten kein sozialistisches und von der Sowjetunion abhängiges Afghanistan. Saudi-Arabien ging es primär um eine Rückdämmung der säkularen Entwicklung und wenn möglich um einen radikal sunnitisch ausgerichteten Staat.

Wie bekannt gelang es, die Sowjets aus Afghanistan zu vertreiben und auch die linke Regierung zu stürzen. Aber die Milizen waren so stark geworden und hatten, um ihre Macht zu festigen, die Stämme auf sich eingeschworen bzw. die Stammesältesten ermordet, so dass auch die traditionelle Stammesordnung weitgehend zerstört war und als einzige traditionelle Ordnungsmacht nur die radikalen Taliban übrigblieben, die zudem in dem gebirgigen und zerklüfteten Gebiet nur schwer zu bekämpfen sind.

Welche Rolle die Milizenführer in der Entwicklung und der Politik Afghanistan spielen, zeigt sehr eindrucksvoll die Rolle von Abdul Raschid Dostum. Wikipedia schreibt: >>Abdul Raschid Dostum (...) ist ein ehemaliger afghanischer Milizenführer. ... Dostum wird als Vertreter der usbekischen Minderheit angesehen und dieser zugerechnet. Während der sowjetischen Besatzungszeit wurde er General in der afghanischen Regierungsarmee. Nach dem Abzug der Sowjets baute er seine eigene Miliz auf, mit der er in wechselnden Bündnissen kämpfte und die Kontrolle über mehrere Provinzen im Norden des Landes erlangte. Nach der Eroberung seiner nördlichen Hochburgen durch die Taliban in den Jahren 1997 und 1998 floh er ins Exil in die Türkei. 2001 kehrte er nach Afghanistan zurück. Seit dem Sturz der Taliban im gleichen Jahr ist er Mitglied der von Hamid Karzai geführten Regierung und konnte seine alte Machtposition im Norden des Landes teilweise zurückgewinnen.<<[328]

>>Dostum ist eine der umstrittensten Personen der jüngsten afghanischen Geschichte. [[329]] Menschenrechtsorganisationen machen ihn für zahlreiche schwere Kriegsverbrechen verantwortlich, seine Herrschaft über die von ihm kontrollierten nördlichen Provinzen gilt als brutal. Seinen Truppen der Dschunbisch-i Melli werden Plünderungen und Misshandlungen von Zivilisten in der Gegend um Kabul in der Zeit von 1992–1995 zur Last gelegt,[[330]] außerdem werden den Milizen bei den beiden Rückeroberungen Masar-e Scharifs und der umliegenden Gebiete 1997 und 2001 die gezielte Vertreibung, Misshandlung und Ermordung tausender ethnischer Paschtunen sowie Massaker an gefangenen Taliban vorgeworfen.[[331]] Berüchtigt war er auch für seinen häufigen Verbündetenwechsel: Zwischen 1979 und 2001 hatte er praktisch jede bedeutende Gruppierung in Afghanistan sowohl zum Verbündeten als auch zum Gegner.

Gleichzeitig wird Dostum jedoch auch der Aufbau eines effizienten Verwaltungssystems in den von ihm beherrschten Gebieten attestiert: Es gelang ihm dort, Rahmenbedingungen für eine im nationalen Vergleich florierende Wirtschaft zu schaffen und bis zur Eroberung Masar-e Scharifs durch die Taliban im Jahre 1997 die seit der sowjetischen Invasion überall im Land stattfindenden Kämpfe fernzuhalten. Die Stadt Masar-e Scharif galt in den 90er Jahren allgemein als letzte Insel des Friedens und Wohlstands in Afghanistan. Dazu trug auch bei, dass Dostum als einziger der Milizenführer nicht islamistisch geprägt war: Trotz seiner autoritären Herrschaft ermöglichte seine säkulare Politik den Menschen in den von ihm kontrollierten Gebieten eine im übrigen Land unerreichte persönliche Freiheit. Als im restlichen Afghanistan unter den Taliban Frauen jede bezahlte Arbeit gewaltsam verwehrt und Mädchen der Schulbesuch verboten wurde, studierten in Dostums Herrschaftsgebiet etwa 1800 Frauen an der Balch-Universität in

---

[327] Claudia Hangen: *Die Macht der afghanischen Warlords*, http://www.heise.de/tp/artikel/28/28370/1.html.

[328] https://de.wikipedia.org/wiki/Abdul_Raschid_Dostum.

[329] Frank Clements: *Conflict in Afghanistan*, S.74 ff.

[330] Human Rights Watch: Blood-Stained Hands: Past Atrocities in Kabul and Afghanistan's Legacy of Impunity Human Rights. 2005.

[331] Human Rights Watch: World Report, 2003: Events of 2002 (November 2001 – November 2002). HRW 2003. ISBN 1-56432-285-8. S.189 f.

Masar-e Scharif, die meisten von ihnen ohne jede Verschleierung. Gleichzeitig suchten berühmte Musiker und Tänzer, die in Kabul nicht mehr auftreten durften, Zuflucht in Dostums Herrschaftsgebiet. [332][333]<<334

Dieser Milizenführer wurde dann unter dem Präsidenten *Hamid Karzai* Minister und nach der letzten Wahl am 5. April 2014 unter dem neuen Präsidenten *Aschraf Ghani* sogar Vizepräsident. Nach wie vor ist Dostum aber Milizenführer und spielt auch damit, militärische Ziele, die er in der Regierung nicht durchsetzen kann, mit eigenen Milizen zu erledigen. So berichtet *orf.at* Dostum >>habe monatelang versucht, die Regierung zu einer Offensive gegen die Extremisten im Norden des Landes zu bewegen, schrieb die „New York Times" diese Woche [20.08.2015]. Nachdem er aber offenbar beim Nationalen Sicherheitsrat seines Landes kein Gehör gefunden habe, habe er nun selbst das Heft in die Hand genommen - gemäß dem Motto „Zurück zu den Wurzeln". Er habe schon im Juli seine Milizen zu den Waffen gerufen, seinen Palast in der Provinz Jowzjan an der Grenze zu Turkmenistan in eine Kommandozentrale verwandelt und angekündigt, von dort aus seinen Kampf gegen die Taliban in den Nachbarprovinzen Faryab und Sar-i Pul zu koordinieren. Zahlreiche lokale Milizen, viele von ihnen mit schwerer Bewaffnung, und das „trotz einer teuren Entwaffnungskampagne", schrieb die US-Zeitung, hätten sich ihm angeschlossen.<<335

Besser, als dass in einem Lande der Vizepräsident gleichzeitig Milizenführer ist, lässt sich die instabile politische Lage in Afghanistan gar nicht zusammenfassen.

2.3 Osmanisches Reich

Das repräsentativste Land, sowohl für frühe Globalisierung wie auch als Beispiel für
1. die Schwierigkeiten der Säkularisierung eines muslimischen Landes,
2. zunehmende innere gesellschaftliche Spannungen eines multiethnischen Landes bei steigendem Nationalismus,

ist die die Entwicklung des Osmanischen Reiches zur Republik Türkei.

2.3.1 Entwicklung des Osmanischen Reiches.

Wikipedia schreibt: >>1299 wird traditionell als das Gründungsjahr des Osmanischen Reiches angesehen. ... Am 27. Juli 1302 führten die Osmanen ihre erste Schlacht gegen eine byzantinische Armee (Schlacht von Bapheus/Schlacht von Koyunhisar), die für die Osmanen mit einem Sieg endete. Dem byzantinischen Gelehrten Georgios Pachymeres nach war es dieser Sieg über eine byzantinische Armee, der Osman Ruhm in weiten Teilen Anatoliens einbrachte. So wird der 27. Juli 1302 als Tag der Dynastiegründung angesehen.[336]<<337 >>Das Osmanische Reich ging aus den Resten des Sultanats der Rum-Seldschuken hervor und war mehrere Jahrhunderte lang die entscheidende Macht in Kleinasien, im Nahen Osten, auf dem Balkan, in Nordafrika und auf der Krim.<<338

>> Die Ära Süleyman I. (1520-1566) wird meist als Höhepunkt der Macht des Osmanischen Reichs betrachtet. In der osmanischen und türkischen Geschichtsschreibung erhielt er den Beinamen „Kānūnī" („Gesetzgeber"), da unter seiner Herrschaft eine Reihe von Gesetzen entstanden, die Lücken in den Bestimmungen der Scharia ausfüllen und das positive Recht festigen und kodifizieren sollten. [339] In der westlichen Welt wird er „der Prächtige" genannt. Er gilt auch als einer der größten Kunstförderer unter

---

332 Achmed Raschid: Taliban: *Islam, Oil and the New Great Game in Central Asia*, S.57.
333 Angelo Rasanayagam: *Afghanistan: A Modern History*, S.154.
334 https://de.wikipedia.org/wiki/Abdul_Raschid_Dostum.
335 http://orf.at/stories/2294465/2294466/.
336 Devlet-i Aliyye – Osmanlı İmparatorluğu Üzerine Araştırmalar I – Klasik Dönem (1302-1606), S. 17.
337 https://de.wikipedia.org/wiki/Osmanisches_Reich.
338 Ebd..
339 Özay Mehmet: *Fundamentalismus und Nationalstaat*, S. 95.

den osmanischen Herrschern. Unter seine Regentschaft fallen etwa die architektonischen Meisterleistungen von Mimar Sinan. Durch viele Feldzüge erweiterte Süleyman das Reich Richtung Westen, Osten und Südosten.<<[340]

2.3.2 Niedergang des Osmanischen Reiches, insbesondere durch Rückständigkeit gegenüber Europa und wegen unzureichenden Reformwillens

>>Schon während der Regierungszeit Süleymans gab es erste Krisensymptome, die sich im Lauf der Zeit verstärkten und den Niedergang des Osmanischen Reichs einleiteten. So wurden die Timare, nicht-erbliche Lehen, mit denen die Spahi-Reiter ihren Lebensunterhalt und ihre Ausrüstung finanzierten, zunehmend auch an Nichtberechtigte vergeben, was zu einer Schwächung dieser Kerntruppe des Heeres führte. Weil kaum noch neue Territorien erobert wurden, fehlte es an Land, das man in das Timarsystem integrieren konnte. Die Timare wurden daher in immer kleinerer Stückelung vergeben, was die Spahis ebenfalls schwächte.

Je weniger Truppen sich durch Timare selbst finanzieren konnten, desto mehr mussten besoldet werden, was die Hohe Pforte vor finanzielle Aufgaben stellte, die sie nicht bewältigen konnte. Die Mittel, zu denen die Großwesire und der Diwan zur Behebung der seit dem 16. Jahrhundert chronischen Finanznot des Reiches griffen, verschlimmerten die Krise. Zum einen wurde die Steuerpacht eingeführt, die so genannte „malikâne": Das Recht, eine bestimmte Steuer einzukassieren, wurde versteigert, wodurch der Fiskus die Summe sofort erhielt. Die „Mültezim" genannten Steuerpächter versuchten nun, deutlich mehr an Steuern aus dem ihnen zugewiesenen Gebiet herauszupressen, als sie bei der Auktion bezahlt hatten, was sie bei der steuerpflichtigen Landbevölkerung verhasst machte.

In der Folge breitete sich allgemeine Korruption im Osmanischen Reich aus – ohne „Geschenke" oder Schmiergelder ging bei den Behörden gar nichts mehr. Hierzu trug auch seit dem 17. Jahrhundert verbreitete Käuflichkeit von Ämtern bei. Sie füllte zwar die Staatskasse und vor allem die Taschen der für die Besetzung von frei gewordenen Stellen und Posten zuständigen Großwesire und Beylerbeys mit erheblichen Summen. Auf der anderen Seite brachte sie auch viel inkompetentes und für die jeweilige Aufgabe unausgebildetes Personal in Amt und Würden, das in möglichst kurzer Zeit versuchte, den für den Ämterkauf investierten Betrag zu amortisieren. Folge war eine verschärfte Ausbeutung des einfachen Volkes.

Ein weiteres Mittel zur Sanierung der Staatsfinanzen waren wiederholte Münzverschlechterungen, indem man den Silbergehalt des Akçe, der Währung des Osmanischen Reiches, durch Verkleinerung der Münzen oder durch Beimengung unedler Metalle reduzierte. Die Folge war eine deutliche Inflation. Die Preise stiegen, worunter vor allem die einfache Bevölkerung litt. Ein weiterer Grund für den Wertverfall der Münzen kam aus dem Westen: Weil über den Atlantikhandel große Mengen Silber aus dem spanischen Kolonialreich nach Europa strömten, sank dessen Wert. [341]<< [342]

>>Die Expansion der christlichen Staaten nach Übersee hatte für das Osmanische Reich noch weitere negative Folgen. Mit der Entdeckung des Seewegs um Afrika herum verloren die Osmanen ihr Monopol auf den Indienhandel. Zwar brachten die Karawanen über die Gewürzstraße und die Weihrauchstraße auch im 16. und 17. Jahrhundert noch wertvolle Luxusgüter an die Häfen der Levante, doch sank deren Anteil am weltweiten Handel beständig gegenüber dem Atlantikhandel.<< [343]

>>Auch im mediterranen Seehandel verloren die Osmanen zunehmend an Bedeutung<<[344] >>1536 wurde die erste so genannte Kapitulation [Privilegien des Sultans] mit Frankreich unterzeichnet, die

---

[340] https://de.wikipedia.org/wiki/Osmanisches_Reich.
[341] Halil İnalcık und Donald Quataert (Hrsg.): *An economic and social history of the Ottoman Empire*, S. XIX.
[342] https://de.wikipedia.org/wiki/Osmanisches_Reich.
[343] Ebd.
[344] Ebd.

freien Handel vereinbarte und Frankreich die Gerichtsbarkeit über seine Untertanen auf dem Boden des Osmanischen Reichs übertrug.<< [345]

>>Später folgen weitere Kapitulationen mit Frankreich und auch mit anderen europäischen Ländern. Sie räumten dem europäischen Handel im Osmanischen Reich gegenüber den einheimischen Kaufleuten erhebliche Vorteile, insbesondere bei den Zöllen ein. ... Für Handelsrechte im Osmanischen Reich sagten die europäischen Staaten Tribute oder Militärhilfen zu. Die Form der Verträge hatte aber zur Folge, dass die osmanischen Kaufleute in den europäischen Staaten keine Handelsvorteile besaßen. Dies führte langfristig dazu, dass sich die ökonomische Position des Osmanischen Reiches gegenüber der europäischen Konkurrenz verschlechterte. [346] ...

Der ökonomische und militärische Entwicklungsrückstand führte dazu, dass im 18. und vor allem 19. Jahrhundert die weiterhin teilweise als Kapitulationen bezeichneten Abkommen mit europäischen Staaten für das Osmanische Reich negative Folgen hatten. Im 18. Jahrhundert führten die Handelsnachteile osmanischer Kaufleute etwa dazu, dass sich immer mehr einheimische christliche Kaufleute formell als Übersetzer bezeichneten und unter den Schutz eines europäischen Staates stellten. Sie profitierten dabei von den Handelsrechten, waren damit aber auch teilweise dem Einfluss des Staates entzogen.[347] Allein das russische Reich hatte um 1808 etwa 120.000 orthodoxe Griechen als „Schutzbefohlene."[348]<< [349] >> Mit den Tanzimat-Reformen versuchten die Osmanen, den langsamen Niedergang ihres Reiches, vor allem im Vergleich zu den aufstrebenden, sich industrialisierenden Mächten Europas aufzuhalten.<< [350] Aber >>auch während der Tanzimatära führte die Schwäche des Osmanischen Reiches dazu, dass es ungleiche Handelsverträge schließen musste. Dies gilt insbesondere für den osmanisch-englischen Vertrag von 1838. Im Pariser Frieden von 1856 wurde die Hohe Pforte zwar in das europäische Mächtesystem aufgenommen, der Staat wurde in einer bedingten Modernisierung unterstützt, die Kapitulationen blieben allerdings bestehen. [351]<< [352]

>>Die osmanischen Schiffe waren denen der Europäer bald auch technisch unterlegen, die ihre Handelsgewinne in technische Neuerungen wie die Galeasse investierten. Auch in anderen Bereichen zeigte sich bald ein technischer Rückstand der Osmanen gegenüber dem christlichen Europa. Die Sultane waren wenig innovationsfreudig – den Buchdruck mit beweglichen Lettern hatte Bayezid II. zum Beispiel 1483 bei Todesstrafe verboten. Daher konnten die Christen in ihren bald entstehenden Manufakturen deutlich billiger produzieren und überschwemmten das Reich mit ihren Manufakturwaren. Die Folge waren Arbeitslosigkeit der Handwerker und Manufakturarbeiter in den Städten und eine passive Handelsbilanz, unter der das Osmanische Reich seit dem 17. Jahrhundert dauerhaft litt. Exporte von Nahrungsmitteln wie Getreide, die die Bilanz hätten ausgleichen können, waren verboten, um die Versorgung der Bevölkerung mit Brot zu sichern. Sie fanden auf dem Weg des Schmuggels dennoch in einem Ausmaß statt, das für wiederholte Versorgungskrisen ausreichte.

Die zunehmende Unzufriedenheit weiter Teile der einfachen Bevölkerung zeigte sich in einer Reihe von Aufständen wie den Celali-Aufständen, die Anatolien während der Jahre 1519 bis 1598 kaum zur Ruhe kommen ließen. Weil die Landbevölkerung besonders unter dem zunehmenden Steuerdruck, der Inflation und der Korruption litt, verließen viele Bauern ihre Gehöfte. Sie zogen in die Städte, in unzugängliche Gebirgsgegenden oder schlossen sich den Aufständischen oder marodierenden Räuberbanden an, den

[345] Ebd.

[346] Neumann: *Ein besonderes Imperium (1512–1596)*. In: Kleine Geschichte der Türkei, S. 134.

[347] Neumann: *Das kurze 18. Jahrhundert*. In: Kleine Geschichte der Türkei, S. 280.

[348] Neumann: *Das Osmanische Reich in seiner Existenzkrise*. In: Kleine Geschichte der Türkei, S. 303 f.

[349] https://de.wikipedia.org/wiki/Kapitulationen_des_Osmanischen_Reiches.

[350] https://de.wikipedia.org/wiki/Tanzimat.

[351] Schölch: *Wirtschaftliche Durchdringung und politische Kontrolle*, S. 409, S. 411.

[352] https://de.wikipedia.org/wiki/Kapitulationen_des_Osmanischen_Reiches.

so genannten Levent, die oft von ehemaligen Spahis geführt wurden, deren Tımare zu einem auskömmlichen Lebensunterhalt nicht mehr reichten. Die Landflucht, deren Folgen noch heute in den Strukturproblemen der Landwirtschaft Anatoliens bemerkbar sind, verschärfte wiederum die Probleme, da ohne die Bauern die Tımare keinen Profit mehr abwarfen, die Nahrungsmittelversorgung der Bevölkerung schwieriger wurde und auch dem Fiskus Steuerzahler entgingen.

Der Staat stand diesen vielfältigen und sich gegenseitig verstärkenden Krisensymptomen weitgehend hilflos gegenüber. Nach dem Tod Süleymans I. kamen wiederholt ungeeignete Persönlichkeiten auf den Sultansthron, wie der alkoholkranke Selim II., der geistig zurückgebliebene Mustafa I., der bei seiner Thronbesteigung erst elf Jahre alte Murad IV. oder İbrahim der Verrückte. Sie standen zumeist unter dem Einfluss ihrer Ehefrauen oder Mütter, der Valide Sultan, die zwar über keinerlei Vorbildung zur Regierung eines Großreiches verfügten und den Harem auch nicht verlassen durften, aber dennoch das Reich de facto regierten. Man nennt daher das späte 16. und die erste Hälfte des 17. Jahrhunderts die Zeit der Weiberherrschaft („kadınlar saltanatı"). Gegen die Frauen des Harems waren auch die Großwesire machtlos, die nach Gutdünken der Haremsbewohnerinnen berufen und entlassen wurden: Während der Weiberherrschaft betrug die durchschnittliche Amtsdauer eines Großwesirs nur wenig mehr als ein Jahr, zu kurz, um die notwendigen Reformmaßnahmen einzuleiten.<< [353]

Die sogenannte Weiberwirtschaft am Hofe des Sultans erklärt sich auch aus den islamischen Geschlechtbeziehungen. Die Frau ist für den Mann primär Geschlechtpartnerin und Mutter seiner Kinder. Der Vater hat in islamischen Familien eine abgehobene gottähnliche Stellung auch für die Kinder, und nach dem Koran hat die Mutter für die Kinder eine besondere Rolle, sodass die Kinder emotional stärker auf die Mutter bezogen sind, als auf den Vater. Im Übrigen ist, wenn ein neuer Sultan sein Amt antritt, sein Vater bereits gestorben. Die Mutter ist für die Söhne somit ein engerer Ratgeber und Gesprächspartner als die Ehefrauen. >>Die Hochachtung und Wertschätzung, die man der Walide entgegenbrachte wird sichtbar bei dem islamischen Sprichwort: "Das Paradies liegt unter den Füssen der Mutter".<< [354]

>>1783 annektierte Russland die Krim und begann mit deren wirtschaftlichem Aufbau.<< 1792 im Frieden von Jassy musste das Osmanische Reich weitere >>Gebietsverluste hinnehmen, darunter Gebiete zwischen Dnepr und Bug.<< [355]

>>In Ägypten riss der Statthalter Muhammad Ali Pascha allmählich die Macht an sich und ließ die einflussreichen Mamelucken-Emire liquidieren. Durch eine Reihe von Reformen war Ägypten bald in vielerlei Hinsicht der Zentrale in Konstantinopel überlegen. Muhammad Ali begründete eine Dynastie, deren Herrschaft über Ägypten erst Mitte des 20. Jahrhunderts ein Ende fand.<< [356]

Das Osmanische Reich, wurde, immer mehr zum Spielball der europäischen Mächte. >>Russland sah darin eine Chance, seinen Machteinfluss in Europa stärker geltend zu machen und insbesondere einen Zugang zum Mittelmeer und auf den Balkan zu bekommen. Die osmanische Herrschaft auf dem Balkan schien gefährdet, und Russland drängte darauf, die Kontrolle über die wichtigen Meerengen des Bosporus und der Dardanellen zu erhalten. Auf dem Balkan brachte sich Russland als Schutzmacht der dortigen orthodoxen Christen ins Spiel. Bereits früher hatte der russische Zar vergeblich versucht, die Regierungen Österreichs und Großbritanniens für eine Aufteilung des Osmanischen Reiches zu gewinnen. Großbritannien und Frankreich sperrten sich aber gegen diese russische Expansion. Sie wollten nicht, dass die Schlüsselpositionen in russische Hände fielen und unterstützten die Osmanen, um den Status quo zu erhalten und damit ihre eigene Machthoheit in Südosteuropa an den osmanischen Grenzen zu sichern.<< [357]

---

[353] https://de.wikipedia.org/wiki/Osmanisches_Reich.
[354] Esmeray: "*Das Reich der Osmanen*".
[355] https://de.wikipedia.org/wiki/Osmanisches_Reich.
[356] Ebd.
[357] Ebd.

2.3.3 Der Zerfall des Osmanischen Reiches aufgrund zunehmender nationaler Bestrebungen seiner unterschiedlichen Ethnien.

Solange der Nationalismus die Völker des Osmanischen Reiches noch nicht erfasst hatte, lebten die verschiedenen Ethnien und Religionsgruppen im Osmanischen Reich friedlich miteinander. Die Nicht-Sunniten hatten zwar einen rechtlich niederen Stand. Sie mussten eine besondere Kopfsteuer bezahlen, waren dafür aber vom Militärdienst freigestellt. Mit dem westlichen Einfluss kam auch der Nationalismus. >>Im Inneren störte das erwachende Nationalbewusstsein seiner Völker und Ethnien zunehmend das „empfindliche Gleichgewicht zwischen offizieller Ungleichheit und relativer Toleranz". [358]<<359

>>Für den Vielvölkerstaat der Osmanen war der Nationalismus, der sich zunehmend als eigenständige Völker begreifenden Gruppen in den von ihnen besetzten Gebieten<< entwickelte, deshalb ein immer größer werdendes Problem. >>Zunächst erhoben sich 1804 die Serben; bis 1830 erhielten sie eine weitgehende Autonomie.<< 1830 wurde >>Griechenland in die Unabhängigkeit entlassen.<<360

>>Der Sultan sowie konservative und liberale Eliten des Reiches sahen mit wachsendem Argwohn, dass ein kleiner Teil der armenischen Führungsschicht Reformen anstrebte und Schutz durch europäische Mächte suchte. ... Die Unabhängigkeitsbestrebungen der Armenier >>verstärkten sich, unterstützt auch von den politischen Parteien, die in den 1880er Jahren neu entstanden. ... 1890 formierte sich die Daschnak-Partei, die einen Volkskrieg gegen die Osmanische Regierung propagierte. [361] 1890 begannen armenische Terroristen auch mit der gezielten Ermordung osmanischer Beamter. [362]

... Im Gegenzug schuf der Sultan ab 1891 irreguläre Kavallerieeinheiten nach dem Vorbild der Kosaken und in der Tradition der Akıncı [363] und Deli [364], die ihm zu Ehren Hamidiye genannt wurden. Sie rekrutierten sich vorwiegend aus regierungsloyalen kurdischen Stämmen und wurden mit Steuerfreiheit sowie dem Recht auf Plünderung belohnt. Offiziell sollten sie die Grenzen zu Russland schützen, tatsächlich aber als innenpolitische Kampftruppe gegen die Armenier dienen.[365] ...

Der wachsende Nationalismus verstärkte die ohnehin schon lange bestehenden Spannungen zwischen Armeniern und Kurden. Diese hatten eine Ursache im Streit um die so genannten kischlak (Winterweiden) der kurdischen Hirtennomaden in armenischen Dörfern. Zudem trieben die Kurden – auch mit Gewalt – irreguläre Abgaben in Form von Geld, Naturalien oder Frondiensten von den Armeniern ein, die wie alle osmanischen Staatsangehörigen unter einem enormen Steuerdruck standen. Die osmanischen Behörden konnten oder wollten die Armenier vor solchen Willkürakten oft nicht schützen. [366] Die Spannungen entluden sich in den Jahren 1894–1896 schließlich in zahlreichen Pogromen an den Armeniern.<<367

Als Antwort auf einen Steueraufstand stürmten im August türkisches Militär und irreguläre Hamidiye-Einheiten >>nach mehr als zweiwöchigen blutigen Kämpfen die aufsässigen Dörfer. Sie töteten

---

358 Norman M. Naimark: *Flammender Haß. Ethnische Säuberungen im 20. Jahrhundert*, S. 32.
359 https://de.wikipedia.org/wiki/V%C3%B6lkermord_an_den_Armeniern.
360 https://de.wikipedia.org/wiki/Osmanisches_Reich.
361 Yves Ternon: *Tabu Armenien: Geschichte eines Völkermordes*, S. 61ff.
362 Arnold Hottinger: *Sieben Mal Naher Osten. München 1972*, S. 40.
363 >> ein Angehöriger irregulärer – also zumeist unbesoldeter und auf Raub und Sklavenhandel angewiesener – Reitertruppen der Osmanen.<< https://de.wikipedia.org/wiki/Ak%C4%B1nc%C4%B1.
364 >>Tapferer, Heldenmütiger, Verwegener, Tollkühner, Wahnsinniger, Verrückter...der Name eines einzelnen Reiters bzw. eines berittenen Verbandes der osmanischen Provinzialtruppen, der im Kampf tollkühn auf den Feind losging. Dabei sollen die Deli meist von Opium berauscht gewesen sein.<< https://de.wikipedia.org/wiki/Deli_%28Soldat%29.
365 Tessa Hofmann: *Annäherung an Armenien. Geschichte und Gegenwart*, S. 85f.
366 Tessa Hofmann: S. 85f.
367 https://de.wikipedia.org/wiki/V%C3%B6lkermord_an_den_Armeniern.

zwischen 900 und 4.000 Armenier [368] und zerstörten 32 der 40 armenische Dörfer der Region.[369].<<370 Die nationalistischen Bestrebungen der Armenier sind auch der Grund dafür, dass die Türken nach dem Erstarken des türkischen Nationalismus die Armenier aus dem heutigen Staatsgebiet der Türkei vertrieben und der Vernichtung anheim gaben.

Uwe Becker schreibt dazu: >>Im Laufe seines 600 jährigen Bestehens in Südosteuropa und Nahen Osten entwickelte sich das Osmanische Reich zu einem multikonfessionellen Gemeinwesen. Dabei war für den rechtlichen Status und die politische Identitätsfindung der Untertanen die Zugehörigkeit zu einer anerkannten und autonomen Religionsgemeinschaft (Millet-System) ausschlaggebend.<<371 >>Der Grossteil der Nichtmuslime arbeitete als Bauern. ... Innerhalb der Städte arbeiteten die Nichtmuslime als Handwerker, Händler oder Geldverleiher. Daneben in den klassischen Disziplinen, der Medizin, Wissenschaft, Theologie und Diplomatik <<372

>>Der Siegeszug des Territorialstaates in Westeuropa seit dem 16. Jahrhundert und das neue Konzept des Nationalstaates seit Beginn des 19. Jahrhunderts stellten aber dieses System prinzipiell in Frage. Im Spannungsfeld konkurrierender Interessen, wirtschaftlicher Einflusssicherung, ethnisch-kultureller Assimilation sowie nationaler Identitätsfindung wurden die Grundlagen der politischen Loyalität obsolet und das Vielvölkerreich verlor gleichsam seine Daseinsberechtigung. Im Zusammenhang dieser politischen, wirtschaftlichen und kulturellen Entwicklungen änderten sich die Bedingungen des Zusammenlebens zwischen Juden, Christen und Muslimen im Osmanischen Reich (373).<<374

Nationalistische Bestrebungen der Araber im Osmanischen Reich wurden dann auch von den Engländern und Franzosen im Ersten Weltkrieg geschürt und führten dazu, dass das Osmanische Reich alle Gebiete südlich und östlich der heutigen Türkei verloren hat. Betrachten wir die Entwicklung der einzelnen zum ehemaligen Osmanischen Reich gehörenden Länder und danach die Türkei, die von einer Wiedergeburt eines Neo-Osmanischen Reiches träumt.

2.4 Saudi-Arabien

Die nomadischen Stammesführer in den von Istanbul ferner liegenden Wüstenregionen hatten im Osmanischen Reich eine relativ große Selbstständigkeit und diese Selbstähnlichkeit stieg in dem Maße, wie das Osmanische Reich zerfiel. Die bedeutendsten Wüstenstämme waren die Hedschas im Gebiet um Mekka und die Saudis die im Hadschd um Riad lebten.

>>Die Herrschaft der Haschimiten über Mekka hatte im 10. Jahrhundert begonnen.[375]<<376 >>Hussain I. ibn Ali, seit 1908 Großscherif von Mekka, begann während des Ersten Weltkrieges 1916 mit dem Aufstand gegen die Osmanen, wobei er von Lawrence von Arabien und Großbritannien unterstützt wurde. Allerdings wurden die Versprechungen Großbritanniens betreffs der Gründung eines arabischen Königreichs nach dem Krieg nicht eingehalten.<<377

Nach dem Sieg der Saudis über die Haschemiten wurde 1926 >>das Königreich Hedschas mit dem Nadschd vereinigt und 1932 Teil des Königreichs Saudi-Arabien.<<378 Damit kamen die islamischen Heiligtümer Mekka und Medina in den Machtbereich der Saudis.

---

368 Stefanos Yerasimos: Azgelişmişlik Sürecinde Türkiye. Istanbul 1977, S. 554f.

369 Tessa Hofmann: 85f.

370 https://de.wikipedia.org/wiki/V%C3%B6lkermord_an_den_Armeniern.

371 http://www.osmanischesreich.de/kunst-kultur-1/recht-glaube/religi%C3%B6se-koexistens/.

372 http://www.osmanischesreich.de/geschichte/provinzen/milletsystem/.

373 Salem Kamel Isam: Islam und Völkerrecht. Das Völkerrecht der islamischen Weltanschauung, S.149 ff.

374 http://www.osmanischesreich.de/kunst-kultur-1/recht-glaube/religi%C3%B6se-koexistens/.

375 G. Rentz: Hāshimids. In: Encyclopaedia of Islam. 2. Ausgabe, Bd. III, S. 262.

376 https://de.wikipedia.org/wiki/Hussein_ibn_Ali_(Hedschas).

377 https://de.wikipedia.org/wiki/Hedschas.

378 https://de.wikipedia.org/wiki/Saudi-Arabien.

>>Schon um 1500 ... regierten die Sauds eines der bedeutendsten Fürstentümer in Zentralarabien. ... Muhammad ibn Saud (reg. 1735–1765) schloss 1744 in Diriyya (heute ein Vorort von Riad) ein Bündnis mit Muhammad ibn ʿAbd al-Wahhāb, dem Begründer der Wahhabiten. Ibn Saud versprach in seinem künftigen Reich die wahhabitische Interpretation von Koran und Sunna als alleingültige durchzusetzen, ibn Abd al-Wahhab hingegen sicherte zu, den Herrschaftsanspruch des saudischen Herrschers religiös zu legitimieren.<< [379]

Daniel Steinvorth schreibt: >>Mohammed ibn ʿAbd al-Wahhāb kam 1703 in Uyaina zur Welt, als Sohn eines Richters. Uyaina lag im Nadschd, Heimat von Nomaden und sesshaften Stämmen.<< >>Zwei Denker sollten Abd al-Wahhab während seines Studiums besonders inspirieren. Einer von ihnen war der Begründer der konservativsten und kleinsten von vier sunnitischen Rechtsschulen, Ibn Hanbal (780-855). Er lebte in einer Zeit, als einige Muslime versuchten, die Religion realistischer zu betrachten, also etwa zwischen Gott und seinem Wort zu unterscheiden. Gegen diesen volksfernen Intellektualismus lief Ibn Hanbal Sturm. Er war von der „Ungeschaffenheit" des Korans überzeugt. Eine metaphorische, nicht buchstabengetreue Auslegung der Heiligen Schrift lehnte er rigoros ab. Unter den Gelehrten im Nadschd dominierte seine Rechtsschule wohl auch deshalb, weil sie eine einfache Sicht auf die Religion zuließ und damit den Bedürfnissen der Menschen am ehesten entsprach

Der zweite Denker, dessen Schriften Abd al-Wahhab las, war Ibdn Taimiya (1268- 1328). Geprägt von chaotischen Zeiten (der Invasion der Mongolen, der Plünderung Bagdads), rechnete dieser grimmige Mann mit allen Neuerungen ab, die seiner Ansicht nach den Islam bedrohten. Alle griechische Philosophie und alle Formen von unorthodoxen Sufismus seien nichts als Götzendienst. Sogar das Grab des Propheten zu besuchen oder seinen Geburtstag zu feiern, sei verboten. Und nur die Rückkehr zu einem Ur-Islam, wie er vom Propheten und seinen Gefährten gelebt worden sei, könne die Religion „reinigen". Um dieses Ziel zu erreichen, dürften die Muslime nicht zögern, mit dem Schwert gegen ihre Feinde in den Krieg zu ziehen.<< [380]

>>Für den hitzigen jungen Abd al-Wahhab stand fest, dass auch seine Landsleute den Islam verraten hatten. Glaubt man den wahrhaft kritischen Geschichtsschreibern, so war der Aberglaube seiner Zeit weit verbreitet. Beduinen und Städter verehrten nicht nur Tote, Heilige oder Engel, sondern sogar Bäume oder Steine. In seinem Kitab-al-Tauhid (Buch der Einheit Gottes,) verdammte Abd al-Wahhab diese Bräuche als todeswürdig. Auch wer dies anzweifelte, habe den Tod verdient. Die Idee des „Takfir", also der Exkommunizierung anderer Glaubensbrüder, wurde zu einem der Hauptlehrsätze des Predigers. Zwangsläufig musste sie zur Konfrontation mit allen Nicht-Wahhabiten führen.<< [381]

1744 wurde der Prediger aus seiner Heimatstadt verbannt und >>floh in eine weiter südlich gelegene Oase, nach Diriyya. Hier fand er Zuflucht beim Stammesführer Mohammed ibn Saud. Dieser ebenso ambitionierte wie skrupellose Herrscher eines bis dahin unbedeutenden kleinen Emirats begriff schnell, dass er die ungeheure Sprengkraft der Lehre Abd al-Wahhabs für seine militärischen Zwecke nutzen konnte. Die Takfir-Doktrin erlaubte ihm, rücksichtslos gegen Feinde loszuschlagen, nach Belieben benachbarte Dörfer zu überfallen und auszurauben – und dies stets unter der Fahne des Dschihad.

Ibn Saud und Abd al-Wahhab schlossen noch im selben Jahr einen Pakt, der so schlicht wie genial war: Während sich der Emir bereit erklärte, die Lehre in seinem Herrschaftsgebiet durchzusetzen, verschaffte ihm der Prediger religiöse Legitimation. Die Eroberten hatten sich zwischen Bekehrung und Tod zu entscheiden, und dem neuen Emir mussten sie darüber hinaus blinden Gehorsam schwören; auch dies eine religiöse Maxime Abd al-Wahhabs, die bis heute Bestand hat und erklärt, warum Saudi-Arabien auf unabsehbarer Zeit eine absolute Monarchie bleiben wird.

---

[379] https://de.wikipedia.org/wiki/Saudi-Arabien.
[380] Daniel Steinvorth: *Quelle des Terrors*, in: Der Tagesspiegel Nr. 23 175/ 16.7.2017,Geschichte S 2-3.
[381] Daniel Steinvorth: S 3.

Griffen ibn Sauds Truppen zunächst nur Dörfer in der Umgebung von die Diriyya an, so schafften es seine Nachfolge des Geschlechts al Saud in die zweiten Hälfte des 18. Jahrhunderts, den gesamten Nadschd und Teile der Nachbarregionen zu unterwerfen. Zum ersten Mal seit dem 7. Jahrhundert folgte nun ein Großteil Zentralarabiens wieder einer einzigen Autorität und einer einzigen Interpretation des Islam. Vor seinem Tod 1792 sorgte Abd al -Wahhab dafür, dass auch seine Nachfahren – die man fortan die Familie des Scheichs ("Al Ash-Sheikh") nennen sollte – über religiöse Fragen entschieden.<<[382]

>>Das Osmanische Reich hatte dem Treiben entlang seiner Grenzen lange Zeit tatenlos zugesehen, denn die Steppen und Wüsten im Innern der Arabischen Halbinsel waren für die Osmanen weder wirtschaftlich noch strategisch von Bedeutung. ... Erst als die Wahhabiten sich der Geburtsstadt des Propheten Mohammed näherten, wurde der Sultan nervös. Die Kunde, dass der "Imam" al Saud 1803 nicht nur sein Herrschaftsraum erweiterte, sondern in diesem auch noch ein Werk der Zerstörung anrichtete, schreckte schließlich die gesamte islamische Welt auf. ... Sieben Jahre, von 1811-1918, brauchten die vom Sultan beorderten Truppen des ägyptischen Vizekönigs Mohammed Ali Pasha und seines Sohnes Ibrahim Pasha, um den Spuk aus der Wüste zu bändigen.<<[383]

Der Wiederaufstieg Saudi-Arabiens begann mit der Rückkehr von Scheich Abd al-Aziz >>aus dem kuwaitischen Exil und der Eroberung von Riad im Jahre 1902. Zudem sollte sich ibn Saud als Meister darin erweisen, die Rivalität zwischen dem schwächelnden Osmanischen Reich und dem expansiven Großbritannien zu seinen Gunsten auszunutzen. Als das Osmanische Reich nach dem Ersten Weltkrieg zusammenbrach ... war das Feld erst recht frei für ibn Saud.<< Er eroberte die heiligen Stätten Mekka und Medina >>am 5. Dezember 1925. Seither und bis zum heutigen Tag geben dort wieder die Wahhabiten den Ton an. Einen Tag später ließ er sich zum König ausrufen, wurde umgehend von europäischen Kolonialmächten anerkannt und baute seine Macht weiter auf der Arabischen Halbinsel aus, bis er im September 1932 das neue, Vereinigte Königreich Saudi-Arabien etablieren konnte.

Der wahhabitische Klerus durfte sich zur Belohnung für treue Dienste darum sorgen, dass das Land weitgehend frei blieb von fremdem kulturellen Einfluss, säkularer Wissenschaft und allem, was dem archaischen Welt- und Menschenbild der Gelehrten zuwiderlief.<<[384]

Ibn Saud gestattete nach langem Zögern >>schließlich der kalifornischen Standard Oil Company gegen eine jährliche Pacht von 25.000 $ und einem Preis von einem Dollar pro Tonne Ölbohrungen am Persischen Golf. Es war der Beginn einer ebenso profitablen wie problematischen Freundschaft.

Während des Kalten Krieges wurde das Haus Saud in Washington als vermeintlich wichtigste proamerikanische Stimme in einer sonst feindlich gesinnten Region verklärt. Bei rasant steigenden Öleinnahmen (...), die Riad bald auch zu einem der kaufkräftigsten Kunden amerikanischer Waffen machten, verfestigte sich die Allianz von Jahr zu Jahr. Die Amerikaner sahen in den Saudis ein Bollwerk gegen den Kommunismus.

Zusammen mit Pakistan unterstützen die Saudis die Entsendung von Mudschahedin, fanatischen Glaubenskämpfern, nach Afghanistan, das seit 1980 von sowjetischen Truppen besetzt war. Ihr Plan, den Sowjets ein „afghanisches Vietnam" zu bescheren, sollte funktionieren. Für den ehemaligen US-Sicherheitsberater Zbigniew Brzezinski leitete er sogar den Zusammenbruch des Sowjetimperiums ein.

Doch offenbar ahnte niemand, welche fatalen langfristigen Folgen diese Politik haben sollte, nämlich die regelrechte Aufzucht Tausender radikaler Islamisten, unter ihnen der spätere Al-Qaida-Anführer Osama bin Laden, ein dissidenter Abkömmling der saudischen Oberschicht. Neben Geld hatte Saudi-Arabien den Dschihadisten vor allem das ideologische Rüstzeug auf den Weg gegeben.

---

[382] Daniel Steinvorth: *Quelle des Terrors*, S 3.
[383] Ebd.
[384] Ebd.

Das wahhabitische Gedankengut legitimierte den Kampf gegen die „ungläubigen" Kommunisten und versprach auch Selbstmordattentätern Seelenheil. Mittels Moscheen und Predigern, Schulen, Hochschulen, Spitälern und Waisenhäusern begann der saudische Petrokapitalismus seit den 1960ger Jahren, ein Islam-Modell in jede Ecke der Welt zu exportieren. Dank Satellitenschüsseln und Internet funktioniert die wahhabitische Mission heute einfacher denn je.<<[385]

Die von den Wahhabiten proklamierte Form des sunnitischen Islam ist die archaischste Form des sunnitischen Islam mit Auspeitschen, öffentlichem Köpfen, Hand abhaken und extremer Frauenunterdrückung bis dazu, dass Frauen nicht selbst Autos steuern dürfen.

Durch die Erschließung der enormen Ölreserven wurde Saudi-Arabien ein extrem reiches Land. Da es im Verhältnis zu seinen Öleinnahmen nur eine geringe heimische Bevölkerung hat, konnten die sunnitischen Eliten es sich leisten, jedem Saudi eine Grundversorgung zu gewähren, ohne dass sie dadurch von ihrem Luxusleben Abstriche erleiden mussten.

Mit ihrem fanatischem für alle Menschen als gültig erklärten Religionsverständnis fühlten sich die Wahhabiten auch dazu berufen, alle Welt zu missionieren und andere Auslegungen des Islam zu bekämpfen. Die Wahhabiten unterstützen überall in der islamischen Welt radikale sunnitische Strömungen und finanzieren Moscheen, Koranschulen und Gotteskrieger. Auch bin Laden und die Al Qaida haben ihren Ursprung in Saudi-Arabien und die Taliban und der IS sowie Salafisten in aller Welt wurden von Saudis finanziert, allerdings weniger von der regierenden Dynastie. Denn mit dem Reichtum schwindet im Allgemeinen der Drang nach politischen und militärischen Abenteuern und geht es immer mehr um Besitz und Machterhalt.

Von solchen Interessen geleitet arbeiten die Herrschenden außenpolitisch mit Mächten zusammen, die die eigene staatliche Integrität und politische Stellung sichern und dabei kann es auch wechselnde Allianzen geben. So hat Saudi-Arabien insbesondere enge militärische und politische Beziehungen zu den USA, obwohl die USA nach Israel für Muslime eigentlich das Zentrum des Bösen sind, und, wenn es um die Verhinderung der Vorherrschaft des schiitischen Iran geht, wird auch mit Israel zusammengearbeitet.

Für wahhabitische Heißsporne ist dagegen eine immer größer werdende Prinzenzahl, die ihren religiösen Eifer verliert und eher zu einem Lotterleben neigt, ein Dorn im Auge und die Zusammenarbeit mit dem Westen und insbesondere mit den USA, wenn diese auch noch Stützpunkte in Saudi-Arabien erhalten, schafft innenpolitische Spannungen.

Hinzu kommt, dass von über 29 Millionen Einwohnern Saudi-Arabiens >>über sechs Millionen Menschen legal im Land lebende Ausländer<<[386] sind, die größtenteils unter den schwierigsten Verhältnissen arbeiten und die sozialen Vergünstigungen der heimischen Saudis nicht genießen. Etwa 10 bis 15 % sind Schiiten. >>Im Laufe der letzten Jahrzehnte, vor allem seit 2009, verschärften sich die Spannungen zwischen der sunnitischen Mehrheit und der schiitischen Minderheit. <<[387] Auch gibt es natürlich säkular denkende Saudis, die die religiöse Unterdrückung ablehnen.

Diese verschiedenen Gruppierungen gefährden die Macht des Königshauses. Der Staat geht deswegen gegen revolutionäre Gruppen im Lande vor, unterstützt aber auch finanziell und/oder militärisch revolutionäre autoritäre Nachbarn und so auch Al Sissi in Ägypten.

Die Saudis konnten sich nicht selbst zum Kalifen erklären, weil sie nicht aus der Familie von Mohammed abstammen, aber sie nennen sich *Hüter der Heiligen Stätten.* Ideologisch steht der IS zwar dem Wahhabismus nahe. Als aber der Führer des IS Abu Bakr al-Baghdadi sich zum Kalifen, das heißt zum Führer aller Sunniten erklärt hat, stellt er die Führungsrolle des saudischen Königs als *Hüter der heiligen Stätten* und der wahhabitischen Religionsführer in ihrem Selbstverständnis als Interpreten des wahren Glaubens infrage. Damit wurde der IS zum gemeinsamen Feind des Königshauses und des Wahhabismus.

---

[385] Daniel Steinvorth: a.a.O.
[386] https://de.wikipedia.org/wiki/Saudi-Arabien.
[387] Ebd.

Im Kampf gegen den IS sind sich deswegen sowohl sunnitische wie schiitische Regime einig. In dem Maße, in dem der IS jedoch seine Staatlichkeit im Irak und in Syrien verliert, bleibt als Konkurrent in der Führung der Vorherrschaft der Sunniten nur die Türkei mit ihren osmanischen Ambitionen. Der eigentliche Gegenspieler Saudi-Arabiens ist aber der Iran, mit dem Saudi-Arabien bereits im Jemen, aber auch in Syrien Stellvertreterkriege um die religiöse und damit auch politische Vorherrschaft führt.

Das Atomabkommen und der gemeinsame Krieg gegen den IS hatten den Iran wieder aus dem durch Sanktionen belegten politischen und wirtschaftlichen Abseits befreit. Da der neue US Präsident Donald Trump die Sanktionen gegen den Iran wieder verstärken will, kann sich Saudi-Arabien wieder an die USA anlehnen, obwohl die amerikanisch saudischen Beziehungen durch frühere Auslassungen von Trump gegen den Islam auch infrage gestellt waren.

2.5 Palästina und Jordanien

Palästina und das jetzige Jordanien waren nach dem Zerfall des Osmanischen Reiches britisches Treuhandgebiet geworden, >>Die britische Regierung übernahm die Kontrolle über Palästina als Mandatsgebiet mit der Absicht, eine Pufferzone zum Suezkanal zu schaffen, [[388]] auch wenn zahlreiche Politiker und Offiziere vom strategischen Wert Palästinas nicht überzeugt waren.[[389]]]<<[390]

1923 entstand dann durch Abtrennung der Gebiete östlich des Jordans das ebenfalls >>unter britischem Protektorat stehende Emirat Transjordanien mit Abdallah ibn Husain als Staatsoberhaupt. Ihm zur Seite stand der britische General John Bagot Glubb (Glubb Pascha), der 1939 die Arabische Legion als Schutzgarde des Königshauses aufbaute. ... Am 25. Mai 1946 (Nationalfeiertag) erlosch das britische Mandat und Transjordanien erhielt seine volle Unabhängigkeit. Abdallah I. nahm den Königstitel an.<<[391]

Mit dem Treuhandauftrag war verbunden die Verpflichtung, den Juden in Palästina einen eigenen Staat zuzuerkennen. Damit war der Ursprung des israelischen-muslimischen Konfliktes geschaffen.

Juden, die erkannt hatten, dass sie in anderen Ländern nicht als gleichwertige Staatsbürger anerkannt wurden, insbesondere in Osteuropa, dann aber noch mehr aufgrund der Judenverfolgung in Nazideutschland, strömten nach Palästina. Palästina war für sie ein ihnen von Gott zugesprochenes Land. Die jüdischen Zuwanderer erregten den Widerstand der dort ansässigen Nichtjuden, insbesondere der Muslime, und zwar nicht nur in Palästina, sondern auch in der übrigen islamischen Welt.

Nach der Teilung Palästinas in einen jüdischen Teil, der dann Israel wurde, und einen arabischen Teil, kam es deswegen sofort zu gewaltsamen Auseinandersetzungen und Kriegen, in denen Israel sich über das ihm zugesprochene Gebiet hinaus zulasten der Palästinenser noch vergrößern konnte.

Bereits der erste Krieg nach der Teilung >>endete mit separaten Waffenstillstandsabkommen zwischen Israel und seinen arabischen Nachbarn unter Aufsicht der Vereinten Nationen im Jahre 1949. In ihnen wurden feste Grenzen für Israel geschaffen, die etwa 75 Prozent Palästinas einschlossen. Ein Streifen an der Südküste, der sich von Gaza bis zur ägyptischen Grenze erstreckte, kam unter ägyptische Verwaltung, das übrige wurde Jordanien einverleibt. Jerusalem wurde zwischen Israel und Jordanien geteilt. Viele Staaten erkannten die Teilung Jerusalems nicht an.<<[392]

Die in Israel vorher wohnenden Palästinenser waren großenteils geflohen oder vertrieben und lebten fürderhin in großen von der UNO subventionierten Flüchtlingslagern in den umliegenden arabischen Ländern.

---

[388] Benny Morris: *1948 – A History of the First Arab-Israeli War*. New Haven 2008, S. 9–11.
[389] Tom Segev: *Es war einmal ein Palästina – Juden und Araber vor der Staatsgründung Israels*, S. 216 f.
[390] https://de.wikipedia.org/wiki/Pal%C3%A4stinakrieg.
[391] https://de.wikipedia.org/wiki/Jordanien.
[392] https://de.wikipedia.org/wiki/Pal%C3%A4stinakrieg.

>>Im Sechstagekrieg zwischen Israel und den arabischen Staaten 1967 verlor Jordanien seine gesamten Gebiete westlich des Jordans an Israel.<<[393] 1988 gab König Hussein alle Ansprüche auf das ohnehin von Israel besetzte Westjordanland zugunsten der PLO Palästinensischen Befreiungsorganisation auf. Faktisch hatte Israel 1980 Ostjerusalem mit der Altstadt bereits annektiert. Zudem siedelte Israel jüdische Bürger auch in den übrigen besetzten palästinensischen Gebieten an.

Entsprechend ging auch die Verwaltung des Gazastreifens von Ägypten auf Israel über. >>Die israelische Regierung genehmigte den Bau jüdischer Siedlungen im Gazastreifen. 8000 Siedler lebten auf 40 % des Gazastreifens in dem als Gusch Katif bezeichneten Siedlungsblock im südlichen Gazastreifen. Diese Siedlungen waren für die arabischen Bewohner des Gazastreifens nicht zugänglich und schnitten sie von Stränden und Feldern ab. Zu diesem Zweck wurde ein eigenes Straßensystem für Siedler, getrennt vom palästinensischen, errichtet.<<[394]

>>Seit dem Gaza-Jericho-Abkommen (auch Kairoer Abkommen genannt) 1994 stand der Gazastreifen[zwar] überwiegend unter der Selbstverwaltung der Palästinenser (Palästinensische Autonomiegebiete)<<[395], blieb aber von Israel besetzt.

Als Folge dieser Entwicklung stieg der Hass der Palästinenser ins Unermessliche und wurde durch den expansiven Siedlungsbau der Juden in den besetzten Gebieten weiterhin ständig geschürt. Aufgrund der nicht endigen wollenden Unruhen und Gewaltakte, und >>nach langen innenpolitischen Auseinandersetzungen setzte der israelische Ministerpräsident Ariel Scharon 2005 den Abzug der Israelis aus dem Gazastreifen durch – verbunden mit dem Abbau aller israelischen Siedlungen<<[396]. Dieser Abzug ist wohl auch das Einzige, was die Palästinenser in ihrem Kampf gegen Israel erringen konnten.

Der palästinensische Widerstand setzte sich zusammen aus

1. der säkularen *Palästinensischen Befreiungsorganisation PLO*, die maßgebend von der Fatah, einer eher sozialistischen Partei. – Sie >>ist Vollmitglied in der Sozialistischen Internationalen[397] und hat in der Sozialdemokratischen Partei Europas Beobachterstatus.<< [398] – und
2. den islamischen Mudschahedin, aus denen dann auch die Hamas hervorging.

Nach dem Sechstagekrieg 1967, durch den der Gazastreifen aus ägyptischer in israelische Verwaltung überging >>konzentrierte sich die Muslimbruderschaft im Gazastreifen >>auf die Islamisierung der eigenen Gesellschaft, etwa durch den Bau zahlreicher Moscheen und Koranschulen. Dabei grenzte sie sich gegen säkulare, linksgerichtete, als westliche Einflüsse verstandene Ideen ab, wie sie auch die 1964 gegründete Palästinensische Befreiungsorganisation (PLO) vertrat. [399] Dazu gründete Yasin im Flüchtlingslager Schati 1967 die Organisation Al-Mudschama, die mit neuer, als islamisch propagierter Mode – Kopftücher und Ganzkörperschleier für Frauen, Anzüge für Männer – ihre Einnahmen erzielte und das Zusammengehörigkeitsgefühl so gekleideter Muslime förderte.<< [400]

>>1976 gründete die palästinensische Muslimbruderschaft unter Yasin in Gaza-Stadt das Islamistische Zentrum, das im folgenden Jahrzehnt zur Machtzentrale aller islamistischen Gruppen und Einrichtungen im Gazastreifen wurde. [401] Kandidaten dieses Zentrums gewannen allmählich Leitungspositionen in Berufsverbänden, der Universität Gaza und anderen, bisher von Linksnationalisten dominierten Institutionen. Durch moralische und soziale Hilfen, Bekämpfung der Korruption und Gemeinschaftsprojekte

---

[393] https://de.wikipedia.org/wiki/Jordanien.

[394] https://de.wikipedia.org/wiki/Gazastreifen.

[395] Ebd.

[396] Ebd..

[397] Mitgliederliste der Sozialistischen Internationale, abgerufen von Wikipedia am 18. August 2013.
   http://www.socialistinternational.org/viewArticle.cfm?ArticlePageID=931.

[398] https://de.wikipedia.org/wiki/Fatah.

[399] Beverley Milton-Edwards, Stephen Farrell: *Hamas: The Islamic Resistance Movement*, S. 32.-34.

[400] https://de.wikipedia.org/wiki/Hamas.

[401] Henrik Meyer: *Hamas und Hizbollah. Eine Analyse ihres Politischen Denkens*. S. 86.-88.

gewann die Muslimbruderschaft im Gazastreifen eine breite und solide Basis in der Bevölkerung. [402]<<403

Damit wird deutlich, dass, wie schon bei der Entwicklung des Iran, die Spannungen nicht nur zu den Juden und zur westlichen Welt zunahmen, sondern auch zu den säkularisierten Kräften und das heißt zur PLO und der sie maßgeblich tragenden Fatah. Die Spannungen zwischen den Islamisten und der Fatah führten dazu, dass im Dezember 1987 die Hamas gegründet wurde. >>Am 18. August 1988 veröffentlichte die Hamas ihre Gründungscharta. [404] Darin sind Ideologie und strategische Überlegungen vereint.[405][406]<<407

Wenn man die Charta liest, kann man leicht erkennen, wie wenig Hoffnung man hegen kann auf eine weltoffene und säkulare Entwicklung in der muslimischen Welt. >>Dazu folgende Artikel der Charta:

- >>Artikel 7 der Charta erklärt das Töten von Juden – nicht nur von jüdischen Bürgern Israels oder Zionisten – zur unbedingten Pflicht jedes Muslims, indem sie sie zur Voraussetzung für das Kommen des Jüngsten Gerichts erklärt: „Die Stunde des Gerichtes wird nicht kommen, bevor Muslime nicht die Juden bekämpfen und töten, so dass sich die Juden hinter Bäumen und Steinen verstecken und jeder Baum und Stein wird sagen: 'Oh Muslim, oh Diener Allahs, ein Jude ist hinter mir, komm und töte ihn!"
- In Artikel 22 übernimmt die Charta die in Europa entstandene antisemitische Verschwörungstheorie vom Weltjudentum als Tatsache: Die Protokolle der Weisen von Zion seien echt, die Freimaurer, der Lions Club und der Rotary-Club arbeiteten insgeheim „im Interesse der Zionisten". Die Juden seien für die Französische Revolution, den „westlichen Kolonialismus", den Kommunismus und die Weltkriege verantwortlich: [408] „Es gibt keinen Krieg, wo sie nicht ihre Finger im Spiel haben…"[409]
- Daraus folgert Artikel 32: „Den Kreis des Konflikts mit dem Zionismus zu verlassen ist Hochverrat. Alle, die das tun, sollen verflucht sein. 'Wer immer ihnen den Rücken zukehrt […] zieht sich den Zorn Allahs zu, und seine Wohnung soll die Hölle sein… (Koran, 8:16)"<<410

Die Hamas verdrängte den Fatah immer weiter aus dem Gazastreifen. Im Jahre 2007 kam es dann >>zu einer faktischen Teilung der Palästinensischen Autonomiegebiete, die bis heute andauert. Mehrere Versuche, den Konflikt beizulegen und die beiden Territorien durch eine Einheitsregierung wieder zu vereinen (zuletzt im April 2014), waren bisher nur auf dem Papier erfolgreich.<<411 So haben wir in Palästina ein unlösbares Konfliktgemenge.

Jordanien als ursprünglicher Teil des britischen Mandatsgebietes war in vielseitiger Weise von den Konflikten im Heiligen Land betroffen. Wir sahen, dass Jordanien zunächst das spätere palästinensische Anatomiegebiet zugesprochen wurde. Es nahm so viele palästinensische Flüchtlinge auf, dass sie sogar zu einer Gefahr für das Haschemitische Königshaus wurden und deshalb die von der PLO abhängigen Palästinenser aus Jordanien vertrieben werden mussten. Trotzdem blieb Jordanien gesellschaftlich ein stabiles Land und konnte als solches mit seinen Nachbarn im Frieden leben.

---

[402] Muriel Asseburg: *Die palästinensische Hamas zwischen Widerstandsbewegung und Reformregierung*. In: Moderate Islamisten als Reformateure. Stiftung Wissenschaft und Politik, Berlin Februar 2007, S. 38 (SWP-Studie [PDF; abgerufen am 25. November 2011].

[403] https://de.wikipedia.org/wiki/Hamas.

[404] Henrik Meyer: *Hamas und Hizbollah*, S. 91.

[405] Englische Übersetzung der Hamas-Gründungscharta, The Middle East Media Research Institute (MEMRI).

[406] Hamas Charter (1988), kommentarlos, dokumentiert von palestinecenter.org.

[407] https://de.wikipedia.org/wiki/Hamas.

[408] David Patterson: Denial, *Evasion, and Antihistorical Antisemitism*. The Continuing Assault on Memory, S. 334.

[409] Auszug der Charta auf Deutsch in einer Rezension zu Jeffrey Herf.

[410] https://de.wikipedia.org/wiki/Hamas.

[411] https://de.wikipedia.org/wiki/Fatah-Hamas-Konflikt.

>>Jordaniens Außenpolitik ist seit Jahrzehnten am Westen orientiert. Das Königreich ist mit den Vereinigten Staaten verbündet und gehört zu deren offizieller Kategorie der wichtigsten Verbündeten außerhalb der NATO. Jordanien verfügt außerdem über ein Assoziierungsabkommen mit der EU.<<[412]

Jordanien dürfte seine innere Stabilität der Tatsache verdanken, dass es zu 93 % eine sunnitische Bevölkerung hat und der sunnitische Islam Staatsreligion ist. Zudem leben 79 % der Bevölkerung in den Städten[413], sind also traditionellen Lebensformen entfernter.

Überhaupt kann festgestellt werden, dass muslimische Staaten, in denen eine Religion maßgebend überwiegt und deren Vertreter auch herrschen, wie auch in Saudi-Arabien, Marokko, Indonesien und dem Iran, verhältnismäßig stabile innere Ordnungen haben und, wenn sie andere Staaten nicht bedrohen, auch international eine ausgleichende Rolle spielen können.

2.6 Syrien, Irak, IS Islamischer Staat

Die Säkularisierung des Menschenbildes und der Gesellschaftsordnung nach europäischem Vorbild begann in allen sich von der europäischen Herrschaft oder Vorherrschaft befreienden Ländern durch das Militär, gestützt von der in Europa geschulten jungen Intelligenz.

Wie bereits dargestellt, bildeten die Militärs, soweit sie nicht einfach Stammesmilizen waren, schon vom Mittelalter in allen muslimischen Gesellschaften einen Fremdkörper. Sie wurden, wie die Janitscharen oder Mameluken, häufig rekrutiert aus Kindersklaven, die ihren Familien entfremdet wurden und nur dem Herrscher gegenüber loyal waren.

Auch die Kolonialmächte konnten ihre Überseegebiete nur beherrschen, wenn sie aus Einheimischen Militäreinheiten nach europäischem Muster schufen, die zwar von europäischen Generälen kommandiert wurden, aber auch eine militärische Hierarchie von Einheimischen hatten. Die Mitglieder aus den traditionellen Eliten ließen sich zwar nicht gerne zu Soldaten der Kolonialmächte machen. Für die Alaviten, einer in Syrien zur Unterschicht gehörenden Minderheitssekte, war die Militärlaufbahn aber sogar ein Weg, in die Oberschicht aufzusteigen.

Die Militärs nahmen aus Europa vorzugsweise auch den dort bereits in die Dekadenz gekommenen Nationalismus auf, der in Europa zwei Weltkriege ausgelöst hatte. Die Militärs wurden die Keimzellen für die Unabhängigkeitsbestrebungen. Das geistige Rüstzeug für ihre nationalen Ideale bekamen die Militärs von den in Europa geschulten Intellektuellen, die die ideologischen Grundlagen für die in Syrien und auch im Irak bestimmende Baath-Partei schufen.

Wikipedia schreibt: >>Die Baath-Partei geht formal von der Doktrin einer einzigen ungeteilten arabischen Nation und einem gesamtarabischen Vaterland aus. ... Als Grundprinzipien galten Einheit, Freiheit, Sozialismus. Im Kern ist sie – ... – säkular.<<[414] >>Die Partei wurde 1940 von dem aus einer griechisch-orthodoxen christlichen Familie stammenden Syrer Michel Aflaq und dem sunnitischen Muslim Salah ad-Din al-Bitar in Damaskus gegründet. ... Der offizielle Vereinigungs- und Gründungstag der Partei der arabischen Wiedergeburt wird auf den 7. April 1947 datiert, und ab Juli 1947 erschien die Zeitung al-ba'th regelmäßig. Die überwiegend intellektuellen Anhänger vereinten zunächst kleinbürgerliche (nichtmarxistische, französische) Sozialismusvorstellungen und nationalistische Ideen (z. B. von Antun Sa'ada) anstelle religiöser Orientierungen.<<[415]

>>Entsprechend ihrem nationalistisch-laizistischen Programm predigte die Baath-Partei Einheit (des arabischen Vaterlandes), Freiheit (und Unabhängigkeit von den Kolonialmächten) und (einen arabischen) Sozialismus der „Dritten Art". Aufgrund des ersten Punktes war die Baath-Partei eine treibende Kraft

---

[412] https://de.wikipedia.org/wiki/Jordanien.
[413] Vgl. https://de.wikipedia.org/wiki/Jordanien.
[414] https://de.wikipedia.org/wiki/Baath-Patei_%28Syrien%29.
[415] https://de.wikipedia.org/wiki/Baath-Partei.

für die Vereinigung Syriens mit Ägypten zur Vereinigten Arabischen Republik (1958–1961) und deren Neu-auflage von 1963, die beiden letzteren Ziele führten sowohl zur Übernahme westlicher Lebensvorstellungen als auch aus dem Ostblock stammender Auffassungen von einer modernen sozialistischen Gesell-schaft.<<[416]

>>Statt religiöser Einheit aller (sunnitischen) Muslime über nationale Grenzen hinweg, fordert der Baathismus nationale Einheit aller Araber über religiöse Grenzen hinweg; einschließlich schiitischen, christlichen Arabern usw., und mit keinerlei Beteiligung von Türken und Persern. Die Baath-Ideologie ist daher im Grundsatz säkularistisch und deutet den Islam zu einer Religion der Araber um. Jene definiert sie in ihrer Doktrin nach „Art. 10: Araber ist, dessen Sprache Arabisch ist und der auf arabischem Boden lebt oder auf ihm zu leben erstrebt und an seine Verbindung mit der arabischen Nation glaubt." [417]<<[418]

>>Die Baathpartei war nach dem aus dem Ostblock entlehnten Prinzip des Demokratischen Zentra-lismus streng hierarchisch organisiert. ... Für eine Karriere im Militär, der Bürokratie oder auch den Gewerkschaften war eine Parteimitgliedschaft unerlässlich. Außerdem wurden Nicht-Parteimitglieder bei der Zulassung zum Hochschulstudium benachteiligt. [419] ... Die Partei versuchte die Gesellschaft durch ihre Unterorganisationen für Arbeit, Freizeit, Kultur und Bildung zu durchdringen. ...Besonderes Augenmerk in ihrem – laut dem US-amerikanischen Historiker Ibrahim al-Marashi – totalitären Staats-konzept legte die Partei auf die Durchdringung und sogenannte Baathisierung der Streitkräfte, um die politische Macht der Partei zu erhalten. Einerseits geschah dies durch direkte Überwachung als auch durch Bildung parteieigener, zu den regulären Streitkräften parallel existierenden militärischen Struk-turen. [420]<<[421]

Der nach östlichen Vorbild praktizierte Zentralismus kam den Prinzipien einer Militärhierarchie na-türlich nahe, musste aber zugleich die Weiterentwicklung zu Militärdiktaturen fördern.

2.6.1 Syrien

In Syrien trat am 16. November 1970 aus den jahrelangen Machtkämpfen innerhalb der Baath-Partei >>schließlich Hafiz al-Assad als Sieger hervor. Assad, unter Salah Dschadid noch Verteidigungsminister, ließ den Altpräsidenten und einige seiner Anhänger bei dieser sog. Korrekturbewegung verhaften, nach-dem er selbst einst aus politischen Gründen einige Zeit im Gefängnis verbringen musste. 1971 ließ er sich mit 99,2 % der Stimmen (ohne Gegenkandidaten) zum Staatspräsidenten wählen; im selben Jahr wurde er Generalsekretär der Baath-Partei.<<[422]

>> Viele politische Parteien im Syrien existieren bereits seit der französischen Mandatszeit. Ab 1963 jedoch regierte die Baath-Partei in einem Einparteiensystem: Artikel 8 der Verfassung schreibt vor, dass "die Arabisch-Sozialistische Baath-Partei die Gesellschaft und den Staat leitet". Seit 1972 wurde es Par-teien erlaubt, welche die Führerrolle der Baath-Partei und die arabisch-sozialistische sowie nationalis-tische Orientierung akzeptieren, als Mitglieder der Nationalen Fortschrittsfront (Einheitsliste) zu agie-ren.<< [423]

Als die Franzosen in ihrem Protektoratsgebiet militärische Hilfstruppen zusammenstellten, meldeten sich überwiegend Alawiten. Dabei gilt es zu bedenken- ich zitiere aus *Wikipedia Syrien -*, dass die Sunniten

---

[416] https://de.wikipedia.org/wiki/Baath-Partei.
[417] Andreas Meier: *Der politische Auftrag des Islam*, S. 135.
[418] https://de.wikipedia.org/wiki/Baath-Partei.
[419] Efraim Karsh, Inari Rautsi: *Saddam Hussein - A political biography*, S. 175–178.
[420] Ibrahim Al-Marashi, Sammy Salama: *Iraq's Armed Forces: An Analytical History*, S. 8, S. 124.
[421] https://de.wikipedia.org/wiki/Baath-Partei.
[422] https://de.wikipedia.org/wiki/Syrien.
[423] https://de.wikipedia.org/wiki/Liste_der_politischen_Parteien_in_Syrien.

74 Prozent,[424] und die Alawiten nur 12 %[425][426] der syrischen Bevölkerung stellten wenig mehr als die Christen, die etwa 10 % der Bevölkerung sind. [427]. 1920 waren es noch 30 Prozent.[428]

Ulrike Putz schreibt über die Alawiten: >>Etwa zwölf Prozent der Syrer gehören der geheimnisumwobenen Sekte an: Einerseits folgen ihre Anhänger dem Koran, andererseits fasten sie während des Ramadan nicht, feiern stattdessen aber Weihnachten und glauben an Reinkarnation. Alawiten sehen ihre Glaubensgemeinschaft als Abspaltung des schiitischen Islam. … Jahrhundertelang lebte die eingeschworene Gemeinschaft abgeschottet von der Außenwelt im zerklüfteten syrischen Gebirge und an den Ufern des Mittelmeers. Dort fanden sie Schutz vor ihren Feinden.

Doch die Abgeschiedenheit, die Teil der Überlebensstrategie der religiösen Minderheit war, nahm 1970 ein abruptes Ende. Im Winter dieses Jahres putschte sich mit Hafis al-Assad in Damaskus ein Alawit an die Macht. Fortan galt als privilegiert, wer der ehemals verfolgten Minderheit angehörte.

In welchem Maße die Assads - nach dem Tod Hafis' übernahm sein Sohn Baschar im Jahr 2000 die Macht und das Präsidentenamt - ihre Glaubensgenossen in die oberen Ränge ihres Regimes hievten, ist unklar. Belegt ist, dass in Armee und Geheimdienst überdurchschnittlich viele Alawiten unter den Offizieren zu finden sind. Auch ist der harte Kern der Schabiha genannten Schlägertruppen des Regimes mit Alawiten durchsetzt. Für viele Syrer hat der Unterdrückungsapparat des Regimes deshalb ein alawitisches Gesicht.<<[429]

>>Um sich nach seiner Machtübernahme die Unterstützung der - ihm als Alawit äußerst misstrauisch gegenüberstehenden - Sunniten zu sichern, fuhr Assad Senior eine zweigleisige Strategie. Einerseits suchte er die Unterstützung schiitischer Geistlicher. Mit Musa al-Sadr, einem der Oberhäupter der libanesischen Schiiten, fand er einen hochrangigen Imam, der den Alawiten mittels einer Fatwa attestierte, Muslime zu sein. Dies war für Assad überlebensnotwendig, da die syrische Verfassung vorschreibt, dass der Präsident Muslim sein muss.

Andererseits versuchte Assad die Sunniten zu befrieden, indem er die alawitische Religion benachteiligte, statt sie zu fördern. Wo jede andere Glaubensgemeinschaft im pluralistischen Syrien ihre Familienangelegenheiten nach ihrem eigenen Kodex regelt, unterliegen die Alawiten dem sunnitischen Recht. Die öffentliche Ausübung alawitischer Praktiken ist verboten, es gibt kein religiöses Oberhaupt. Viele Alawiten, die es nicht in die oberen Ränge des Regimes geschafft haben, leben nach wie vor in den armen ländlichen Gebieten entlang der Mittelmeerküste.

Regimekritische Alawiten beklagen, dass sie einerseits vom Regime entrechtet wurden, andererseits von nicht-alawitischen Syrern als Nutznießer des Systems gesehen werden und entsprechend verhasst sind.<< [430]

Nahezu gleichzeitig mit den Vorläufern der säkularen Baath-Partei wurde 1928 die sunnitische Muslimbrüderschaft gegründet. In Syrien wurde die Muslimbrüderschaft[431] zu der maßgebenden sunnitischen Widersacherin der mehrheitlich von den Alawiten bestimmten Baath-Regierung.

Säkulare, und so auch Militärdiktaturen, verlieren viel leichter ihre Ideale und gehen zur Selbstbedienung über, als religiöse Bewegungen. Wie bereits dargestellt, konnte die Hamas im Gazastreifen auch deswegen die Fatah verdrängen, weil in der Fatah Korruption blühte, während sich die Anhänger der Hamas bis zur sozialen Fürsorge engagierten. Wie viel schneller musste sich deswegen der Hass der

---

[424] CIA World Fact Book. Abgerufen am 18. September 2013.

[425] Eva Berié (Hrsg.): Fischer Weltalmanach 2012. Frankfurt/Main 2011. S. 467.

[426] Time Almanac 2010 – Powered by Encyclopaedia Britannica. Chicago 2009. S. 441.

[427] Datenblatt zu SyrienCIA World Fact Book. Abgerufen am 18. September 2013.

[428] Syria: Religions. In: LookLex encyclopaedia.

[429] http://www.spiegel.de/politik/ausland/syriens-alawiten-minderheit-in-todesangst-a-816735.html.

[430] Ebd.

[431] https://de.wikipedia.org/wiki/Muslimbr%C3%BCder.

Muslimbrüder gegen das Assad Regime entzünden, das von den Sunniten zudem noch als Fremdherrschaft empfunden wurde.

>> Es kam unter anderem zu Terroranschlägen, die auf das Konto der Muslimbrüder gingen. Nach einem weiteren Anschlag in der Militärakademie 1979, dem 50 alawitische Kadetten zum Opfer fielen, ging die Regierung verschärft gegen die Muslimbrüder vor.

Zu einem folgenschweren Aufstand, wiederum von Muslimbrüdern initiiert, kam es im Februar 1982 in der mittelsyrischen Stadt Hama. Die Armee griff mit Panzern und Luftwaffe ein und es kam zu heftigen Kämpfen, in deren Verlauf große Teile der Altstadt zerstört wurden. Etwa 1000 Soldaten und zwischen 10.000 und 30.000 Zivilisten verloren ihr Leben. Der Niederschlagung des Aufstands, welcher als das Massaker von Hama bekannt wurde, folgte eine umfangreiche Verhaftungswelle, die der fundamentalistischen Opposition das Rückgrat brach. In der Folge war Assads Machtposition sehr stark und kaum gefährdet.<<[432] Aber im *Arabischen Frühling* 2011 kam es auch wieder in Syrien zu Demonstrationen, die sich zu dem bekannten Chaos entwickelten.

Der Bürgerkrieg in Syrien ist ein multilateraler militärischer Konflikt mit internationalen Interventionen aufgrund religiöser, ethnischer, wirtschaftlicher, politischer und geostrategischer Interessengegensätze. Er ist ein eindrucksvolles Beispiel, welch ein Chaos entsteht, wenn verschiedene nationale und religiöse Zielsetzungen einander überlagern. Das relativ säkulare, wenn auch brutale, Assad-Regime unterstützt von dem Iran, der Hisbollah des Libanon und Russland kämpft gegen:

- die archaischen Gotteskrieger des selbst ernannten Kalifats der IS,
- die Freie Syrische Armee. Die FSA ist die ursprüngliche Aufstandsbewegung gegen das diktatorische Assad-Regime und wird wesentlich getragen von den mehrheitlichen Sunniten in Syrien, die sich von den die politische und militärische Struktur maßgebend bestimmenden Alawiten zurückgesetzt fühlen. Sie werden unterstützt von den USA und anderen Ländern.
- die Dschabbat Fatah al-Scham (Al -Nusra-Front). Auch sie kämpft gegen das Assad Regime, aber aus den gleichen archaischen religiösen Gründen wie der IS. Sie ist genauso wie der IS aus der Al Qaida hervorgegangen. Die Dschabbat Fatah al-Scham wird offensichtlich massiv von Saudi-Arabien und anderen Golfstaaten militärisch unterstützt. Sie ist deswegen militärisch auch stärker als die FSA und wird daher nur zwangsweise als Kooperationspartner der FSA akzeptiert.
- die Kurden. Sie verfolgen nationalistische Ziele: die Zusammenführung aller Kurden in ein Kurdistan. Im Irak haben sie schon einen Autonomiestatus erlangt mit eigenen Streitkräften. Im Norden Syriens haben sich Kurden aus der Herrschaft des Assad-Regimes befreit und kämpfen gegen den IS. Dabei werden sie unterstützt von den USA, Russland, Frankreich und der Bundesrepublik. Allerdings bilden die Kurden keinen einheitlichen Block. Zwischen den eher konservativen Kurden im Irak und den eher sozialistischen Kurden der PKK und der PYD gibt es politische Differenzen.
- die Türken, die aber zugleich ein Kurdistan verhindern wollen und daher lange den IS und auch heute noch die Dschabbat Fatah al-Scham (Al -Nusra-Front) als heimliche Verbündete betrachten. Erst seit den Anschlägen des IS in der Türkei beteiligt sich die Türkei auch am Kampf gegen den IS.

Unterstützt wird das Assad-Regime von der Hisbollah aus dem Libanon und dem Iran, die in Syrien ein schiitisches Bollwerk zwischen den sunnitischen Ländern erhalten bzw. weiterentwickeln möchten, wenn für sie auch die das Assad Regime dominierenden Alawiten nach religiösen Kriterien eine eher problematische schiitische, wenn überhaupt muslimische Sekte ist.

---

[432] https://de.wikipedia.org/wiki/Syrien.

Saudi-Arabien und arabische Golfstaaten haben aus religiösen Gründen an sich Sympathien für die archaisch muslimische Ideologie des IS und des Dschabbat Fatah al-Scham (Al -Nusra-Front). Sie wollen aber den schiitischen Einfluss des Iran abwehren. Da Saudi-Arabien in der Kalifatserklärung des IS eine Gefahr für seine Stellung als Beschützer der Heiligen Stätten des Islam sieht, unterstützen die Saudis auch den Kampf gegen den IS, mehr aber den Kampf der Dschabbat Fatah al-Scham (Al -Nusra-Front) gegen das Assad Regime.

Russland unterstützt das Assad Regime, weil es seine Stützpunkte in Syrien und seinen Einfluss im Nahen Osten erhalten und ausbauen will.

Der Sondergesandte der Vereinten Nationen für Syrien, Staffan de Mistura schätzt im April 2016, dass seit Beginn des Krieges 400.000 Menschen getötet wurden. [433][434] Rund 11,6 Millionen Syrer sind auf der Flucht: Mindestens vier Millionen Syrer flohen aus ihrem Land und 7,6 Millionen sind innerhalb Syriens auf der Flucht.[435] Die UN bezeichnete die Flüchtlingskrise im Februar 2014 als die schlimmste seit dem Völkermord in Ruanda in den 1990er-Jahren. [436]<<[437]

2.6.2 Irak

Der Irak ist ein Kunstgebilde Großbritanniens, das nach dem Ersten Weltkrieg die ihm aus dem osmanischen Erbe zufallenden Provinzen Mesopotamiens unter diesem Namen zusammenfasste.

>>Die Zivilregierung des Nachkriegsiraks wurde ursprünglich vom Hohen Kommissar Sir Percy Cox und seinem Vertreter Oberst Arnold Wilson geleitet. Nach der Ermordung eines britischen Offiziers in Nadschaf konnten die Briten trotz Repressalien die Ordnung nicht wiederherstellen. Aus den Hakkari-Bergen nördlich des Iraks und den Ebenen Urmias im Iran begannen Tausende Assyrer Zuflucht vor den türkischen Verfolgungen im Irak zu suchen. Das größte Problem aber war die wachsende Wut der irakischen Nationalisten, die sich wegen des Mandatsstatus für ihr Land betrogen fühlten. Die Nationalisten kamen früh zu der Einsicht, dass das Mandat nur ein Deckmantel für den Kolonialismus der Briten sei.<<[438]

Es kam zu verschiedenen Aufständen. Dabei kamen zum ersten Mal >>Sunniten und Schiiten, Stämme und Städter für eine gemeinsame Sache zusammen.<< >>Das Land befand sich für drei Monate in einem Zustand der Anarchie; die Briten konnten die Ordnung nur schwer und mit Hilfe von Bombenangriffen der Royal Air Force wiederherstellen.<<[439]

Großbritannien erkannte die Schwierigkeiten, das Mandatsgebiet zu regieren, und schuf daraus das Königreich Irak. >>Auf der Konferenz in Kairo von 1921 bestimmten die Briten die Parameter für das irakische politische Leben, das bis zur Revolution des 14. Juli 1958 anhielt. Sie wählten den Haschimiten Faisal ibn Hussein, Sohn des ehemaligen Scharifen von Mekka Hussein ibn Ali, zum ersten König des Iraks (der Damaskus erobert hatte und dort zum König proklamiert, dann aber von den Franzosen vertrieben worden war und in England im Exil lebte), Sie bauten eine einheimische irakische Armee auf und sie handelten einen neuen Vertrag aus..<< [440]

---

[433] https://deutsch.rt.com/der-nahe-osten/38027-un-sondergesandter-opferzahl-in-syrien/.

[434] http://orf.at/#/stories/2336759/.

[435] Total number of Syrian refugees exceeds four million for first time, UNCHR, vom 9. Juli 2015, abgerufen am 17. Juli 2015.

[436] Uno-Bericht: Neun Millionen Syrer sind auf der Flucht vor dem Krieg, Spiegel Online, vom 1. Februar 2014, abgerufen am 1. Februar 2014.

[437] https://de.wikipedia.org/wiki/B%C3%BCrgerkrieg_in_Syrien#Nordkorea.

[438] https://de.wikipedia.org/wiki/Britisches_Mandat_Mesopotamien.

[439] Ebd.

[440] Ebd.

>>Die Briten sahen in Faisal einen Führer, der genügend nationalistische und islamische Glaubwürdigkeit für eine breite Anerkennung hatte, aber der auch verlässlich genug war, um von ihrer Unterstützung abhängig zu sein. Faisal führt seinen Ursprung auf die Familie des Propheten Muhammad zurück.<<[441]

Der 20-jährige Vertrag, der im Oktober 1922 ratifiziert wurde und mit dem Großbritannien den Irak in die Unabhängigkeit entließ, >>sagte, dass der König britische Ratschläge in allen Angelegenheiten, die britische Interessen tangierten, und in der Finanzpolitik achten solle, solange wie der Irak ein Zahlungsbilanzdefizit mit Britannien hat, und er sagt, dass britische Beamte in spezifische Posten in allen 18 Ministerien ernannt werden und diese als Aufseher und Inspektoren fungieren. Ein späteres Finanzabkommen, das die finanzielle Bürde des Irak merklich steigerte, nötigte den Irak, die Hälfte aller Kosten der britischen Beamten zu zahlen. Britische Verpflichtungen schlossen mit dem neuen Vertrag verschiedene Hilfen ein, beispielsweise Militärhilfe und die Unterstützung für einen frühen Beitritt des Iraks zum Völkerbund. Im Endeffekt machte der Vertrag den Irak politisch und wirtschaftlich von Britannien abhängig. Während er unfähig war den Vertrag zu verhindern, fühlte Faisal klar, dass die Briten in ihren Versprechungen gegenüber ihn zurückgingen.

Am 1. Oktober 1922 wurde die Royal Air Force im Irak als RAF Iraq Command reorganisiert, das die Kontrolle über alle britischen Kräfte im Königreich hatte.[[442]]<< [443]

Die brisante gesellschaftliche Situation im Irak ist wesentlich bestimmt von dem Verhältnis der verschiedenen Religionsgruppen und Ethnien zueinander, die zwar in verschiedenen Provinzen jeweils konzentriert sind, aber doch zu einem gemeinsamen Staat von Großbritannien zusammengefügt wurden und eine gemeinsame Hauptstadt in Bagdad haben.

Wikipedia schreibt: >>Etwa 75–80 % der heute im Irak lebenden Bevölkerung sind Araber, 15–20 % sind Kurden und 5 % sind Turkomanen, Assyrer/Aramäer oder Angehörige anderer ethnischer Gruppen.[[444]] Von turkomanischen Quellen wird der Anteil der eigenen ethnischen Gruppe auf etwa 10 % geschätzt.[[445]] Weiterhin sollen im Südosten 20.000 bis 50.000 Marsch-Araber leben.<<[446] >>Marsch-Araber bewohnen die Marschen und Sümpfe im Süden des Iraks, das Gebiet um den Schatt al-Arab, den Zusammenfluss von Euphrat und Tigris, südlich der Stadt Amara und östlich von Nasiriyya. Das (einst) fruchtbare Land wird häufig auch als „Garten Eden" bezeichnet.<<[447] Marsch-Araber sind überwiegend schiitisch.

>>Etwa 97 % der Bevölkerung sind muslimisch. Über 60 % sind Schiiten und zwischen 32 und 37 % Sunniten. Die große Mehrheit der muslimischen Kurden ist sunnitisch. Christen, Jesiden und andere Religionen bilden mit ca. 3 % eine Minderheit [[448]][[449]] gegenüber etwa 25 % vor 100 Jahren. In den letzten Jahren sind fast 2 Millionen Christen geflohen. Die Christen zählen überwiegend zu den orientalisch-christlichen Gemeinschaften. ...

Bis 1948 lebten noch 150.000 Juden im Irak. Aufgrund von Flucht und Vertreibung in den 1940er Jahren und in der Folge der Staatsgründung Israels verringerte sich die Zahl der im Irak lebenden Juden

[441] Ebd.
[442] Barker, A. J.: *The First Iraq War, 1914-1918.*
[443] https://de.wikipedia.org/wiki/Britisches_Mandat_Mesopotamien.
[444] CIA World Factbook: *Iraq: People and Society.* 20. 12. 2011, abger. am 6. 1. 2012 (englisch, ISSN 1553-8133).
[445] H. Tarık Oğuzlu: *The Turkomans of Iraq as A Factor in Turkish Foreign Policy: Socio-Political and Demographic Perspectives,* S. 7-12.
[446] https://de.wikipedia.org/wiki/Irak.
[447] https://de.wikipedia.org/wiki/Marsch-Araber.
[448] CIA World Fact Book: CIA World Factbook Informationen über den Irak.
[449] Otmar Oehring: *Zur gegenwärtigen Situation der Christen im Nahen Osten.*

sehr stark und wird gegenwärtig auf unter 10 Personen geschätzt. [450] Des Weiteren gibt es noch kurdische Jesiden, Schabak und einige Tausend Mandäer. Neuerdings gibt es im kurdischen Teil Iraks, besonders in Sulaimaniyya, wachsende zoroastrische Gemeinden. [451]<< [452]

Aus der Zusammensetzung der Religionen und Ethnien werden bereits die potentiellen gesellschaftlichen Spannungen in Mesopotamien deutlich. Zudem bilden die verschiedenen Ethnien und Religionen in den drei Provinzen unterschiedliche Schwerpunkte.

Basra >>ist ein irakisches Gouvernement, das im Süden des Landes liegt. Die Hauptstadt ist Basra, die die wichtigste schiitische Stadt im Südirak ist. Das Gouvernement grenzt im Süden an Kuwait und im Norden an den Iran, wo der Schatt al-Arab die Grenze bildet. ... Während der osmanischen Herrschaft schloss das Gouvernement noch Kuwait mit ein. Nach dem Ersten Weltkrieg ... wurde Kuwait als eigenständiges britisches Protektorat abgetrennt.<< [453]

Die Bevölkerung im Süden Iraks ist fast ausschließlich schiitisch und steht religiös den Iranern näher. Wie Wikipedia schreibt will sich Basra nach dem Vorbild der Autonomen Region Kurdistan im Nordirak >>mit den anderen Gouvernements Dhi Qar und Maisan zu einer autonomen Region zusammenschließen.<< [454]

In **Bagdad** leben etwa gleich viel Sunniten und Schiiten und eine Reihe von Minderheiten. Es gibt aber massive religiöse Spannungen zwischen diesen beiden Gruppen. Der *Tagesanzeiger* schreibt: >>Früher lebten in den meisten Vierteln Schiiten und Sunniten Seite an Seite. Heute sind gemischte Bezirke die Ausnahme. Meterhohe Mauern trennen einen Teil der Einwohner von den anderen, mit Checkpoints am Eingang: Es ist jedes Mal wie der Eintritt in ein anderes Land.<< [455]

>>**Mossul** war eine multiethnische und multireligiöse Stadt. ... Bei der Aufteilung des Osmanischen Reiches in die Nachfolgestaaten, reichte die türkische Lausanne-Kommission eine demografische Statistik ein, in welcher die Bevölkerung mit ca. 50 % Kurden und 13 % Arabern beziffert wurde. Die restlichen 37 % verteilten sich auf Juden, Assyrer, Chaldäer und Turkmenen.[456]

Die Demografie hat sich seitdem zugunsten der arabischen Bevölkerung verändert. Kurden machen dafür die Arabisierungspolitik Saddam Husseins, und christliche Assyrer und Chaldäer den Einmarsch des Islamischen Staates verantwortlich.... Laut Erzbischof Louis Raphaël I. Sako lebten bei der Machtübernahme des ISIS noch 25.000 Christen in Mossul, [457] nach Angaben der BBC waren es sogar 35.000.[458]<< [459]

>>Im Irak als auch in anderen Entwicklungsländern war die Armee die am besten organisierte Einrichtung im sonst schwachen politischen System. Deswegen konnte das Militär mehr Macht und Einfluss erlangen, während das politische System unter großem politischen und wirtschaftlichen Druck während der Dauer der Monarchie stand. Weil die Offiziere in der neuen Armee notgedrungen Sunniten, die unter den Osmanen dienten, waren und die unteren Ränge größtenteils mit Schiiten besetzt wurden, konnte die sunnitische Vorherrschaft im Militär aufrechterhalten werden.<< [460]

---

[450] jewishvirtuallibrary: The Jews of Iraq.
[451] *Die Anti-IS-Religion.* In: FAZ.
[452] https://de.wikipedia.org/wiki/Irak.
[453] https://de.wikipedia.org/wiki/Basra_(Gouvernement).
[454] Ebd.
[455] http://www.tagesanzeiger.ch/ausland/naher-osten-und-afrika/Bagdad-die-geteilte-Stadt/story/23122080.
[456] Yoanna Petros Mouché: *Verjagt aus Mossul*, http://www.zeit.de/gesellschaft/zeitgeschehen/2014-12/islamischer-staat-christen-vertreibung-irak.
[457] http://diepresse.com/home/politik/aussenpolitik/3841455/Nach-ISDrohung_ChristenExodus-aus-Mosul?from=gl.home_politik.
[458] http://www.bbc.com/news/world-middle-east-28381455.
[459] https://de.wikipedia.org/wiki/Mossul.
[460] https://de.wikipedia.org/wiki/Britisches_Mandat_Mesopotamien.

>>Unter General Abdel Karim Qasim schlossen sich die so genannten „Freien Offiziere" zusammen, um die britische Kontrolle abzuschütteln. Sie stürzten am 14. Juli 1958 mit Hilfe des Volkes die pro-britische Monarchie (Faisal II. 1935–1958). ... Die letzten britischen Soldaten verließen das Land am 24. März 1959.[461]<< 462

Wie in Syrien lieferte im Irak die Baath-Partei die geistigen Grundlagen für die politisch angestrebte Entwicklung. >>Im Frühjahr 1963 ergriff die Baath-Partei im Irak mittels eines blutigen Putsches die Macht. Regierungschef Abd al-Karim Qasim wurde erschossen und seine Leiche im nationalen Fernsehen zur Schau gestellt. [463] Der Putsch erfolgte in Abstimmung mit der CIA. Nach der erfolgreichen Machtübernahme erfolgte eine Repressionswelle mit Massenhinrichtungen wahrer und vermeintlicher Kommunisten in Zusammenarbeit mit dem US-Nachrichtendienst. [464] <<465

>>Dem amerikanischen Geheimdienst war Kassem ein Dorn im Auge; er hatte den antisowjetischen Bagdad-Pakt gekündigt, die Kommunistische Partei im Irak legalisiert und mit der Verstaatlichung der irakischen Ölindustrie begonnen.

... Noch vor dem Sturz Kassems hatten CIA-Agenten, darunter der in Beirut als Journalist getarnte William McHale, mit Hilfe von Baath-Aktivisten Namenlisten linker Intellektueller im Irak zusammengestellt. Saddam soll ebenfalls dazu beigetragen haben. Tausende wurden verhaftet und hingerichtet, Saddam Hussein rückte in den Sicherheitsdienst des neuen Regimes auf.<<466

>>Als die Baʿth-Partei 1968 im Irak an die Macht kam, wurde Saddam in der neuen Regierung stellvertretender Generalsekretär des Revolutionären Kommandorates sowie Chef des Ministeriums für Staatssicherheit und des Propagandaministeriums. 1969 wurde er Vizepräsident.

Am 1. Juni 1972 leitete er die Verstaatlichung westlicher Ölfirmen ein, die ein Ölmonopol im Irak hatten. Mit den Öleinnahmen entwickelte er das Land zu einer regionalen militärischen Großmacht. Die Einnahmen aus dem Ölverkauf sorgten aber auch für den Wohlstand breiterer Bevölkerungsschichten. 1972 unterzeichnete Saddam in Moskau ein Freundschaftsabkommen mit der Sowjetunion. [467] ...

1979 ernannte Präsident Ahmad Hasan al-Bakr Saddam im Alter von 42 Jahren zum Vorsitzenden der Partei und zu seinem Nachfolger. Am 11. Juli 1979 wurde er Generalsekretär der Baʿth-Partei, und am 16. Juli 1979 übernahm er die Macht als Staatspräsident und Regierungschef. In dieser Position diffamierte Saddam öffentlich Mitglieder der Baʿth-Partei, woraufhin sie ohne Prozess zum Tode verurteilt und sofort liquidiert wurden. Andere Parteimitglieder wurden durch dieses Exempel auf die Linie Saddams eingeschworen. ...

Er sah sich als tatsächlichen Nachfolger des Königs von Babylon und Begründers des neubabylonischen Reiches Nebukadnezars II .<<468

Als „Nachfolger Nebukadnezars II" wollte Saddam Hussein die Vorherrschaft im Nahen Osten. Ein erfolgreicher Einmarsch in den Iran würde den Irak zur dominierenden Macht am Persischen Golf und zum Kontrolleur über einen lukrativen Ölmarkt machen.<<469 Dazu bot sich an, dem Iran die Region Arabistan zu entreißen, weil dort bedeutende Öl- und Gasvorkommen waren. >>Schiitische Araber stellen nahezu die Bevölkerungsmehrheit im Süden der Provinz<<470 Bereits >>1969 erklärte der damalige Vizepräsident des Irak, Saddam Hussein: „Iraks Auseinandersetzung mit dem Iran bezieht sich auf Arabistan

461 Fürtig, Henner: *Kleine Geschichte des Irak: von der Gründung 1921 bis zur Gegenwart*, S. 58 online.
462 https://de.wikipedia.org/wiki/Irak.
463 Phebe Marr: *The Modern History of Iraq*, S. 115 - S. 117.
464 Shiva Balaghi: *Saddam Hussein - A Biography*, S. 33f.
465 https://de.wikipedia.org/wiki/Baath-Partei.
466 http://www.wingover.ch/Bush/Irak%20CIA.htm.
467 George Black: *Genocide in Iraq: The Anfal Campaign Against the Kurds*, S. 45.
468 https://de.wikipedia.org/wiki/Saddam_Hussein.
469 https://de.wikipedia.org/wiki/Erster_Golfkrieg.
470 https://de.wikipedia.org/wiki/Chuzestan.

[Chuzestan], das Teil des irakischen Bodens ist und während der Fremdherrschaft vom Iran annektiert wurde."<<[471]

Aber nicht nur Saddam Hussein hegte aggressive Absichten gegenüber dem Iran. Dem im Iran an die Macht erlangten Ajatollah Khomeini war das Regime im Irak ohnehin verhasst. Zudem war Saddam Hussein Sunnit. Sunniten haben die von den Schiiten vertretende Nachfolge Mohammeds über dessen Verwandte nicht anerkannt und den von den Schiiten anerkannten Enkel Mohammeds Imam al-Husain ibn ʿAlī in der Schlacht in Kerbela erschlagen.

Dazu Wikipedia: >>In Kerbela fand am 10. Oktober 680 die Schlacht von Kerbela statt, die ein zentrales Ereignis für die Zwölfer-Schiiten oder Imamiten ist. Bei einem Aufstand gegen die Umayyaden (die in Damaskus residierenden sunnitischen Kalifen) kam fast die ganze Führerschaft der Schiiten ums Leben. Das Grab des als Märtyrer verehrten schiitischen dritten Imam al-Husain ibn ʿAlī befindet sich in Kerbela, wodurch die Stadt einer der wichtigsten schiitischen und alevitischen Wallfahrtsorte ist. Der Imam-Husain-Schrein ist die bedeutendste Moschee des Irak. Der Bruder Husains, Abbas ist in der Al-Abbas-Moschee bestattet, welche sich in Sichtweite des Imam-Husain-Schreins befindet. Die dortigen schiitischen Passionsfeiern am Zehnten des islamischen Monats Muharram erinnern an diese Begebenheiten mit Trauerfeiern, rituellen Erzählungen und Prozessionen. [[472]]<<[473]

Hinzu kam, dass während der Zeit des Regimes der Baath-Partei im Irak Massenpilgerfahrten nach Kerbela verboten waren.

Bereits 1924 hatte sich die iranische Provinz Chusistan erfolglos gegen die iranische Zentralregierung in Teheran erhoben. >>1979, nach der islamischen Revolution, lehnten sich die Araber in Chusistan erneut auf. Dabei wurden sie vom irakischen Diktator Saddam Hussein unterstützt.<<[474] So kam es zu dem irakisch-iranischen Krieg. Die USA und andere westliche, aber auch sunnitische Länder gaben Saddam Hussein nicht nur grünes Licht für einen Angriff, sie unterstützten ihn auch mit Waffen und die USA informierte die irakischen Truppen über per Luftaufklärung gewonnene Truppenbewegungen der Iraner.

Der Krieg dauerte 8 Jahre, erforderte auf beiden Seiten die blutigsten Opfer und endete mit einem Waffenstillstand am 18. Juli 1988, letztlich auf Druck des UN-Sicherheitsrates. [475]

Um doch noch zur bedeutendsten Ölmacht des Nahen Ostens aufzusteigen, überfiel Saddam Hussein am 2. August 1990, das heißt zwei Jahre nach dem Iran-Krieg, Kuwait. Behauptete Kriegsgründe waren:

1.   die Weigerung Kuwaits die Kriegsschulden des Irak in Höhe von 80 Milliarden US-$ zu erlassen. Der Irak hatte sich, um den Krieg gegen den Iran zu finanzieren, unter anderem auch von Kuwait Geld geborgt.
2.   Kuwait soll an der Grenze zum Irak Öl gewonnen haben, dass aus angrenzenden irakischen Ölreserven stammt.
3.   Kuwait soll sich geweigert haben, die Fördermenge so weit zurückzufahren, dass der Weltölpreis genügend steigt.
4.   Das Staatsgebiet Kuwaits gehöre historisch mit dem Gebiet des Irak zusammen.[476]

>>Trotz seiner Größe von über 430.000 km² hat der Irak nur 58 km Küstenlinie, befindet sich damit sowohl strategisch als auch wirtschaftlich gegenüber anderen Golfanrainern deutlich im Nachteil. Das sehr viel kleinere Kuwait z. B. hat bei nur 17.800 km² Fläche 499 km Küstenlinie. Durch die endgültige Annexion Kuwaits hätte sich also die Küstenlinie fast verzehnfacht. Dazu wären auch neue Häfen gekommen.<<[477]

---

[471] https://de.wikipedia.org/wiki/Erster_Golfkrieg.
[472] Annemarie Schimmel: *Das islamische Jahr. Zeiten und Feste*, S. 39 ff.
[473] https://de.wikipedia.org/wiki/Kerbela.
[474] https://de.wikipedia.org/wiki/Chusistan.
[475] https://de.wikipedia.org/wiki/Erster_Golfkrieg.
[476] Siehe: https://de.wikipedia.org/wiki/Zweiter_Golfkrieg.
[477] Siehe: https://de.wikipedia.org/wiki/Zweiter_Golfkrieg.

Diesen Machtzugewinn konnten die USA und die übrige Welt nicht zulassen. >>Die Vereinigten Staaten unter Federführung des US-Außenministers James Baker bildeten daraufhin ein vereinigtes Militärbündnis gegen den Irak, an dem sich schließlich 34 Länder beteiligten: Afghanistan, Ägypten, Argentinien, Australien, Bahrain, Bangladesch, Dänemark, Frankreich, Griechenland, Honduras, Italien, Kanada, Katar, Kuwait, Marokko, die Niederlande, Niger, Norwegen, Oman, Pakistan, Polen, Portugal, Saudi-Arabien, Senegal, Spanien, Südkorea, Syrien, Tschechoslowakei, Türkei, Ungarn, die Vereinigten Arabischen Emirate, das Vereinigte Königreich und die Vereinigten Staaten selbst.<<

Deswegen begann ab dem 16. Januar 1991 >>eine Koalition, angeführt von den Vereinigten Staaten und legitimiert durch die Resolution 678 des UN-Sicherheitsrates, mit Kampfhandlungen zur Befreiung Kuwaits.<< Am 27. Februar war Kuwait City befreit; >>in der darauf folgenden Nacht verkündete Präsident Bush am 28. Februar Waffenruhe.<< >>Bei der Konferenz verhandelte der Irak über die Nutzung bewaffneter Hubschrauber auf der eigenen Seite der gegenwärtigen Grenze. Bald danach waren diese Hubschrauber und ein großer Teil der irakischen Streitkräfte unterwegs, um einen schiitischen Aufstand im Süden zu bekämpfen.

Im Norden vertrauten Kurdenführer den amerikanischen Zusicherungen, dass diese einen Volksaufstand unterstützen würden, und begannen zu kämpfen in der Hoffnung, einen Angriff auszulösen. Als jedoch die amerikanische Unterstützung ausblieb, konnten die irakischen Generäle in brutaler Konsequenz die kurdischen Einheiten unbehelligt vernichten. Millionen von Kurden flohen darauf über die Berge in die kurdischen Gebiete der Türkei und des Irans.<< >>Am 12. April 1991 trat der Waffenstillstand zwischen dem Irak und den Koalitionsstreitkräften in Kraft, was das offizielle Endes des Krieges bedeutet.<<[478]

>>Wirtschaftssanktionen folgten dem Krieg postwendend. Dem Irak wurde zugestanden, bestimmte Produkte unter dem Öl-für-Lebensmittel-Programm zu importieren. Ein UNICEF-Report recherchierte 1998, dass die Sanktionen eine Zunahme von 90.000 Todesfällen pro Jahr (IAC), insbesondere bei Kleinkindern und Babys, zur Folge hatten. ...

Am 15. Mai 1991 begann die Internationale Atomenergie-Agentur IAED gemäß den Bedingungen des Waffenstillstands mit der Inspektion der Anlagen des Irakischen Atomprogramms zur möglichen Herstellung von Atomwaffen.<< [479]

Der Irakkrieg hatte für den Nahen Osten aber auch für die Weltpolitik insgesamt Folgen. Weil die Palästinenser in dem Krieg zu Saddam Hussein gehalten hatten, mussten sie binnen weniger Tage etwa 450.000 Palästinenser Kuwait verlassen, wodurch sich die Zahl palästinensischer Flüchtlinge in den übrigen Gebieten erhöhte.

Obwohl der Irak durch die Kriege sehr geschwächt und zudem noch mit Wirtschaftssanktionen belegt worden war, galt Saddam Hussein als menschenverachtender Diktator und weiterhin unberechenbar und nach biologischen, chemischen und Atomwaffen strebend. Zudem verschärfte sich die antiirakische Einstellung der USA nach von der El Kaida gesteuerten Zerstörung des Welthandelszentrums in New York und des Angriffs auf das Pentagon durch Selbstmordflugzeuge.

>>Als unmittelbare Reaktion auf die Terroranschläge am 11. September 2001 forderte US-Verteidigungsminister Donald Rumsfeld, Afghanistan und den Irak gleichzeitig anzugreifen, notfalls unilateral und ohne Beweise für deren Angriffsabsichten, um Saddam Hussein zu stürzen.<< >>Am 5. Februar 2003 führte US-Außenminister Colin Powell bei der entscheidenden Sitzung des UN-Sicherheitsrats angebliche Beweise für biologische und chemische Waffen sowie für Bauteile atomarer Waffen des Irak vor, die sich bis Mitte 2004 alle als falsch herausstellten.[[480]]<< >>Am 17. März 2003 stellte US-Präsident Bush Saddam Hussein ein Ultimatum, den Irak innerhalb von 48 Stunden zu verlassen; andernfalls würde man den

---

[478] https://de.wikipedia.org/wiki/Zweiter_Golfkrieg.
[479] Ebd..
[480] Stephan Bierling: *Geschichte des Irakkrieges. Der Sturz Saddams und Amerikas Albtraum im Mittleren Osten*, S. 62 und 96.

Irak angreifen. Auf Husseins Weigerung hin eröffnete [ohne Mandat des Sicherheitsrates] die Kriegsko-alition in der Nacht vom 19. zum 20. März den als Operation Iraqi Freedom bezeichneten Krieg mit geziel-ten Bombardements in Bagdad.<<[481] >>Im Mai 2003 erklärte US-Präsident Bush die größeren Kampfhand-lungen für beendet und der Irak wurde in Besatzungszonen aufgeteilt.<<[482]

>>Nach dem erklärten Kriegsende kam es während der Besetzung des Irak 2003–2011 zu bürger-kriegsähnlichen Zuständen, tausenden Terroranschlägen, Kriegshandlungen und Gewaltkriminalität, so-wohl verschiedener irakischer Gruppen gegeneinander als auch gegen die westlichen Besatzungstrup-pen. Sie forderten vor allem unter irakischen Zivilisten eine unbekannte Anzahl Todesopfer und Verletzte. Auch nach dem Abzug der ausländischen Truppen 2011 kam es zu keiner Befriedung des Landes.<<[483]

>>Der algerische UNO-Sonderbeauftragte Lakhdar Brahimi vermittelte zwischen verschiedenen Par-teien für eine irakische Übergangsregierung, die am 1. Juni 2004 entstand, um ab dem 30. Juni die Macht zu übernehmen. Am 30. Januar 2005 wurden im Irak die ersten freien Wahlen seit über 40 Jahren ab-gehalten. Am 11. Oktober 2006 verabschiedete das Irakische Parlament ein neues Föderalismusgesetz, das die Schaffung sogenannter weitgehend autonomer „Super-Provinzen" vorsieht. Kritiker dieses Ge-setzes, vornehmlich die sunnitische Minderheit, sehen darin eine Bedrohung für die irakische Einheit. [[484]]<<[485]

Die Tragik an der Entwicklung des Irak, wie auch schon des Iran ist, dass eine eher säkulare Gesell-schaft zerfällt in eine Gesellschaft, in der die Menschen wieder von der traditionellen Religion unmündig gemacht und sogar zu archaischen Verhaltensweisen gezwungen werden.

Der von Saddam Hussein regierte Irak war eine säkulare Herrschaft, wenn auch eine blutige, men-schenverachtende Diktatur. Zwar waren die Eliten überwiegend Sunniten. Aber ihr Gesellschaftsver-ständnis war säkular. Auch gab es Minister, die anderen Religionen angehörten, wie zum Beispiel den langjährigen christlichen Außenminister und Vizepräsidenten Tariq Aziz oder den Schiiten Iyad Allawi [486]. Das Verbindende war die Baath-Partei. Die Baath-Partei war, wie dargestellt eine säkulare Partei, wenn sie auch unter Saddam Hussein zu einer Kaderpartei und Vollstrecker seiner Befehle verkommen war. In ihr gab es aber auch säkular denkende Vertreter anderer Religionen.

Anstatt dass sich die Amerikaner nach ihrem Sieg über den Irak auf freiheitswillige und säkulare Vertreter der Baath-Partei gestützt haben, haben sie diese zerschlagen. Aliénor Carrière schreibt: >>Mit Saddam Hussein fällt auch die Partei. Die amerikanischen Behörden verbieten die Baath-Partei, was zu-nächst zu einer Auflösung des öffentlichen Apparats führt. Erst im Jahr 2008 erlaubt das irakische Ge-setz, ehemaligen Mitgliedern der Baath-Partei wieder einen Posten in der Verwaltung zu bekleiden.<<[487] Wikipedia schreibt: >>Iyad Allawi bezeichnete den Irak als Gescheiterten Staat. Das Land wird stark vom Iran beeinflusst und besitzt eine stagnierende Wirtschaft, hohe Arbeitslosigkeit, eine hohe Inflation, kei-nen funktionierenden öffentlichen Sektor und eine immer noch schlechte Sicherheitslage. [[488]]<<[489]

[481] https://de.wikipedia.org/wiki/Irakkrieg.

[482] https://de.wikipedia.org/wiki/Irak#Irakkrieg_2003.2C_Absetzung_Husseins_und_Besatzungszeit.

[483] https://de.wikipedia.org/wiki/Irakkrieg.

[484] Die Zeit: Irak: Parlament verabschiedet Förderalismusgesetz, 11. Oktober 2006.

[485] https://de.wikipedia.org/wiki/Geschichte_des_Irak#Politische_Neuordnung_seit_2003.

[486] Säkularer schiitischer Muslim, Neurologe, unter Saddam Hussein Mitglied der Baath-Partei. Bei den irakischen Parlamentswahlen 2010 ging Allawi knapp als Sieger hervor. Das von ihm geleitete überkonfessionelle Bündnis Irakija kam auf 91 Sitze. https://de.wikipedia.org/wiki/Iyad_Allawi.

[487] Aliénor Carrière: *Aufstieg und Fall der Baath-Partei*, http://irak.arte.tv/de/hintergrunde/aufstieg-und-fall-der-baath-partei/.

[488] *„Der Irak ist auf dem Weg in eine neue Diktatur"*. Abgerufen am 5. November 2013.

[489] https://de.wikipedia.org/wiki/Geschichte_des_Irak#Politische_Neuordnung_seit_2003.

Das einzige stabile und relativ säkulare Gebiet des Irak ist die autonome Region der Kurden. Da die Kurden nach weiterer Selbstständigkeit streben, kommen sie diesem Ziel immer näher, je mehr der übrige Irak in Chaos verfällt.

2.6.3 IS Islamischer Staat

Als Folge der Zerschlagung der Baath-Partei und damit auch der Ausschaltung der sunnitischen Führungskader und der religiösen Diskriminierung der Sunniten durch die früher unterdrückte schiitische Mehrheit der Iraker waren die Sunniten offen für die radikale terroristische Ideologie von al-Qaida. Zugleich besannen sie sich auf ihre religiöse und kulturelle Bedeutung im Mittelalter.

Nach dem Tode von Mohammed war in Damaskus die Kalifat-Dynastie der Umayyaden gegründet worden. >>Die Umayyaden ... waren ein Familienklan des arabischen Stammes der Quraisch aus Mekka, dem Stamm, dem auch der Religionsgründer Mohammed entstammte. Angehörige der Familie herrschten von 661 bis 750 n. Chr. als Kalifen von Damaskus aus über das damals noch junge islamische Imperium ... und begründeten damit die erste dynastische Herrscherfolge der islamischen Geschichte.<< [490] Es ist deshalb verständlich, dass die sunnitischen al-Qaida-Kämpfer nicht auf Dauer ferngesteuerte Kämpfer eines al-Qaida-Führers sein wollten.

Ihre Organisation 2004 war noch >>unter al-Qaida im Irak (AQI), ab 2007 unter Islamischer Staat im Irak (ISI), von 2011 bis Juni 2014 unter Islamischer Staat im Irak und in Syrien (ISIS), des Weiteren unter dem Namen Islamischer Staat im Irak und der Levante (ISIL) und auch unter dem transkribierten arabischen Akronym Daesch (Dāʿisch / داعش), bekannt.[491][492]

Nach der militärischen Eroberung eines zusammenhängenden Gebietes im Nordwesten des Irak und im Osten Syriens verkündete die Organisation am 29. Juni 2014 die Gründung eines Kalifats mit Abu Bakr al-Baghdadi als „Kalif Ibrahim – Befehlshaber der Gläubigen".[493] Damit ist der Anspruch auf die Nachfolge des Propheten Mohammed als politisches und religiöses Oberhaupt aller Muslime verbunden.[494][495]<<[496] Aber >>für die vom IS behauptete Abstammung Ibrahim Awad Ibrahim al-Badris vom Stamm der Quraisch des Propheten Mohammed gibt es keine Belege.

Einer seiner Brüder ist als „Märtyrer" für Saddam Husseins Armee gestorben. ...Aus „medizinischen Gründen" wurde er nicht zum Wehrdienst eingezogen.[497] ... Ursprünglich hatte er sich für ein Jurastudium beworben, doch war sein Schulabschluss dafür nicht gut genug. Er studierte an der „Universität für Islamisches Recht" anfangs in der Abteilung für Islamische Rechtsprechung und wechselte später zur Koranwissenschaft. 1999 schloss er sein Magisterstudium ab, danach soll er als Moscheeverwalter gearbeitet haben. Nach der US-Invasion des Irak im Jahr 2003 schloss sich al-Baghdadi der sunnitischen Widerstandsgruppe Ansar as-Sunna an. [498] Im Februar 2004 wurde er verhaftet und bis Dezember

[490] https://de.wikipedia.org/wiki/Umayyaden.

[491] Felicia Schwartz: *One More Name for Islamic State: Daesh*, The Wall Street Journal vom 23. Dezember 2014.

[492] Alice Guthrie: *Decoding Daesh: Why is the new name for ISIS so hard to understand?*, Free Word Centre vom 19. 2. 2015.

[493] Wilfried Buchta: *Terror vor Europas Toren*, S. 19.

[494] Stephan Rosiny: „Des Kalifen neue Kleider": Der Islamische Staat in Irak und Syrien (PDF). In: GIGA Focus, Nr. 6/2014, abg.am 2.10. 2014.

[495] IS-Führer Baghdadi sieht sich als Nachfolger des Propheten. In: Rheinische Post, 29. Juni 2015.

[496] https://de.wikipedia.org/wiki/Islamischer_Staat_(Organisation).

[497] Volkmar Kabisch, Amir Musawy, Georg Mascolo und Christian Baars: Auf der Spur des IS-Anführers. In: tagesschau.de, 18. Februar 2015.

[498] Wilfried Buchta: *Terror vor Europas Toren*, S. 316.

2004 im Camp Bucca der US-Streitkräfte im Irak interniert. [499]... In dem Gefangenenlager wurden alte Saddam-Gefährten, Generäle und Geheimdienstler gemeinsam mit Islamisten interniert. ... [500] ...

Am 9. April 2013 rief al-Baghdadi den „Islamischen Staat im Irak und der Levante" (ISIS) aus, und erklärte die Dschabbat Fatah al-Scham (Al -Nusra-Front) zu einem Ableger des ISIS. Damit steht der IS in Konkurrenz zu al-Qaida und dessen Führer Aiman az-Zawahiri. [501]<<502

Wegen des politischen und wirtschaftlichen Chaos in Syrien und im Irak konnte sich der IS sehr schnell ausweiten. Durch die Angriffe nahezu aller am Syrien-Konflikt beteiligten Mächte, wird der IS jedoch immer weiter zurückgedrängt und hat seine wichtigsten Städte Mossul und Raka bereits verloren bzw. steht kurz davor.

In Syrien wollen das Assad-Regime und seine Verbündeten natürlich, dass alle Gebiete bei Syrien verbleiben. Dem würden auch die FSA Freie Syrische Armee und andere Widerstandsgruppen zustimmen, wenn Syrien eine Demokratie bzw., wenn es nach den islamischen Widerstandsgruppen außerhalb des IS geht, wenn Syrien ein Gottesstaat wird. Die Kurden wollen nordsyrische Gebiete dagegen dem der PKK nahestehenden Kurdengebiet angliedern. Dagegen wendet sich die Türkei.

Im Irak will die Regierung in Bagdad natürlich auch alle ehemals zum Irak gehörigen Gebiete wiedergewinnen. Dabei steht die irakische Regierung allerdings im Widerstreit zum autonomen Kurdengebiet, das sich die Gebiete um Mossul angliedern möchte, zumal Mossul ursprünglich mehrheitlich von Kurden bewohnt war und erst durch die Arabisierungspolitik Saddam Husseins die Bevölkerungsmehrheit verloren hat. Zudem leben im Norden Iraks überwiegend Sunniten, die eine Unterdrückung seitens der die Regierung in Bagdad beherrschenden Schiiten und ihres Verbündeten Iran fürchten. So wächst mit jeder Schwächung des IS das Konfliktpotenzial zwischen den Gegnern des IS.

Aber selbst wenn die staatlichen Strukturen in Syrien und im Irak zerstört sind, ist damit der IS noch nicht besiegt. Er hat bereits Ableger in vielen anderen muslimischen Ländern, oft auch in Konkurrenz zur Al Qaida und anderen islamistischen Gruppen.

Nährboden für diese islamistischen Terrorgruppen ist nicht nur islamischer Fanatismus, sondern sind auch soziale Not und eine gestörte Persönlichkeit. Aus letzterem Grunde konvertieren auch Nicht-Muslime zum Islam und suchen im islamischen Kampf Anerkennung, Auszuleben ihrer Gewaltvorstellungen und das Paradies.

2.7 „Kurdistan"

>>Die Kurden sind eine Volksgruppe mit eigener Sprache mit mehreren Dialekten und eigenen Bräuchen. Sie bekennen sich überwiegend zum sunnitischen Islam. Es gibt jedoch auch schiitische Muslime, Jesiden, Aleviten und assyrische Christen unter ihnen.

Für die kurdischen Siedlungsgebiete gibt es keine klaren Grenzen, es gehören Regionen im Südosten der Türkei, im Norden Syriens und des Irak sowie im Westen Irans dazu, in denen insgesamt etwa 30 Millionen Kurden leben. Dazu kommen noch wenige Zehntausend Kurden in Armenien.

Bei der Gründung der Staaten im Nahen Osten nach dem Ende des Osmanischen Reiches wurde den Kurden nach dem Ersten Weltkrieg kein unabhängiges Kurdistan zugestanden. Seitdem kämpfen viele Kurden für einen eigenen Staat oder wenigstens mehr Autonomie in ihren Gebieten. Vor allem gegen die jeweiligen Sicherheitskräfte der Regierungen. Häufig aber auch gegeneinander.<<

>>Bis zur Zeit des Ersten Weltkriegs wurde das kurdische Bewusstsein einerseits durch die Stammeszugehörigkeit geprägt, andererseits durch den sunnitischen Islam. Unter dem Einfluss europäischer

---

499 Volkmar Kabisch, Amir Musawy, Georg Mascolo und Christian Baars: *Auf der Spur des IS-Anführers*. In: tagesschau.de, 18. Februar 2015.

500 Martin Chulov: *Isis: the inside story*. In: The Guardian, 11. Dezember 2014 (englisch).

501 Charles Lister: *Profiling the Islamic State*, S. 13.

502 https://de.wikipedia.org/wiki/Abu_Bakr_al-Baghdadi.

Ideen entwickelten sie dann ein eigenes Nationalgefühl. Nach der Niederlage des Osmanischen Reiches gegen die Alliierten wurde den Kurden im Vertrag von Sèvres eine autonome Region in Aussicht gestellt.<<[503] Jedoch >>durch den Vertrag von Lausanne wurde Kurdistan durch die Alliierten und die Türkei bei der Auflösung des Osmanischen Reiches auf die vier Staaten Iran, Irak, Türkei und Syrien aufgeteilt.<<[504]

>>Die Kurden in den neu gegründeten Staaten Türkei, Irak, Iran und später auch in Syrien sahen sich mehr oder minder starken Repressalien ausgesetzt. Sie durften sich politisch nicht betätigen, und es wurde versucht, ihre Kultur zu unterdrücken, indem beispielsweise ihre Sprache oder typische Kleidungsformen verboten wurden. Immer wieder wurde auch militärisch gegen sie vorgegangen. Militante Kurden antworteten auf die Unterdrückung mit Terroranschlägen und Sabotageakten, sodass vor allem in der Türkei teilweise kriegsähnliche Zustände in den Kurdengebieten herrschen.<< [505]

Wir haben es somit mit vier Kurdengebieten zu tun.

2.7.1 Kurden im Iran

>>Im schiitisch dominierten Iran wurden die Kurden wegen ihres sunnitischen Glaubens verfolgt.<<[506] >>Anfang des 20. Jahrhunderts gab es immer wieder Aufstände, die durch Simko Aga angeführt wurden. Dieser wurde dann 1930 aus einem Hinterhalt heraus erschossen. Am 22. Januar 1946 wurde nach der Anglo-Sowjetischen Invasion Irans unter der Schirmherrschaft der Sowjetunion in Mahabad die Republik Mahabad gegründet. Dieser Staat aber brach schon ein Jahr später wieder zusammen. Bis zur islamischen Revolution 1979 herrschte Friedhofsruhe in den kurdischen Gebieten. Allerdings überwarfen sich die Kurden mit Chomeini, der ihnen in der Verfassung keine Autonomie zusicherte. Laut der neuen Regierung gab es keine ethnischen Gruppen, sondern nur die islamische Glaubensgemeinschaft. Im August 1979 bombardierte die iranische Armee kurdische Städte und Dörfer, wobei viele Zivilisten ums Leben kamen. Im Juli 2005 brach nach der Tötung des Kurden Schuaneh Ghaderi in der Stadt Mahabad ein Aufstand gegen die iranische Regierung aus. Dieser breitete sich auf etwa zehn kurdische Städte aus. Dabei kamen etwa 20 Menschen ums Leben. Die iranische Regierung bezeichnete die Aufständischen als Hooligans und verlegte 100.000 Soldaten in die kurdischen Gebiete.<< [507]

2.7.2 Kurden im Irak

>>Im Irak gestand man den Kurden zwar zeitweise größere Freiheiten zu, doch wenn der Ruf nach Unabhängigkeit zu laut wurde, schlug der zentralistisch organisierte Staat zurück, um seinen Zugriff auf die Bodenschätze nicht zu verlieren. So führte Saddam Hussein [im Gebiet Mosul] Zwangsumsiedelungen durch und setzte sogar Giftgas gegen kurdische Zivilisten ein. Nach dem Golfkrieg 1991 wurde im Nordirak eine Sicherheitszone für die Kurden errichtet, die dort seitdem weitgehende Autonomie genießen.<<[508]

Da die Kurden in der Region Mosul eine Mehrheit hatten, beteiligen sie sich auch an den Kämpfen gegen den IS, der Mosul erobert hatte und wieder vertrieben werden soll. Sie stehen dabei in Konkurrenz zu den irakischen Truppen der Nationalregierung.

---

[503] https://de.wikipedia.org/wiki/Kurden#Siedlungsgebiet.
[504] Ebd.
[505] http://www.planet-wissen.de/kultur/voelker/kurden_volk_ohne_staat/.
[506] Ebd.
[507] https://de.wikipedia.org/wiki/Kurden.
[508] http://www.planet-wissen.de/kultur/voelker/kurden_volk_ohne_staat/.

Aber auch die der PKK nahestehenden Kurden, kämpfen gegen den IS im Nordirak. Ihnen verdanken beispielsweise die Jesiden, eine spezielle dem Islam nahestehende Sekte, ihre Befreiung aus der Unterdrückung durch den IS. Bei den Kämpfen gegen den IS stehen die Kurden des Autonomiegebietes im Irak in einem gewissen Spannungsverhältnis zu den Kurden der PKK.

Wie komplex das Verhältnis zwischen den Kurden selbst ist, darüber schreibt *Die Zeit*: >>Syriens Kurden, Waffenbrüder der PKK, haben sich auf dem Schlachtfeld des Bürgerkriegs im Norden ein quasi-autonomes Gebiet mit dem Namen "Rojava" gesichert, zu dem auch Kobane gehört. Das empört zum einen die Regierung in Ankara, die an ihrer Grenze auf keinen Fall einen kurdischen Semi-Staat unter PKK-Kontrolle dulden will. Auch deswegen hat Ankara den Krieg gegen die marxistisch ausgerichtete Guerilla wieder aufgenommen. Es stört zum anderen Massoud Barzani. Denn Rojava steht in Konkurrenz zu seinem irakischen Kurdistan, das er und sein Clan seit Jahren dominieren. Deswegen protestiert die autonome Regierung in Erbil auch nur halbherzig, wann immer türkische Kampfbomber die PKK auf nordirakischem Boden unter Beschuss nehmen.

Das alles macht den Kampf gegen den "Islamischen Staat" nicht eben einfacher – auch nicht für die westlichen Verbündeten. Die deutsche Bundesregierung hilft mit guten Gründen den Peschmerga, muss aber gleichzeitig Sorge tragen, dass deutsche Waffen nicht irgendwann bei der PKK landen. Denn die wird, auch weil sie früher selbst Selbstmordattentäter gegen türkische Ziele eingesetzt hat, international immer noch als terroristische Organisation eingestuft. Gleichzeitig stellt die PKK in Syrien, wo sie unter dem Namen "Partei der Demokratischen Union" agiert, eine effektive Bodentruppe gegen die Terror-Miliz des IS. Dabei wird sie von den USA unterstützt.<<[509]

2.7.3 Kurden in Syrien

>>Die kurdische Minderheit in Syrien wurde unter dem arabisch-nationalistischen Baath-Regime jahrzehntelang diskriminiert.[510][511] Im Verlauf des Bürgerkriegs in Syrien gab die syrische Regierung gegen Ende des Jahres 2013 die Kontrolle über die Regionen an der Nordgrenze auf. Lokale kurdische Kräfte übernahmen vielerorts die Kontrolle. Am 12. November 2013 beschloss die „Partei der Demokratischen Union" (Partiya Yekîtîya Demokrat, PYD) gemeinsam mit der christlichen Suryoye Einheitspartei (einer Assyrisch/Aramäischen Partei) und weiteren Kleinparteien im Norden Syriens eine Übergangsverwaltung aufzustellen, um den durch den Krieg entstandenen Missständen in Verwaltung und Versorgung der Bevölkerung zu begegnen.[512] Am 21. Januar 2014 folgte die Etablierung der Verwaltung in Cizîrê, am 27. Januar in Kobanê und einige Tage später auch in Efrîn.<< [513]

Die *PYD Partei der Demokratischen Union*, >>wurde im Jahre 2003 auf Beschluss der PKK gegründet und verfügt über keine legale Organisationsstruktur in Syrien. Ihre Ideologie entspricht dem Demokratischen Konföderalismus und damit der PKK-Linie. Hauptanliegen ist die Lösung der Kurdenfrage. Ihre Hauptforderungen sind laut Parteiprogramm unter anderem die Achtung der Menschenrechte, Freilassung politischer Gefangener, Meinungsfreiheit und die Abschaffung der Todesstrafe.[514]

Nachdem sich die Beziehungen zwischen der Türkei und Syrien verbessert hatten, verlegte sie ihren Schwerpunkt zunächst von der Bekämpfung der Türkei auf nationalistische Agitation unter den syrischen

---

[509]http://www.zeit.de/politik/ausland/2015-12/kurden-islamischer-staat-kobane-widerstand-peschmerga-mossul/ seite-2.

[510] Syria: The silenced kurds, Bericht der HRW vom Oktober 2006.

[511] Syria: End persecution of human rights defenders and human rights activists Artikel vom 7. Dezember 2004 von der Seite amnestyusa.org.

[512] "Kurds declare an interim administration in Syria", Meldung auf www.reuters.com vom 12. November 2013.

[513] https://de.wikipedia.org/wiki/Rojava.

[514] Programm in arabischer Sprache (PDF).

Kurden. Dafür zahlte sie einen hohen Preis: Im Jahr 2009 ergingen zwei Drittel aller Verurteilungen wegen illegaler Parteiaktivität unter syrischen Kurden gegen Mitglieder der PYD; und drei Viertel aller kurdischen Folteropfer waren PYD-Sympathisanten.<<[515]

>>Am 17. März 2016 rief eine Versammlung von kurdischen, assyrischen, arabischen und turkmenischen Delegierten in Rumaylan eine autonome Föderation Nordsyrien – Rojava aus. [516][517]<< [518] >>Rojava ist in 4 Kantone untergliedert. Die Kantone sind (von West nach Ost): Efrîn, Şehba, Kobanê und Cizîrê (die syrische Provinz al-Hasaka mit Qamischli als Hauptort). Der Kanton Cizîrê grenzt direkt an die Autonome Region Kurdistan im Irak.<< [519] >>Weder die USA und Russland, noch das Assad-Regime und die syrische Opposition unterstützen die Autonomiebestrebungen.[520]

Die Föderation Nordsyrien – Rojava unterhält diplomatische Vertretungen in Moskau,[521] in Stockholm[522] und seit Mai 2016 auch in Berlin.[523] Ziel der Vertretung sei es, diplomatische Beziehungen mit dem deutschen Staat aufzunehmen und die Öffentlichkeit über die Entwicklungen in Rojava zu informieren, erklärte der Repräsentant der Autonomieregion, Sipan Ibrahim. "Wir wollen den Menschen in Deutschland deutlich machen, dass in Rojava Kurden, Araber und andere Bevölkerungsgruppen geschwisterlich zusammenleben."[524] Ebenfalls im Mai 2016 öffnete eine Vertretung in Paris.[525] Ferner gibt es eine Vertretung der Selbstverteidigungs-Streitkräfte YPG in Prag.[526]<<[527]

>>Die Verwaltung soll die multiethnische und -religiöse Situation in Nordsyrien widerspiegeln und besteht jeweils aus einem kurdischen, arabischen und christlichen-assyrischen Minister pro Ressort. Insgesamt wird der Plan verfolgt, ein demokratisches System aufzubauen im Sinne des selbstverwalteten demokratischen Konföderalismus nach Arbeiten von Abdullah Öcalan, so wird beispielsweise auch eine Frauenquote von 40 % in der Verwaltung angepeilt. [528] Laut PYD ist der längerfristige Plan, alle drei Kantone unter einer Verwaltung zu vereinen.[529]

Die PYD stieß mit diesem Schritt jedoch sowohl innerhalb Syriens als auch international auf Kritik. Ein Kritikpunkt ist, dass die PYD für den angestrebten zusammenhängenden Landstrich „Rojava" in Nord-Syrien auch überwiegend nicht-kurdisch besiedelte Gebiete beansprucht, was v.a. bei der arabisch-sunnitischen Mehrheit in diesen Gebieten auf Widerstand stößt. [530][531]<< [532]

>>Die Wirtschaftsordnung in Rojava ist an den Prinzipien des demokratischen Konföderalismus nach Arbeiten von Abdullah Öcalan orientiert. Privateigentum und Unternehmertum sind geschützt nach dem Prinzip des "Eigentum durch Gebrauch". Dara Kurdaxi, ein Ökonom aus Rojava, formulierte das Prinzip

---

[515] https://de.wikipedia.org/wiki/Partiya_Yekit%C3%AEya_Demokrat.

[516] "Kurdische Autonomiepläne", Neue Zürcher Zeitung, 17. März 2016.

[517] Rojava: Ausrufung einer kurdisch-syrischen "Demokratischen Föderation", Telepolis, 20. März 2016.

[518] https://de.wikipedia.org/wiki/Rojava.

[519] Ebd.

[520] "Autonomiepläne isolieren Kurden", tagesschau.de, 17. März 2016.

[521] "Syrian Kurds open diplomatic mission in Moscow", The Telegraph, 10. Februar 2016.

[522] Syrian Kurds inaugurate representation office in Sweden, Ara News, 18. April 2016.

[523] Evrensel, 7. Mai 2016.

[524] "Rojava-Vertretung in Deutschland", Junge Welt, 9. Mai 2016.

[525] Syrian Kurds open unofficial representative mission in Paris. Al Arabiya. 24. Mai 2016.

[526] Prague Monitor, 3. April 2016.

[527] https://de.wikipedia.org/wiki/Rojava.

[528] Onur Burçak Belli: *Traurige Gewinner*. Zeit Online vom 22. 3. 2014, abgerufen am 22. 3 2014.

[529] Rojava artık özerk, Artikel der Radikal vom 31. Januar 2014 (türkisch).

[530] *The Siege Of Kobani: Obama's Syrian Fiasco In Motion*, Analyse von US-Politologe David Stockman vom 11. 10.2014 (englisch).

[531] *Will Syria's Kurds benefit from the crisis?*, BBC-Analyse vom diplomatischen Korrespondenten Jonathan Marcus vom 10. 8.2012 (englisch).

[532] https://de.wikipedia.org/wiki/Rojava.

so: "Die Methode in Rojava ist weniger gegen Privateigentum gerichtet, hat vielmehr das Ziel, Privateigentum in den Dienst aller Bürger von Rojava zu stellen."[533] Der Fokus der Wirtschaftspolitik ist auf einer Ausweitung gemeinwirtschaftlicher und genossenschaftlicher Wirtschaftsaktivität; mehrere hundert Genossenschaften mit meist zwischen 20 und 35 Mitgliedern wurden seit 2012 gegründet.[534]

Nach Auskunft des Wirtschaftsministeriums standen Anfang 2015 rund drei Viertel des Grund und Bodens unter gemeinwirtschaftlicher Verwaltung und ein Drittel der Industrieproduktion wurde durch Betriebe erbracht, die von Arbeiterräten verwaltet werden.[535] Es werden in Rojava keine Steuern erhoben; die Einnahmen der Verwaltung erfolgen aus Zöllen sowie dem Verkauf von gefördertem Erdöl und anderen natürlichen Ressourcen.[536] Angestellte der öffentlichen Verwaltung werden teilweise von der syrischen Zentralregierung bezahlt.[537][538]

Die Wirtschaft in Rojava hat vergleichsweise weniger Zerstörung im Bürgerkrieg erlebt als andere Teile von Syrien, und hat die Umstände vergleichsweise gut gemeistert. Im Mai 2016 schätzte Ahmed Yousef, Wirtschaftsminister und Präsident der Universität Afrin, Rojavas Wirtschaftsleistung zu jenem Zeitpunkt als 55 Prozent des Bruttosozialprodukts von Syrien.[539]<< 540

>>Streitkräfte Rojavas sind die PYD-nahen Volksverteidigungseinheiten (YPG / YPJ). Im Gesellschaftsvertrag werden sie als nationale Institution aller drei Kantone bezeichnet. Ihr Verhältnis zur Armee der Zentralregierung Syriens soll demnach durch Gesetze Rojavas bestimmt werden. Eng unterstützt werden sie von den verbündeten christlichen syrisch-aramäischen Sutoro-Milizen und FSA-Brigaden wie ua. Liwa Thuwwar al-Raqqa im Rahmen des Burkān al-Furāt Bündnis sowie durch die PKK und MLKP. Wichtigster Bürgerkriegsgegner ist die Terrororganisation Islamischer Staat (IS). Seit der Verteidigung von Kobanê im September 2014 werden die YPG unterstützt durch Luftangriffe der US-geführten internationalen Koalition und durch Peschmerga aus der autonomen Region Kurdistan im Irak.

Am 10. Oktober 2015 bildeten die YPG mit der sunnitisch-arabischen Armee der Revolutionäre (Dschaisch ath-Thuwwar), der sunnitisch-arabischen Schammar-Stammesmiliz Quwat as-Sanadid und dem assyrisch-aramäischen Militärrat der Suryoye (MFS) ein Militärbündnis, das unter dem Namen Demokratische Kräfte Syriens (SDF) gemeinsam mit der US-geführten internationalen Koalition gegen den IS in Syrien vorgeht.[541][542]<< 543

2.7.4 Kurden in der Türkei

In dem Maße, wie das Osmanische Reich schwächelte, Gebiete an Russland abgeben musste, unter europäischem Einfluss kam und auch als Reaktion auf die nationalistischen Bestrebungen der unterworfenen Völker wuchs auch in der Türkei der Nationalismus. Damit stiegen die Repressionen gegen andere Ethnien bis hin zu Pogromen.

---

[533] Michael Knapp: 'Rojava – the formation of an economic alternative: Private property in the service of all'.

[534] http://sange.fi/kvsolidaarisuustyo/wp-content/uploads/Dr.-Ahmad-Yousef-Social-economy-in-Rojava.pdf.

[535] A Small Key Can Open a Large Door: The Rojava Revolution, 1st, Strangers In A Tangled Wilderness, 4. März 2015: „According to Dr. Ahmad Yousef, an economic co-minister, three-quarters of traditional private property is being used as commons and one quarter is still being owned by use of individuals...According to the Ministry of Economics, worker councils have only been set up for about one third of the enterprises in Rojava so far."

[536] Efrîn Economy Minister Yousef: Rojava challenging norms of class, gender and power. Abg. am 18. 2.2015.

[537] Flight of Icarus? The PYD's Precarious Rise in Syria (PDF) International Crisis Group.

[538] Zamana LWSL.

[539] Will Syria's Kurds succeed at self-sufficiency?. Abgerufen am 9. Mai 2016.

[540] https://de.wikipedia.org/wiki/Rojava.

[541] Declaration of Establishment by Democratic Syria Forces. 15. Oktober 2015, abgerufen am 4. 11. 2015.

[542] Kampf gegen Terrormiliz: Syrische Kurden und Araber verbünden sich gegen IS. In: Die Welt. 12. 10. 2015, abgerufen am 4. 11. 2015.

[543] https://de.wikipedia.org/wiki/Rojava.

>>Auf der Grundlage des Lausanner Vertrages erkannte die am 29. Oktober 1923 von Mustafa Kemal Atatürk ausgerufene Republik Türkei die Kurden nicht als ethnische Minderheit. Eine Reihe von Aufständen, wie der Koçgiri-Aufstand von 1920, der Scheich-Said-Aufstand unter Führung von Scheich Said 1925, der Ararat-Aufstand 1926–1930 und der Dersim-Aufstand 1938 wurden von der türkischen Armee niedergeschlagen.<< [544]

Die größte nicht-türkische Ethnie im Kernland der heutigen Türkei, die Kurden, wurde zu „Bergtürken" erklärt. Die Türkei betrieb ihnen gegenüber eine Assimilierungspolitik >>und leugnete kulturelle und ethnische Unterschiede. So wurde versucht, die Kurden als ein türkisches Volk darzustellen, das aus Zentralasien eingewandert ist. Aufgrund staatlicher Restriktionen konnte die kurdische Kultur nicht frei ausgelebt werden. Noch 1979 hieß es im offiziellen Wörterbuch (Türkçe Sözlük) der Türk Dil Kurumu zur Erklärung des Wörtchens „Kurde": *Name einer Gemeinschaft oder Angehöriger dieser Gemeinschaft türkischer Herkunft, die ihre Sprache verloren hat, eine degenerierte Form des Persischen spricht und in der Türkei, im Irak und Iran lebt.* [[545]]<< [546]

>>Als Reaktion darauf entstand im Jahre 1978 die Arbeiterpartei Kurdistans (PKK) mit Abdullah Öcalan an ihrer Spitze.<<[547] Die Arbeiterpartei Kurdistans (kurdisch: Partiya Karkerên Kurdistanê, Abk. PKK) ist eine kurdische, sozialistisch ausgerichtete militante Untergrundorganisation mit Ursprung in den kurdischen Siedlungsgebieten innerhalb der Türkei.

Markus C. Schulte von Drach schreibt: >>Nach dem Militärputsch 1980 wurde die PKK aus der Türkei vertrieben, viele Mitglieder flohen in den Libanon. Seit 1984 kämpft die PKK mit Waffengewalt gegen türkische Sicherheitskräfte mit dem Ziel, wenn schon nicht einen eigenen Staat, dann zumindest mehr Autonomie zu erzwingen. Bei Gefechten mit Polizei und Armee und durch Anschläge starben Zehntausende Menschen, darunter viele Zivilisten. ... 1999 wurde Abdullah Öcalan gefasst und zum Tode verurteilt, 2002 wurde das Urteil in lebenslange Haft umgewandelt.<< [548]

2007 schreibt Abdullah Öcalan aus seinem Einpersonengefängnis İmralı an die internationale Konferenz „EU, Türkei und die Kurden": >>Der Geist der Republikgründung war eine strategische Allianz zwischen Türken und Kurden. Die Unfähigkeit, diese Allianz der heutigen Phase des demokratischen Aufbaus gemäß zu erneuern, liegt der kurdischen Frage in der Türkei zugrunde. Die Geschichte ist voll mit Beispielen für türkisch-kurdische Allianzen. Sultan Alp Arslan konnte erst durch eine kurdisch-türkische Allianz nach Anatolien vordringen. Sultan Selim I. erhob durch diese Allianz sein Reich in den Rang eines Weltreichs. Mustafa Kemal gründete durch diese Allianz die Republik. Warum sollten wir die Essenz dieser drei Allianzen nicht an die heutige Zeit anpassen? Kurden und Türken sollten auch heute diese tausendjährige Allianz schmieden. Wenn wir erkennen, dass weder der chauvinistische türkische Nationalismus noch der primitive kurdische Nationalismus eine Lösung bieten können, dann werden wir aufbauend auf die Demokratie eine Basis für die demokratische Entwicklung des gesamten Mittleren Ostens erschaffen. Eine strategische Partnerschaft kann jedoch nur dann zustande kommen, wenn die Begegnung zwischen Kurden und Türken auf Augenhöhe stattfindet. Daher müssen die Beziehungen auf demokratische Weise neu geregelt werden.<<[549]

>>Die Lösung, die ich der Gesellschaft der Türkei und allen, die sensibel und verantwortungsbewusst sind, anbiete, ist ganz einfach. Wir wollen eine demokratische Nation. Wir haben nichts gegen den unitären Staat und die Republik. Wir akzeptieren die Republik, ihre unitäre Staatsstruktur und den Laizismus. Aber

[544] https://de.wikipedia.org/wiki/Kurden.
[545] Stephan Conermann, Geoffrey Haig (Hrsg.): *Asien und Afrika*, Bd. 8. S. 135.
[546] https://de.wikipedia.org/wiki/Kurden_in_der_T%C3%BCrkei.
[547] https://de.wikipedia.org/wiki/T%C3%BCrkei.
[548] Markus C. Schulte von Drach: *Volk ohne Staat. Ein Traum von Kurdistan*, http://www.sueddeutsche.de/politik/volk-ohne-staat-ein-traum-von-kurdistan-1.2585734, 28. 7. 2015,
[549] Abdullah Öcalan: *Lösungsvorschläge für die kurdische Frage in der Türkei*, 2007, http://freedom-for-ocalan.com/deutsch/download/vorschlaege-fuer-eine-politische-loesung.pdf.

wir glauben, dass man den demokratischen Staat im Rahmen des Respekts vor Völkern, Kulturen und Rechten neu definieren muss. Durch diese Definition sollte den Kurden eine demokratische Organisierung möglich werden, durch die sie sich unter anderem auf den Feldern Kultur, Sprache, Wirtschaft, Umwelt entfalten können. Kurden, Türken und die anderen Kulturen bilden dann alle gemeinsam die Demokratische Nation Türkei. Dies ist nur durch einen demokratischen Nationenbegriff, eine demokratische Verfassung und durch eine fortgeschrittene, multikulturelle Rechtsordnung möglich. Für unser Verständnis einer demokratischen Nation stellen Flaggen und Grenzen kein Problem dar. Unsere Auffassung einer demokratischen Nation beinhaltet das Modell einer auf Demokratie basierenden Nation im Gegensatz zu einer auf einem Staat basierenden Nation. Die Nation Türkei muss als so definiert werden, dass sie alle ethnischen Gruppen umfasst. Gemeint ist ein Nationenmodell, das nicht auf Türken beruht, auch nicht auf Religion oder Rasse, sondern auf den Menschenrechten. Wir gehen vom Begriff einer demokratischen Nation aus, der alle Ethnien und Kulturen in sich versammelt.<<[550]

Zur Lösung macht Abdullah Öcalan folgende Vorschläge: >>

1. Die kurdische Frage sollte als grundlegende Frage der Demokratisierung behandelt werden, die kurdische Identität sollte gesetzlich und verfassungsmäßig garantiert werden. Ein bloßer Artikel in der neuen Verfassung mit dem Wortlaut „Die Verfassung der türkischen Republik erkennt die Existenz und den Ausdruck aller Kulturen auf demokratische Weise an" würde diese Forderung bereits erfüllen.

2. Linguistische und kulturelle Rechte sollten gesetzlichen Schutz erhalten. Es sollte keine Beschränkung für Radio, Fernsehen und Presse geben. Kurdische und anderssprachige Sendungen sollten denselben Regeln und Institutionen unterliegen wie türkische Radio- und Fernsehsendungen. Auch für kulturelle Aktivitäten sollten die gleichen Gesetze und Prozeduren gelten.

3. Kurdisch sollte als Schulsprache in Grundschulen Verwendung finden. Jeder, der dies möchte, sollte sein Kind auf solchen Schulen einschulen können. Auf Gymnasien sollten Unterrichtseinheiten über kurdische Kultur, Sprache und Literatur als Wahlfach angeboten werden. An Universitäten hingegen sollten Institute für kurdische Sprache, Literatur, Kultur und Geschichte eingerichtet werden.

4. Alle Hindernisse für die Meinungs- und Organisationsfreiheit sollten aufgehoben und sämtliche Bedingungen für freie politische Betätigung geschaffen werden. Auch bei Themen, die die kurdische Frage berühren, müssen diese Freiheiten ohne Einschränkungen gelten.

5. Die Parteien- und Wahlgesetze sollten demokratisiert werden und so garantiert werden, dass das kurdische Volk und alle demokratischen Kräfte sich nach eigenem Willen an der demokratischen Willensbildung beteiligen können.

6. Durch die Verabschiedung eines demokratischen Kommunalverwaltungsgesetzes sollte die Demokratie vertieft und ausgeweitet werden.

7. Das Dorfschützersystem und die illegitimen Banden, die sich im Staat eingenistet haben, müssen aufgelöst werden.

8. Die Rückkehr der während des Krieges aus ihren Dörfern unter Zwang vertriebenen Bewohner sollte erlaubt werden. Dafür sind die notwendigen administrativen, rechtlichen, wirtschaftlichen und sozialen Maßnahmen zu treffen. Daneben sollte eine Kampagne für wirtschaftliche Entwicklung gestartet und das Wohlstandsniveau der Kurden durch Anreize und andere Maßnahmen gehoben werden.

---

[550] Abdullah Öcalan: a.a.O.

9. Es sollte ein Gesetz für gesellschaftlichen Frieden und demokratische Beteiligung verabschiedet werden. Durch dieses Gesetz sollte den Mitgliedern der Guerilla, den Inhaftierten und allen, die ins Exil gehen mussten, ohne Vorbedingungen die Teilnahme am demokratischen, politischen Leben ermöglicht werden.<<[551]

Die Vorschläge von Öcalan blieben aber zunächst ungehört. Denn >>die Gefechte zwischen den türkischen Streitkräften und dem bewaffneten Flügel der PKK, der HPG haben seit 2007 an Härte zugenommen. Die HPG hat wiederholt direkte Angriffe auf Gendarmeriewachen durchgeführt. Aktionen wurden nicht nur aus dem „kurdischen Kernland", sondern bis hinauf zur Region am Schwarzen Meer (die Provinzen Erzincan und Giresun) gemeldet. [[552]]

Am 21. Februar 2008 startete die türkische Armee die 25. Offensive seit 1983 in den Nordirak, an der schätzungsweise 10.000 Soldaten beteiligt waren.<<[553] Erst >>seit 2012 fanden Friedensverhandlungen zwischen der türkischen Regierung und der PKK statt, 2013 verkündete Öcalan eine Waffenruhe und den Rückzug der PKK-Kämpfer aus der Türkei.<<[554]

Offensichtlich als Ergebnis dieser Verhandlungen hat dann die Regierung Erdogan die wesentlichen Forderungen von Öcalan erfüllt. >>Mit dem im Jahr 2013 verabschiedeten Demokratiepaket der Regierung Erdoğan wurde das Verbot von kurdischen Buchstaben vollständig aufgehoben. [[555]] Die kurdische Sprache wird zudem als Wahlfach in staatlichen Schulen und Universitäten angeboten und erfährt somit erstmals auch eine staatliche Unterstützung. Weiterhin wurde mit diesem Reformpaket auch der Wahlkampf in kurdischer Sprache und die Rückbenennung von vormals türkisierten Ortsnamen ermöglicht. [[556]]<<[557]
>>Auch die Behinderung der Ausübung der Religion wird unter Strafe gestellt. Die Gefängnisstrafe kann zwischen einem und drei Jahren liegen.

Erstmals werden Verbrechen und Vergehen aus Hass unter Strafe gestellt. Jeder, der eine Person aufgrund seiner Muttersprache, seiner Rasse, seiner Nationalität, seiner Hautfarbe, seines Geschlechts, seiner Behinderung, seiner politischen Gesinnung, seiner Religion und seiner Konfession benachteiligt, kann mit einer Gefängnisstrafe zwischen einem und drei Jahren verurteilt werden. Dieser Gesetzespassus bezieht sich nicht nur auf das alltägliche Leben, sondern auch auf den Arbeits- und Wirtschaftsmarkt.

Bei Wahlkämpfen darf auch von nicht-türkischen Sprachen Gebrauch gemacht werden. Zudem können Dörfern und anderen Ortschaften auf Wunsch der Kommunen ihre alten Namen wiedergegeben werden. In diesem Zusammenhang ist es von nun an auch erlaubt, nicht-türkische Buchstaben zu benutzen.<<[558]

Dazu Oliver Ernst: >>Wie positiv sich die politische Integration der Kurden infolge der Enttabuisierung der "Kurdenfrage" entwickelt hatte und wie hoch die Akzeptanz für das kurdische politische Milieu war, machten die Präsidentschaftswahlen im Jahr 2014 deutlich, als der prononciert kurdisch-nationalistische Kandidat Selahattin Demirtas rund zehn Prozent der Wählerstimmen gewann. Dieser Achtungserfolg bei den ersten Präsidentschaftswahlen, bei denen die Bevölkerung den Präsidenten direkt wählen konnte,

[551] Öcalan: a.a.O.
[552] Siehe Bericht der Schweiz. Flüchtlingshilfe (SFH) Türkei Update: Aktuelle Entwicklungen vom 8. 10. 2008.
[553] https://de.wikipedia.org/wiki/Konflikt_zwischen_der_Republik_T%C3%BCrkei_und_der_PKK.
[554] Markus C. Schulte von Drach: *Volk ohne Staat. Ein Traum von Kurdistan*, a.a.O.
[555] Siehe hierzu den Bericht der Zeitung "Radikal" vom September 2013. Am 17. Juli 2015 gefunden unter http://www.radikal.com.tr/.turkiye/q_w_xin _ 85_yillik_yasagi_bitiyor-1152737.
[556] Siehe hierzu den Bericht der Deutsch Türkischen Nachrichten (DTN) vom März 2014 mit dem Titel „*Minderheiten freuen sich: Türkei verabschiedet Demokratie-Paket*". Am 17. 7. 2015 gefunden unter http://www.deutsch-tuerkische-nachrichten.de/2014/03/499187/minderheit%E2%80%8Ben-freuen-sich-tuerkei-verabschie%E2%80%8Bdet-demokratie%E2%80%8B-pakt/.
[557] https://de.wikipedia.org/wiki/Kurden_in_der_T%C3%BCrkei#Legale_kurdische_Parteien.
[558] http://www.deutsch-tuerkische-nachrichten.de/2014/03/499187/minderheit%E2%80%8Ben-freuen-sich-tuerkei-verabschie%E2%80_80%8B det-demokratie%E2%80%8B-pakt/.

ermutigte dann 2015 die stark kurdisch geprägte Demokratische Partei der Völker (HDP) dazu, nicht mehr nur mit einzelnen Kandidaten zur Parlamentswahl am 7. Juni 2015 anzutreten, sondern als linke Sammlungspartei, die verschiedene politische Kräfte – bis hin zu den türkischen Grünen – einschloss. Aus Deutschland unterstützten dann auch gleich zwei Parteien die HDP offiziell bei ihrem Wahlkampf: Die Linke und Bündnis 90/Die Grünen.

Auch bei diesen Wahlen bestätigte das Ergebnis von rund 13 Prozent für die HDP, dass eine starke politische Kraft der kurdischen Nationalbewegung mit der demokratischen Entwicklung in der Türkei konform ging.<<[559]

Leider wurden die Friedensverhandlungen zwischen der türkischen Regierung und Abdullah Öcalan nicht zu Ende geführt. Der türkische Präsident Erdogan strebte eine Präsidialverfassung an, die dem Präsidenten alle entscheidenden Kompetenzen gibt. Da die kurdischen Parlamentarier ihn dabei nicht unterstützen, konnte er die notwendige Zweidrittelmehrheit für eine Verfassungsänderung nicht erreichen. Er betrachtete deswegen die Kurden wieder als Gegner.

Hinzu kommt die von Erdogan empfundene Gefahr, dass sich der *Rojava* genannte Teil Syriens jenseits der türkischen Grenze zu einem kurdischen Staat formiert, der dann wiederum die türkischen Kurden stärkt. Um diese Staatenbildung zu verhindern, wurde von der Türkei lange heimlich die IS als Gegner der Kurden unterstützt.

Die steigenden Spannungen zu den Kurden wurden noch dadurch erhöht, dass die Kurden nach dem Anschlag der IS >>auf die türkische, mehrheitlich von Kurden bewohnte Stadt Suruç am 20. Juli 2015<< der Regierung in Ankara vorwerfen, >>die Terrormilizen des IS gewähren zu lassen oder sie sogar heimlich zu unterstützen. Die PKK tötete zwei türkische Polizisten, die angeblich mit dem IS zusammengearbeitet hatten. In der Türkei wurden daraufhin etliche Kurden als Sympathisanten der PKK festgenommen, Stützpunkte der kurdischen Kämpfer im Nordirak wurden von der türkischen Luftwaffe bombardiert. Die PKK hat den Waffenstillstand mit der Türkei ... aufgekündigt.

Auch Staatspräsident Recep Tayyip Erdoğan hat den Friedensprozess mit den Kurden ... offiziell abgebrochen. Seine Ankündigung, Politiker, die mit terroristischen Gruppen in Verbindung stehen, sollten juristisch belangt werden,<<[560] So hat das türkische Parlament, wie Hasnain Kazim schreibt, auf Betreiben von Erdogan >>die Immunität von insgesamt 138 Politikern aufgehoben, gegen die die Staatsanwaltschaft ermittelt. Vor allem betroffen sind Abgeordnete der prokurdischen linken HDP, nämlich 50 von 59. Nahezu die gesamte Fraktion könnte im Fall einer Verurteilung ihr Mandat nicht mehr wahrnehmen.<<[561]

Anstatt mit seinem wütenden engstirnigen türkischen Nationalismus und seiner Gier nach Alleinherrschaft den Frieden nicht nur in der Türkei sondern auch in der Region zu stören, sollte der türkische Präsident Recep Tayyip Erdoğan auf der Basis der zitierten Öcalanvorschläge eher seinen neoosmanischen Ideen folgen und dabei eine Konföderation anstreben, die auch die syrischen und irakischen Kurdengebiete mit umfasst. Denn, Oliver Ernst schreibt zu Recht: >>Seit den territorialen Grenzziehungen, die nach dem Ersten Weltkrieg im Vorderen Orient das Entstehen eines kurdischen Staates verhindert hatten, [[562]] zählt der Kurdenkonflikt "zu den nachhaltigsten Ursachen für Instabilität und grenzübergreifende Konflikte in der Region".[563] Wenngleich er daher manchmal als "der Palästinenserkonflikt des 21.

---

[559] Oliver Ernst: *Die Kurdenfrage in der Türkei und der Krieg in Syrien*, S. 2, http://www.bpb.de/apuz/221174/die-kurdenfrage-in-der-tuerkei- und- der-krieg-in-syrien?p=all.

[560] Markus C. Schulte von Drach: *Volk ohne Staat*, A.a.O.

[561] Hasnain Kazim: *Türkisches Parlament: Kniefall vor Erdogan*, http://www.spiegel.de/politik/ausland/tuerkei-parlament-hebt-immunitae auf-kniefall-vor-recep-tayyip-erdogan-a-1093325.html.

[562] Vgl. Oliver Ernst: *Menschenrechte und Demokratie in den deutsch-türkischen Beziehungen. Die Menschenrechtspolitik der Bundesrepublik Deutschland im Spannungsfeld der inneren und äußeren Sicherheit*, Münster 2002.

[563] Awat Asadi: *Der Kurdistan-Irak-Konflikt. Der Weg zur Autonomie seit dem Ersten Weltkrieg*, S. 14.

Jahrhunderts" bezeichnet wird, [564] So ziehen kurdische Akteure wie der ehemalige irakisch-kurdische Bildungsminister Dlawer Ala'Aldeen aktuell eine überraschend positive Zwischenbilanz – zumindest für die kurdischen Bestrebungen im Irak: "Zum ersten Mal können sich unsere Nachbarn tatsächlich ein unabhängiges Kurdistan vorstellen, ohne dass deswegen Blut fließen muss. (...) Ja, die gesamte Ordnung im Nahen Osten ändert sich. Nie zuvor in der Geschichte war die Konstellation für die Kurden so gut."[565]<<566

2.8 Ägypten

Klaus Kreiser schreibt: Napoleon Bonaparte, >>der junge französische Revolutionsgeneral hatte 1798 mit einer Expeditionsarmee versucht, den Osmanen das Land der Pyramiden zu entreißen und die Engländer aus der Region zu verdrängen.<<567

>>Nach der französischen Kapitulation setzt Istanbul den ursprünglich reformorientierten Hüsrev Pascha als neuen Statthalter in Kairo ein. Doch trotz brutaler Maßnahmen gelingt es ihm nicht, die Provinz unter Kontrolle zu bringen.<<568 Das gelang dann seinem Nachfolger Mehmed Ali. Mehmed Ali kam 1770 oder 1771 >>auf dem Balkan zur Welt, im makedonischen Kavala, in bescheidenen Verhältnissen, und wuchs ohne formale Bildung auf.<< 569. Er stieg im osmanischen Heer auf und wurde schließlich zum Pascha ernannt und Vizekönig von Ägypten. >>Brutal schaltet er die mamlukische Elite aus, die bis dahin Ägypten dominiert hat. ....

Zum Unterhalt der Armee, der modernisierten und ausgebauten Bürokratie und der wachsenden Zahl ausländischer Berater müssen die Ressourcen erweitert werden. Mehmed Ali ersetzt das herkömmliche Steuerpachtsystem durch eine zentralistische Abgabenpolitik. Zügig monopolisiert er den An- und Verkauf von Weizen, Reis und Zuckerrohr. ... 1837 werden 95 Prozent des Binnenhandels staatlich kontrolliert. ...1820 wird der Kanal zwischen dem Nil und Alexandria fertiggestellt. Erste Versuche einer Industrialisierung zeitigen allerdings keine durchschlagenden Erfolge.<<570 Er versuchte, >>durch Schutzzölle und staatliche Investitionen eine eigene Industrie in der Provinz Ägypten aufzubauen. Die Staatseinnahmen seines Machtbereichs stiegen vom Beginn seiner Herrschaft bis 1821 um mehr als das Fünffache an.[571]

Auch wenn der Versuch einer Industrialisierung des Landes und die Umsetzung einer Landreform nicht so erfolgreich waren wie gedacht, bildete sich doch im Bereich der Baumwollindustrie und des Baumwollhandels eine neue Mittelschicht heraus. Der mangelnde Erfolg ist nicht zuletzt auf die Interventionen europäischer Mächte zurückzuführen.[572]<< 573

---

564 Oliver Ernst: *Erdogan kämpft gegen die PKK. Ein neuer Kurdenkrieg in der Türkei würde auch Deutschland erfassen*, 28.7.2015 »http://www.focus.de/politik/experten/ernst/tuerkei-kaempft-gegen-pkk-ein-neuer-kurdenkrieg-in-der-tuerkei-wuerde-auch- deutschland-erfassen_id_4842580.html« (16.1.2016).

565 Zit. nach Hans-Joachim Löwer: *Die Stunde der Kurden. Wie sie den Nahen Osten verändern*, S. 173f.

566 Oliver Ernst: *Die Kurdenfrage in der Türkei und der Krieg in Syrien*, S. 2, http://www.bpb.de/apuz/221174/die-kurdenfrage-in-der-tuerkei-und-der-krieg-in-syrien?p=all.

567 Klaus Kreiser: *Das neue Ägypten*, S.2, http://www.zeit.de/2011/09/Osman-Mehmed-Ali-Pasch.

568 Kreiser: Ebd.

569 Kreiser: a.a.O., S.1.

570 Kreiser: S.2.

571 Khaled Fahmy: *All The Pasha's Men – Mehmed Ali, his army and the making of modern Egypt*, S. 9–11 , S. 72.

572 Immanuel Wallerstein: *Unthinking Social Science*, London, 1991, S. 14 und Ismail Küpeli: *Was ging schief beim 'Untergang des Morgenlandes'?*, München, 2006, S. 9.

573 https://de.wikipedia.org/wiki/Muhammad_Ali_Pascha.

Unter dem Khedive (Vizekönig) Ismail, einem Enkel Mehmed Alis, >>entsteht der Sueskanal, der 1869 eröffnet wird.<<[574] Allerdings machte der Bau des Sueskanals (1859–1869) >>das Land derart von ausländischen Anleihen abhängig, dass die von Großbritannien und Frankreich eingerichtete Staatsschuldenverwaltung zur eigentlichen Regierung des Landes wurde. Zur Sicherung des Verbindungsweges nach Indien erwarb Großbritannien die ägyptischen Kanalaktien, besetzte 1882 das Land und machte es 1914 formell zu einem Protektorat.<<[575] Der letzte Herrscher des Hauses Muhammad Ali, wird erst >>1952 von den Freien Offizieren um Nagib und Nasser weggeputscht.<<[576]

Nach dem Zweiten Weltkrieg wurde die Geschichte der jungen Republik Ägypten >>zunächst von General Muhammad Nagib, anschließend von dem führenden Kopf der Revolution, Oberst Gamal Abdel Nasser (1954–1970) bestimmt. Nassers sozialistisches Regime unterhielt enge Beziehungen zur Sowjetunion. Die Verstaatlichung der Sueskanal-Gesellschaft 1956 führte zum militärischen Eingreifen Israels, Großbritanniens und Frankreichs. Die Sueskrise wurde durch Intervention der UN beigelegt.<<[577]

Gamal Abdel Nasser verstand sich als arabischer Nationalist und verfolgte >>eine Politik des Zusammenschlusses aller arabischen Länder (Panarabismus). Ziel dieser Politik war die Zurückdrängung des amerikanischen, britischen und französischen Einflusses im Nahen Osten und in Nordafrika. Dem standen die konservativen Monarchien Saudi-Arabien, Irak und Jordanien gegenüber.<<[578]

>>1958 schloss sich Ägypten mit Syrien und Nordjemen zur Vereinigten Arabischen Republik (VAR) zusammen, die faktisch [aber] nur bis 1961 bestand.<<[579] Denn >>in der Union gab es bald eine Reihe von Differenzen. Die Ägypter verstaatlichten alle in Syrien tätigen Firmen und Banken und bestimmten Kairo als Hauptstadt. Fast die gesamte Regierung bestand aus Ägyptern. In Syrien fühlte man sich betrogen und hintergangen. Am 27. September 1961 putschte die Armee in Syrien und erklärte die Union am Tage darauf für aufgelöst.<<[580]

Wie auch in anderen muslimischen Staaten wurde somit auch in Ägypten die Säkularisierung von den Militärs betrieben, unterstützt von europäisch geschulten Intellektuellen und Wirtschaftsführern. Eine Militärherrschaft, die ihren nationalen Schwung verliert, geht es danach aber meist nur um ihre Privilegien und ihren Machterhalt und sie wird korruptionsanfällig.

Zur wirtschaftlichen Absicherung ihrer Macht gründeten die Militärs auch Wirtschaftsunternehmen. Allerdings entsprachen sie in ihrer hierarchischen militärischen Struktur eher einer zentralistischen Planwirtschaft mit Monopolbetrieben, die im Wettbewerb mit privaten Unternehmen nicht bestehen können. Fehlende Wirtschaftlichkeit wurde notfalls durch staatliche Sicherheitsgarantien, insbesondere gegen ausländische Konkurrenz, ausgeglichen. So blieb die wirtschaftliche Entwicklung des ganzen Landes zurück.

Gegen die Militärdiktaturen bildeten sich einerseits eine liberal denkende demokratische und andererseits eine islamische Opposition. Beide forderten eine Mitbestimmung des Volkes durch demokratische Wahlen und Parteien. Für die islamische Geistlichkeit und die von ihr bestimmten Massen sind demokratische Wahlen aber nur ein Durchgang zu einem mehr oder weniger reaktionären islamischen Gottesstaat. Sie schoben alle gesellschaftlichen Missstände auf die säkulare Gesellschaftsverfassung und versprachen alles Heil durch die Wiedereinführung der Scharia. Als Folge davon entstanden islamische Gruppierungen, die sich auch sozialethisch betätigten und sich als heilbringende Alternative zur Militärdiktatur anboten. Der Widerstand religiöser Fundamentalisten bestimmte auch die weitere Entwicklung Ägyptens.

---

[574] Klaus Kreiser: *Das neue Ägypten*, S.2, http://www.zeit.de/2011/09/Osman-Mehmed-Ali-Pasch
[575] Kreiser: S.3.
[576] Kreiser: S.3.
[577] https://de.wikipedia.org/wiki/%C3%84gypten#.C3.84gypten_als_Republik.
[578] https://de.wikipedia.org/wiki/Vereinigte_Arabische_Republik.
[579] https://de.wikipedia.org/wiki/%C3%84gypten#.C3.84gypten_als_Republik.
[580] https://de.wikipedia.org/wiki/Vereinigte_Arabische_Republik.

1977 leitete Sadat, der Nachfolger von Nasser >>durch eine überraschende Friedensinitiative den Dialog mit Israel ein, der 1979 zum Friedensvertrag und zum Abzug der israelischen Truppen von der Sinai-Halbinsel führte, andererseits jedoch das Land innerhalb der arabischen Welt isolierte und den Widerstand islamischer Fundamentalisten hervorrief. 1981 wurde Sadat, der 1978 zusammen mit Israels Premierminister Menachem Begin den Friedensnobelpreis erhalten hatte, das Opfer eines Attentats.

Seinem Nachfolger, dem damals als Vizepräsident amtierenden Husni Mubarak, ist es gelungen, Ägypten wieder als vollrespektiertes Mitglied in die Arabische Liga zurückzuführen. ... Kritiker merken jedoch an, dass er seit dem Erlass der Notstandsgesetze 1982 bis zu der Revolution 2011 autoritär regierte. Er herrschte demnach über ein pseudodemokratisches System. Sie sagen, dass Wahlen teilweise gefälscht oder verschoben worden waren und manche Oppositionelle nach Scheinprozessen ins Gefängnis kamen. In Ägypten existierte nur so viel öffentliche Opposition, wie Mubarak zuließ.<<[581]

>>Vor dem Hintergrund der tunesischen Jasminrevolution begann am 25. Januar 2011 der Arabische Frühling in Ägypten, der sich vor allem auf die Forderung nach Rechtsstaatlichkeit, Freiheit und Demokratie richtete. Im Zuge der Revolution, bei denen circa 850 Demonstranten in Ägypten ums Leben kamen, trat Mubarak zurück. [582] Aus den in drei Runden stattfindenden Wahlen zum Rat des Volkes zwischen dem 28. November 2011 und 10. Januar 2012 ging die von der Freiheits- und Gerechtigkeitspartei (Muslimbrüder) angeführte Demokratische Allianz für Ägypten als stärkste Kraft mit rund 45 % der insgesamt 498 Sitze hervor. Die salafistische Partei des Lichts wurde mit ca. 25 % der Sitze zweitstärkste Fraktion. Die Nachfolgerparteien der einst regierenden Nationaldemokratischen Partei (NDP) verloren stark und kamen auf nur noch 18 Sitze (2010: 420). Es folgten die liberale Neue Wafd-Partei mit 39 (6) Sitzen und der linke Ägyptische Block mit 35 Sitzen. 40 Sitze (70) belegten Unabhängige und Angehörige kleinerer Parteien.

Aus den Teilwahlen zum Schura-Rat, dem ägyptischen Oberhaus, im Januar/Februar 2012 gingen ebenfalls die Muslimbrüder als stärkste Kraft hervor, gefolgt von den Salafisten der Partei des Lichts und liberalen Kräften. Daraufhin kam es erstmals zu freien Präsidentschaftswahlen. Der erste Wahlgang wurde am 23. und 24. Mai 2012 abgehalten; die Stichwahl wurde am 16. und 17. Juni 2012 abgehalten. Am 24. Juni 2012 wurde das Ergebnis bekanntgegeben: Mohammed Mursi wurde demzufolge mit 51,7 % der gültigen Stimmen zum Präsidenten gewählt [583] und mit seiner Vereidigung am 30. Juni 2012 zum amtierenden Staatsoberhaupt.[584]

Aber am 15. Juni 2012 wurde das Parlament vom Obersten Militärrat formal aufgelöst und in der Folge den Mitgliedern der Zugang zum Parlament verwehrt, nachdem am Vortag der oberste Gerichtshof das Zustandekommen des Parlaments für verfassungswidrig erklärt hatte, da eine Besetzung eines Drittels der Plätze durch sogenannte „Unabhängige" nicht erfolgt war. [585]

Ab Juni 2012 erstellte die Verfassunggebende Versammlung, in der Muslimbrüder und Salafisten eine Mehrheit der 100 Sitze hatten, eine neue Verfassung. Über 60 Prozent stimmten beim Referendum für die neue Verfassung. Im November 2012 entzog der neu gewählte Präsident Mohammed Mursi seine Entscheidungen und Dekrete der Kontrolle durch die Justiz und erklärte sie für unantastbar. Die Gewaltenteilung setzte er damit faktisch außer Kraft. [586]

---

[581] https://de.wikipedia.org/wiki/%C3%84gypten#.C3.84gypten_als_Republik.

[582] Neue ägyptische Regierung im März 2011. Abgerufen am 23. März 2011.

[583] vgl. Homepage des U.S. Committee of the Blue Shield, abg. am 26. 10. 2016; Isabelle-Constance v. Opalinski: *Schüsse auf die Zivilisation*, FAZ vom 20. 8. 2014; Hans Haider: *Missbrauch von Kulturgütern ist strafbar*, Wiener Zeitung vom 29. 6. 2012.

[584] *Morsi wins Egypt's presidential election*, Bericht bei al-Dschasira vom 24. 6. 2012, abg. am 24. 6. 2012.

[585] *Mohamed Morsi sworn in as Egypt's president*, Bericht bei al-Dschasira vom 30. 6.2012, abg. am 30. 6.2012.

[586] *SCAF formally disbands Egypt parliament*, Bericht bei al Jazeera vom 15. 6. 2012.

Am 3. Juli 2013 gegen 21 Uhr MESZ verkündete Generaloberst Abd al-Fattah as-Sisi, dass Mursi nach den massiven Protesten in der Bevölkerung durch das Militär abgesetzt worden sei. Der Verfassungsrichter Adli Mansur wurde am 4. Juli 2013 nach diesem Militärputsch als Interimspräsident des Landes vereidigt. [587][588]<< 589 Am 8. Juni 2014 wurde der parteilose Militär as-Sisi der neue Präsident. Damit hatte Ägypten wieder eine Militärdiktatur wie schon zu Zeiten Mubaraks. Aber ohne diese Diktatur wäre Ägypten aller Voraussicht nach in eine muslimische Schariagesellschaft verwandelt worden, wogegen sich die die Säkularen und koptischen Christen gewehrt hätten, sodass ein gesellschaftliches Chaos nicht auszuschließen gewesen wäre.

2.9. Libyen

Italien hatte nach dem italienisch-türkischen Krieg (1911–1912) Libyen annektiert. Aber erst der Faschist Benito Mussolini konnte 1932 lt. Wikipedia nach einem fast zehnjährigen Kolonialkrieg, >>in dessen Verlauf – unter Einsatz von Flächenbombardements, Giftgas [590] und Konzentrationslagern – rund 100.000 Libyer ums Leben kamen, was ca. 15 % der Gesamtbevölkerung entsprach<<591, Libyen zu einer italienischen Kolonie machen.

Nachdem die italienischen als auch die deutschen Einheiten im Mai 1943 bei Tunis kapitulieren mussten, war Libyen bis 1949 von Großbritannien und Frankreich besetzt. Auf Beschluss die Vereinten Nationen, 592 wurde 1951 >>Libyen in die Unabhängigkeit entlassen. König der konstitutionellen Monarchie wurde das Oberhaupt der Senussi, Idris I. Die Entdeckung reicher Erdölvorkommen seit 1959 machte Libyen zu einem der bedeutendsten Erdöl exportierenden Länder der Welt.

Auf der anderen Seite verstärkten sich jedoch die sozialen Spannungen im Innern, was neben anwachsenden nationalistischen Stimmungen schließlich am 1. September 1969 (...) zum Sturz der Monarchie durch das Militär und zur Ausrufung der Arabischen Republik Libyen führte. König Idris und Königin Fatima gingen nach Kairo ins Exil.<< 593

Von Oberst Muammar al-Gaddafi wurde Libyen diktatorisch regiert, zunächst in seiner Funktion als „Vorsitzender des Revolutionären Kommandorates", dann, nachdem Libyen 1977 zu einer Volksdemokratie erklärt wurde, als „Oberbefehlshaber der Streitkräfte" und ab 1979 als „Revolutionsführer".

Gaddafi betrieb eine relativ säkulare Politik. Die freie Religionsausübung war >>garantiert, soweit sie nicht im Widerspruch zu den Traditionen stand. Staat und Religion waren ... getrennt, Geistliche auf das Religionswesen beschränkt.<<594

Libyen hatte eines der höchsten Pro-Kopf-Einkommen des afrikanischen Kontinents. Die Sozialversicherung der Einwohner umfasste die kostenlose medizinische Versorgung sowie Witwen-, Waisen- und Altersrenten. Allgemeine Schulpflicht bei kostenlosem Unterricht bestand für Sechs- bis Fünfzehnjährige. [595] Dennoch lagt die Analphabetenrate der Frauen noch bei 29 % und die der Männer bei 8 %; diese Rate war aber mit insgesamt 17 % im afrikanischen Vergleich sehr niedrig.[596] >>Universitäten gibt es in Tripolis, Bengasi und an anderen größeren Orten.

---

587 *Mursi macht sich zu Ägyptens „neuem Pharao".* In: welt.de. 22. 11. 2012, abg. am 2. 2. 2015.
588 *Ägypten: Militär verhaftet Präsident Mursi, Jubelfeiern auf dem Tahrir-Platz.* Abg. am 3. Juli 2013.
589 https://de.wikipedia.org/wiki/%C3%84gypten#.C3.84gypten_als_Republik.
590 Fritz Edlinger (Hg.): *Libyen. Hintergründe, Analysen, Berichte,* S. 14.
591 https://de.wikipedia.org/wiki/Libyen.
592 UN Resolution 289 IV: *„Question of the Disposal of the former Italian Colonies",* 21. 11. 1949
593 https://de.wikipedia.org/wiki/Libyen.
594 https://de.wikipedia.org/wiki/Libyen.
595 Literacy Rates of the World. Abgerufen am 9. 8. 2011.
596 Literacy Rates of the World. Abgerufen am 9. 8. 2011.

Obwohl Gaddafi in markantem Gegensatz zu anderen arabischen Sozialisten konservativ-islamische Ansichten zur Rolle der Frau hatte [597], hatten Frauen unter seiner Herrschaft in Libyen, verglichen mit anderen arabischen Ländern, eine hohe Bildung. Bei einer Scheidung durften sie das gemeinsame Haus oder die Wohnung behalten. Es gab Kindertagesstätten für berufstätige Frauen sowie Frauen in klassischen „Männerberufen" wie Polizistinnen oder Pilotinnen [598]. 1979 richtete Gaddafi eine Militärakademie für Frauen ein. Die meisten gebildeten Frauen waren aber im Gesundheitswesen und als Lehrerinnen tätig, und die Frauenerwerbsquote lag Mitte der 1990er Jahre unter 10 %. Polygamie blieb in Libyen, anders als im benachbarten Tunesien, erlaubt, der Mann musste für die Heirat einer Zweitfrau lediglich die Genehmigung der anderen Ehefrau einholen. Auch wurde der Ehepartner in den meisten Fällen von der Familie ausgewählt [599]<< 600

>>Nach öffentlichen Protesten im Februar 2011, die die Sicherheitskräfte gewaltsam zu ersticken suchten, kam es zu einer Spaltung der politischen Führung des Landes. In Bengasi übernahmen bewaffnete Oppositionelle die Kontrolle. Nach einem koordinierten militärischen Eingreifen der NATO und einer Reihe arabischer Staaten zur Durchsetzung der mit der UN-Resolution 1973 eingerichteten Flugverbotszone gelang es den in der Libyschen Nationalen Befreiungsarmee zusammengeschlossenen Milizen, die Einheiten der regulären Streitkräfte Libyens zu besiegen. Die Zahl der Kriegstoten liegt nach Schätzungen zwischen 10.000 und 50.000[601]<< 602

>>Nach dem Krieg und der internationalen Militärintervention wurde das Land von Kämpfen rivalisierender Milizen erschüttert. Zunächst schien der demokratische Prozess in Libyen voranzukommen, denn 2012 wurden die ersten fairen und freien Wahlen der Geschichte Libyens abgehalten. Bei dieser Wahl zum libyschen Nationalkongress 2012 wurde die weltliche und säkulare Allianz der Nationalen Kräfte (ANK) mit Abstand stärkste Partei. Der konkurrierenden islamistischen Partei für Gerechtigkeit und Aufbau gelang es jedoch, eine parlamentarische Mehrheit gegen die ANK zu bilden. In der Folgezeit waren die islamistisch geprägten Regierungen weder in der Lage noch anscheinend willens, die unabhängigen Milizen in Libyen aufzulösen oder in den Staat zu integrieren. Terroristische Gruppierungen und Milizen ... konnten sich frei im neuen Libyen bewegen. Unter der Präsidentschaft Nuri Busahmeins eskalierte die Lage endgültig, als der neue Staatschef Libyens die Regierung bei der Bekämpfung von unabhängigen Milizen nicht unterstützte, sondern mit dem „Operationsraum Libyscher Revolutionäre" seine eigene islamistische Privatarmee gründete und förderte.<< 603

>>Unter General Chalifa Haftar bildete sich eine weltlich geprägte Allianz „Würde", welche im Mai 2014 durch einen Militärputsch versuchte, die Macht im Land an sich zu reißen. Im Gegensatz zum Militärputsch in Ägypten 2013 scheiterte dieser, da die Muslimbrüder ein solches Vorgehen erwartet und ihrerseits ihre eigenen Milizen gegründet hatten. ... Nachdem die Kräfte um Haftar die Wahlen bei einer Wahlbeteiligung von 18 % gewonnen hatten, putschte sich in Tripolis das islamistische Lager unter dem Namen „Morgenröte" zurück an die Macht und vertrieb die neue offizielle Regierung in den Osten des Landes.

In diesem Bürgerkrieg kämpfen die beiden Allianzen „Würde" (welche die offizielle Regierung stellt) und „Morgenröte" sowie die Terrororganisation „IS" um die Macht im Land. Er geht einher mit einem dramatischen Anstieg der Flüchtlingszahlen und mit schweren Menschenrechtsverletzungen.<< 604

597 Gerrit Hoekmann: *Zwischen Ölzweig und Kalaschnikow, Geschichte und Politik der palästinensischen Linken*, S. 39.
598 Karin El Minawi, *Emanzipation über den Wolken*, Süddeutsche Zeitung, 28. Oktober 2010.
599 Andreas Vrabl: *„Libyen: Eine Dritte Welt - Revolution in der Transition"*, S. 68-71.
600 https://de.wikipedia.org/wiki/Libyen.
601 Seumas Milne: *If the Libyan war was about saving lives, it was a catastrophic failure*, The Guardian, 26. 10. 2011.
602 https://de.wikipedia.org/wiki/Libyen.
603 Ebd..
604 Ebd.

>>Am 17. Dezember 2015 wurde zwischen den rivalisierenden Lagern aus Tobruk und Tripolis ein Friedensvertrag vereinbart, welcher bis 2018 den Neuaufbau des Staates und seiner Institutionen, sowie eine Einheitsregierung unter Fayiz as-Sarradsch vorsieht. Am 30. März 2016 nahm die Einheitsregierung in Tripolis ihre Arbeit auf. Allerdings blieb Libyen auch nach dem Friedensvertrag weiterhin in einen westlichen as-Sarradsch unterstützenden und einen östlichen Landesteil gespalten, in dem Chalifa Haftar großen Einfluss besitzt [605] [606]. Am 16. Februar 2017 einigten sich die beiden Machtblöcke auf die Durchführung gesamtlibyscher Parlamentswahlen im Jahr 2018, welche gemeinsam durch den östlichen Abgeordnetenrat und den westlichen Hohen Staatsrat organisiert werden sollen. [607] Zwischen dem Machtkampf der beiden Landeshälften agieren durch das hervorgerufene Machtvakuum die Milizen der selbsternannten 3. Regierung unter Chalifa al-Ghweil[608] und der Terrororganisationen Islamischer Staat [609] und Al-Qaida[610].<<[611]

Die politische und gesellschaftliche Problematik Libyens besteht nicht nur darin, dass die relative fortgeschrittene Säkularisierung Libyens durch die seinerzeitige Kolonialverwaltung aber auch unter Gaddafi durch islamische Reaktionäre zunichte gemacht wird, sondern auch darin, dass die Gesellschaft noch in, teilweise sogar sehr traditionellen, Stammesverbänden lebt und wegen der zerrütteten Staatsstrukturen sich viele Milizen gebildet haben, die sich auch noch des reichen Waffenbesitzes des Landes bemächtigen konnten. Zudem waren die Wirtschaft und der Lebensstandard weitgehend gestützt durch die Öleinnahmen und ist die Wirtschaft durch die Unruhen weitgehend zusammengebrochen.

2.10 Somalia

60 Prozent aller Somalier leben >>teilweise oder vollständig als Nomaden. 25 Prozent der Menschen leben als Bauern, die sich in der fruchtbarsten Region des Landes zwischen den Flüssen Shabeelle und Jubba niedergelassen haben. Der übrige Teil der Bevölkerung (15 bis 20 Prozent) lebt in städtischen Gebieten.<<[612]

Somalia ist ein extremes Beispiel für das Fortleben eines archaischen Clansystems, das, wie Wikipedia schreibt, >>wahrscheinlich von der Stammesgesellschaft der Araber beeinflusst wurde. Jeder Somali gehört über seine väterliche Abstammungslinie einem Stamm oder Clan an. ...

Dabei gelten die traditionell nomadisch lebenden Dir, Darod, Isaaq und Hawiye als „echte Somali" oder Samaal, während die sesshaft-bäuerlichen Rahanweyn als „unechte Somali" oder als Sab bezeichnet werden. Sie gelten, ebenso wie diverse ethnische Minderheiten, aus Sicht eines Teils der Samaal als nicht gleichberechtigt und unterliegen traditionell einer gesellschaftlichen Benachteiligung.

Jede dieser Clanfamilien zerfällt in eine große Zahl Subclans und „Geschlechter" (Somali: reer, was „Leute aus", „Nachkommen von" bedeutet). Diese umfassen jeweils einige Hundert bis Tausend Männer, die das für Verbrechen fällige Blutgeld (diya, mag) gemeinsam bezahlen bzw. erhalten. Dieses System verschafft dem einzelnen Somali traditionell Schutz für Leben und Eigentum, führt jedoch auch zu Blutfehden, die sich nicht nur auf einzelne Verbrechen beziehen, sondern auch Auseinandersetzungen um Wasser- und Weiderechte und um die politische Macht umfassen.<<[613]

---

[605] *Welche Rolle spielt Russland im libyschen Chaos?* FAZ 4.2.2017.
[606] *Wettlauf ohne Ziel*, Süddeutsche 15.2.2017.
[607] *Deal ohne Handschlag*, Sürddeutsche Zeitung 16.2.2017.
[608] *Putschversuch in Libyen*, NZZ 16.10.2016.
[609] *Was nach dem IS kommt*, Spiegel.online 14.9.2016.
[610] *Tagebuch aus dem Fegefeuer*, Spiegel.online 20.8.2015.
[611] https://de.wikipedia.org/wiki/Libyen.
[612] https://de.wikipedia.org/wiki/Somalia#Geschichte.
[613] Ebd.

Nach der Missionierung der Somalier zu Moslems >>entstanden muslimische Sultanate und Stadtstaaten. Im 16. Jahrhundert gerieten die Städte an der Nordküste unter türkische bzw. ägyptische Herrschaft, jene an der südlichen Benadirküste kamen im 17. Jahrhundert unter die Oberhoheit Omans bzw. im 19. Jahrhundert Sansibars.<<

Zwar ist die traditionelle Ausübung des Islam in Somalia >>in den Dörfern und unter Nomaden eher gemäßigt und vermischt mit dem Gewohnheitsrecht der Clans.<< Zu der alten Stammeskultur gehören jedoch auch so archaische Sitten wie die Genitalienverstümmelung.

In diesen archaischen Strukturen hätte Somalia wahrscheinlich weiterhin fortgelebt, wenn es nicht auch von der europäischen Kolonisation erfasst worden wäre. Denn >>Ende des 19. Jahrhunderts erfuhr das von Somali bewohnte Gebiet seine bis heute nachwirkende Aufteilung. Der Norden des heutigen Somalia wurde von Großbritannien als Britisch-Somaliland, der Süden und Osten als Italienisch-Somaliland von Italien kolonisiert. Am 1. Juli 1960 wurden die beiden Kolonien gemeinsam als Somalia unabhängig.<<[614]

Allerdings wurde das archaische Konfliktpotenzial noch um eine Dimension erweitert, denn durch die Kolonisatoren wurde natürlich das Wirtschafts- und Gesellschaftssystem beeinflusst und gegen die Besatzer entstanden nationalistische Befreiungsbestrebungen. Dieser Nationalismus führte auch nach der Erlangung der Unabhängigkeit zu Machtkämpfen und Konflikten mit Nachbarländern. Zudem wurden diese Konflikte auch wiederum von dem Ost-West Gegensatz überschattet.

>>Das Verhältnis zu den Nachbarstaaten war wegen der von Somalia gestellten Gebietsansprüche (...), insbesondere auf die heute äthiopische Region Ogaden, gespannt. Auch innenpolitische Spannungen zwischen dem Norden und dem Süden und Osten, zwischen Clans und Parteien bestanden weiter. 1969 wurde Präsident Shermarke von einem Leibwächter getötet, woraufhin pro-sowjetische Militärs unter Siad Barre die Macht übernahmen.

Barre lehnte sich zunächst an die Sowjetunion an, versuchte einen „wissenschaftlichen Sozialismus" einzuführen und den traditionellen Einfluss der Clans einzuschränken. 1977/78 führte er den Ogadenkrieg gegen Äthiopien, den Somalia verlor. Weil die Sowjetunion in diesem Krieg das gegnerische, kommunistische Derg-Regime Äthiopiens unterstützte, wandte sich Siad Barre wirtschaftlich und politisch von der Sowjetunion ab und den USA zu. Im Inneren regierte er zusehends diktatorisch, verschiedene Clans waren Repressionen ausgesetzt. Mehrere Rebellengruppen begannen einen bewaffneten Kampf gegen die Barre-Regierung, was 1991 zu deren Sturz führte....

Die siegreichen Rebellengruppen konnten sich jedoch nicht auf eine Nachfolgeregierung einigen<<[615], so dass Somalia in einem Chaos landete und zu einem sogenannten gescheiterten Staat wurde. In diesem Chaos konnten sich dann die sogenannten al Qaida nahen al-Shabaab- und andere islamische Milizen über das ganze Land mit Ausnahme des nördlichen Somaliland (ehemals britische Kolonie) ausbreiten. Zudem entstanden Piratengruppen, die den internationalen Schiffsverkehr an der Küste gefährden. Dass die international anerkannte somalische Regierung den größten Teil des Landes wieder einigermaßen beherrschen kann, verdankt sie insbesondere der militärischen Unterstützung der AMISOM Afrikanischen Union, das heißt den Soldaten aus Kenia, in geringerem Umfang aber auch aus Äthiopien, Uganda und Burundi[616] und der finanziellen und materiellen Unterstützung aus der übrigen Welt. Die Piraterie vor Somalia wird durch internationale Marineeinsätze bekämpft.

---

[614] Ebd.
[615] https://de.wikipedia.org/wiki/Somalia#Geschichte.
[616] Siehe: https://de.wikipedia.org/wiki/Mission_der_Afrikanischen_Union_in_Somalia.

2.11 Eritrea

Ein weiteres Land, das über 300 Jahre zum Osmanischen Reich gehörte und 1890 italienische Kolonie wurde, ist Eritrea. Die Italiener hatten 1935 Äthiopien überfallen und schufen eine gemeinsame Kolonie aus Äthiopien Somalia und Eritrea[617]. Als 1941 Äthiopien durch alliierte Streitkräfte wieder unabhängig wurde, wurde auch die Zugehörigkeit Eritreas zu Italien beendet. >>Das Gebiet wurde unter die britische Militärverwaltung gestellt und 1947 – nach der formellen Aufgabe Eritreas durch Italien – britisches Mandatsgebiet. Nach dem Zweiten Weltkrieg entschieden sich die Vereinten Nationen für eine Föderation der Provinz Eritrea mit dem Kaiserreich Abessinien.<<[618]

>>Nachdem der äthiopische Kaiser Haile Selassie die politischen Rechte der eritreischen Bevölkerung von 1952 bis 1961 systematisch ausgehöhlt und anschließend 1961 durch die (Selbst-)Auflösung des eritreischen Parlaments Eritrea annektiert hatte, griffen eritreische Separatisten zu den Waffen. .... Der Unabhängigkeitskrieg endete nach dreißig Jahren 1991 mit dem Sieg der Eritreischen Volksbefreiungsfront (EPLF) und verschiedener weiterer äthiopischer Rebellengruppen.<<[619] Nach einer durch die UN überwachten Volksabstimmung wurde Eritrea am 24. Mai 1993 unabhängig.

>>Die Bevölkerung Eritreas teilt sich offiziell zu fast gleichen Teilen [620] in Muslime (Sunniten) und Christen (Eritreisch-Orthodoxe Tewahedo-Kirche, Protestanten, Katholiken, Orthodoxe).<< [621] Nicht anerkannte Religionsgruppen insbesondere auch christliche, werden verfolgt. >>In dem jährlich veröffentlichten Weltverfolgungsindex (WVI) von Open Doors, welcher die Länder mit der stärksten Christenverfolgung aufzeigt und analysiert, liegt Eritrea 2016 an dritter Stelle. ...[622]<< [623]

>>Auf der jährlich erscheinenden Rangliste der Pressefreiheit, die von der Pressefreiheitsorganisation Reporter ohne Grenzen veröffentlicht wird, nimmt das Land 2015 den 180. [624] und damit wiederholt den letzten Platz ein. ... Amnesty International zufolge werden Regierungskritiker, Deserteure und Eritreer, die im Ausland um Asyl ersucht haben, inhaftiert. [625] Insgesamt betrachten viele internationale Beobachter das politische System in Eritrea als repressiv oder gar als Diktatur. [626][627] Die Regierung hält dem entgegen, dass sich Eritrea nach wie vor im Übergang zur Demokratie befinde, von Äthiopien bedrängt werde und sich deswegen bis heute praktisch im Krieg befinde. Ein Sturz der jungen Regierung werde dadurch verhindert.[628]<< [629]

2.12 Türkische Republik

Wikipedia schreibt: >>Nach der Niederlage der Mittelmächte verlor das Osmanische Reich infolge des Friedensvertrages von Sèvres seine verbliebenen Gebiete außerhalb von Anatolien und Thrakien. Darüber hinaus sollte das Gebiet der heutigen Türkei weitgehend zerstückelt werden. Griechenland wurden die

---

[617] Siehe: https://de.wikipedia.org/wiki/%C3%84thiopien.

[618] https://de.wikipedia.org/wiki/Eritrea.

[619] Ebd.

[620] Für 1936 gab der Kleine Weltatlas der Deutschen Buchgemeinschaft für die italienische Kolonie noch 57 Prozent Mohammedaner und nur 39 Prozent Christen an (...). Auch die Unabhängigkeitsbewegung war in den 1970ern von Muslimen getragen (Meyers Enzyklopädisches Lexikon, Band 8, S. 119. Mannheim 1973/79).

[621] https://de.wikipedia.org/wiki/Eritrea.

[622] Weltverfolgungsindex 2016. Open Doors.

[623] https://de.wikipedia.org/wiki/Eritrea.

[624] Rangliste der Pressefreiheit Reporter ohne Grenzen 2015.

[625] Amnesty International Report 2008: Eritrea.

[626] Bettina Rühl: *Vom Freiheitskampf in die Diktatur. Eritreas Abstieg.* Deutschlandfunk, 24. 5. 2011, abg. 14.2.2015.

[627] Länderinformationen: *Eritrea – Innenpolitik.* Auswärtiges Amt, Oktober 2013, abg.. 14. 2. 2015.

[628] *Eritrea: Gute Nachrichten sind keine Nachrichten – Eritreas Entwicklung in der Diskussion,* in: Afrika-Bulletin 114: April/Mai 2004.

[629] https://de.wikipedia.org/wiki/Eritrea.

Stadt Smyrna (türkisch Izmir) und Teile von Westanatolien zugesprochen, die Region um Antalya sollte an die Italiener gehen, und der französische Besitz sollte neben Syrien auch Kilikien umfassen. In den östlichen Landesteilen der heutigen Türkei mit den Städten Kars, Ardahan und Erzurum sollte ein armenischer Staat entstehen. Südlich davon und östlich des Euphrat wurde den Kurden eine autonome Region zugesprochen. Diese Pläne wurden allerdings nicht umgesetzt.<<[630]

>>Mustafa Kemal Pascha organisierte ab dem 19. Mai 1919 den politischen und militärischen Widerstand gegen diese Pläne. Besonders heftig waren ab 1920 die Kämpfe mit Griechenland. Der Krieg endete am 9. September 1922 mit der Rückeroberung Izmirs. Nach der Einstellung der Kampfhandlungen kam es zu ethnischen Säuberungen in Griechenland und der Türkei, dabei wurden „Türken" von griechischem Territorium und „Griechen" von türkischem Territorium vertrieben, wobei die Griechen in Istanbul und die Muslime in Westthrakien davon ausgenommen waren.

Nach dem Sieg der Türkei wurden am 24. Juli 1923 mit dem Vertrag von Lausanne die Bestimmungen des Vertrages von Sèvres revidiert. Mit dem Vertrag wurden die bis heute gültigen Grenzen des neuen Staates völkerrechtlich anerkannt. Gleichzeitig wurde die wechselseitige Vertreibung der Minderheiten legalisiert.<< [631]

Das säkulare, aber damit auch nationalistische Gesellschaftsideal begann auch in der Türkei bei europäisch ausgebildeten oder inspirierten Intellektuellen und Militärs, den *Jungosmanen* und *Jungtürken*.

Wikipedia schreibt: >>Die Jung- oder auch Neu-Osmanen ...waren eine im Jahr 1865 gegründete Geheimorganisation im Osmanischen Reich. <<[632] >>An die Linie der Jungosmanen knüpften eine Generation später die Jungtürken an. Wie auch den Jungosmanen ging es den Jungtürken darum, das osmanische Imperium vor dem Untergang zu retten. Beide Bewegungen sahen die Lösung dafür darin, den Konstitutionalismus einzuführen und alle Minderheiten vor dem Gesetz gleichzustellen. [[633]]<<[634]

>>Träger der Jungtürken-Bewegung waren modernistische Teile der gebildeten Eliten. Die Bewegung entstand 1889 mit der Gründung der Geheimorganisation İttihad-ı Osmani Cemiyeti („Verein für die Einheit der Osmanen") an der Militärischen Medizinschule in Istanbul. [[635]] ...

Eine gemäßigte Richtung der Jungtürken besaß Verbindungen bei Hofe und wurde vom Prinzen Sabahaddin, einem Verwandten des kaiserlich osmanischen Hauses, angeführt. Wichtiger aber waren durch moderne Bildung in die Funktionseliten des Staates (Beamte, Lehrer, Offiziere) aufgestiegene „kleine Leute", die nach der jungtürkischen Revolution von 1908 sehr bald den Ton angeben sollten. Es entwickelte sich – vor allem nach der zweiten Machtübernahme der Jungtürken 1913 – ein Bündnis zwischen radikalen Intellektuellen (Ziya Gökalp, Nâzım) mit zivilen Bürokraten (Talât Pascha) und den letztlich entscheidenden Offizieren (Enver Pascha, Cemal Pascha).<<[636]

Kemal Atatürk, hervorgegangen aus den Jungtürken aber aufgestiegen in der militärischen Hierarchie, gelang es, den politischen und militärischen Zerfall der Türkei im Kampf gegen die ausländischen Mächte zu verhindern und damit zur bedeutendsten politischen und militärischen Persönlichkeit der Türkei zu werden. >>Am 29. Oktober 1923 wurde ... durch eine große Verfassungsänderung die Republik Türkei gegründet, geleitet von einem Präsidenten als Regierungsspitze und alleinigem Leiter der Exekutive. Ein Amt, das auf Anspruch und Stellung von Mustafa Kemal zugeschnitten war.<<[637]

Die Prinzipien des Kemalismus >>Republikanismus im Sinne von Volkssouveränität, Nationalismus als Wendung gegen den Vielvölkerstaat des osmanischen Zuschnitts, Populismus als Ausdruck einer auf die

---

[630] https://de.wikipedia.org/wiki/T%C3%BCrkei#Atat.C3.BCrk_.E2.80.93_Republik_und_Reformen.

[631] Ebd.

[632] https://de.wikipedia.org/wiki/Jungosmanen.

[633] Feroz Ahmad: *İttihat ve Terakki 1908–1914*, S. 42.

[634] https://de.wikipedia.org/wiki/Jungosmanen.

[635] Klaus Kreiser, Christoph K. Neumann: *Kleine Geschichte der Türkei*, S. 351.

[636] https://de.wikipedia.org/wiki/Jungt%C3%BCrken.

[637] https://de.wikipedia.org/wiki/Mustafa_Kemal_Atat%C3%BCrk.

Interessen des Volkes, nicht einer Klasse gerichteten Politik, Revolutionismus im Sinne einer stetigen Fortführung von Reformen, Laizismus, d. h. Trennung von Staat und Religion, und Etatismus mit partieller staatlicher Wirtschaftslenkung.

Zur Absicherung der neuen Staatsordnung und zur Durchsetzung des Leitbilds einer laizistischen Republik musste aber nicht nur mit dem Sultanat der Osmanen gebrochen werden, sondern auch mit dem Kalifat. Als Kalifen sahen sich die osmanischen Herrscher als „Vertreter des Propheten Gottes" und als die religiösen Oberhäupter aller Muslime. [[638]]<<[639]

Schon in einer Tagebuchaufzeichnung vom 6. Juni 1918 hatte Kemal Atatürk >>das Grundmotiv aller späteren Reformschritte formuliert:

„Sollte ich eines Tages großen Einfluß oder Macht besitzen, halte ich es für das Beste, unsere Gesellschaft schlagartig – sofort und in kürzester Zeit – zu verändern. Denn im Gegensatz zu anderen glaube ich nicht, daß sich diese Veränderung erreichen läßt, indem die Ungebildeten nur schrittweise auf ein höheres Niveau geführt werden. Mein Innerstes sträubt sich gegen eine solche Auffassung. Aus welchem Grund sollte ich mich auf den niedrigeren Stand der allgemeinen Bevölkerung zurückbegeben, nachdem ich viele Jahre lang ausgebildet worden bin, Zivilisations- und Sozialgeschichte studiert und in allen Phasen meines Lebens Befriedigung durch Freiheit erfahren habe? Ich werde dafür sorgen, daß sie auch dahin kommen. Nicht ich darf mich ihnen, sondern sie müssen sich mir annähern."[[640]]

Dieses Programm verwirklichte er Zug um Zug, nachdem er gesiegt und in der Funktion des Staatspräsidenten die erstrebte Schlüsselposition innehatte. Es war eine Vielzahl tiefer Veränderungen in Tradition und Gewohnheiten, die er seinen Landsleuten binnen weniger Jahre umzusetzen vorgab.<<[641]

>>In den folgenden Jahren wurden ganze Rechtssysteme aus europäischen Ländern übernommen und den türkischen Verhältnissen angepasst. 1926 wurde zunächst das Schweizer Zivilrecht – und damit die Einehe mit der Gleichstellung von Mann und Frau – übernommen (Die Gleichstellung der Geschlechter gelang im täglichen Leben allerdings nur teilweise). Es folgten das deutsche Handelsrecht und das italienische Strafrecht. 1928 wurde die Säkularisierung ausgerufen und im selben Jahr die arabische Schrift durch die lateinische ersetzt (...). Im Zuge weiterer Reformen wurden in der Türkei 1930 das aktive Frauenwahlrecht eingeführt, und seit 1934 dürfen sich Frauen auch selbst zur Wahl stellen (passives Frauenwahlrecht).<<[642]

Säkularismus bedeutet weitestgehende Ausschaltung aller religiösen Einflussnahmen auf das öffentliche Leben und Selbstbestimmung des Individuums. In seiner konsequentesten Ausprägung müsste die Säkularisierung den Menschen zu einem Weltbürger machen. Unvollkommene Säkularisierung und Liberalisierung binden das Selbstverständnis aber an die Nation und fordern das unbedingte Bekenntnis zur eigenen Nation. Damit wird alles das bekämpft, was die Einheit der Nation beeinträchtigt. Mit einem starken geradezu krankhaften Nationalismus ist auch die Säkularisierung in der Türkei verbunden.

>>Extreme Ausprägungen des türkischen Nationalismus fanden in der Türkischen Geschichtsthese (Türk Tarih Tezi) und in der sogenannten Sonnensprachtheorie ihren Ausdruck. Man betrachtete die frühen Hochkulturen Anatoliens als das Ergebnis einer frühen türkischen Einwanderung und versuchte den Beweis anzutreten, dass das Türkische die Ursprache sei, von der alle anderen Sprachen abstammten.

Diese Politik begann auch damit, die Geografie zu türkisieren. Ortsnamen und Flurnamen, die nicht türkisch, nicht muslimisch, herabsetzend oder unverständlich waren, wurden, zunächst sporadisch, geändert. Doch 1956 wurde eine eigene Kommission im Innenministerium gegründet. Harun Tunçel gibt in einer Studie an, dass bis 1968 12.000 von 40.000 Dörfern umbenannt worden sind. Des Weiteren wurde

---

[638] Bernard Lewis: The Political Language of Islam. Chicago 1988, S. 44–50.

[639] https://de.wikipedia.org/wiki/Mustafa_Kemal_Atat%C3%BCrk.

[640] Dietrich Gronau: Mustafa Kemal Atatürk oder die Geburt der Republik. Fischer, Frankfurt am Main 1994, S. 125 f.

[641] https://de.wikipedia.org/wiki/Mustafa_Kemal_Atat%C3%BCrk.

[642] https://de.wikipedia.org/wiki/T%C3%BCrkei.

1977 eine Liste mit 2000 umgeänderten Flurnamen veröffentlicht. [643] Hauptziel war, durch Tilgung von Namenszusätzen wie Kirche oder Ethnonymen den nichttürkischen oder nichtmuslimischen Charakter der Orte auszulöschen.<<644

Zur Durchsetzung eines strengen Nationalismus eignet sich auch am ehesten eine Einparteienregierung. Dazu schrieb 2009 Şahin Alpay : >>Die im Jahre 1923 gegründete Republikanische Volkspartei (CHP) der Kemalisten proklamierte im Jahr 1925 das Einparteiensystem und verordnete Reformen, um anstelle des niedergegangenen Osmanischen Reichs einen modernen säkularen Nationalstaat aufzubauen. Die offizielle Politik des autoritären Regimes zielte darauf ab, aus der multiethnischen und multireligiösen Bevölkerung eine homogene Nation zu schmieden, die türkisch spricht, an der türkischen Kultur festhält und die staatlich sanktionierte Form des sunnitischen Islam praktiziert, wie er (bis heute) vom Präsidium für religiöse Angelegenheiten repräsentiert wird. Religiöse Äußerungen waren im öffentlichen Leben verboten. Der größten religiösen Minderheit, den Aleviten, wurde die offizielle Anerkennung verweigert und letztlich der sunnitische Glaube oktroyiert. Alle muslimischen ethnischen Gruppierungen, eingeschlossen die größte ethnische Minorität der Kurden, wurden gezwungen, sich zu assimilieren und einer "Türkifizierung" zu unterwerfen. Jeder Ausdruck kurdischer Identität wurde verboten. Erst 1991 wurde der öffentliche Gebrauch der kurdischen Sprache erlaubt. [645] Die türkischen Streitkräfte garantierten nicht nur die Sicherheit des Staates und dessen kemalistische Ideologie, sondern übernahmen auch die Rolle des wichtigsten Vermittlers bei der Etablierung einer säkularen und homogenen türkischen Identität in der Bürgerschaft.

Zum Ende des Zweiten Weltkriegs wurde die Modernisierung durch eine Demokratisierung von oben ergänzt. Der Übergang zu einem Vielparteiensystem wurde von den autoritären Machthabern in die Wege geleitet und kontrolliert, die überwiegend der CHP angehörten. Es war verboten, die kemalistische Staatsideologie in Frage zu stellen; der Kommunismus, fundamentalistische Religionen (gemeint ist der Islamismus), ethnischer Nationalismus (gemeint ist der kurdische Nationalismus) und Liberalismus in der Politik waren untersagt. [646] Die türkische Demokratie bekam so von Anfang an einen bevormundeten oder auch gelenkten Charakter, in der die Militärs eine führende Rolle übernahmen.<<647

Die führende Rolle des Militärs im türkischen Staat war zunächst auch durch die besondere Form der Verfassung garantiert und führte dazu, dass die Militärs nach Einführung des Mehrparteiensystems immer wieder dann putschten und die Macht für eine gewisse Zeit selbst übernahmen, wenn sie ein politisches Chaos befürchteten, insbesondere auch, wenn sie durch Forderungen der Kurden nach Anerkennung der eigenen Identität und entsprechend einer gewissen Autonomie die strenge nationale Einheit der Türkei gefährdet sahen.

Die von den Kemalisten erzwungene Säkularisierung war unvollkommen, weil sie es nur zu einer Militärdiktatur brachte und die Masse der Gläubigen auf dem Lande nicht erreichte. Wir haben hier das gleiche Phänomen wie die Militärdiktaturen des Schah von Persien, Saddam Husseins im Irak, Oberst Gaddafis in Libyen, der Assads in Syrien und Al Sissis in Ägypten. Wenn die Europäer darauf drängen, dass die Länder demokratisiert werden, dann nutzen das regelmäßig die Islamisten, um über Wahlen zu einem islamischen Gottesstaat zu kommen, in dem islamische Geistliche das letzte Wort haben und in der Auslegung an eine mehr oder weniger streng interpretierte Scharia gebunden sind.

---

643 AZINLIK OKULLARINA. In: http://www.cnnturk.com/. CNN Türk, 19. Juni 2009, abgerufen am 19. Juni 2009 (türkisch).

644 https://de.wikipedia.org/wiki/Volksgruppen_in_der_T%C3%BCrkei.

645 Vgl. Hugh Poulton, The Top Hat, the Grey Wolf, and the Crescent, London 1997.

646 Vgl. Ilkay Sunar: *State, Society and Democracy in Turkey*, Istanbul 2004.

647 Şahin Alpay: *Die politische Rolle des Militärs in der Türkei*, http://www.bpb.de/apuz/31728/die-politische-rolle-des-militaers-in-der-tu erkei?p=all.

Bleibt der Islam die höchste Norm, dann wird, je nachdem, ob der Islam schiitisch oder sunnitisch geglaubt wird, entweder ein alle Länder umfassendes Kalifat, wie vom IS, oder eine alle Staaten umfassende Mullahherrschaft, wie vom Iran intendiert, etabliert. Ist das Land dagegen bereits so weit säkularisiert, dass der Nationalismus das beherrschende Motiv politischen Handelns und die islamische Glaubensrichtung nur zu einer Komponente des Nationalismus geworden sind, dann wird ein Staat angestrebt, wie zum Beispiel in der Türkei von Erdogan, den man als „Heiliges Osmanisches Reich Türkischer Nation" bezeichnen könnte.

Gestützt auf Forderungen der EU nach Ausschaltung des Militärs aus dem politischen Willensprozess als Vorbedingung für einen EU-Beitritt, konnte der damalige Ministerpräsident und jetzige Staatspräsident der Türkei Recep Tayyip Erdoğan die Sonderstellung des Militärs brechen. Da sich die Türken immer nach einer starken zentralen Ordnungsmacht gesehnt haben, konnte Recep Tayyip Erdoğan die Prinzipien der Kemalisten nutzen und wie Kemal Atatürk alle Macht bei sich konzentrieren. Dabei betreibt er geradezu eine Hexenjagd gegen alle, die seinen Zielen im Wege stehen oder auch nur korrupte Machenschaften seiner Familie verfolgen.

Er träumt von einer Art Wiederbelebung des Osmanischen Reiches. So berichteten Luise Sammann und Fatih Kanalici am 9.7.2016 im Deutschlandfunk: >>"Wir sind bewegt von dem Geiste, der das Osmanische Reich gründete", verkündete Recep Tayyip Recep Tayyip Erdoğan – damals noch Ministerpräsident – seinen Landsleuten im November 2012.<<[648]

>>Ein weiteres Beispiel für den Historientrend war die jüngste Forderung von Präsident Recep Tayyip Erdoğan, Osmanisch-Unterricht an türkischen Gymnasien zum Pflichtfach zu machen. Türkische Schüler, so der konservative Politiker, sollten damit in Zukunft wieder die Grabsteine ihrer Großeltern entziffern können.<< [649]

So nimmt es nicht Wunder, dass bei derartiger Propaganda verklärende Filme über das Osmanische Reich zu einem Publikumserfolg werden. Der Film über die Eroberung von Konstantinopel in 500 Jahre alten Ritterrüstungen mit endlosen Schlachten zu Pferde, "Fetih 1453" >>war schon kurz nach seinem Kinostart im Februar 2012 der erfolgreichste Film, den es in der Türkei je gab. Im Nu waren die 17 Millionen Dollar Produktionskosten wieder eingespielt. Denn: Am Bosporus herrscht das Osmanen-Fieber!<< [650]

>>Als "neo-osmanisch" wird die Politik der AKP wegen genau solcher Reden gern bezeichnet. Ein Begriff, der allerdings nur halb zutrifft, findet der Istanbuler Historiker Aydin. Denn das durch und durch positive Osmanen-Bild, auf das die konservativen Politiker in Ankara sich gern berufen, hat mit der wahren Geschichte nur wenig zu tun. "Das Osmanische Reich wird den Menschen als ein perfekter Rechtsstaat aufgezeigt. Aber wir Historiker wissen, dass die Realität anders aussah. Wenn wir in die Geschichte schauen, sehen wir ein despotisches Regierungswesen."

Das Osmanen-Bild aber, das schon türkische Grundschüler im Unterricht vermittelt bekommen, spart unpopuläre Wahrheiten lieber aus. Oft ist es nicht weniger romantisch als das Leben zwischen Sultanspalast und Harem, das den Zuschauern jahrelang im Fernsehen vorgeführt wurde. Kein Wunder, dass Recep Tayyip Erdoğan – damals noch Ministerpräsident – anfing öffentlich gegen die Serie "Wunderbares Jahrhundert" zu wettern, als sie nicht mehr seinen Vorstellungen entsprach.

"So einen Vorfahr, wie ihn diese Serie zeigt, haben wir nicht! Der Sultan Süleyman, den wir kennen, verbrachte 30 Jahre auf dem Rücken eines Pferdes und nicht im Harem. Ich verurteile die Regisseure dieser Serie und die Besitzer dieses Senders vor der ganzen Nation!"<< [651]

---

[648] Luise Sammann und Fatih Kanalici: *Träume von der osmanischen Vergangenheit*, http://www.deutschlandfunk.de/tuerkei-traeume-von-der-osmanischen-vergangenheit.724.de.html?dram:article_id=312910.
[649] Ebd.
[650] Ebd.
[651] Ebd.

>>"Er hat gegen alles in dieser Serie opponiert, was das Image des Sultans beschädigen könnte. Er konnte es zum Beispiel nicht akzeptieren, dass gezeigt wurde, wie der Sultan seinen Sohn umbringen ließ und die Menschen unterdrückte, die ihre Rechte forderten. Denn über das Vorbild der Osmanen soll doch ein Traum kreiert werden. Die Leute sollen denken: Wenn auch wir unserem Machthaber bedingungslos gehorchen, dann wird die Türkei wieder so mächtig, wie die Osmanen es einst waren."<< [652]

Wenn man bedenkt, welchen Widerwillen der Islam gegen den Europäismus hat, dann ist verständlich, warum es immer wieder, und zwar bis in die heutige Zeit, in der Türkei Bestrebungen gibt, die Säkularisierung zurückzudrängen zu Gunsten von islamischen Vorgaben. Diese Bestrebungen kommen verständlicherweise vom islamischen Klerus, der sich aber, wie wir auch schon im Iran gesehen haben, auf die Masse, insbesondere der Landbevölkerung, stützen kann. Denn der westliche Einfluss macht sich primär nur in den größeren Städten geltend.

Der islamische Klerus erreichte auch, dass sich nach der Einführung des Mehrparteiensystems dem Islam nahestehende Parteien gründeten und so auch die zur Zeit regierende AKP. Als Folge davon wurden im Laufe der Zeit immer mehr das Religiöse einschränkende Gesetze aufgehoben. Der Chef des türkischen Parlaments Ismail Karaman hat im April 2016 sogar wieder die Einführung der Scharia in der Türkei gefordert. Er wurde zwar aufgrund der aufkommenden Proteste zurückgepfiffen. Aber, wie es in den *Deutschen Wirtschafts Nachrichten* heißt: >>Es ist unwahrscheinlich, dass der Parlaments-Chef Karaman ohne das Wissen und Wollen von Erdoğan agiert hat. Karaman gehört zum engsten Kreis des türkischen Staatschefs.<< [653]

Offensichtlich sieht sich Recep Tayyip Erdoğan als wiedergeborenen Sultan eines „Osmanischen Reiches", der sich im Sinne der seinerzeitigen Kalifenfunktion des osmanischen Sultans auch als Zentrum des sunnitischen Islam versteht. Dafür spricht auch sein Größenwahn. Dazu wiederum Luise Sammann und Fatih Kanalici : >>Ein Beispiel unter vielen ist der mehr als 1.000 Zimmer zählende Palast, den Recep Tayyip Erdoğan kurz nach der gewonnenen Präsidentschaftswahl am 28. August 2014 in Ankara einweihte. Allein eine der unzähligen Toiletten des Prunkbaus soll mehrere tausend Dollar gekostet haben, schimpften kritische Journalisten. Seine Anhänger jedoch erfüllen solche Zahlen mit Stolz. Schließlich, so argumentieren nicht wenige, lebten doch auch die osmanischen Sultane in atemberaubenden Palästen! ...

Doch die türkische Gesellschaft ist gespalten wie kaum eine andere. Was die Wähler der AK-Partei stolz macht, macht ihre Gegner oft wütend. Wochenlang demonstrierten sie gegen den Palast, der mitten in einem unter Naturschutz gestellten Waldstück entstand. Hunderte von Bäumen mussten dem Prunkbau weichen. Bäume, die der Gründer der modernen Türkei, Mustafa Kemal Atatürk, vor mehr als 80 Jahren höchst persönlich unter Naturschutz gestellt hatte. Dass Recep Tayyip Erdoğan ausgerechnet sie fällen ließ, glich auch einer Machtdemonstration gegenüber Atatürks Anhängern, den Kemalisten. Lange galt das Erbe des Republikgründers als unantastbar am Bosporus. Recep Tayyip Erdoğan hat diese Ära beendet. Und er lässt keine Gelegenheit aus, das zu betonen. Sei es, wenn er ausgerechnet auf dem für die Republik so symbolträchtigen Istanbuler Taksim-Platz eine Moschee errichten will. Oder sei es, indem er den bisher größten Flughafen der Türkei, den Atatürk-Flughafen, durch einen noch größeren ersetzen lässt – der Mediengerüchten zufolge den Namen *Recep Tayyip Erdoğan-Flughafen* erhalten soll.

Das Gerangel um die Vormachtstellung zwischen der säkularen, in der Vergangenheit oft wohlhabenderen kemalistischen Elite und den von ihr als unmündiges Volk vernachlässigten anatolischen Massen ist ein alter Kampf, der vielen Konflikten in der heutigen Türkei zugrunde liegt. Auch in der Begeisterung der türkischen Regierung für ihre osmanische Vergangenheit hat er seinen Platz.

---

[652] Ebd.

[653] http://deutsche-wirtschafts-nachrichten.de/2016/04/27/nach-scharia-forderung-tuerkische-regierung-macht-rueckzieher/.

"Die säkularen Reformen, die Atatürk in den ersten Jahren nach der Republikgründung durchsetzte, ließen viele Menschen zu Fremden im eigenen Land werden", erklärt Ismail Caglar vom AKP-nahen Think-tank SETA. Schon damals, gleich in den ersten Jahren der modernen Türkei, begann die Sehnsucht vieler konservativer Türken nach dem gerade erst untergegangenen osmanischen Reich.<< [654]

Von seinen osmanischen Visionen wird auch die Außenpolitik Recep Tayyip Erdoğans bestimmt. An sich ist eine säkulare Staatengemeinschaft ehemaliger osmanischer Länder eine faszinierende Idee und könnte ein wichtiger Beitrag sein zur Befriedung der muslimischen Welt und des Weltfriedens insgesamt.

Eine neu-osmanische säkulare Staatengemeinschaft sollte wenn möglich auch die nordafrikanischen Länder Ägypten bis Marokko einschließen. Eine solche Staatengemeinschaft hätte zwar in der Mehrheit sunnitische Muslime. Das war aber auch bereits im Osmanischen Reich so. Sie sollte deswegen aber auch die gleiche Toleranz gegenüber anderen Religionsgemeinschaften zeigen, wie im Osmanischen Reich. Natürlich müssten die Nicht-Sunniten vollwertige Staatsbürger sein, wie es einem säkularen Staat entspricht, in dem Religion und Staat getrennt sind.

Für die Muslime, insbesondere die Palästinenser, würde damit ihr Minderwertigkeitsgefühl gegenüber Israel entfallen. Sie könnten den Israelis als Mitglied einer Großmacht mindestens gleichberechtigt gegenübertreten und dabei zugleich den Einfluss der Israelis in den Palästinensergebieten und auf den Golanhöhen zurückdrängen.

Wenn es den Türken wirklich um eine neu-osmanischen Staatengemeinschaft geht, dann sollten sie

1. ihre säkulare Gesellschaft stärken und nicht durch Rückfall in religiös bestimmte Unmündigkeit der Menschen schwächen. Insbesondere sollten sie jede Form der Religionsdiskriminierung vermeiden. Nur so können sie Ängste und Vorbehalte anderer als der sunnitischen Bevölkerung ausschalten.

2. Für die türkische Syrien Politik würde das heißen, dass sie den sich an Assad klammernden Alawiten, Christen und anderen Religionsgemeinschaften ihre Angst nehmen, beim Fall des Assad-Regimes von Sunniten verfolgt zu werden. Die Türkei darf nicht mehr die IS und den Al Qaida-Ableger, die Al Nusra-Front, militärisch, sondern nur noch säkulare Widerstandsgruppen militärisch unterstützen;

3. die Türken sollten Frieden mit den Kurden schließen und ihnen in der Türkei weitestgehende Autonomie zusichern und insbesondere nicht versuchen, die Partei der Kurden zu schwächen oder ganz zu zerstören. Den Kurden in Syrien und dem Irak sollten die Türkei eine Assoziierung mit der Türkei anbieten und im Kampf gegen den sogenannten Islamischen Staat rückhaltlos beistehen.

Die Türken müssten erkennen, dass die Autonomie kurdischer Gebiete bis hin zu souveränen Staaten nicht mehr zu verhindern ist. Dazu ist die Position des kurdischen Autonomiegebietes im Irak, aber auch der kurdisch beherrschten Gebiete in Syrien schon zu gefestigt. In diesem Sinne sagt auch Oliver Ernst >>Wenn die Türkei den Prozess der politischen Integration der jahrzehntelang vom Baath-Regime unterdrückten und entrechteten syrischen Kurden in ein Nachkriegssyrien unterstützte, dann würde dies potenziell auch den Versöhnungsprozess mit denjenigen Kräften unter den türkischen Kurden befördern, die sich heute noch als "Befreiungsbewegung" verstehen und den türkischen Staat teilweise mit terroristischer Gewalt bekämpfen. Das Diktum Atatürks, des Gründers der türkischen Republik, – "Frieden im Land – Frieden in der Welt" – würde hierdurch eine neue Strahlkraft erhalten und die Rolle der Türkei als Ankerland in einer instabilen Krisenregion stärken.<< [655]

---

[654] Luise Sammann und Fatih Kanalici: *Träume von der osmanischen Vergangenheit.*
[655] Oliver Ernst: *Die Kurdenfrage in der Türkei und der Krieg in Syrien.* S.3; http://www.bpb.de/apuz/221174/die-kurdenfrage-in-der-tuerkei-und-der-krieg-in-syrien?p=2.

Stattdessen haben die Türken aber bisher alles getan, um sich die Kurden zum Feind zu machen. Abgesehen vom Kampf gegen die Kurden im eigenen Lande und die PKK bekämpft sie auch die Kurdengebiete, die an die Türkei angrenzen und unterstützte deswegen den IS. Für den IS war die Türkei Rückzugsort, Rekrutierungsstelle für kriegswillige Unterstützer des IS aus aller Welt, die sich über die Türkei nach Syrien begaben, Verkauf von Öl und anderen Dingen zur Devisenbeschaffung und als Transportweg für Waffen.

Abgesehen davon, dass die Türken mit der Unterstützung des IS ihre Beziehungen zu Europa, den USA, den anderen islamischen Ländern und schließlich auch noch zu Russland gefährdeten und deswegen ihre Unterstützung des IS auch nur halbherzig sein konnte, machte der IS-Terror auch vor der Türkei nicht halt. So musste letztlich die Türkei auch in das Lager der IS-Gegner einschwenken.

Auch werden die Türken ihre Ablehnung des Assad-Regimes nicht durchhalten. Klar ist zwar, dass der Assad-Clan im Nachkriegs-Syrien keine Rolle mehr spielen darf. Aber der bestehende relativ säkulare syrische Start muss fortbestehen, möglicherweise unter Abtrennung der Gebiete, die die Kurden bewohnen. Eine Befriedigung Syriens wird nur möglich sein – und insofern haben die Russen recht –, wenn das bisherige Syrien fortbesteht und so reformiert wird, dass die sunnitische Mehrheit und auch die anderen Gruppen sich zum Staat bekennen können.

3. Das Scheitern der Amerikanisierung Russlands, der Eurasismus und die Wiedergeburt des Ost-West-Gegensatzes

Nach dem die Sowjetunion zusammengebrochen war, strebte die westliche Welt unter Führung der USA, ihren Einfluss auch auf die ehemaligen Länder des Ostblocks und Russland auszudehnen. Auch die Russen waren für die westliche Wirtschaft und Demokratie offen, weil sie deren Überlegenheit erkannt hatten. Der Spiegel schreibt: >>Im Dezember 1991 war die Sowjetunion zusammengebrochen, und Boris Jelzin, Russlands erster demokratisch gewählter Präsident, hatte den Kommunismus als menschenverachtende Doktrin verdammt. Im Land herrschte nun ein ideologisches Vakuum, zudem brach mit der Einführung der Marktwirtschaft das Chaos aus. Für die Jelzin-Mannschaft gab es damals nur einen Halt: die USA. …

Kreml und Weißes Haus arbeiteten damals fast Hand in Hand. Der Ökonom Jeffrey Sachs verordnete der russischen Wirtschaft eine Schocktherapie. Sie zwang die Russen zu einer schlagartigen Privatisierung der Wirtschaft, ohne genügend westliches Geld nach Russland zu pumpen. Die Folge: viel Schock, aber keine Therapie. Der radikal neoliberale Kurs trug laut Joseph E. Stiglitz, einst Chefökonom der Weltbank, zum wirtschaftlichen Zusammenbruch bei. Millionen Russen verarmten. Es waren aus russischer Sicht die Jahre der Demütigung durch den Westen.<<[656]

Dass diese Schocktherapie nicht den gewünschten Erfolg hatte, ist unter anderem natürlich auch dem Umstand zuzurechnen, dass kapitalistisches Handeln den Russen widerstrebt. So fasste nach dem Zusammenbruch der Sowjetunion ein Zuhörer meines Vortrags über das Wesen der Marktwirtschaft in Vladimir den Inhalt so zusammen: „Also Spekulanten – in der Sowjetunion Volksschädlinge – sind in der Marktwirtschaft *Businessmen*!" So haben dann auch nur wenige, wir würden sagen, *dynamische Unternehmer* – aus russischer Sicht *Skrupellose* – die Voucher, die im Rahmen der Privatisierung der Staatsunternehmen als Beteiligung an die

---

[656] Sven Becker und andere: *Die russische Frage*, in Der Spiegel Nr. 10/4.3.2017 S. 14.

Mitarbeiter ausgegeben wurden, an sich gebracht und wurden, häufig auch mit einer gewissen kriminellen Energie, zu den Oligarchen Russlands und der übrigen ehemals zur Sowjetunion gehörigen Länder.

Zugleich mussten die Russen schmerzlich erfahren, dass ihnen die mit ihnen verbundenen Länder entfremdet bzw. auch unter einer Auflösung zu leiden hatten.

Mit Serbien, wie mit allen slawischen Völkern, insbesondere soweit sie auch zur orthodoxen Kirche gehören, fühlten sich die Russen schon von jeher verbunden. Das russische Bündnis mit Serbien war auch der Anlass zum Ausbruch des Ersten Weltkrieges. Kosovo, das als integraler Bestandteil Serbiens empfunden wurde, wurde mithilfe des Westens von Serbien getrennt und die USA verkündeten die Bombardierung Serbiens, um den Kosovo-Konflikt zu beenden, ohne den Kreml dazu zu konsultieren.

Im Irakkrieg schmiedeten die Amerikaner >>ihre "Koalition der Willigen" und trieben ihre Pläne einer Raketenabwehr in Europa voran. <<[657] Zwar erklärten die USA, dass diese Raketenabwehr nicht gegen die Russen gerichtet sei. Sie waren aber auch nicht bereit, die Russen daran zu beteiligen und diese Raketenabwehr zum Beispiel in Russland zu errichten. Sven Becker und andere schreiben >>Das verschlechterte die Beziehungen dramatisch, dennoch machte sich der Kreml noch Hoffnungen, als Mitglied in die NATO eingeladen zu werden.<<[658]

>>Es ging weiter bergab. Auf dem NATO Gipfel 2008 stellte der Westen Georgien und der Ukraine eine NATO-Mitgliedschaft in Aussicht, kurz darauf folgte der Kaukasuskrieg zwischen Russland und Georgien. Unter Barack Obama wurde das Verhältnis noch schlechter. Das Eingreifen des Westens in den libyschen Bürgerkrieg empfand Putin als Verrat. Er war überzeugt, dass erst Gaddafis anfängliche Zugeständnisse zu seinem Untergang geführt hatten.<<[659]

Der Kreml hatte darauf vertraut, dass der Westen nach der Wiedervereinigung sich nicht weiter nach dem Osten ausdehnt. Solange Russland aber noch hoffen konnte, selbst vollwertiger Partner der Europäischen Union und der NATO zu werden, duldete der Kreml, dass immer neue Länder Mitglied der Europäischen Union und der NATO wurden. Als der Kreml jedoch merkte, dass Russland von diesen Organisationen ausgeschlossen wurde und die Erweiterung der Europäischen Union und der NATO zur Folge hatten, Russlands Einfluss einzudämmen, besann sich Russland wieder auf sich selbst und die eigene Mission, die immer mehr zum sogenannten *Eurasismus* wurde.

Neben dem sowjetischen Europäismus leben auch die mehr religiös motivierten Ideen der russischen Mission im *Eurasismus* fort. Der Eurasismus hat viele Vertreter. Als erster mag wohl Fürst Nikolaj Sergejewitsch Trubezkoj (geb. 1890 in Moskau und gest. 1938 in Wien) gelten. Er >> war ein russischer Linguist und Ethnologe sowie der Begründer der Phonologie.<<[660]

Wikipedia schreibt: Die Weltsicht der Eurasier fußt auf der Behauptung, >>dass es zwischen Europa und Asien einen dritten Kontinent „Eurasien" (der sich weitgehend mit dem ehemaligen Gebiet des Russischen Zarenreichs deckte) sowie

---

[657] Sven Becker und andere: Die russische Frage, a.a.O. S. 14.

[658] Becker S. 14 f.

[659] Becker: S. 15.

[660] https://de.wikipedia.org/wiki/Nikolai_Sergejewitsch_Trubetzkoy.

einen unüberwindlichen Gegensatz zwischen der eurasischen Kultur des russischen Reiches einerseits und der „romano-germanischen" Zivilisation Westeuropas andererseits gäbe.[661][662]<<663

Schon in der Sowjetunion vertrat Lew Gumiljow[664] den *Eurasismus*. Er nannte die in den Völkern lebenden unbewussten geistigen, kulturellen und zivilisatorischen Antriebe: Passionarnost'. Passionarnost' enthält Passion im doppelten Sinne des Wortes, das heißt als leidenschaftlicher Antrieb, wie auch als im Vollzug dieser Leidenschaft, wie in der Passion Christi, leiden. In Russland zeigt sich die Passionarnost' als eurasischer Humanismus. Offensichtlich im Sinne dieser Passion hat Lew Gumiljow auch seine Verhaftungen ertragen und ist trotzdem seiner Passion treu geblieben. Denn er wurde wiederholt verhaftet und musste viele Jahre im Lager verbringen, so 1930 – 1934, 1938 – 1943. >>Im Herbst 1944 meldete Gumiljow sich freiwillig in die Rote Armee und kämpfte in der 1. Weißrussischen Front, die bei der Eroberung Berlins beteiligt war.<< 1949 wurde er wiederum zu zehn Jahren Lagerhaft verurteilt. >>Erst 1956, drei Jahre nach Stalins Tod, wurde er wegen nicht vorhandenem Haftgrund rehabilitiert und nach Hause entlassen.<<665

Charles Clover schreibt: >>Wladimir Putin bekannte sich 2012 öffentlich zu Gumiljows Theorie des Passionarnost.<<666

Nach Otto Böss sei Ziel der Eurasier >>die Vereinigung der großen christliche Kirchen unter Führung der russisch-orthodoxen Kirche; der Katholizismus habe die Urgedanken des Christentums verfälscht. Auch die Juden seien einzubeziehen, die „orthodoxe jüdische Kirche" bliebe aber in ihrem Kult eigenständig. Ein Zar solle „in christlicher Liebe" diesen zu schaffenden „Staat der Weisheit" regieren,

---

661 Andreas Umland: *Der „Neoeurasismus" im außenpolitischen Denken Russlands* In: e-politik.de, 10. 3. 2009.

662 Stefan Wiederkehr: *»Kontinent Evrasija« – Klassischer Eurasismus und Geopolitik in der Lesart Alexander Dugins*, S. 127.

663 https://de.wikipedia.org/wiki/Eurasismus.

664 >>Lew Nikolajewitsch Gumiljow (russisch Лев Николаевич Гумилёв; * … 1912 in Zarskoje Selo, Russisches Kaiserreich; † … 1992 in Sankt Petersburg) war ein russischer Historiker und Ethnologe, Autor einiger neuer und umstrittener Theorien zur Ethnogenese sowie Dichter und Übersetzer aus der persischen Sprache. Er war der Sohn des Dichterpaars Anna Achmatowa und Nikolai Gumiljow.<< >>Als er 1921 knapp neun Jahre alt war, wurde sein Vater Nikolai Gumiljow wegen angeblicher Beteiligung an einer konterrevolutionären Verschwörung erschossen.<< https://de.wikipedia.org/wiki/Lew_Nikolaje-witsch_Gumiljow.

665 https://de.wikipedia.org/wiki/Lew_Nikolajewitsch_Gumiljow.

666 Charles Clover: Putin, power and „passionarnost", in: Financial Times, 12. März 2016, S. 1, S. 20: >>Putin's definition of "passionarity" (from the Latin word passio) was a slightly sanitised one. "Moving forward and embracing change" was one way of putting what Gumilev meant, though more accurate would be something like "capacity for suffering". It was a word with allusions to the New Testament and the crucifixion, that had been dreamt up by Gumilev during his 14 years in Siberian prison camps. In 1939, while digging the White Sea Canal and daily watching inmates die of exhaustion and hypothermia, Gumilev invented his theory of passionarnost. The defining trait of greatness, he would write in Ethnogenesis and the Biosphere, the book that established his ideas (written in 1979 and circulated in samizdat form until 1989), was sacrifice.<<

in dem alle Nationalitäten gleichberechtigt seien. Auch die Ukraine habe ihren Platz in diesem eurasischen Reich zu finden; der Anspruch ukrainischer Nationalisten, zu Europa zu gehören, sei historisch unbegründet. Wichtigster Nachbar Eurasiens sei China. Die geeignete Wirtschaftsform sei eine weiterentwickelte Planwirtschaft.[667]<<668

Anlässlich des 112-jährigen Geburtstags von Lew Gumiljow schreibt Natalia Pavlova: >>„Die Eurasier des 20. Jahrhunderts wie Nikolai Trubezkoi, Lew Gumiljow waren immer der Meinung, dass unsere Hauptidee darin besteht, eine Alternative zum Westen zu sein und eine gerechtere Ordnung, eine edlere Idee zu entwickeln, die man anderen Völkern anbieten könnte. Die Ideen der Gerechtigkeit und Wahrheit sind im eurasischen Raum zentral. Und während der Westen stets auf Aggression, Eroberung und Kolonisierung neuer Gebiete baute, brachte Russland eine andere Idee ein.

Die Russen haben andere Völker schon immer auf Augenhöhe, wie Ihresgleichen behandelt. Das war auch der Grund, warum das kleine Fürstentum am Moskwa-Fluss eine Unmenge an Völkern von Alaska bis zum Balkan, von Afghanistan bis zum Baltikum aufnahm. Allen diesen Völkern gelang ein friedliches Miteinander, bei dem sie sich gegenseitig ergänzten und auf der Grundlage antiker Zivilisationen wie die Goldene Horde, das Turkische Khanat und das Große Skythien eine unnachahmliche Zivilisation aufbauten. Das hat Lew Gumiljow bewiesen, der in seinen Werken die Geschichte dieses großen Raums geschildert hat."<<669

Andreas Umland schreibt: Seit den frühen 1990er-Jahren vertritt der russische politische Philosoph und Publizist Alexander Dugin >>einen Neo-Eurasismus. Der klassische Eurasismus ist allerdings nur eine der Quellen von Dugins eklektischer Ideologie, er verbindet das eher kulturalistische Konzept Trubezkois und Sawizkis (die er in seinen Werken nur beiläufig erwähnt und zum Teil sogar falsch benennt) maßgeblich mit Elementen der Geopolitik neuerer, westlicher Prägung. So beruft er sich etwa auf Vertreter der westeuropäischen Neuen Rechten wie Jean-François Thiriart und Alain de Benoist,[670] die Traditionalisten René Guénon und Julius Evola, Vertreter der Konservativen Revolution wie Carl Schmitt und Geopolitiker wie Karl Haushofer.[671][672]

Im Gegensatz zur zentralen These des klassischen Eurasismus, dass es einen dritten Kontinent „Eurasien" zwischen Europa und Asien gebe, versteht Dugin „Eurasien" als Europa und Asien. In Anlehnung an Thiriarts Idee von einer Pax Eurasiatica plädiert Dugin für ein eurasisches Imperium von Dublin bis Wladiwostok unter der Führung Russlands, weil, so Dugin, „die wahren, geopolitisch

---

667 Otto Böss: *Die Lehre der Eurasier. Ein Beitrag zur russischen Ideengeschichte des 20. Jahrhunderts*, S. 72, 85-87, 98-104.

668 https://de.wikipedia.org/wiki/Eurasismus.

669 Natalia Pavlova: *Eurasischer Humanismus als Alternative zum Westen*, https://de.sputniknews.com/german.ruvr.ru/2014_10_03/Eurasischer-Humanismus-als-Alternative-zu-dem-Westen-4959/.

670 Stefan Wiederkehr: »*Kontinent Evrasija*« a.a.O., S. 127.

671 Andreas Umland: *Alexander Dugin*, a.a.O., S. 2–5.

672 Mark J. Sedgwick: *Neo-Eurasianism in Russia*, S. 221–240.

gerechtfertigten Grenzen Russlands bei Cadiz und Dublin liegen und Europa dazu bestimmt ist (...) der Sowjetunion beizutreten".[673]

Klassische Eurasier und Neo-Eurasier wie Dugin haben die bipolare Weltsicht gemeinsam, dass „Eurasien" einem Hauptfeind gegenüberstünde. Der Unterschied ist, dass klassische Eurasier das „romanogermanische Europa" als Gegner ansahen wohingegen Neo-Eurasier sich einen Kampf vorstellen zwischen hierarchisch organisierten „eurasischen" Landmächten unter der Führung Russlands und liberalen „atlantischen" Seemächten unter der Führung der Vereinigten Staaten.[674][675] Europa wird laut Dugin von den Amerikanern okkupiert und Russland müsse die Rolle des Befreiers annehmen. Der Erfolg „Eurasiens" hänge von der Wiedergeburt des imperienbildenden russischen Volkes ab.[676] In Dugins apokalyptischer Weltsicht steuere diese jahrhundertealte Gegnerschaft zwischen Land- und Seemächten auf einen „Endkampf" zu.[677]<<678

Damit zieht der *Eurasismus* gleich mit den extremen Rechten in den USA. So vertritt Heinrich Vogel (Stiftung Wissenschaft und Politik Deutsches Institut für Internationale Politik und Sicherheit) die >>These, dass sich die Neokonservativen der USA und Russlands als wechselseitige Verstärker einer imperialen Weltsicht brauchen. Sogar die demokratische Präsidentschaftskandidatin Hillary Clinton ist überzeugt: »The United States can, must and will lead in this new century«. Die russischen Konservativen sind begeistert.<<679

Die Neokonservativen und Eurasier gehen letztlich von einer bipolaren Welt aus, wo beide Seiten sich antagonistisch gegenüberstehen. Vladimir Putin verfolgt sicherlich keine so extreme Politik über die russischen Grenzen hinaus. Die von ihm initiierte *Eurasische Wirtschaftsunion* wird aber von eurasischen Vorstellungen getragen. Mitglieder der Eurasischen Wirtschaftsunion sind die Länder Russland, Belarus, Kasachstan, Armenien und Kirgisien. >>Auf der Basis von unterschiedlichen Partnerschaften der GUS-Staaten und politischer Äußerungen werden eine Reihe von Staaten als mögliche Beitrittskandidaten gehandelt. Hierzu gehören unter anderem Tadschikistan, die Mongolei und Usbekistan.[680]<<681

Angesichts dieser russischen Zielsetzungen hätte der Westen gewarnt sein müssen. Dennoch kam er den Bestrebungen der West-Ukrainer, sich der Europäischen Union und auch der NATO anzuschließen entgegen. Denn in Kiew wurde das erste russische Reich gegründet. Die Ukraine war daher für die Russen immer ein integraler Bestandteil der panslawistischen Welt. Als deshalb alle wirtschaftlichen Angebote Putins an die Ukraine die drohende Eingliederung der Ukraine in den Westen nicht verhindern konnten und die russenfeindlichen Bestrebungen in der Ukraine sogar die russische Sprache verbieten wollten, war es verständlich,

---

673 Zitiert in: Stefan Wiederkehr, *»Kontinent Evrasija«*, S. 128 f

674 Andreas Umland: *Alexander Dugin, the Issue of Post-Soviet Fascism,* , S. 2–5.

675 Stefan Wiederkehr a.a.O., S. 125–138.

676 Ebd.

677 Andreas Umland: a.a.O., S. 2–5.

678 https://de.wikipedia.org/wiki/Eurasismus#Neo-Eurasismus.

679 Heinrich Vogel: *Putin, der Putinismus und Europa*, Vortrag beim Int.ernationalen Club La Redoute, Bonn e.V., Bonn, 16. 9. 2014, S.15.

680 Astana gears up for Eurasian Economic Union 23. Mai 2014.

681 https://de.wikipedia.org/wiki/Eurasische_Wirtschaftsunion.

dass es – zweifellos mit Unterstützung Russlands – zu einem Aufstand der überwiegend russisch sprechenden Teile der Ukraine kam und Russland die Krim, die früher zu Russland gehört hatte und nur durch einen Verwaltungsakt von Nikita Chruschtschow zur Ukraine kam, per Volksabstimmung annektierte. Dabei spielt sicherlich auch eine Rolle, dass Russland befürchten musste, seinen Flottenstützpunkt am Schwarzen Meer, Sewastopol, zu verlieren.

Die Ukraine hat für Russland, wenn auch anders fundiert, etwa die gleiche Bedeutung wie Kuba für die USA. Robin Brunold schreibt: >>Die besonderen Beziehungen der USA zu Kuba gehen schon auf das 19. Jahrhundert zurück. 1889 im spanisch-amerikanischen Krieg – dem sog. „splendid little war" – hatten die Amerikaner den Einfluss der spanischen Krone auf Kuba endgültig gebrochen und Kuba aus Spaniens mittel- und südamerikanischen Kolonialreich herausgelöst. Danach geriet die Insel nach und nach in totale wirtschaftliche Abhängigkeit zu den Amerikanern, vor allem bedingt durch die geografische Nähe zu den USA und die unterschiedlichen Größen- und Machtverhältnisse. Auf dem Höhepunkt der amerikanischen Macht munkelte man im Kreise der kubanischen Eliten sogar, dass nicht der kubanische Präsident der mächtigste Mann in Kuba sei, sondern der amerikanische Botschafter. Sogar die Annexion Kubas war von den USA mehrfach erwogen worden. Fest steht, dass Kuba im Laufe der Zeit in eine nahezu totale Abhängigkeit zum großen Nachbarn USA geriet. Die Amerikaner betrachteten Kuba fortan als ihre alleinige und unbedingte Einflusssphäre.<<[682]

Entsprechend verletzt waren nicht nur die amerikanischen Kapitalinteressen durch die Enteignungen durch Fidel Castro, sondern auch der amerikanische Nationalstolz. Deshalb setzte Amerika alles daran, seinen Einfluss wiederzugewinnen. Nachdem auch die Invasion in der Schweinebucht gescheitert war, war Kennedy mehr als je zuvor >>entschlossen, das Castro-Regime zu beseitigen. Kennedy genehmigte eine weitere CIA-Operation. Sie trug den Codenamen „Mongoose", war mit einem Jahresbudget von 50.000.000 $ ausgestattet. Es beteiligten sich über 400 CIA-Agenten. Seit Januar wurde Miami deswegen zur CIA-Basis ausgebaut. 3.000 Exil-Kubaner und eine eigene Flotte waren dem CIA dort unterstellt. Gleichzeitig wurden im Pentagon „Notfallpläne" entworfen, wie Kuba notfalls auch militärisch eingenommen werden könnte.<<[683]

In seiner Not wandte sich Fidel Castro an Nikita Chruschtschow. >>Der KPdSU-Generalsekretär ließ sich die Chance nicht nehmen, für die amerikanische Stationierung von Mittelstrecken-Atomwaffen in Italien und der Türkei ab 1959 Revanche zu nehmen.<< [684] Dass J.F Kennedy den Befürwortern eines Luftschlags und einer Invasion Kubas als unmittelbare Antwort auf die Stationierung der russischen Raketen nicht gleich nachgab, ist offensichtlich auch seiner Befürchtung geschuldet, dass die Sowjetunion als Reaktion darauf in West-Berlin einmarschieren würde. Die Kuba-Krise wurde bekanntlich dadurch beendet, dass die Sowjetunion die Atomraketen wieder abzog und die USA auf eine Invasion in Kuba verzichteten und ihre Jupiter Raketen aus der Türkei entfernten. Trotzdem blockierten

---

[682] Robin Brunold: *Geschichte der Kuba-Krise – Als die Welt am atomaren Abgrund stand*, http://www.geschichte-lernen.net/kuba-krise/.
[683] Robin Brunold: a.a.O.
[684] a.a.O.

die USA Kuba bis in unsere Zeit. Entsprechend hartnäckig wird auch Russland seinen Einfluss auf die Ukraine verteidigen.

4. Das Scheitern des westlichen und östlichen Europäismus auch als Folge des Übergangs von der bipolaren zur multipolaren Weltpolitik

In dem Maße, in dem der Ost- und West-Europäismus scheitern, die Schwellenländer an wirtschaftlicher und politischer Bedeutung gewinnen und Russland und die USA sich aufgrund der internationalen Probleme, die sie selbst mit hervorgerufen haben, auf sich selbst zurückziehen möchten, verliert der Ost-West-Gegensatz an Bedeutung und entwickeln sich in der Welt multipolare Machtstrukturen.

Angebahnt hat sich diese Entwicklung bereits mit dem Zusammenschluss der blockfrei bleiben wollenden Entwicklungsländer.

Im Zuge der Globalisierung sind insbesondere die Staaten zu größerer wirtschaftlicher und damit auch politischer Bedeutung gelangt, die sich dem Europäismus geöffnet haben. Japan hat dabei mit den europäischen Industrieländern und den USA gleichgezogen und kann insofern als ein Teil der westlichen Welt betrachtet werden.

Zur bedeutendsten Macht zwischen Russland und den USA, Russland an wirtschaftlicher Bedeutung überholend, verbindet China die aus dem Ostblock stammende zentralistische kommunistische Staatsform mit einer westlichen kapitalistischen Wirtschaftsordnung. Insbesondere durch China wurden dann die bipolaren Ost-Machtverhältnisse in der Welt aufgebrochen.

China und die anderen Schwellenländer haben als Abnehmer von Investitionsgütern und Lieferanten von Massenprodukten die traditionellen Industrieländer ebenso stark von sich abhängig gemacht, wie sie auf die Industrieländer angewiesen sind. Zusammen mit den Öl-fördernden Staaten und den korrupten Eliten aus weniger dynamischen Entwicklungsländern beflügeln sie die Kapitalmarktspiele, finanzieren die mit Staatsschulden bezahlten öffentlichen Ausgaben und kaufen sich in die Industrie der Industrieländer ein.

Während die Schwellenländer ihre wirtschaftliche Dynamik der Adaption des Europäismus verdanken, wird der Europäismus von den rückwärtsgewandten muslimischen Ländern eher bekämpft, mit der Folge, dass in diesen Ländern Terror und Zerstörung überwiegen. Da aber diese Konflikte sich immer mehr aus dem religiösem Gegensatz zwischen Schiiten und Sunniten speist, spielt der Ost-West-Gegensatz auch in diesen muslimischen Ländern nur noch eine untergeordnete Rolle. Soweit Ost und West sich in die Angelegenheiten dieser Staaten einmischen, werden, wie die Beispiele, Iran, Irak, Afghanistan, Syrien, Libyen zeigen, die Konflikte nicht nur angeheizt, sondern auch in die Industrieländer selbst getragen.

Die Missionierungskomponente, die die östliche und westliche Europäisierung auch motivierte, musste so erlahmen. In Russland und die USA steigt deswegen die Neigung, sich auf sich selbst zurück zurückzunehmen und sich nur noch insoweit international zu engagieren, als ihnen selbst aus den neuen Entwicklungen Gefahren drohen. Der sich in den USA und in den europäischen Ländern entwickelnde Trumpismus hat auch in diesen weltpolitischen Umwälzungen seine Wurzeln.

IV. Segen und Fluch der Globalisierung

Die Globalisierung des Europäismus hat in außereuropäischen Ländern einen gewaltigen Entwicklungsschub gebracht. Dieser Entwicklungsschub ist umso größer, je entwickelter die Kultur der Länder schon vorher war, und inwieweit sie bereit waren, sich dem Europäismus zu öffnen.

Durch den europäischen Eingriff in die traditionellen Gesellschaft- und Wirtschaftsordnungen bis hin zur Kolonisierung haben die außereuropäischen Länder viel Leid ertragen müssen.

Am schwersten haben es die Länder, die bisher keine Hochkultur hatten und noch in archaischen Stammeskulturen leben und/oder an denen der Anteil der angesiedelten Europäer nur gering ist, wie in vielen Ländern Schwarzafrikas. Aber auch diese Länder haben wegen der Schwächung der europäischen Industrieländer durch die beiden Weltkriege und begünstigt durch die Ausnutzung des Ost-West-Gegensatzes im Kalten Krieg ihre Unabhängigkeit erlangen können.

Während China, Indien, Brasilien und Südafrika den Europäismus so adaptieren konnten, dass sie zu Schwellenländern und im Falle Chinas sogar zu einer führenden Industriemacht aufsteigen konnten, schafften viele afrikanische Staaten es kaum, funktionierende staatliche Strukturen aufzubauen. Wenn sie wertvolle Rohstoffreserven haben, sind sie häufig nicht in der Lage, sie zu erschließen und möglichst die Rohstoffe auch im Lande zu verarbeiten. Soweit diese Ressourcen erschlossen werden, fließen die daraus erwirtschafteten Gewinne ausländischen Konzernen und den stammesbezogenen Eliten zu. Die stammesbezogenen Eliten investieren dann nicht einmal ihre Gewinne wieder im Lande, sondern bringen sie ins Ausland.

Natürlich ist es nicht leicht, eine eigene industrielle Kapazität gegen die etablierten Unternehmen der Industrieländer aufzubauen. Aber wenn die Länder dynamische Unternehmer, investitionsfreudige Kapitalisten und entwicklungsorientierte Politiker hätten, dann könnten sie ausländische Unternehmen dazu gewinnen, ihre Produkte im Land zu fertigen und eventuell sogar eine Beteiligung von Einheimischen an diesen Unternehmen durchsetzen, damit diese dann auch moderne Industriekompetenz erwerben können.

Stattdessen erlauben die Politiker, wenn sie genügend selbst daran verdienen, ausländischen Unternehmern die Ausbeutung von Rohstoffen, der Rodung von Wäldern und überlassen ihnen landwirtschaftliche Areale, aus denen die heimische Bevölkerung häufig vertrieben wird, zur Aufzucht natürlicher Rohstoffe für das Ausland. Ausländischen Agrarchemiekonzernen wird ermöglicht, durch Lizenzen für den Verkauf von Saatgut, Pflanzenschutz und Düngemittel heimische Bauern von sich abhängig zu machen.

Soweit überhaupt Akademiker und qualifizierte Fachkräfte im Land ausgebildet werden, sind sie mangels ausreichender Beschäftigungsmöglichkeit im Inland gezwungen, ins Ausland abzuwandern. Wegen unentwickelter Infrastruktur und bürokratischer Verwaltung können in vielen Ländern nicht einmal Lohnfertigungen erbracht werden.

Wenn die Stammesführer nicht selbst Konflikte gegeneinander schüren, dann dienen oft diese Arbeitslosen und deren Unzufriedenheit, dass auch Milizen ent-

189

stehen, die die Bevölkerung zusätzlich überfallen, ausplündern und deren Lebensgrundlagen zerstören. Die erbeuteten Kinder werden zu Kindersoldaten gemacht. So wachsen die Milizen und leben von Raub und Zerstörung.

Eine weitere Steigerung erfährt das Chaos, wenn Islamisten in islamischen Bevölkerungsteilen auch noch terroristische Bewegungen gründen können, auf deren Terror dann auch die Christen und andere Religionsgruppen mit Terror antworten.

Im Gegensatz zu Afrika und anderen Ländern der archaischen Gesellschaftsformen fußen die Länder des Nahen und Mittleren Ostens auf den gleichen Kulturen und Zivilisationen wie Europa. Ein wesentlicher Teil des gemeinsamen hellenistischen Erbes, das in Europa zunächst nicht weiter gepflegt wurde, wurde von den Arabern über Spanien Europa wieder übermittelt.

Auch teilten die Muslime mit den Christen und Juden den Glauben an einen Gott. Während aber die Christen sich gleichsam selbst zu Göttern machten und geistesgeschichtlich zu neuen Ufern aufbrachen, unterwerfen sich Muslime fatalistisch ihrem Allah und leben noch weitgehend in archaischen Stammesgesellschaften. Aus einer solchen Geisteshaltung, die nur den Koran als Quelle allen Wissens anerkennt, konnte keine der europäischen gleichwertige wissenschaftliche, wirtschaftliche und gesellschaftliche Dynamik entstehen.

Da die Muslime aber ihre Religion als dem Judentum und Christentum überlegen ansehen, können sie es nicht ertragen, dass sie von Christen und den aus dem Christentum entstandenen Europäismus beherrscht werden.

Aus dem gemeinsamen kulturellen und zivilisatorischen Erbe sind aufgeklärte Muslime allerdings für Europäismus offen. Wie gezeigt wurde, hat er insbesondere die Intellektuellen, Händler und Militärs erfasst und letztere zumindest zu Nationalisten gemacht. Ihren Nationalismus konnten sie aber nicht ausleben, wenn sie wie die Kurden auf viele Länder verteilt waren oder sie mussten Staaten vertreten, die wie der Irak von den Europäern durch willkürliche Grenzziehungen aus verschiedenen Ethnien und Religionsgruppen zu Staaten zusammengeflickt wurden.

Ein Nationalist hat sich zwar, wie wir gesehen haben, aus natürlichen Familien und Stammesbeziehungen emanzipiert und macht sein Selbst an einer Nation fest. Zugleich grenzt sich aber von anderen Nationalitäten ab und strebt danach, je nachdem wie er seine Nationalität definiert, entsprechende Reiche zu gründen, wodurch zusätzlich Konflikte entstehen. Der aufkeimende Nationalismus in der Türkei führte zu Auseinandersetzungen zwischen Kurden, Armeniern und Türken, die dann bis zum Völkermord an den Armeniern und zur kulturellen Unterdrückung der Kurden führten. Jüdischer und arabischer Nationalismus entluden sich in mehreren Kriegen und brachte einen vorübergehenden Zusammenschluss von Syrien, Ägypten und Nordjemen zur VAR Vereinigten Arabischen Republik. Saddam Hussein wollte aus nationalistischen Gründen die Ölgebiete des Iran und Kuwait erobern.

Die Bevölkerung des weiten Landes blieb jedoch konservativ islamisch. Sie sahen auch in säkularen Gesellschaftsformen aus dem Westen importierte Fremdkörper. Zwar nutzen auch Muslime die technischen Errungenschaften des Westens. Dass diesen Errungenschaften aber zu Grunde liegende Denken muss für ei-

nen gläubigen Muslim, für den alle Weisheit nur im Koran steht, im Grunde Teufelszeug sein. Konsequenterweise nennt sich daher eine islamische nigerianische Terrorgruppe *Boko Haram*, was so viel heißt wie: *Westliche Bildung ist Sünde.*
Zu allem Überfluss ist der Islam keine homogene Glaubensrichtung. Zwischen den beiden größten Richtungen den Sunniten, ca.80 %, und den Schiiten, ca. 15 % der Muslime, herrscht nahezu Todfeindschaft, die alle anderen Gegensätze überschattet.

Auch zwischen islamischen Ländern hat es immer Kriege gegeben, wurden Reiche erobert und verfielen wieder. Innerhalb des Osmanischen Reichs wurden die Völker jedoch weitgehend befriedet und lebten, natürlich unter Oberherrschaft der Türken, alle Ethnien und Glaubensrichtungen relativ friedlich zusammen.

Doch litt das Osmanische Reich an innerer Auszehrung, die vom westlichen und östlichen Europäismus beschleunigt wurde. Ähnliches kann von Persien gesagt werden. Auch als Reaktion auf den Europäismus wurde im Iran der Schah gestürzt und gründete Ajatollah Khomeini eine schiitische Mullahherrschaft.

So entstanden im Nahen und Mittleren Osten sich überlagernde Konfliktpotenziale, die sich am krassesten in Syrien ausleben. In einzelnen Ländern sind natürlich unterschiedliche Konflikte dominierend. Aber letztlich beeinflussen sie sich alle gegenseitig. Die Konflikte werden entweder brutal unterdrückt, wie in Ägypten, oder entladen sich in Stammesfehden und blutigen Auseinandersetzungen und Zerstörungen, wie in Syrien und im Irak.

Die wachsende Industrialisierung und der gewachsene Konsum, nicht zuletzt als Folge der extremen Zunahme der Weltbevölkerung, gefährden die Umwelt. Wegen des hohen fossilen Energieverbrauchs wird eine Erwärmung des Weltklimas erwartet, die weite Gebiete in Afrika und anderen Ländern Dürre und anderen Überschwemmung bringt. Infolge des Abschmelzens des Eises am Nord- und Südpol steigt der Meeresspiegel und lässt Gebiete, die nicht durch hohe Deiche geschützt werden, versinken.

Ich fasse zusammen:
Die Globalisierung des Europäismus hat die Welt auf einen höheren Entwicklungsstand gebracht. Für die meisten Menschen stieg der Lebensstandard. Zugleich konnte sich die Erdbevölkerung in einem unvorstellbaren Maße vergrößern.
Dagegen stehen:
- die relative Verarmung der Entwicklungsländer, verstärkt durch Stammesfehden,
- religiöse, insbesondere muslimische Unterdrückung durch Etablierung archaischer religiöser Diktaturen oder Terror gegen Andersgläubige und der Kampf dagegen,
- nationale Konflikte zwischen Entwicklungsländern
- und wachsende Umweltprobleme.

Sie drohen die Welt in ein Chaos zu stürzen.
Als Folge dieser Entwicklung entstehen riesige Flüchtlingsströme. Ulrike Scheffer und Christian Böhme schreiben: >>Krieg, Terror, Verfolgung und Armut zwingen immer mehr Menschen, ihre Heimat zu verlassen, 65,6 Millionen Menschen waren Ende 2016 auf der Flucht – fast so viele, wie Frankreich Bürger hat. Vor 20 Jahren war die Zahl nur halb so groß, zeigt der UN-Bericht zum Weltflüchtlingstag. 40,3 Millionen sind Vertriebene im eigenen Land, 25,3 Millionen

suchen anderswo Schutz. Europa bleibt wegen der Entfernung und der hohen Reisekosten für die meisten unerreichbar. Die Flucht übers Mittelmeer ist die gefährlichste – mit mehr als 5.000 Toten allein 2016.<<[685]

---

[685] Ulrike Scheffer und Christian Böhme: Alles auf eine Karte, in: Der Tagesspiegel Nr. 2349/20.6.2017, S 2.

C. Die Krise und die Weiterentwicklung des Europäismus in der globalisierten Welt

Die dargestellten wirtschaftlichen, politischen, gesellschaftlichen und umweltlichen Probleme sind zwar maßgebend eine Folge der Globalisierung des Europäismus. Aber ohne europäische Wissenschaft, Technik, Wirtschaft und Gesellschaftsentwicklung und das Menschenbild, auf dem sie gründen, sind diese Probleme nicht zu lösen. Denn aus den alten Zivilisationen und Kulturen mögen die Menschen noch geistige und künstlerische Anregungen bekommen. Für technischen Fortschritt und die damit verbundenen Wirtschafts- und Gesellschaftsstrukturen kann jedoch auf diese Traditionen nicht zurückgegriffen werden. Das müssen selbst muslimische Eiferer erkennen. Denn durch den Rückgriff auf die Scharia können nur individuelle Unterdrückung und Chaos entstehen oder bestenfalls, wie im Iran, Lähmung geistiger, wirtschaftlicher und gesellschaftlicher Entwicklung. Aber an welchem Europäismus sollen sich die Länder orientieren?

Der östliche Europäismus in Form des Sowjetkommunismus ist zusammengebrochen. Vladimir Putin ist es bisher nur gelungen, den Zerfall des russischen Reiches zu verhindern und, solange die Einnahmen aus den Öl- und Gasquellen überreichlich sprudelten, die Infrastruktur weiter zu entwickeln und die Verwaltungsstrukturen zu stabilisieren. Wirtschaftlich bleibt Russland jedoch unterentwickelt und oligarchisch beherrscht mit blühender Korruption.

Pavel Lokshin schreibt: >>Im Index der Korruptionswahrnehmung von Transparency International belegt Russland den 136. Platz, in Europa nur von der Ukraine auf Platz 142 übertroffen. Einige Ökonomen wie Andrej Mowtschan gehen sogar so weit, die Korruption zur tragenden Säule des gegenwärtigen russischen Systems zu erklären. Im staatsdominierten russischen "Markt-Feudalismus" könne man anders keine Geschäfte machen. Gibt es kein funktionierendes Rechtssystem, sei die Korruption die letzte verbliebene Lücke des freien Marktes.<<[686]

Weltpolitisch ist Russland aufgrund seiner militärischen Stärke und Größe zwar wieder präsent. Insgesamt ist Russland aber wie ein tönender Koloss, der anderen Ländern keine Impulse für ihre Entwicklung geben kann.

Der westliche Europäismus ist wirtschaftlich in einen *Casinokapitalismus* pervertiert, der letztlich nur durch Geldflutung bei Laune gehalten wird und in dem die realwirtschaftliche Nachfrage durch Staatsausgaben stabilisiert werden muss, damit es nicht zu einer weltweiten Krise kommt. Auch die westlichen Länder leiden unter hoher Arbeitslosigkeit und/oder immer mehr prekären Arbeitsverhältnissen und dadurch bedingter relativer Verarmung, insbesondere der weniger qualifizierten Arbeitskräfte.

Politisch sind die USA frustriert, dass sie mit der Propagierung ihrer Wirtschafts- und Gesellschaftsordnung und den dazu angewandten wirtschaftlichen und politischen Maßnahmen gescheitert sind und in den muslimischen Ländern des Nahen und Mittleren Ostens und anderen Ländern nur Chaos, Terrorismus und Flüchtlingsströme losgetreten haben.

---

[686]Pavel Lokshin: *Ohne Schmiergeld geht gar nichts*, in: ZeitOnline, http://www.zeit.de/politik/ausland/2016-01/russland-korruption-alexej-nawalny-kreml-wladimir-putin.

Das ursprüngliche Europa hatte sich dem westlichen und östlichen und nach dem Zusammenbruch des Ostblocks nur noch dem westlichen Europäismus ergeben und spielte somit selbst international nur eine untergeordnete Rolle. Aber auch Europa hat die Folgen der Pervertierung des Kapitalismus, die Rückwirkungen des Chaos in den Entwicklungsländern und in der muslimischen Welt, insbesondere durch Terrorakte und Flüchtlingsströme, zu ertragen.

Sozialer Abstieg begünstigt linken Radikalismus. Wird der tatsächliche oder befürchtete soziale Abstieg noch von Terror und der Befürchtung vor Überfremdung durch Flüchtlinge begleitet, dann wird das Heil in nationaler Abgrenzung gesucht. Die Menschen fordern dann: *USA, Großbritannien* oder auch *Polen* oder *Ungarn first*.

Da sie ihre eigene egoistische Haltung auch anderen Ländern unterstellen, werden auch übergeordnete Staatengemeinschaften, wie die Europäische Union, als für die Missstände mitschuldig angesehen. Ja, auch das eigene politische System mit seinem Establishment wird infrage gestellt – leider nicht ganz unberechtigt, denn es hat diese Probleme mit verursacht oder nicht verhindert. – Gefragt wird dann nach einem starken Führer, und so entsteht der *Trumpismus*.

I. Der Trumpismus als Krise des Europäismus

Als Trumpismus bezeichne ich im weiteren Sinne eine in die Krise gekommene Gesellschaft, im engeren Sinne die Krise des Europäismus und im engsten Sinne das Scheitern des angelsächsischen amerikanischen West-Europäismus. Charakteristika des Trumpismus sind mangelnde Sicherheit, wirtschaftliche und soziale Probleme, Ungleichheiten zwischen Ländern und daraus resultierende Frustrationen und Ängste und den Glaubensverlust an die die Gesellschaft tragenden Ideale und Ordnungsprinzipien.

Aus diesen Frustrationen und Ängsten schwindet das Vertrauen an die Regierenden. Es kommt zu einer gefühlten Spaltung zwischen Volk und dem Establishment. Das Establishment lebt weiterhin in guten Verhältnissen, ja profitiert sogar von der relativen Verarmung der unteren Schichten, weil dadurch das Lohnniveau gedrückt wird. Deswegen und, natürlich weil es Nachteile bei Änderungen befürchtet, hält und propagiert das Establishment die bestehende Ordnung für *alternativlos*.

Da die Verlautbarungen des Establishments nicht mit der von der ausgegrenzten Unterschicht gefühlten Wirklichkeit übereinstimmen, empfinden die in prekären Verhältnissen Lebenden sie als lügenhaft und die die Thesen des Establishments verbreitenden Medien als „Lügenpresse".

Wenn durch Rationalisierungen die Einkommensschere zwischen den wenigen Vermögenden und der Masse der Arbeitenden oder gar Arbeitslosen sich immer mehr vergrößert, die wirtschaftliche Entwicklung aber dennoch als positiv anhand von ständig wachsenden Aktienkursen interpretiert wird, dann muss die Masse der Arbeitenden diese Interpretation als verlogen empfinden.

Denn was bedeuten die ständigen steigenden Aktienkurse? Sie sind das Ergebnis von:

1. Spekulationen und eines ungesunden Kapitalanlagedruckes wegen fehlender alternativen Investitionsmöglichkeiten oder

2. die Folge von Rationalisierungen und dadurch Verwandlung von Arbeitseinkommen in Kapitaleinkommen und
3. nur zum Teil von Produktinnovationen.

Nur im letzteren Falle sind sie volkswirtschaftlich wertvoll. In den beiden anderen Fällen zeigen sie nicht unbedingt eine gesunde wirtschaftliche Entwicklung.

Das Gefühl, getäuscht zu werden, stellt sich auch ein, wenn ganze Industriezweige in Schwellenländer verlagert werden und in den Industrieländern Industriebrachen entstehen und Industriearbeiter arbeitslos werden oder sich mit prekären Arbeitsverhältnissen zufriedengeben müssen.

In Bezug auf Deutschland feiern die Apologeten des Freihandels als Erfolge
der Agenda 2010, dass in Deutschland nahezu Vollbeschäftigung herrscht. Sie be-
rücksichtigen aber nicht, dass diese annähernde Vollbeschäftigung auch damit er-
kauft wird, dass die Zollbarrieren so weit abgesenkt wurden, dass einfache Arbeitskräfte mit Lohnarbeitern in den Entwicklungsländern konkurrieren müssen.
Aus diesem Grunde kämpft die Wirtschaft auch gegen Mindestlöhne mit dem Argument, dadurch würden noch mehr Arbeitskräfteplätze ins Ausland verlagert
werden.

Zwar wird in Deutschland die wirtschaftliche Armut mit Hartz-Zuschüssen ab-
gemildert. Aber es wird nicht berücksichtigt, wie sich ein Arbeiter fühlt, der in
unbefristeten und oft mehreren Teilzeitarbeitsverhältnissen schuftet und dann
noch auf zusätzliche Sozialhilfe angewiesen ist.

Marie Rövekamp berichtet: Die Zahl der Minijobs in Deutschland ist von 2003
bis zum vergangenen Sommer von 5.600.000 auf 7.800.000 Minijobs gestiegen.
>>Das Modell steht generell in der Kritik: Untersuchungen zufolge führen Mi-
nijobs nur selten zu einem festen Vollzeitjob. Außerdem wird bemängelt, dass sie
reguläre Vollzeitstellen verdrängen können, vor allem im Einzelhandel und der
Gastronomie.<<[687]

Die Apologeten eines beliebig absenkbaren Lohnniveaus haben noch nicht einmal ein schlechtes Gewissen, sondern glauben gar im Interesse der Menschen in
prekären Arbeitsverhältnissen zu argumentieren. So befürwortet der Chef des Ifo-
Instituts München Clemens Fuest die Hartz Gesetze, weil sie die Arbeitnehmer
zwingen, so schnell wie möglich auch weniger qualifizierte Arbeiten anzunehmen,
auch wenn deswegen die Löhne für niedrig qualifizierte Jobs stagnieren. Aber für
ihn ist entscheidend, >>dass die Arbeitslosigkeit insgesamt stark gesunken
ist.<<[688] In diesem Sinne twitterte der Generalsekretär der CDU Peter Tauber als
Antwort auf die Wahlkampfforderung der SPD, die Reichen stärker zu belasten:
>>„Vollbeschäftigung ist besser als Gerechtigkeit". Auf die Nachfrage eines
Users, ob das jetzt drei Minijobs für ihn bedeuten würde, erwiderte Tauber: „Wenn
Sie was Ordentliches gelernt haben, dann brauchen Sie keine Minijobs."<<[689] Jedoch nach den jüngsten Zahlen der Bundesagentur für Arbeit (BA) sind >>Mi-
nijobs kein Phänomen unter Menschen ohne Ausbildung ... 19,2 % der geringfügig

---

[687] Marie Rövekamp: *Nichts gelernt*, in: Der Tagesspiegel Nr. 23 164/3.7.2017, S. 14.
[688] Spiegel-Streitgespräch mit den Ökonomen Peter Bofinger und Clemens Fuest in:
     Der Spiegel 13/2017 S. 72.
[689] Marie Rövekamp: a.a.O.

Beschäftigten haben zwar keinen Berufsabschluss, gut die Hälfte hingegen schon, und rund 7 % haben sogar einen akademischen Abschluss.<<[690]

Auch wird immer wieder argumentiert, dass die Vermittelbarkeit von Arbeitslosen mit jedem Monat der Arbeitslosigkeit abnimmt und es von daher gut ist, wenn Arbeitslose *gezwungen* werden, so schnell wie möglich notfalls auch prekäre Arbeitsverhältnisse anzunehmen.

Moralisch bewertet kommen diese Argumente dem gleich, wenn früher gesagt wurde, dass Schwarze zur Arbeit gezwungen werden müssten, notfalls mit der Peitsche. Dabei stimmt es sogar, dass andere Völker ein anderes Verhalten zur Arbeit haben als Deutsche. Aber auch aus dieser anderen Arbeitseinstellung kommt den Betroffenen eine solche als „wissenschaftlich" vorgetragene Verlautbarung als *verlogen* vor.

Die Verfechter der angebotsorientierten Wirtschaftspolitik erkennen auch nicht, dass die steigenden Staatsausgaben notwendig sind, um die volkswirtschaftliche Nachfrage auszugleichen. Um die hohe Staatsverschuldung zu reduzieren, bestehen sie deswegen darauf, die Staatsausgaben zu begrenzen, anstatt die notwendigen Staatsausgaben durch höhere Steuern der Vermögenden zu finanzieren. Auch diese Maßnahmen werden als vernünftig und gerecht propagiert ganz entgegen dem, was die Masse der Bevölkerung als gerecht empfindet.

Verstärkt wird die Frustration der Arbeitslosen und in prekären Arbeitsverhältnissen Lebenden noch, wenn Flüchtlinge in großer Zahl ins Land kommen und sie gleich oder besser als sie selbst versorgt werden. Wenn vorher argumentiert wurde, dass für eine bessere Krankenversorgung, Ausbildung, und Altersversicherung nicht genügend Geld vorhanden sei und dann Milliarden für die Flüchtlinge, deren Abschottung und für Entwicklungshilfe, damit sie gar nicht erst kommen, bereitgestellt werden, erscheinen auch alle diese frühen Verlautbarungen als *Lügen*. Drohen dann gar noch von den Flüchtlingen Verbrechen und Terror oder auch nur andere als übliche Verhaltensweisen, dann kommt es zu Protesten und Unruhen.

Wie lange wurde im Übrigen in volkswirtschaftlichen Verlautbarungen erwartet, dass durch Geldmengenerhöhung eine Inflation erzeugt wird, und wie verzweifelt versucht heute die Europäische Zentralbank durch Geldflutung von monatlich 80 und zurzeit noch 60 Mrd. € vergebens eine 2-prozentige Preisniveausteigerung zu erreichen. Die maßgebenden Lehren entsprechen in der heutigen säkularen Stagnation nicht mehr der Wirklichkeit. Da diese Lehren aber natürlich auch von der Presse vertreten und gedruckt werden, trägt auch das dazu bei, sie als „Lügenpresse" zu verunglimpfen.

Wie von den unter anderem langjährigen Mitarbeitern des NDR, Uli Gellermann, Friedhelm Klinkhammer und Volker Bräutigam in ihrem Buch *Die Macht um acht. Der Faktor Tagesschau* beschreiben und anhand von Protestnoten dokumentieren, übernimmt die ARD in ihrer Tagesschau und ihren politischen Sendungen die regierungsamtlichen Bewertungen. So wird unter Anderem, wenn in Syrien von Rebellen gegen das Assad Regime berichtet wird, fast regelmäßig verheimlicht, dass es sich dabei mehrheitlich um dem IS ähnliche islamistische Radikale handelt. In der Ukraine-Berichterstattung wird ziemlich einseitig im Sinne

---

[690] Marie Rövekamp: a.a.O.

der Poroschenko-Regierung berichtet. Bei der Darstellung von Rentenproblemen werden die gängigen Schablonen, dass das Rentenniveau deswegen fallen müsse, weil immer weniger Arbeitskräfte immer mehr Rentner finanzieren müsse wie selbstverständlich vorgetragen und über Alternativen kaum berichtet.

Die für Veränderungen notwendigen Wahlergebnisse kommen natürlich auch deswegen so schwer zustande, weil sich die weniger qualifizierten Bevölkerungsgruppen von der herrschenden öffentlichen Meinung erschlagen fühlen und die etablierten Parteien sich wegen dieser allgemeinen Grundüberzeugungen auch kaum unterscheiden. Deshalb glauben diese Bevölkerungsgruppen, die ohnehin nicht zu den dynamischsten in der Gesellschaft gehören, sondern alles Heil eher vom Staat erwarten, nicht, durch ihre Wahlbeteiligung irgendetwas verändern zu können. Wenn dann aber jemand kommt, der, wie Donald Trump, das artikuliert, was sie als wahr empfinden und was ja auch der nackten Wirklichkeit entspricht, nämlich, dass

1. sie ihren industriellen Arbeitsplatz verloren haben, weil die Produktionsbetriebe ins Ausland verlagert wurden,
2. bei allgemeinen Zollsenkungen und Freihandelsabkommen ihre Löhne stagnieren oder sogar sinken,
3. die Wall Street zu einem Kapitalmarktsumpf pervertiert ist,
4. Muslime ihr Leben und ihre Sicherheit gefährden,

laufen sie diesen Politdemagogen verständlicherweise nach.

Für „vernünftige" faktisch Denkende ist auch nicht zu verstehen, warum sozial benachteiligte Amerikaner ausgerechnet von einem Milliardär die Lösung ihrer wirtschaftlichen Probleme erhoffen. Aber, was das Diffamieren und Lügen angeht, so können sich die Donald Trump Zujubelnden mit ihm identifizieren, weil sie ihre Lage auch nicht aus theoretischen Überlegungen ableiten, sondern selbst sich auch nur durch Schimpfen Luft machen können, und beim Schimpfen kommt es nicht auf theoretische Korrektheit an, sondern dass der Beschimpfte schlechtgemacht wird.

Die Amerikaner sehen ihre soziale Misere auch als Verrat am amerikanischen Traum, der ihnen die Möglichkeit verspricht, auch erfolgreich und reich zu werden. So erwarten sie von dem Milliardär Donald Trump, dass er aufgrund seiner Erfahrungen auch ihnen den amerikanischen Traum wieder möglich macht.

Anstatt zu erkennen, dass eine degenerierende Gesellschaft selbst zu Lügenhaftigkeit neigt, wird die Lügenhaftigkeit interessanterweise von dem amerikanischen Historiker Timothy Snyder als Import aus Russland angesehen. In einem Interview mit Claudia von Salzen drückt er seine Enttäuschung aus, dass der Westen gescheitert sei, auch Russland zu verwestlichen. Er sagte: >>In Russlands Krieg gegen die Ukraine ging es von Anfang an um den Westen. Die entscheidende Frage war, ob die EU zusammenhalten und neue Mitglieder aufnehmen kann und ob Staaten, die sich zu Rechtsstaaten entwickeln, ihr beitreten können. Der russische Präsident weiß, dass Russland unter seiner Herrschaft kein solcher Rechtsstaat werden wird. Deshalb sollte Rechtsstaatlichkeit in der Ukraine verhindert werden.<<[691]

---

[691] Timothy Snyder: *Russland hat einen Cyberkrieg gewonnen*, Interview mit Claudia Salzmann, in. Der Tagesspiegel Nr. 21 157, v. 28.6.2017.

Statt dass der Westen seine Gesellschaftsform auf den Osten übertragen konnte, ist es dem Osten gelungen mit Desinformationen und Lügen den Westen zu infizieren und zu destabilisieren. Timothy Snyder schreibt: >>Amerikaner und Europäer glauben immer noch, dass Geschichte im Westen gemacht wird und sich von dort nach Osten bewegt. Aber seit etwa zehn Jahren ist es umgekehrt. Die Kleptokratie, die Manipulation der Medien und der Cyberkrieg kamen aus dem Osten nach Westen. Wir waren zu eitel und zu selbstgefällig, um das zu verstehen. … Die Russen hatten einen bevorzugten Kandidaten und unterstützten ihn mit Informations- und Hackerangriffen. … Russland hat in den USA einen Cyberkrieg gewonnen. … Die Waffe war Donald Trump.<<[692]

Dieser Auffassung ist entgegenzuhalten, dass Desinformationen und Lügen in allen Kriegen verwendet wurden, gerade auch von den USA. Man beachte nur die Berichte von Wikileads oder die Behauptung des damaligen US-Außenministers Colin Powell, dass der Irak eine Atombombe baue, was dann den Überfall auf den Irak begründete.

Nur werden die Methoden der jeweiligen Geheimdienste als Mittel der Verteidigung oder des Angriffs im Interesse ihres jeweiligen Volkes angewendet. In den USA hat das Abgleiten in Lügen und Desinformation aber schon Teile der Zivilgesellschaft erfasst, wie aus dem Bericht von Philipp Oehmke über *Alt Right* hervorgeht.

>>Alt Right hat alles, was eine Bewegung braucht: eine eigene Bezugswelt, die vor allem in Internet inszeniert wird, eigene Symbole, Mythen, Märtyrer, Geschichten und sogar ein eigenes Vokabular. Es ist die erste Protestbewegung, die die Möglichkeiten des Digitalen voll ausnutzt und ohne das Internet nicht denkbar wäre. „Internet Trollling" ist eine ihrer bevorzugten Techniken. Es bedeutet, den politischen Gegner auf Websites so lange zu beleidigen und zu provozieren, bis dieser die contenance verliert.<<[693] >>„Der ideale Troll", schreibt Yiannopoulos in seinem Buch „Dangerous", lockt sein Opfer in eine Falle, aus der es ohne öffentliche Bloßstellung keinen Ausweg gibt. Es ist eine Kunst jenseits des Fassungsvermögens von Normalsterblichen. Es ist teils Trickserei, teils Boshaftigkeit."<<[694]

Ein Beispiel dafür ist Mikle Cernovich. Seine >>Tweets werden monatlich mehr als drei Millionen Mal gelesen. Während des Wahlkampfs hat er die Gerüchte über Hillary Clintons angeblich vertuschte Nervenkrankheit quasi im Alleingang verbreitet.<<[695]

>>Bisher hatte Yiannopoulos seine politische Gesinnung aus einer quasi popkulturellen Argumentation abgeleitet: wenn das linke Establishment in der westlichen Welt den Ton angab, war es plötzlich sukzessiv und damit cool, rechts zu sein, so, wie es in den siebziger Jahren cool war, links zu sein.<<[696]

---

[692] Timothy Snyder: *Russland hat einen Cyberkrieg gewonnen*, a.a.O.
[693] Philipp Oehmke: *Im Geiste des Gorillas*, in: Der Spiegel Nr. 26/ 22.6.2017, S. 68.
[694] Oehmke: S. 69.
[695] Oehmke: S. 68.
[696] Oehmke: S. 71.

Die dynamischen Menschen sind bestrebt, Erfolg zu haben und in das Establishment aufzusteigen. Die Masse der Menschen neigt aber eher dazu, lieber geführt zu werden. Diese Bevölkerungsteile machen sich in der Regel auch keine Gedanken über gesellschaftliche und politische Belange und gehen schon deswegen auch weniger zur Wahl. Deshalb können auch Parteien, die sich für sie einsetzen würden, nicht stark werden.

Aus einem gewissen Ohnmachtsgefühl und mangelnder Risikobereitschaft, aber auch, weil weniger Qualifizierte um ihren Lebensunterhalt kämpfen müssen, ertragen untere Schichten in der Regel erhebliche wirtschaftliche und soziale Widrigkeiten. Erst wenn die Verhältnisse unerträglich werden und dann ein geschickter Demagoge ihre Stammtischweisheiten über die Lösung der Probleme zu seinem politischen Programm erklärt, kann es zu größeren Protestaktionen, sozialen Unruhen und neuen Parteigründungen kommen. Damit kommen wir zu den eigentlichen Trumpisten, die aber – und das muss wohl bedacht werden – nur Erfolg haben können, wenn die sozialen Verhältnisse so sind, wie beschrieben.

Der derzeitige US-Präsident ist zwar Namensgeber des Trumpismus. Aber Trumpisten gab es schon vor ihm, wie Wladimir Putin in Russland, Victor Orbán in Ungarn, Jarosław Kaczyński in Polen, Geert Wilders in Holland, Marine le Pen in Frankreich, Beppe Grillo in Italien, Necip Erdogan in der Türkei und die Führer der AfD in Deutschland. Sie alle versuchen, die Säulen der demokratischen Staatsordnung, wie Justiz, freie Presse, Medien in ihre Gewalt zu bekommen oder zu missbrauchen. Alle sind mehr oder weniger größenwahnsinnig und häufig korrupt oder verquicken Politik und eigene Geschäftsinteressen. Sie lügen und diffamieren, um die Massen aufzuhetzen und ihre Gegner zu schwächen.

Abweichend von Donald Trump sind die anderen Trumpisten jedoch politisch erfahren und handeln taktisch und überlegt bei der Durchsetzung ihrer politischen Ziele. Sie sind deshalb für andere Politiker kalkulierbar. Donald Trump ist dagegen politisch unerfahren und lässt sich bei seinen politischen Handlungen von spontanen Einfällen leiten, die er dann auch noch per Twitter verbreitet, aber kurzfristig auch wieder ändern kann. Für die Welt bedeutet es, dass die USA, die für viele Schutzmacht und Hort der europäischen Werte war, unberechenbar wird.

Da Donald Trump sich nur von seinen Einfällen bestimmen lässt, nimmt er auch keine Rücksicht darauf, was andere Regierungsmitglieder denken oder im Namen der Regierung bereits haben verlauten lassen. Dadurch zerstört er nicht nur die Glaubwürdigkeit seiner Mitarbeiter, sondern auch den Regierungsapparat selbst, weil die Mitarbeiter sich dieses Verhalten auf Dauer nicht gefallen lassen werden oder gegen ihn integrieren.

Alle Trumpisten sind zwar mehr oder weniger narzisstisch. Bei Donald Trump scheint sein Narzissmus jedoch geradezu pathologische Züge zu haben, so dass er sich sogar bei politischen Entscheidungen wesentlich mit davon bestimmen lässt, inwieweit ihn andere hofieren und als großen Staatsmann anerkennen.

Bei anderen Trumpisten werden Lügen und Diffamierungen kalkuliert eingesetzt und sollen nach Möglichkeit nicht als Lügen und Diffamierungen erkannt werden. Für Donald Trump sind Lügen und Diffamierungen dagegen gängige Kommunikationsmittel, um auszudrücken, dass andere ihm *böse mitgespielt* haben und seine Bedeutung nicht anerkennen. Deswegen können Diffamierungen und Lügen auch als solche erkannt und müssen nicht korrigiert werden. Sollte sich das Verhältnis zu den Betroffenen ändern, dann werden diese eben nicht mehr diffamiert und belogen, sondern als Freunde bezeichnet und gelobt.

Da sich der Trumpismus bei Donald Trump in seinen Charakterzügen, seinem Narzissmus und seinen politischen Handlungen am ausgeprägtesten zeigt und sich in ihm, als dem Präsidenten der USA, auch der Zerfall des westlichen Europäismus manifestiert, beziehen sich die weiteren Ausführungen zum Trumpismus insbesondere auf seine Politik und deren Folgen.

Dass Trumpisten an die Macht kommen, ist das Ergebnis
1. der Pervertierung der kapitalistischen Wirtschaft in einen *Casinokapitalismus*
2. der maßgeblich durch die immer ungleicher werdende Vermögens- und Einkommensverteilung bewirkten *säkularen Stagnation* sowie
3. der Probleme, die aus der Globalisierung des Europäismus erwachsen sind, bis hin zu Flüchtlingsströmen und Terror.

Von der etablierten Gesellschaft wird das Verhalten von Donald Trump und den sonstigen Trumps, wie Victor Orbán, Jarosław Kaczyński, Geert Wilders, Marine le Pen und Beppe Grillo und die Führer der AfD *postfaktisch* genannt, weil es sich nicht an den Fakten orientiert. Entsprechend stellen auch Trumps Thesen die gängigen Wirtschaftsüberzeugungen infrage und erhebt sich gegen ihn der weltweite Protest der etablierten Wirtschaftsinstitute, Regierungen, Parteien und der etablierten Presse und gibt es sogar auch innerparteilichen Widerstand aus der Republikanischen Partei der USA. Dabei wird natürlich unterstellt, dass in einer vernünftigen Gesellschaft die Fakten so sein müssen, wie sie sind. *Postfaktische* Argumentation will aber gerade das Fehlerhafte der wirtschaftlichen und gesellschaftlichen Verhältnisse fühlbar machen. Sie wertet die Argumente des Establishments als interessenbezogene und deshalb lügenhafte Darstellung der sozialen Wirklichkeit

Für das Establishment im weitesten Sinne sind die proklamierten politischen Ziele der Trumpisten *Populismus*. Als Populismus gilt dabei, das zu vertreten, was die im Allgemeinen weniger Qualifizierten als *lügenhaft* empfinden. Nach der herrschenden Meinung sind die Forderungen der Populisten unrealistisch, weil
1. höhere Steuern die Investitionen und die Unternehmenstätigkeit gefährdet,
2. Schutzzölle die wirtschaftliche Entwicklung behindert,
3. Mindestlöhne die Beschäftigungsmöglichkeiten für weniger Qualifizierte mindert,
4. Flüchtlinge nach internationalen Normen Schutz genießen und alle Menschen gleiche Rechte haben etc.

Aber was die herrschenden Wirtschaftstheorien angeht, haben wir bereits dargelegt, warum sie in Zeiten säkularer Stagnation nicht gelten. Auch dürfte aus den bisherigen Ausführungen klar geworden sein,
1. dass, kleinere Länder sich zu einem größeren Markt zusammenschließen müssen, um als Produktionsstandort überhaupt von Interesse zu sein,
2. dass aber auch Wirtschaftsunionen für bestimmte Produkte so hohe Importbarrieren haben müssen, dass in Europa und den USA auch die weniger Qualifizierten und Bewohner weniger industrialisierter Regionen

ein für ein angemessenes Leben in Europa ausreichendes Einkommen erzielen und gegen Krankheit und Altersarmut abgesichert sind. Entsprechend müssen weniger entwickelte Länder Schutzzölle haben, damit Know-how-intensive Fertigungen im Lande möglich sind und sich entwickeln können und eigene Ingenieure und Fachleute Beschäftigung finden,

3. dass in allen Ländern die Staatsausgaben statt aus öffentlicher Schuldaufnahme durch höhere Steuern für Vermögende finanziert werden müssen. In Deutschland ist eine zusätzliche Staatsverschuldung zum Ausgleich der fehlenden Nachfrage zwar nicht nötig, weil die Nachfrage per Exportüberschüsse ins Ausland geschafft wird. Dadurch aber werden internationale Ungleichheiten erzeugt. Deswegen müssen auch in Deutschland per höhere Steuern für Vermögende die Staatsausgaben und die private Nachfrage so stark erhöht werden, dass zusätzliche inländische Nachfrage im Ausland befriedigt und dadurch die Außenhandelsbilanz ausgeglichen wird.

Eine Politik des *Weiter so!*, die letztlich nur noch über Geldschöpfung, Spekulationsförderung und notfalls öffentliche Bankenrettung, Abwrackprämien für Basisindustrien und Lohnausgleich bei Produktionseinschränkungen ermöglicht wird, erhöht die volks- und weltwirtschaftlichen Spannungen und führt früher oder später zu immer größeren Finanz- und Weltwirtschaftskrisen. Insofern haben die Forderungen von Trump fatalerweise etwas Berechtigtes.

Andererseits hat Donald Trump seine wirtschaftlichen Erfolge als Immobilienspekulant erworben. Da liegt es natürlich nahe, dass er die wirtschaftliche Erholung des Landes im Sinne der angebotsorientierten Wirtschaftspolitik in der Deregulierung des Kapitalmarktes und damit in der Aufhebung der Bankenregulierung und in Steuersenkungen sieht. Entsprechend beruft er viele Milliardäre und erfolgreiche Kapitalmarktspieler in Regierungsämter.

Die Erfolgsmenschen, die viel Geld machen, erkennen natürlich, dass Donald Trump damit als erstes sein Versprechen brechen muss, den Wall-Street-Sumpf trockenzulegen. Tatsächlich erhöht er damit die Fragilität der Wirtschaft und die Gefahr von Finanz- und Wirtschaftskrisen und ist, um diese Gefahren zu bannen, gezwungen die Staatsausgaben zu erhöhen und durch noch höhere Schulden zu finanzieren. Dazu will Donald Trump die desolate Infrastruktur Amerikas sanieren und eine Mauer nach Mexiko bauen. Zur Finanzierung dieser zusätzlichen Ausgaben denkt er daran, die Importe zu belasten, die ohnehin erhöht werden sollen, um die Unternehmen zu zwingen, wieder in den USA zu produzieren.

So schließt sich für Donald Trump der Kreis der sich gegenseitig tragenden Maßnahmen. Allerdings sind diese Maßnahmen nicht durchgerechnet und bergen eine Fülle von Fehlentscheidungen. Insbesondere sind viele Umsetzungsschwierigkeiten zu erwarten, weil damit die gesamten internationalen Wirtschaftsbeziehungen beeinflusst werden und die betroffenen anderen Länder auch Gegenmaßnahmen ergreifen werden, die dann wiederum die US-Wirtschaft schädigen.

Unter Anderem bleibt schleierhaft, wie Donald Trump den Umbau und die Stabilisierung der internationalen Handelsbeziehungen ohne Kapitalmarktkontrollen bewerkstelligen will. Denn trotz der riesigen Importüberschüsse ist der US-

Dollar-Kurs noch relativ hoch. Sonst würden die ausländischen Produkte für Amerikaner nicht zu billig sein und die Konkurrenz in den USA ausschalten. Wenn nun durch Importbarrieren die Importüberschüsse abgebaut würden, würde trotzdem weiter vagabundierendes Kapital aus aller Welt in die USA fließen und den Kurs dann noch höher treiben. So würden die Importe sich wieder verbilligen bzw. würde der Importzoll bis zu einem gewissen Grade kompensiert.

Wenn jedoch durch Trumps Politik die USA geschwächt werden und ihren Ruf als Stabilisator der Welt verlieren, wie es der gegenwärtige (September 2017) Rückgang des Kapitalimports zu zeigen scheint, dann kann allerdings der Dollarkurs schon dadurch fallen und die Autarkiepolitik unterstützen. Allerdings werden auch die Auswirkungen des Rückgangs des Kapitalimports in die USA auf die Weltwirtschaft die USA und die übrigen Länder umso mehr zu notwendigen Änderungen der Wirtschafts- und Außenpolitik zwingen. Wie ohne den heiratswütigen König Richard VIII. England nicht protestantisch und zur einer Weltmacht geworden wäre, es ohne Hitler keine *UNO*, keine *Europäische Union*, keinen *Internationalen Gerichtshof für Menschenrechte* gebe, so braucht es möglicherweise auch eines Donald Trump, um die Welt vor gefährlichem Fehlentwicklungen zu bewahren. Ich weiß, dass diese Feststellung zynisch ist.

II. Die Einigung Europas als Bedingung zur Überwindung der Krise des Europäismus

Als Ergebnis des verheerenden Weltkriegs hatte sich die Erkenntnis durchgesetzt, dass der Nationalismus in Europa zu überwinden und die Länder Europas zu vereinigen sind. Die westlichen Siegermächte waren zwar anfangs bestrebt, Deutschland schwach zu halten, und es gab sogar Strömungen, Deutschland zu de-industrialisieren. Der sich verschärfende Ost-West-Gegensatz veranlasste dann allerdings die Westmächte, Deutschland als *Bundesrepublik Deutschland* neu zu konstituieren und in die westliche Verteidigungsgemeinschaft einzubeziehen. So verband sich die Einsicht einer notwendigen Überwindung des Nationalismus mit dem Verteidigungsbedürfnis gegenüber der östlichen Ideologie und Politik.

1. Die Spaltung Deutschlands und Europas und Europas Degradierung zu Bestandteilen des von den USA geführten West- und von der Sowjetunion geführten Osteuropäismus

Als Reaktion auf die Gründung der *Bundesrepublik Deutschland* entstand in Ostdeutschland die *DDR Deutsche Demokratische Republik*. Die Bundesrepublik Deutschland wurde aufgrund der *Römischen Verträge* zusammen mit den Ländern Frankreich, Italien und den Beneluxstaaten Teil der *EWG Europäischen Wirtschaftsgemeinschaft*, die sich später zur *Europäischen Union* weiterentwickelte, und militärisch wurde die Bundesrepublik Teil der *NATO*. Als Reaktion darauf wurden im Osten der *Warschauer Pakt* und der *Rat für gegenseitige Wirtschaftshilfe* gegründet.

So entstanden zwei europäische Einigungsgebilde. Deutschland als Nation, seine Hauptstadt Berlin und ganz Europa wurden gespalten. Das Konfliktpotenzial wurde dadurch auf die Spitze getrieben, weil Ost und West beide über Atomwaffen verfügten.

Die beiden europäischen Hälften waren aber so weit ideologisch wie militärisch von den eigentlichen Zentren des West- und Ost-Europäismus, das heißt, von den USA und der Sowjetunion abhängig, dass eine eigenständige europäische Politik nur bedingt möglich war. Ja, die europäischen Regierungen mussten sogar befürchten, dass sie als Verhandlungsmasse im politischen Poker zwischen den USA und der Sowjetunion geopfert würden.

>>Der im November 1980 gewählte US-Präsident Ronald Reagan erhöhte die Rüstungsausgaben der USA enorm und lehnte den noch nicht ratifizierten SALT-II-Vertrag ab. [697] Er ließ die Produktion von Mittelstreckenraketen verdreifachen und sprach vom Totrüsten des Ostens.[698] Im August 1981 ließ er die Neutronenwaffe entgegen Carters Ablehnung weiterbauen. Im März 1983 nannte er die Sowjetunion ein Reich des Bösen, rief zu einem weltweiten Kreuzzug gegen den Kommunismus auf und gab rund zwei Wochen später die Strategic Defense Initiative (SDI) bekannt. Damit signalisierte er eine Abkehr vom ABM-Vertrag von 1972.[699] Als Ziel dieser Politik erschien, den USA uneinholbare technologische Überlegenheit und Unverwundbarkeit zu sichern [700] und die sowjetische Zweitschlagfähigkeit, auf der das strategische Gleichgewicht beruht hatte, wirkungslos zu machen. [701]<< [702]

Diese Politik war höchst gefährlich, insbesondere für Europa an der Schnittstelle zwischen den Blöcken.[703] Denn normalerweise antwortet ein in die Ecke getriebener Gegner, der noch eine so große Macht hat, dass er den Gegner total vernichten kann, mit einem Präventivschlag, lässt sich aber keinesfalls entmachten.

So hatte auch die Sowjetunion, obwohl der Ostblock in seiner wirtschaftlichen Entwicklung hinter dem Westen zurückblieb und sich Auflösungserscheinungen in Osteuropa zeigten, stets mit Gewalt auf Gefährdungen ihres Machtbereichs reagiert und Aufstände, wie am 17. Juni 1951 in der DDR, 1965 in Ungarn, 1968 in Prag niedergeschlagen. Auch der Mauerbau 1961 an der DDR-Westgrenze war eine Defensivmaßnahme. Die Flucht von Fachkräften nach Westdeutschland sollte verhindert werden, damit die Wirtschaft nicht zusammenbricht.

Dass der Osten einlenkte, ist letztlich auch der von Willy Brandt und Dietrich Genscher eingeleiteten vorausgehenden Entspannungspolitik, die dann von Helmut Kohl fortgeführt wurde, zu verdanken.

---

[697] Josef Holik: *Die Rüstungskontrolle: Rückblick auf eine kurze Ära*, S. 20 und 104.

[698] Ulrike Poppe, Rainer Eckert, Ilko-Sascha Kowalczuk: *Zwischen Selbstbehauptung und Anpassung: Formen des Widerstandes und der Opposition in der DDR*, S. 275.

[699] Michael Ploetz, Hans-Peter Müller: *Ferngelenkte Friedensbewegung?*, S. 125.

[700] Philipp Gassert und andere (Hrsg.): *Zweiter Kalter Krieg und Friedensbewegung*, S. 58.

[701] Franz Josef Meiers: *Von der Entspannung zur Konfrontation: die amerikanische Sowjetpolitik im Widerstreit von Innen- und Außenpolitik 1969–1980*. S. 313.

[702] https://de.wikipedia.org/wiki/NATO-Doppelbeschluss.

[703] Ebd.

2. Die Entwicklung der Europäischen Union

Im Osten waren die osteuropäischen Länder so stark auf die Sowjetunion bezogen, dass nicht von einer eigenständigen Osteuropäischen Union gesprochen werden kann. Die westeuropäischen Länder schlossen sich dagegen immer mehr zusammen und gründeten mit den *Römischen Verträgen* die *Europäische Union*. Die Europäische Union war dann auch die Basis, in die nach dem Kalten Kriege die osteuropäischen Länder aufgenommen wurden.

Dennoch blieb Europa bis heute eine Kopfgeburt. Getragen wurde die europäische Einigung von der Kriegsgeneration und der heranwachsenden Jugend. Die Deutschen waren am ehesten bereit, Souveränitätsrechte zugunsten Europas aufzugeben. Eine relative Aufgeschlossenheit für die europäische Einigung gab es aber auch in den anderen Ländern. Die Masse der Bevölkerung dieser Länder blieb aber relativ nationalistisch. Als infolge des *Deutschen Wirtschaftswunders* die internationale Bedeutung der Bundesrepublik wieder stieg, machten sich auch in Deutschland wieder nationale Gefühle breit.

Großbritannien und die nordeuropäischen Länder blieben zunächst aus nationalen Gründen außerhalb der Europäischen Union und bildeten unter sich nur eine Freihandelszone, die EFTA. Erst als sich die wirtschaftlichen Vorteile des gemeinsamen Marktes zeigten, schlossen sie sich, mit Ausnahme Norwegens, der Europäischen Union an. Großbritannien als ursprüngliche Führungsmacht des West-Europäismus bewahrte jedoch nach wie vor eine engere Bindung an die USA, als an die zentraleuropäischen Länder. Großbritannien war deswegen für den intensiveren Zusammenschluss der europäischen Länder immer wieder ein Bremsklotz und stimmte 2016 für einen Wiederaustritt aus der Europäischen Union.

Die Länder Spanien, Portugal und Griechenland konnten erst nach Überwindung ihrer autoritären Regime Mitglied der Europäischen Union werden. Nach dem Ende des Kalten Krieges traten dann auch die osteuropäischen Länder der Europäischen Union und zum Teil auch der Eurozone bei. Je mehr Länder aber zur Europäischen Union gehörten, umso schwieriger wurde das Abstimmungsverfahren und die Einigung auf weitere an sich notwendige Integrationsschritte. Wegen der nationalen Vorbehalte erfolgte die europäische Einigung nur in kleinen Schritten, durch die zugleich Sachzwänge geschaffen werden sollten, die die Einigung weiter vorantreiben sollte.

Auch wirtschaftspolitisch bestimmten Russland und die USA die jeweiligen Blockhälften. Die osteuropäischen Länder führten Zentralverwaltungswirtschaften ein, die im *RGW Rat für gegenseitige Wirtschaftshilfe* aufeinander bezogen wurden bis hin zu Produktionsspezialisierungen in einzelnen Ländern.

Im Westen und wegen der wirtschaftlichen Bedeutung der USA letztlich für die ganze Welt wurde der US-Dollar die Weltwährung. Zugleich bekannten sich die westeuropäischen Länder zur liberalen Marktwirtschaft, und in dem Maße, wie sie nach dem Zweiten Weltkrieg wirtschaftlich gesundeten, öffneten sie ihre Zollgrenzen und machten ihre Währungen konvertierbar.

Nachdem der Ostblock wirtschaftlich und politisch zusammengebrochen war, zeigten sich in den darauffolgenden Jahren aber auch die Schwächen einer unkontrollierten Marktentwicklung und pervertierte die westliche Wirtschaft zum Casinokapitalismus.

Wirtschaftlich versuchte Europa jedoch dem reinen Kapitalismus entgegenzuwirken. So galten in der Bundesrepublik das Ideal der „Sozialen Marktwirtschaft" und der Artikel 14, Abs. 2 des Grundgesetzes: „Eigentum verpflichtet. Sein Gebrauch soll zugleich dem Wohle der Allgemeinheit dienen."

Betriebe von einer bestimmten Mitarbeiterzahl an können einen Betriebsrat gründen, der insbesondere bei Personalentscheidungen mitwirkt und in Kapitalgesellschaften ab 2000 Mitarbeiter sind die Arbeitnehmer auch im Aufsichtsrat vertreten. Auch in den anderen europäischen Ländern gibt es Arbeitnehmerbeteiligungen an Unternehmen.

Die Beteiligung von Arbeitnehmern an Unternehmensentscheidungen und die umfangreiche soziale Abfederung von Arbeitnehmern und sozial Schwachen kennen die Amerikaner nicht. Entsprechend groß ist auch der Widerstand gegen die von Barack Obama eingeführte Gesundheitsreform.

Trotz der europäischen sozial-orientierten Marktwirtschaft setzten sich die amerikanischen Wirtschaftsprinzipien auch in Europa mehr und mehr durch. Die in den angelsächsischen Ländern von dem damaligen US-Präsidenten Ronald Reagan und der britischen Premierministerin Margret Thatcher eingeführte *Angebotsorientierte Wirtschaftspolitik* wurde auch zur leitenden wirtschaftspolitischen Maxime der europäischen Länder. Das Gleiche gilt für das sogenannte *Shareholder Value Prinzip*, das den Unternehmenserfolg ausschließlich auf die Kapitalinteressen ausgerichtet sein lässt und das ungezügelte Wachstum der Managergehälter.

Die Probleme des pervertierten Kapitalismus sind inzwischen auch in den USA so unerträglich geworden, dass Donald Trump mit Thesen, die den klassischen Wirtschaftsprinzipien der USA widersprechen, die Wahl gewinnen konnte. Da Donald Trump natürlich als Unternehmer und Immobilienmogul eingefleischter Kapitalist ist, versucht er nunmehr die wirtschaftlichen Probleme durch eine Mischung aus noch weitere Liberalisierung der *Märkte* und protektionistischen Maßnahmen zu lösen.

2.1 Fehler bei der Gründung der Europäischen Union und ihre Folgen

Beim internationalen Handel wird wie selbstverständlich davon ausgegangen, dass er für alle Partner gleich vorteilhaft ist. Denn es handelt sich dabei um eine internationale Arbeitsteilung, bei der jeder Partner sich auf die Leistungen spezialisiert, die er am besten kann. Nie oder nur unvollkommen wird daher berücksichtigt, dass dieser gleiche Vorteil sich nur dann einstellt, wenn die Partner gleiche Ausgangslagen haben, also, wenn der gleiche wirtschaftliche Entwicklungsstand besteht und beispielsweise Bananen aus tropischen Gebieten gegen Bernstein aus Ostseeländern getauscht wird. Haben wir es dagegen mit Unterschieden in den Fertigungsmethoden, bei der Handelsorganisationen, bei den Bankensystemen und dem verfügbaren Vermögen zu tun, dann tendieren alle internationalen Handelsbeziehungen zu einem immer ungleicheren Vorteil für die Handelspartner.

So, wie eine ungleiche Vermögensverteilung unter sonst gleichen Bedingungen im Laufe der Zeit immer ungleicher wird, weil Reiche mehr sparen können, als Arme, Großfirmen größere Rationalisierungsmöglichkeiten haben, als kleine und Handelsketten niedrigere Einkaufspreise und auch weit geringere Kosten pro verkaufter Ware haben, als kleinere Unternehmen, so sind auch im internationalen

Handel die Vorteile der entwickelteren Länder größer, als die der weniger entwickelten. Entsprechend verarmen Entwicklungsländer relativ gegenüber Industrieländern, wenn diese Verarmung nicht durch andere Faktoren, wie besondere Rohstoffressourcen oder erschwerte Einfuhrbedingungen für Waren aus den Industrieländern kompensiert oder überkompensiert wird. Schauen wir uns die besseren Gewinnmöglichkeiten der Industrieländer im Handel mit Entwicklungsländern einmal an:

1. In der Wirtschaft fällt der höchste Gewinn nicht beim Hersteller, sondern beim Händler an. Da die industriellen Handelsfirmen in den Industrieländern residieren, fließen somit auch deren Gewinne in die Industrieländer. Das Gleiche gilt für die Transportfirmen, die Versicherungen und Banken, die alle nicht nur beim Import in die Entwicklungsländer, sondern auch bei deren Export mitverdienen.

2. Durch fortschrittliche Reproduktionsbedingungen können von den Industrieländern sogar Produkte in die Entwicklungsländer exportiert werden, die diese auch selbst herstellen könnten. Beispiel: Getreide und Fleisch aus Amerika, Geflügel und Milchprodukte aus Europa. Dadurch können lokale Fertigungsbetriebe vernichtet werden.

3. Wird in Entwicklungsländern investiert, dann wächst zwar das Sozialprodukt in diesen Ländern. Die ausländischen Eigentümer und/oder Kapital- und Know-how-Geber verdienen aber mit.

4. Durch Rohstoffvorkommen können Entwicklungsländer zwar reich werden, wie insbesondere die erdölexportierenden Länder zeigen. Zunächst werden aber meist die Rohstoffquellen von Unternehmen aus Industrieländern erschlossen und ausgebeutet und der Reichtum kommt den Rohstoffländern selbst nur in Höhe der Lizenzabgaben zu.

Wie die Erfahrung zeigt, lässt sich die relative Verarmung zurückgebliebener Länder nur verhindern, wenn durch Schutzzölle Rücksicht auf die unterschiedlichen Entwicklungsstände der Partner genommen wird und das zurückgebliebene Land Forschung und Entwicklung und die Ausbildung von Fachkräften forciert.

In Europa war bekanntlich Großbritannien das am weitesten wickelte Industrieland. Deutschland konnte nur durch Schutzzölle für seine Industrien und durch staatlich unterstützte Forschung und Entwicklung mit England gleichziehen und es an Bedeutung als Industriemacht überholen.

Im deutschen Kaiserreich wurde 1911 dazu die Kaiser-Willem-Gesellschaft, heute Max-Planck-Gesellschaft gegründet, die bis 1943 30 Forschungs- und Entwicklungsinstitute schuf: für Chemie, physikalische Chemie und Elektrochemie, Biologie, Kohleforschung, Arbeitspsychologie, Physik, Eisenforschung, Faserstoffchemie, Metallforschung, usw.[704] Auf gleichem Wege erlangte auch Japan seine industrielle Bedeutung und diesen Weg gehen auch die Schwellenländer wie China.

Was als allgemeine Entwicklungstendenz zwischen Volkswirtschaften unterschiedlichen Entwicklungsgrades gilt, gilt auch für die Beziehungen zwischen den

---

[704] Ausführlicher dazu: Uwe Petersen: *Wirtschaftsethik und Wirtschaftspolitik*, S. 165ff. und:https://de.wikipedia.org/wiki/Kaiser-Wilhelm-Gesellschaft_zur_F%C3%B6rderung_der_Wissenschaften.

europäischen Ländern. Vom Wegfall der Zollgrenzen innerhalb der Europäischen Union haben in erster Linie die industriell entwickelteren Länder profitiert, somit insbesondere Deutschland. Abgestuft nach dem industriellen Entwicklungsgrad beherrschen die Unternehmen aus den Industrieländern auch die Unternehmen in den weniger industrialisierten Ländern, sofern in den Letzteren überhaupt Industrie ansässig ist.

Als es in den Entwicklungsländern noch weniger Fachkräfte gab und die Schwellenländer noch nicht so weit entwickelt waren, lohnte es sich, wegen geringerer Lohnkosten Fertigungsbetriebe in den südlichen europäischen Ländern zu gründen. Je mehr Unternehmen aus Industrieländern von den Schwellenländern gezwungen werden konnten, Fertigungsbetriebe in den Schwellenländern zu errichten, weil diese Unternehmen den Zugang zu den riesigen Märkten der Schwellenländer nicht verlieren wollten, und im Zuge weltweiter Zollsenkungen im Rahmen des GATT und der WTO der europäische Markt auch von außerhalb der EU ohne große Zollbarrieren beliefert werden konnte. Umso uninteressanter wurden dadurch aber die südeuropäischen Länder als Investitionsstandort.

Trotzdem erfuhren auch die weniger industrialisierten Länder in der Europäischen Union eine beschleunigte wirtschaftliche Entwicklung. Sie konnten ihre Waren bevorzugt in die übrigen Länder der Europäischen Union liefern und erhielten die vielfältigsten Zuschüsse zur Infrastruktur und Wirtschaftsentwicklung, Forschung etc., ohne dass sie wegen ihrer geringen Wirtschaftskraft entsprechende Einzahlungen an die EU-Kommission leisten mussten.

Wie in allen Ländern wurde die volkswirtschaftliche Nachfrage auch in den Ländern der Europäischen Union durch schuldenfinanzierte öffentliche Ausgaben belebt, wodurch sich die Schuldenlast der Länder ständig erhöhte.

Wegen des steigenden Anlagedrucks von Ersparnissen, die realwirtschaftlich lukrativ nicht investiert werden konnten, kam es immer wieder zu Immobilienspekulationen, auch in den südeuropäischen Ländern, die die Wirtschaft zusätzlich anfeuerten. Mit dem Platzen der Immobilienblasen 2008 fiel die Weltwirtschaft in eine tiefe Finanz- und Wirtschaftskrise. Die dadurch entstehende Arbeitslosigkeit oder Unterbeschäftigung erforderten weitere öffentliche Ausgaben, um die Folgen dieser Krise abzufedern. Darüber hinaus wurden mit öffentlichen Geldern Banken gerettet, die Nachfrage für sensible Industrien angeregt (Abwrackprämie) und Konjunkturprogramme aufgelegt.

Die Staatsverschuldung stieg deshalb in allen Länder dramatisch an und führte dazu, dass kleinere Länder wie Griechenland, Portugal und andere fällige Schuldenrückzahlungen nicht mehr refinanzieren konnten und ihnen der Staatsbankrott drohte. Da die Gläubiger dieser Länder europäische Banken waren, die durch den Staatsbankrott selbst in ihrer Existenz gefährdet worden wären, wurde diesen Ländern von den industrialisierten Ländern, dem *IWF Internationalen Währungsfonds*, der *Europäischen Zentralbank* und anderen Notenbanken finanzielle Hilfen gewährt, allerdings mit Auflagen, die die Wirtschaftstätigkeit dieser Länder weiter drosselten und es zu Arbeitslosigkeit und sozialer Not kam.

Wegen der weltweit übermäßig angewachsene Staatsverschuldung und der daraus resultierenden Gefahr von Staatsbankrotts in europäischen Ländern, verordneten sich die Länder der Europäischen Union eine Schuldenbremse. Dadurch konnten die durch die säkulare Stagnation bedingten Nachfragelücken nicht mehr

207

durch zusätzliche schuldenfinanzierte Staatsausgaben ausgeglichen werden. Entsprechend stieg die Arbeitslosigkeit und Not in den europäischen Ländern, mit Ausnahme Deutschlands, das seine Nachfragelücke durch Exportüberschüsse ausgleichen konnte.

2.2 Die Eurozone und die Folgen von Fehlern bei ihrer Gründung.
Die Vorteile einer Währungsunion sind:
1. Feste Preisrelationen innerhalb der Währungsunion. Es gibt keine Wechselkursschwankungen zwischen den Ländern der Währungsunion, denn jeder Bürger kalkuliert in der gleichen Währung. Bei unterschiedlichen Währungen müssten bei Handelsverträgen zwischen verschiedenen Ländern, um Kursrisiken zu vermeiden, zusätzliche Kurssicherungsgeschäfte abgeschlossen werden.
2. Bei Geschäften mit Handelspartnern außerhalb der Währungsunion können die Verkäufer und Käufer aus der Währungsunion leichter durchsetzen, dass die Geschäfte in ihrer Währung abgeschlossen werden. Da Währungen einer potenten Währungsunion im Kurs geringer schwanken und ihre Zentralbanken auch stark genug sind, selbst Kursausschläge durch Kauf und Verkauf der eigenen Währung abzufedern, ist auch das Währungsrisiko für den ausländischen Verkäufer geringer.
3. Wirtschaftspartner aus einer Währungsunion können international auch leichter und risikoloser Kredite aufnehmen. Wirtschaftspartnern aus kleineren Ländern wird in ihrer eigenen Währung in der Regel kein Kredit gewährt oder doch zu einem höheren Zinssatz. Für den Kreditnehmer aus einem kleineren Land ergibt sich somit ein erhebliches Risiko, dass er bei Abwertung seiner eigenen Währung mehr zurückzahlen muss, als er bekommen hat. So hatten vor der Finanzkrise 2008, wie *Die Presse* schreibt, >>rund eine Million ungarische Haushalte Kredite in Fremdwährungen aufgenommen, rund 90 Prozent davon in Schweizer Franken. …Viele haben sich übernommen. Sie bauten mit diesen Krediten nicht nur Häuser und Wohnungen, sondern kauften auch Autos, Kühlschränke und finanzierten Reisen. Doch durch den massiven Verfall der Landeswährung Forint explodierten die Kreditraten. 2012 waren die Besitzer von mehr als 100.000 Immobilien mit den Ratenzahlungen so stark in Verzug, dass Banken Zwangsräumungen forderten.<<[705]
4. Die Gefahr, dass durch Unsicherheiten über die Kursentwicklung einer Währung oder bei Wirtschaftskrisen, die Wirtschaft eines Landes zusammenbricht, ist für Länder einer starken Währungsunion auch geringer. Allein das Wort des Präsidenten der Europäischen Zentralbank, Mario Draghi, dass die EZB im Zweifel alle gefährdeten Staatspapiere von Euroländern aufkaufen würde, reichte aus, um eine Spekulation gegen den Euro zu beenden.

---

[705]   http://diepresse.com/home/wirtschaft/international/5061215/Frankenkredite-als-soziale-Zeitbombe-in-Ungarn.

Diesen Vorteilen stehen allerdings erhebliche Nachteile gegenüber, wenn, wie in der Eurozone, in einer Währungsunion Länder unterschiedlichen Entwicklungsstandes zusammengebunden werden.

Trotz des relativen Zurückbleibens der weniger industrialisierten Länder können sie ohne eine Währungsunion die Konkurrenzfähigkeit ihrer Produkte besser wahren, da sie zur Erhaltung des Außenhandelsgleichgewichtes ihre Währung abwerten können. Dadurch würden ihre Produkte auf dem internationalen Markt billiger, allerdings ihre Importe auch teurer. In einer Währungsunion sind sie dazu nicht in der Lage mit der Folge, dass, wenn sie ihre Wirtschaftlichkeit nicht erhöhen können, sie gegenüber Ländern außerhalb der Währungsunion an Wettbewerbsfähigkeit verlieren. Da durch eine Abwertung ihrer Nationalwährung die Importe teurer werden, neigen sie nicht, wie in einer Währungsunion dazu, mehr zu importieren, als sie entsprechend ihren Exporten dürften und dabei möglicherweise sogar Produkte einführen, die sie bisher selbst hergestellt haben.

Der Kurs einer Währung wird von den stärksten Wirtschaftspartnern bestimmt. Haben die stärksten Wirtschaftspartner, wie insbesondere Deutschland in der Eurozone, chronische Exportüberschüsse, dann wird der Kurs des Euro hochgetrieben. Das bedeutet, dass die zurückgebliebenen Länder ihre Produkte teurer verkaufen müssen, als wenn sie außerhalb der Währungsunion wären. Bleiben die weniger industrialisierten Länder in ihrer Wettbewerbsfähigkeit zurück oder importieren sie mehr, als sie aufgrund ihrer Wirtschaftsleistung sollten mit entsprechender Verschuldung, dann steigt der Währungskurs nicht so hoch, wie er steigen würde ohne die schwächeren Euro-Länder. Deutschland und die anderen industrialisierten Länder können deshalb billiger anbieten und ihren Exportüberschuss noch weiter erhöhen. Das heißt: in der Eurozone profitiert Deutschland in dem Maße, in dem die anderen europäischen Länder zurückbleiben.

Wegen dieser Nachteile hätte entweder

- die Eurozone nicht gegründet, bzw. hätten die südeuropäischen Länder nicht in die Eurozone aufgenommen werden dürfen. – Griechenland hat seinen Eintritt ja ohnehin nur mit gefälschten Zahlen erreicht. Allerdings wollten die anderen Mitglieder, und insbesondere der damalige deutsche Bundeskanzler Helmut Kohl, es auch so genau gar nicht wissen. – Kritiker der Eurozone haben insoweit recht. Oder

- es hätte gleich eine Solidargemeinschaft geschaffen werden müssen, sodass die schwächeren Länder, wie in Deutschland Schleswig-Holstein, das Sauerland, Bremen und die östlichen Bundesländer, von den stärkeren Ländern hätten unterstützt werden müssen. Natürlich hätten sich alle Länder einer durchsetzbaren Disziplin unterwerfen und Reformen durchführen müssen. Aber, um einen gemeinsamen Mindestlebensstandard in der Europäischen Union zu halten, müsste den schwächeren Ländern mit einem Finanzausgleich geholfen werden, und zwar über die Infrastrukturhilfen und Wirtschaftsförderungsmittel der Europäischen Kommission hinaus.

Da die industrialisierteren Länder von Zoll- und Währungsunionen am meisten profitieren, wäre deren Beitrag zum Ausgleich der wirtschaftlichen Defizite in den weniger industrialisierten Ländern gerechtfertigt und in ihrem eigenen Interesse. Denn was wäre Deutschland ohne die Eurozone und die Europäische Union? Der

DM-Kurs würde aller Voraussicht nach noch weiter steigen und die Exporte würden schrumpfen. Außerdem lebt jede Wirtschaft, wie der Marshallplan lehrt, von Partnern.

Es liegt auch im Interesse der Stärkeren, einem größeren Markt und einer starken Eurozone anzugehören. Gerade angesichts der ständig steigenden weltwirtschaftlichen Krisengefahr muss ein starkes Europa in aller Interesse sein.

2.3 Deutschlands Gefährdung der Europäischen Union und insbesondere der Eurozone durch die Agenda 2010

Bis zur Einführung der Agenda 2010 in den Jahren 2003-2005 galt Deutschland für viele Jahre als der kranke Mann Europas. R. von Heusinger und W. Uchatius haben jedoch in ihrem Artikel *Der Mythos vom Abstieg: Deutschland - der "kranke Mann Europas"?* in: DIE ZEIT[706] 15.04.2004 die Fragwürdigkeit dieser Behauptung deutlich gemacht.

Sie schreiben: >>Tatsache ist: Die deutsche Wirtschaft ist in den vergangenen zehn Jahren schwächer gewachsen als irgendeine andere in der Europäischen Union. Inzwischen liegt die Wirtschaftsleistung pro Kopf in Deutschland unter dem EU-Durchschnitt. So weit stimmt die Geschichte also. Die Frage ist nur, was die wahren Gründe für die Wachstumsschwäche sind.

"Deutschlands Wettbewerbsfähigkeit sinkt." (aus einer Untersuchung des Instituts für Managemententwicklung Lausanne)

"Bei den Lohnstückkosten sehen wir im internationalen Vergleich nicht gut aus." (BDI-Chef Michael Rogowski in der "Berliner Zeitung")

Der Standort. Grundig, Voigtländer, Seidensticker. Fernseher aus Nürnberg, Kameras aus Braunschweig, Hemden aus Bielefeld. Die fünfziger Jahre waren noch Zeiten. Damals kostete ein Fabrikarbeiter nur ein paar Mark in der Stunde. Damals belieferten deutsche Unternehmen die halbe Welt.

Dann kamen die Japaner. Die Koreaner. Später die Chinesen. Und natürlich die Polen und Tschechen. Heute liegen die Arbeitskosten in der westdeutschen Industrie bei 26 Euro pro Stunde, in Osteuropa bei 5 Euro, in Ostasien noch niedriger. Keine Überraschung also, wenn hiesige Unternehmen auf den Weltmärkten das Nachsehen haben.

Oder doch eine Überraschung. Denn sie haben gar nicht das Nachsehen. Im Gegenteil. "Deutschland dominiert alle anderen", sagt Andreas Cors vom Deutschen Institut für Wirtschaftsforschung (DIW). Tatsächlich sind in keinem großen Industrieland die Exporte in den vergangenen Jahren so stark gewachsen (…).

Bei genauerem Hinsehen gehören die deutschen Arbeitskosten zwar zu den höchsten der Welt, aber seit 1995 stiegen die Löhne nach Angaben der OECD kaum – im Gegensatz zu den anderen Industrieländern. Was stieg, war die Produktivität deutscher Unternehmen. Die Innovationsoffensive, die der Kanzler ankündigte, ist in vielen Firmen längst Realität. "Wir sind technologisch weltweit führend ", sagt Olaf Wortmann vom Maschinenbauverband VDMA. Infolgedes-

---

[706] W. Uchatius und R. von Heusinger: *Der Mythos vom Abstieg: Deutschland - der "kranke Mann Europas"?* in: DIE ZEIT 15.04.2004.

sen haben sich die Lohnstückkosten weit günstiger entwickelt als in fast allen Konkurrenzländern. "Die Wettbewerbsfähigkeit ist in Deutschland kein Problem mehr", sagt Harald Joerg, Volkswirt bei der Dresdner Bank.

Die überraschende Qualität des Standorts Deutschland zeigt sich auch an einer zweiten Zahl: den ausländischen Direktinvestitionen. Hiesige Politiker und Funktionäre mögen das Vertrauen in die deutsche Wirtschaft verloren haben, doch amerikanische und asiatische Konzernchefs denken anders. Seit 1998 verzeichnen die Statistiker einen kräftigen Zustrom ausländischen Kapitals nach Deutschland. Zuletzt konnte außer Frankreich kein Industrieland so viele Investitionen aus dem Rest der Welt anziehen.<< [707]

Ein weiteres Argument für den schlechten Standort Deutschland ist: >>*„Dieser Staat hängt uns wie eine Bleikugel am Bein."* (DIHK-Chef Ludwig Georg Braun in der "Welt am Sonntag")

"Der Anstieg der Staatsquote muss sukzessive zurückgeführt werden." (CDU-Fraktionsvize Friedrich Merz vor Unternehmern)

Der Staat. Sechs Monate lang gehen sie zur Arbeit und bekommen kein Geld dafür. Sie sitzen im Büro, sie schuften in der Fabrik, aber das Gehalt kassiert der Fiskus. So ergeht es den Bundesbürgern Jahr für Jahr, jedenfalls denen, die einen Job haben. Der Bund der Steuerzahler hat es ausgerechnet: Die erste Jahreshälfte arbeiten die Deutschen quasi nur für den Staat. Für die Steuern und für die Sozialabgaben, für die Arbeitslosen-, die Renten- und die Krankenversicherung. Womöglich ist die Wirtschaftsleistung in Deutschland schwächer als anderswo, weil sich Leistung nicht lohnt.

Ein Blick auf die Fakten zeigt: Sie lohnt sich mehr als in den meisten europäischen Ländern. Bei der Steuer- und Abgabenquote (dem Verhältnis von Steuern und Sozialabgaben zur Wirtschaftsleistung) rangiert die Bundesrepublik im Mittelfeld. In wachstumsstarken Ländern wie Finnland, Schweden oder Frankreich greift der Staat seinen Bürgern allerdings weit tiefer in die Tasche (…). Das erinnert an früher. "Noch in den sechziger Jahren lag die deutsche Sozialleistungsquote, und dann auch die Steuer- und Abgabenquote, europaweit mit an der Spitze", sagt Stephan Leibfried, Leiter des Zentrums für Sozialpolitik an der Uni Bremen. Damals war Deutschland Spitzenreiter beim Wachstum.

Seitdem ist der Sozial- und Steuerstaat in den meisten europäischen Ländern weit stärker gewachsen als hierzulande.

In Deutschland dagegen liegt der Anteil des Staatssektors an der Wirtschaftsleistung heute nicht höher als 1975. Im Westen ist er sogar leicht gesunken. Allerdings nicht auf das Niveau von Japan, mit seinem im internationalen Vergleich kleinen Staatssektor. "Trotzdem kamen die Japaner zehn Jahre lang nicht aus der Krise ", sagt Peter Bofinger, Mitglied des Wirtschafts-Sachverständigenrats. Und fügt an: "Ein Zusammenhang zwischen Staatsquote und Wachstumsraten ist äußerst zweifelhaft."<< [708]

Damals wurde auch noch viel weniger gesehen, dass die Staatsausgaben die private Nachfragelücke kompensieren müssen, damit die Wirtschaft nicht in eine Depression rutscht.

---

[707] W. Uchatius und R. von Heusinger: a.a.O. S.1f.
[708] W. Uchatius und R. von Heusinger, S.3f.

Wie hat nun die Agenda 2010 erreicht, dass die Arbeitslosigkeit in Deutschland schrumpft? Sie hat in Deutschland die Leistungen für Arbeitslose so stark gesenkt und dabei den Druck auf die Arbeitslosen, möglichst schnell wieder in Beschäftigung zu kommen, so stark erhöht, dass sich die Lohnkosten für die Arbeitgeber erheblich verringerten, die Arbeitnehmer aber zunehmend in prekäre Arbeitsverhältnisse und in befristete Zeitverträge einwilligen mussten. Sanken die Löhne unter das Existenzminimum, dann wurden die Einkünfte der Arbeiter durch sogenannte Harz IV Zuschüsse aufgestockt. Die Unternehmen wurden dadurch indirekt in Bezug auf ihre Lohnkosten subventioniert.

Warum sollte das Lohnniveau der weniger Qualifizierten abgesenkt werden? Das Lohnniveau sollte deswegen abgesenkt werden, damit die Unternehmen in der globalisierten Welt mit Betrieben in den Entwicklungsländern konkurrieren können.

Wenn die Zollsätze und Importbarrieren entsprechend hoch wären, dann können auch Wenigerqualifizierte zu für in entwickelteren Ländern angemessenen Löhnen beschäftigt werden. Zwar wären wegen höherer Lohnkosten die Preise in den Industrieländern höher. Aber dafür wäre auch die Kaufkraft der Massen höher, und zwar dürfte die volkswirtschaftliche Kaufkraft stärker steigen, als an Verbilligung durch den billigeren Bezug aus dem Ausland eingespart wird. Denn, wie bereits dargelegt, durch die Globalisierung steigen primär die Gewinne der Unternehmen, wie an der Aktienkursentwicklung der global operierenden Unternehmen abgelesen werden kann, soweit diese Kursentwicklung nicht durch Anlagedruck und Spekulationen hochgetrieben wird. Die Masseneinkommen konnten dagegen kaum oder nicht wachsen.

Angesichts fortschreitender Zollsenkungsrunden hat die Agenda 2010 Deutschland bezüglich der Lohnkosten den Entwicklungsländern angenähert. Damit ist Deutschland aber aus dem Gleichschritt mit anderen europäischen Staaten ausgeschert und hat sich gegenüber den Partnerländern wettbewerbsfähiger gemacht.

Harald Schumann schreibt dazu: >>Die Instabilität des Eurosystems geht auf die ungleiche Entwicklung von Löhnen und Inflation zurück. Das belegt eine neue Studie der EU-Denkfabrik. Darin zeigen die Autoren, dass es die Deutschen sind, die in Euroland die zentrale Regel einer Währungsunion fortwährend brechen, die Einhaltung des gemeinsamen Inflationsziels. Um dies zu halten, müssten die Löhne in dem Maße steigen, wie auch die Produktivität zunimmt, also der Produktionswert pro Arbeitsstunde, plus den von der EZB vorgegebenen knapp 2 % Geldentwertung.

Daran haben sich die Franzosen gehalten. In Deutschland dagegen sind Löhne und Gehälter seit dem Start des Euro durchweg langsamer gestiegen als die Produktivität. Die Tarifflucht der Unternehmen und die Hartz-Reformen drückten das Lohngefüge gewaltig.<< [709]

Entsprechend sind auch die Exportüberschüsse noch weiter gestiegen. Was ist dadurch aber gewonnen? Ein krankes Europa!

---

[709] Harald Schumann: *Emanuel Macron und die deutsche Krankheit*, in: Der Tagesspiegel Nr. 23 124, v. 24.5.2017, S. 8.

Zwar hat die Agenda 2010 auch die bürokratische Verwaltung bezüglich der Arbeitslosen, der Sozialbedürftigen und notwendiger Umschulungen verbessert und Sozialmissbrauch eingeschränkt. Aber als Vorbild für das übrige Europa kann sie nur bedingt empfohlen werden. Es geht nämlich nicht darum, die Masseneinkommen zu drosseln und die Unternehmergewinne und die Gehälter von Spezialkräften überproportional steigen zu lassen, sondern um eine ausgewogene Einkommensstruktur, in denen nicht nur Hochqualifizierte, sondern auch Geringqualifizierte ein angemessenes Auskommen haben. Es gibt nämlich nicht Länder, in denen nur Spitzenkräfte leben und andere, in denen nur unqualifizierte Lohnarbeiter wohnen. So wie anerkannt werden muss, dass die Entwicklungsländer alles tun, um Know-how und Kapital ins Land zu bringen und dazu auch Importbarrieren schaffen, so muss auch den Industrieländern zugebilligt werden, sich vor Billigimporten solcher Produkte zu schützen, die von Geringqualifizierten im Lande auch hergestellt werden können und zu deren Beschäftigung hergestellt werden sollten. Insoweit ist die Politik des neuen US-Präsidenten Donald Trump verständlich, wenn er die De-industrialisierung der USA durch Importbarrieren rückgängig machen will.

Es sollte zu denken geben, dass die Konjunkturentwicklung des letzten Jahres wesentlich von höheren Konsumausgaben in Deutschland getragen wurde. Und der höhere Konsum führte auch zu höheren Importen, von denen die anderen europäischen Länder profitieren. Diese Importe würden noch sehr viel mehr steigen, wenn die öffentliche Hand in Deutschland nicht mehr Steuereinnahmen thesaurieren würde, sondern diese ausgeben und darüber hinaus noch weitere Staatsausgaben in Infrastruktur, Schulbildung, Forschung und Entwicklung, Entwicklungshilfe Verteidigung mithilfe von Steuererhöhungen zulasten der Reichen tätigen würde.

Was wäre auch gewonnen, wenn in ganz Europa das Lohnniveau der Geringerqualifizierten abgesenkt wird? So weit, dass alle Arbeitskräfte beschäftigt werden können, kann im Verhältnis zu den Entwicklungsländern das Lohnniveau ohnehin nicht fallen. Auch stelle man sich einmal vor, alle europäischen Länder hätten Exportüberschüsse wie in Deutschland, wer sollte dann die *Import*überschüsse haben?

3. Die Gefährdung des sozialen Friedens und der europäischen Einigkeit durch Flüchtlingsströme.

Die Folge von Not und Kriegswirren sind Flüchtlingsströme in wirtschaftlich prosperierende oder auch nur politisch und militärisch sichere Länder. Wirtschaftlich rückständige Länder, die sich entwickeln wollen, oder, wenn Facharbeiter fehlen, können Flüchtlingen dagegen aufgeschlossen gegenüberstehen. So warb der Große Kurfürst um Flüchtlinge aus Frankreich und Holland, weil die Bevölkerung in Brandenburg durch die Pest weitgehend dezimiert war und die Hugenotten aus Frankreich und die Flamen besondere Fähigkeiten mitbrachten.

Als nach dem Wiederaufbau in Deutschland Arbeitskräfte knapp wurden, warb auch Deutschland in Süd-Europa und in der Türkei um Gastarbeiter.

Flüchtlinge bringen ihre eigenen Traditionen, gewohnten gesellschaftlichen Verhältnisse und ihren Glauben und ihre Geisteshaltung mit. Je stärker sich diese von denen des Gastlandes unterscheiden, umso weniger leicht können sie sich integrieren. Sie tun sich dann mit Landsleuten zusammen, mit der Folge, dass sich im Gastland Gettos bilden.

Flüchtlinge, wenn sie nicht besondere Persönlichkeiten sind, die als solche über ihre spezielle Herkunft hinausgewachsen sind, werden von der Bevölkerung des Gastlandes häufig als fremd empfunden oder gar abgelehnt und finden deshalb ihr Selbst in einer stärkeren Besinnung auf ihre ererbte Nation. Deswegen sind Deutsche in Chile, Russland und anderen Ländern häufig nationaler als die Deutschen selbst, und das gilt beispielsweise auch für viele Türken in Deutschland.

Strömen Flüchtlinge in übergroßer Menge ins Land, können sie von der Bevölkerung des Gastlandes Bevölkerung als Gefahr für die eigene Kultur und Lebensweise empfunden und deswegen bekämpft werden.

Seitdem die wirtschaftlichen Probleme und Konflikte in der Welt zunehmen, drängen immer mehr Flüchtlinge in die Industrieländer. Verständlicherweise steigt der Widerstand gegen sie. Die Flüchtlingsströme begünstigen deswegen rechtsradikale Parteien und Populisten.

Die USA waren von jeher ein Einwanderungsland. Der Individualismus ist dort in einer so extremen Form verwirklicht, dass er auch Einwanderer aus anderen Kulturen integrieren kann. Die freie Entfaltung des Individuums als Gesellschaftsideal lässt dort traditionelle Gemeinschaftsbindungen zum öffentlichen und wirtschaftlichen Leben in den Hintergrund treten, so dass gesellschaftliches und privates Leben nebeneinander bestehen können.

Das Verbindende ist der *Amerikanische Traum*, der allen Menschen die freie individuelle Entfaltung in Aussicht stellt. So sind die Amerikaner einerseits sicherlich das säkularisierteste Land, das für alle Rassen und Religionen Heimat sein kann und deswegen als Schmelztiegel gilt, in dem alle menschlichen Unterschiede eingeschmolzen werden. Das heißt nicht, dass in den USA die Religionen verschwunden sind, im Gegenteil: Religiosität wird in den jeweiligen Religionsgruppen im Allgemeinen weit intensiver gepflegt, als in vielen europäischen Ländern. Aber Religion ist Privatsache.

Dennoch sind die USA als Zentrum des West-Europäismus natürlich zutiefst vom Christentum, der Antike und den europäischen Siedlern geprägt. Und da der Europäismus selbst eine säkularisierte Form des antiken und christlichen Erbes ist, werden die Amerikaner anderer Religionen und Zivilisationen insoweit europäisiert.

Natürlich gibt es weiße Amerikaner, insbesondere solche, die sozial und wirtschaftlich zurückgeblieben sind – also heute insbesondere die Wähler von Donald Trump –, die Nichtweiße ablehnen. Es hat immer rassistische Vorurteile in den unteren amerikanischen Bevölkerungsschichten gegeben. Seitdem die USA Spannungen mit der islamischen Welt haben, die bereits mit dem Sturz des Schahregimes im Iran begannen und auch die USA Terrorakte zu befürchten haben, erfahren auch Muslime zunehmend eine Ausgrenzung.

Durch die säkulare Stagnation und die relative Verarmung der körperlich arbeitenden Massen, die auch unter der Einwanderung weniger qualifizierter Arbeitskräfte aus Lateinamerika sowie der Verlagerung von Produktionsstätten ins

Ausland leiden, entwickelte sich in der amerikanischen Gesellschaft aber ein zunehmendes Konfliktpotenzial, das den Aufstieg von Donald Trump zum US Präsidenten ermöglichte.

4. Linke Protestler als ernst zu nehmende Kritiker gesellschaftlicher Fehlentwicklungen und als Randalierer

Gegen die Vereinseitigung in West-und Ost-Europäismus hat es immer Widerstände gegeben. Die Friedensbewegungen begannen bereits in den fünfziger Jahren gegen Aufrüstung und die Spaltung Deutschlands und Europas aufzubegehren. In den sechziger Jahren kam es dann zu den Studentenrevolten:
- im Westen gegen kapitalistische Ungleichheit, verkrustete Gesellschaftsstrukturen und imperialistische Kriege, für Unabhängigkeitsbestrebungen in Vietnam und Algerien und gegen die Zerstörung der Natur,
- im Osten gegen Parteidiktatur und für einen *Sozialismus mit menschlichen Antlitz.*

Aus diesen Revolten sind die Grünen Parteien und die Umweltinitiativen, die heute auch in den Programmen der etablierten Parteien mehr oder weniger Eingang gefunden haben, hervorgegangen.

Seit den achtziger und neunziger Jahren wächst der Widerstand gegen den Neoliberalismus und den Verfall der Wirtschaft in einen Casinokapitalismus sowie das Absinken der Arbeiterschaft in Arbeitslosigkeit und prekäre Arbeitsverhältnisse.

Durchaus auch um Fehlentwicklungen der Globalisierung durch internationale Zusammenarbeit zu vermeiden und die alle Menschen angehenden Weltprobleme, wie die einer Klimakatastrophe, zu verhindern, kommen die führenden Wirtschaftsstaaten in den sogenannten G7 oder G 20 Konferenzen zusammen oder treffen sich mit Wirtschaftsbossen zu Gesprächen in Davos.

Da die Teilnehmer der Konferenzen Vertreter des Establishments sind, die von den gegebenen Gesellschafts- und Wirtschaftsstrukturen profitieren, diese in der Regel auch besten Wissens ideologisch stützen und deswegen in den Kriterien der herrschenden *Angebotsorientierten Wirtschaftspolitik* denken, ist es natürlich nicht ausgeschlossen, dass die eigentlichen Probleme nicht richtig gesehen oder falsch behandelt werden.

Die eigentlich zu behandelnde Problematik der G-20-Staaten, an deren Entstehen diese Staaten maßgeblich beteiligt sind, denn sie >>repräsentieren 2/3 der Erdbevölkerung, gut ¾ der globalen Wirtschaftsleistung, 4/5 der Treibhausgasemissionen<<, fasst Alexander Jung wie folgt zusammen: >>Alle zehn Sekunden verhungert auf der Erde ein Kind – obwohl es Nahrung für 10-12 Mrd. Menschen gibt und 7,5 Mrd. auf der Erde leben. Fast 800 Millionen gelten als extrem arm – während so viel Geld in der Welt ist wie nie zuvor. Energie wird zu 81 Prozent durch Verbrennen von Kohle, Gas und Öl erzeugt – obwohl diese Praxis die Erde erwärmt und mit Solar- und Windkraftausgereifte Alternativen bereitstehen.

Wenn sich die Mächtigen der G-20-Staaten … treffen, haben sie es in der Hand, einige Widersprüche aufzulösen, sie zumindest aber zu entschärfen. Denn sie haben die Gegensätze zum größten Teil selbst verursacht.<< Daraus wird verständlich, dass die G 20–Staaten das Feindbild der Globalisierungskritiker sind,

>>„Die G 20 sind Teil des Problems und nicht der Lösung", sagt Werner Reitz, Mitbegründer Attac in Deutschland, dem globalisierungskritischen Netzwerk.<<[710]

Diese Protestaktionen und Revolten gelten als links, weil sie sich gegen die etablierten Machtstrukturen wenden. Sie treten ein für Toleranz gegenüber anderen Ethnien und Kulturen und wenden sich gegen nationale Abschottung. Dadurch stehen Linke insbesondere im Gegensatz zu allen rechten nationalistischen Bewegungen, ewig gestrigen Reaktionären, aber auch gegen diejenigen, die sich vor Überfremdung durch Flüchtlinge fürchten.

Die Träger dieser linken Bewegungen sind im Gegensatz zu den Rechten aufgeklärt und intellektuell und treten für aktive demokratische Mitwirkung an gesellschaftlichen Entscheidungen ein, während die Rechten sich eher nach einem Führer sehnen, der ihnen sagt, was zu tun ist.

In den demokratischen Staaten verteidigen die etablierten Eliten ihre Position gegen die Linken, allerdings weisen sie auch die extrem Rechten in ihre Schranken. Sie können auf eine, wenn auch nicht unbedingt ideale, so doch funktionierende Gesellschaftsordnung verweisen, in der alle Institutionen und Abläufe aufeinander bezogen sind und diese durch Änderungen gefährdet werden. Deswegen wenden sich die Etablierten in der Regel gegen jede Änderung und befürworten eher militärische Interventionen. Dabei können sie sich unter normalen Verhältnissen auf die Masse der Bevölkerung stützen, die im Zweifel die gegebenen Verhältnisse erhalten möchte und das Risiko von Veränderung scheut.

Für die Etablierten sind nur solche Maßnahmen realpolitisch sinnvoll, die die etablierten Mächte stärken, weil von diesen die wirtschaftliche Prosperität abhängt. Typisch dafür ist die Angebotsorientierte Wirtschaftspolitik, die nur in der Förderung der Unternehmen den eigentlichen Schlüssel für wirtschaftlichen Fortschritt sieht. In Abgrenzung davon wird von Linken eher die Förderung der Schwachen, Erhöhung der Staatsausgaben für Infrastrukturinvestitionen, höhere Entwicklungshilfe, Schutz der Natur und eine Friedenspolitik gefordert.

Was die „Realpolitik" der Etablierten angeht, so hat sie militärisch unendlich viele Zerstörungen und Tote gebracht, wie an Vietnam, dem Irak und anderen Ländern abgelesen werden kann. Und welche Probleme aus der Durchsetzung wirtschaftlicher Macht in Entwicklungsländern angerichtet wird, wurde bereits dargelegt.

Als das Wesen des Europäismus gegenüber traditionellen Kulturen wurden die individuelle und gesellschaftliche Entwicklung herausgearbeitet. Weil Linke gesellschaftliche Verkrustungen und Fehlentwicklungen bekämpfen und eine allseitige Entwicklung von Mensch, Gesellschaft, Kultur und Natur anstreben, sind sie ihrem Wesen nach europäischer als die Etablierten und natürlich der rückwärtsgewandten Rechten.

Dennoch kann nicht davon ausgegangen werden, dass alle gesellschaftlichen Probleme mit unreflektierten Idealen und insbesondere den Methoden der Linken gelöst werden können. Linke Thesen sind meist abstrakte Ideale, die sich nicht eins zu eins umsetzen lassen. Auch sind Linke meist intellektuelle Individualisten,

---

[710] Alexander Jung: *Selbstbetrug mit System*, in: Der Spiegel, Nr. 27/1.7.2017, S. 14.

die in Bezug auf die Umsetzung ihrer Ziele meist so lange in endlosen Diskussionen verharren, bis jemand die Diskussionen erstickt, sich zum Wortführer oder gar Diktator aufschwingt und die anderen als Abweichler diffamiert. Dann kann eine linke Herrschaft sehr schnell in ein Terrorregime übergehen, in dem die abstrakten Ideale mit Gewalt durchgesetzt werden sollen. Typische Beispiele dafür sind die Jakobinerherrschaft nach der Französischen Revolution, die sozialistische Revolution in Russland und die RAF Rote Armee Fraktion, die insbesondere Deutschland terrorisierte.

In Bezug auf die Flüchtlingsströme neigen Linke dazu, aus ihrer Weltoffenheit in Multikulti-Schwärmerei zu verfallen und damit etablierte Gesellschaften zu überfordern. Natürlich ist ein tolerantes Zusammenleben verschiedener Ethnien und Religionen anzustreben. Aber dazu müssen die Gastländer wie auch die Flüchtlinge bereit sein.

Aber durchaus berechtigte Argumente der Protestierenden werden gern totgeschwiegen oder als unrealistisch abgetan. Dadurch entstehen bei denen, die sich für die Belange nicht nur ihrer Person und Familie, sondern der Menschheit insgesamt Gedanken machen, Frustrationen, die sich dann Radikale zu Nutze machen, um Gewaltakte zu begehen. Tragischerweise glauben sie dadurch Aufmerksamkeit für ihre Argumente zu wecken, werden aber von der Bevölkerung nur als Randalierer wahrgenommen.

Richtig wäre es, die Stimme der Protestler auf den internationalen Konferenzen selbst zu Gehör zu bringen und in die internationalen Gespräche einzubeziehen. Darüber könnten auch die Frustration der gesellschaftlich Engagierten abgebaut und möglicherweise die hohen Ausgaben für die Sicherung der Konferenzen verringert werden.

III. Die Aufgaben zur Weiterentwicklung Europas und Europas Verantwortung für die Harmonisierung des Ost-West-Gegensatzes und die Weiterentwicklung der globalisierten Welt

Der Europäismus gründet auf dem gemeinsamen antiken und christlichen Erbe der europäischen Länder. Dennoch zeigt sich dieses Erbe in vielfältigster Form, je nachdem welche Überlieferungen stärker wirken und welche Ethnien die jeweilige Volkskultur noch mitbestimmen.

Die gelebte Vielfalt hat die Bildung der Europäischen Union erschwert und kann sie weiter erschweren. Die Verlagerung von nationalen Kompetenzen auf die europäische Kommission hat sogar antieuropäische Gefühle und Aktionen ausgelöst und, wenn und soweit dadurch die Lebensbedingungen oder auch Umweltstandards beeinträchtigt oder gar, wie bei internationalen Freihandelsabkommen, global operierende Unternehmen sich der Rechtsprechung der Länder entziehen können, kommt es zu Protestaktionen.

Auch kann Standardisierungswut überregionaler Behörden, wie zum Beispiel Standards für Gurkenkrümmung und Bananen, die Gefühle der Bürger verletzen.

In weltpolitischen Fragen wird häufig gefordert, dass Europa mit einer Stimme sprechen müsse. Würde diese Forderung verwirklicht, müsste allen europäischen

Staaten ihre außenpolitische und militärische Kompetenz entzogen und auf die europäische Kommission übertragen werden. Europa würde dann eine Weltmacht wie die USA und Russland. Aber, wäre das wünschenswert?

Wie darzustellen versucht wurde, vertreten die USA und Russland einen je eigenen Europäismus, mit dem sie die Welt beglücken wollen. Das kollektivistische marxistische Gesellschaftsideal des Ostens ist gescheitert. Der russische Präsident Wladimir Putin hat damit zu tun, sein riesiges Reich zu stabilisieren und wirtschaftlich zu entwickeln, und schürt dazu den russischen Nationalismus und eurasische Ideen.

In den USA hat sich das freiheitliche individualistische Menschenideal immer mehr auf das darwinistisch-kapitalistische Geld-*Verdienen*, Geld-*Haben* und Geld-*Ausgeben* reduziert. Die Wirtschaft ist in einen *Casinokapitalismus* pervertiert, die Staatsordnung zur *Plutokratie* geworden und die Politik zum *Trumpismus* verkommen.

Das darwinistisch-kapitalistische Menschenbild und ihre Gesellschaftsordnung gelten den Amerikanern ohnehin als fertig und als letzter Stand der gesellschaftlichen Entwicklung. Sie unterstellen ihr Menschenbild und ihre Gesellschaftsordnung deswegen auch als selbstverständliches Ideal aller anderen Völker. Nur im technischen Fortschritt und ständigem wirtschaftlichen Wachstum wird noch eine Weiterentwicklung gesehen.

Der amerikanische Traum, nach dem jeder der Schmied seines Reichtums sein kann und es nur darum geht, ist tief in der amerikanischen Gesellschaft verwurzelt, so tief, dass die wirtschaftlich Abgehängten ausgerechnet einen Milliardär zum Präsidenten der Vereinigten Staaten wählten, weil sie von ihm die Wiederbelebung dieses Traumes für alle erwarten.

In Europa werden dagegen gesellschaftliche Bedingungen und die Auswirkungen von Wachstum und Fortschritt auf die Gesellschaft und die Natur immer wieder diskutiert und zu politischen Programmen gemacht. Entsprechend vielfältig ist die europäische Parteienlandschaft. Das diesen Motiven zu Grunde liegende Verantwortungsbewusstsein bestimmt auch das europäische Verhältnis zur Welt und zu anderen Völkern. Ein „Europa first" entsprechend dem „Amerika first!" oder auch „Britain first!", kann und darf es für Europa nicht geben, weil das der europäischen Geisteshaltung zuwiderläuft.

Zwar haben sich die USA, seitdem sie die Weltmachtstellung von Großbritannien nach dem Zweiten Weltkrieg übernommen haben, immer massiv in die Angelegenheiten anderer Staaten eingemischt, wenn es ihnen opportun erschien. Dabei ging es ihnen aber in der Regel nur um die Durchsetzung amerikanischer Interessen und bestenfalls um die Missionierung zum „American way of life". Dass die Vereinigten Staaten mit der Propagierung ihrer Gesellschaftsform im Iran, in Vietnam, im Irak und in Afghanistan gescheitert sind, hat zwar zur „America first!"- Haltung beigetragen. Machtpolitisch werden die USA aber auch weiterhin ihre Ziele weltpolitisch verfolgen, und Russland versucht, es den USA gleich zu tun.

Die geistige Lebendigkeit Europas wird durch seine Vielfalt begünstigt. Hinzu kommt, dass die einzelnen Länder aus ihrer kolonialen Vergangenheit unterschiedliche Beziehungen zu Ländern in der Dritten Welt haben und entsprechend ein besonderes Verständnis und auch Verantwortungsbewusstsein für diese Länder. Wir haben das durchaus eigennützige Verhältnis Frankreichs zu seinen ehemaligen afrikanischen Kolonien behandelt. Die besonderen Beziehungen veranlassen Frankreich aber auch immer wieder, zur Stabilisierung in die politischen Verhältnisse dieser Länder einzugreifen.

Was die Lösung von sozialen und wirtschaftlichen Problemen betrifft, so gehen Deutschland, Frankreich, Holland, Polen und die skandinavischen Länder zum Teil unterschiedliche Wege. Ihre Erfolge regen aber zugleich die anderen Länder an. In Bezug auf internationale Konflikte muss es deswegen durchaus nicht immer von Vorteil sein, wenn Europa, wie es aufgefordert wird, mit einer Stimme spricht. Je nach den Erfahrungen und Bindungen der einzelnen Länder kann es besser sein, wenn sich in einzelnen Konflikten nur einzelne europäische Staaten engagieren, die anderen dagegen auch auf die Gegenseite hören und in den Konflikten vermitteln können.

Nehmen wir den Ukraine Konflikt. Wie schnell könnte er in einen heißen Krieg eskalieren, wenn es nicht auch Europäer gebe, die

- Verständnis dafür haben, dass Russland sich von der ständigen Ausweitung der NATO bis an ihre Grenzen bedroht fühlt,
- reserviert dem engstirnigen westukrainischen Nationalismus gegenüberstehen und
- keine russischen Aggressionsabsichten gegen baltische Staaten und Polen unterstellen und deswegen ein Säbelrasseln der NATO für gefährlich halten.

Nur mit angelsächsischer Machtlogik lassen sich, wie die Erfahrungen im Nahen und Mittleren Osten zeigen, friedliche Beziehungen zwischen den Völkern nicht erreichen. Deswegen wird ein Europa, das immer mit einer Stimme spricht und auf der Weltbühne handelt, wie die USA und Russland, wahrscheinlich weniger Frieden fördern.

Damit soll nicht gesagt werden, dass die europäischen Länder nicht auch in Verteidigungsfragen und außenpolitisch enger zusammenarbeiten sollten. Gerade im Hinblick auf die unübersichtliche Haltung von Donald Trump zur NATO sollten die europäischen Nationalarmeen enger miteinander verzahnt werden, sodass auch gemeinsame europäische Militäraktionen möglich sind. Ein gemeinsames Handeln sollte aber nicht zwingend sein. Das heißt: neben einem europäischen Außenminister, der versucht, die europäische Außenpolitik zu koordinieren, sollten die einzelnen Länder auch noch ihre eigenen nationalen Außen- und Verteidigungsminister behalten.

Bei Wahrung möglichst weitgehender Selbstständigkeit muss es jedoch eine Verpflichtung für alle europäischen Länder sein, die demokratischen Grundrechte einzuhalten. Deswegen darf die Aushöhlung dieser Rechte in Ungarn und Polen nicht toleriert werden. Allerdings muss aber auch auf die Ängste und sozialen Anliegen der Osteuropäer eingegangen werden. Ihre sture Haltung kann, wie es sich bei der Eindämmung der zuströmenden Flüchtlinge über die Balkanroute gezeigt hat, auch sinnvoll sein.

Wichtig für die internationale Stellung Europas ist aber der gemeinsame Markt, der Euro als gemeinsame Währung und eine solidarische Wirtschaftspolitik.

Als Ursprung und Einheit des Europäismus hat Europa die Aufgabe, die Einseitigkeiten des Amerikanismus und des Eurasismus auszugleichen und individualisierend nach dem Osten und solidarisierend nach dem Westen zu wirken.

Da die Wirtschaft die Lebensbedingungen der Weltbevölkerung sichern und dabei die Natur vor Zerstörung geschützt werden muss, denn der amerikanische Turbokapitalismus zerstört Wirtschaft und Natur früher oder später, ist es notwendig, zunächst die Wirtschaftsordnung und deren Grundsätze neu zu bedenken. Jede Ordnung wird nur insoweit eingehalten, als die maßgebenden Beteiligten sich bestimmten ethischen Prinzipien verpflichtet fühlen. Deswegen muss der Ausgang genommen werden davon, die notwendigen ethischen Grundsätze wirtschaftlichen Verhaltens herauszuarbeiten und sie der Bevölkerung bewusst zu machen.

Europa muss auch Ankerplatz für die Länder der Dritten Welt sein, wenn diese nicht gezwungen sein sollen, sich in die Abhängigkeit der USA, Russlands oder anderer Machtkonstellationen zu begeben oder zum Opfer von militärischen und/oder religiösen Auseinandersetzungen zu werden.

Es wurde ausführlich dargelegt, welche Bedeutung die Europäisierung für die Entwicklung der Dritten Welt hatte, dass sie aber auch mitverantwortlich ist für deren wirtschaftliche und gesellschaftliche Probleme. Deswegen ist Europa, abgesehen davon, dass in dem Europäismus auch die Mission enthalten ist, die gesamte Welt weiterzuentwickeln, auch gezwungen, sich in der übrigen Welt zu engagieren, um Konflikte in anderen Ländern nicht zum Weltenbrand ausarten zu lassen und einer Überschwemmung Europas mit Flüchtlingen entgegenzuwirken.

Aus eigenem Interesse, aber auch, um den weltpolitischen Aufgaben gerecht zu werden, muss die europäische Einigung intensiviert werden. Die Notwendigkeit einer europäischen Wirtschaftsgemeinschaft dürfte angesichts der voraussehbaren Probleme Großbritanniens nach dem BREXIT offenkundig sein.

Investiert wird nur noch in einem genügend großen Markt. Kein ausländisches Unternehmen würde mehr in einem europäischen Land außerhalb der Europäischen Union investieren. Ein solches Land könnte somit alle Produkte, die es nicht selbst herstellt, nur noch importieren. Ja, global operierende Unternehmen eines solchen Landes würden wohl auch selbst ihre Produktion in ein Schwellenland mit großem Marktpotential oder in die Europäische Union oder die USA verlagern und von dort dann auch das eigene Land beliefern.

Soweit sich größere Märkte noch zusätzlich abschotten, um junge Industrien gegen den Wettbewerb aus Industrieländern zu schützen, oder, wie die USA und/oder die Europäische Union, um Betriebe bestimmter Industriezweige, die andernfalls in Billiglohnländer verlagert würden, zu erhalten oder zurückzuholen, werden davon primär die kleineren Länder, die keiner Wirtschaftsgemeinschaft angehören, getroffen. Denn innerhalb der großen Märkte ist jeweils genügend Absatzpotenzial für größere Betriebe. Deswegen werden die USA, wenn Donald Trump seine Abschottung des amerikanischen Marktes verwirklichen kann, zwar größere Umstellungsschwierigkeiten haben, letztlich aber auch ohne weltweiten Handel leben können.

1. Grundsätze einer neuen Wirtschaftsethik
Gesellschaftliches Leben bedingt ein ethisches Verhalten. Die Ethik muss nicht in Form von Regeln und Verhaltensweisen kodifiziert sein. Sie kann instinktiv das

Verhalten der Menschen steuern. So gesehen kann auch schon den Tieren ein ethisches Verhalten, das ihr Zusammenleben nicht nur bestimmt, sondern auch erst ermöglicht, unterstellt werden.

Ein solches quasi natürlich gesteuertes Verhalten lässt aber keine Weiterentwicklung der gesellschaftlichen Verhältnisse zu. So bedurfte es in der Geschichte immer wieder der Eroberer, Propheten oder anderer kreativer Persönlichkeiten, die aus den Bahnen überkommener Verhaltensweisen heraustraten und Neues initiierten. Durch sie wurden die vorherigen Verhältnisse mehr oder weniger revolutioniert, bis die Menschen das Neue gleichsam inhaliert und mit dem Überkommenen verbunden hatten. Jede neue Gesellschaft bildete wieder ihre eigenen Regeln und Verhaltensweisen, die dann von den Eltern auf die Kinder übertragen wurden.

Bis zur industriellen Revolution galt das *standesgemäße Einkommen* als Leitfaden für die handwerkliche Tätigkeit und wurden Rationalisierungen der Produktion zur Profitakkumulation als unehrenhaft sogar verfolgt. Peter Borscheid schreibt: >>"Kein Handwerksmann soll etwas Neues erdenken oder erfinden oder gebrauchen, sondern jeder soll aus bürgerlicher und brüderlicher Liebe seinem Nächsten folgen und sein Handwerk ohne des Nächsten Schaden treiben", heißt es in der Thorner Zunftordnung von 1523. [711] Noch Ende des 17. Jahrhunderts versuchen Kaiser und Reichstag, den Einsatz von Wassermühlen zur schnelleren Herstellung von Schnüren zu unterbinden, weil der Einsatz der Wasserkraft Tausende Personen und Familien an den Bettelstab bringen würde. [712] Dieses Denken hält trotz oder gerade wegen wirtschaftsliberaler Forderungen auch noch im 18. Jahrhundert an. Im französischen Amiens werden im Jahre 1742 zwei Fabrikanten gerichtlich verfolgt, weil sie auf Innovationen setzen und durch Einrichtung einer Manufaktur mit 200 Webstühlen die Arbeit besser überwachen und beschleunigen wollen. [713]<<[714]

Erst im Kapitalismus gewann das unbeschränkte Gewinnstreben der Individuen an Eigenwert, allerdings zunächst nicht, um ein Luxusleben zu führen. Vielmehr sollten die Gewinne wieder zur Erhöhung der gesamtwirtschaftlichen Produktion investiert werden, blieben also produktorientiert.

Auch identifizierten sich die Unternehmensgründer in der Regel mit ihren Betrieben, das heißt mit den Mitarbeitern und den hergestellten Produkten. Unternehmer, Angestellte und Arbeiter bezogen aus dieser Tätigkeit und dem geleisteten Beitrag zur volkswirtschaftlichen Produktion ihr Selbstbewusstsein. Selbst bei Familienunternehmen eignen sich die Erben häufig nicht als Leiter für das Unternehmen, sodass Familienfremde zu Geschäftsführern bestellt wurden. Dadurch wurde die emotionale Verbundenheit der Unternehmer mit ihren Betrieben natürlich geringer.

Bei den angelsächsischen Ländern und insbesondere den USA hat sich das Unternehmerinteresse schon sehr früh von den konkreten Produkten gelöst. Sie ver-

---

711 Karlheinz A. Geißler: *Die Zeiten ändern sich. Vom Umgang mit der Zeit in unterschiedlichen Epochen, in: Aus Politik und Zeitgeschichte*, S. 5.
712 Rudolf Wendorff (1980): *Zeit und Kultur. Geschichte des Zeitbewusstseins in Europa*, S. 130.
713 Bernard Lepetit: *Frankreich 1750-1850*, S. 503.
714 Peter Borscheid: *Das Tempo-Virus. Eine Kulturgeschichte der Beschleunigung*, S. 22.

standen sich immer mehr als Kapitalisten, denen es nur um das finanzielle Ergebnis ihrer Tätigkeit ging. Begünstigt wurde diese Haltung in den USA natürlich durch den riesigen Markt, der einen findigen Unternehmer schnell reich machen konnte. Je mehr Geld angehäuft wurde, umso mehr konnten sich die Unternehmer dann der rentierlichen Wiederanlage der freien Mittel widmen.

Wegen ihres hohen Kapitalbedarfs mussten sich wachsen wollende Unternehmen auch um Fremdkapital bemühen. Es entstanden Aktien und Unternehmensanleihen, in die ein Kapitaleigner seine freien Mittel anlegen konnte. Geld wurde nicht nur durch geschicktes Kaufen und Verkaufen von Aktien und ganzen Unternehmen, sondern auch durch Spekulation in Rohstoffe, Währungen und Finanzderivate gemacht.

Im Zuge der Globalisierung wuchsen nicht nur die Anlagemöglichkeiten über die nationalen Grenzen hinaus. Die amerikanische geldorientierte Wirtschaftsauffassung wurde auch zur Wirtschaftsphilosophie der übrigen Welt.

Leitmotiv für Kapitalgesellschaften wurde das sogenannte *Shareholder Value Prinzip*, das als wirtschaftliches Handeln die Optimierung des kurzfristigen Gewinns der Aktienbesitzer vorschreibt.

Fanden früher Konzernleiter ihre gesellschaftliche Anerkennung darin, ein Unternehmen zu leiten, dass wertvolle Produkte liefert, so zählen heute nur noch die im Verhältnis zu anderen gemachten Geldgewinne. Von den Mitarbeitern wird entsprechend erwartet, dass sie auch nur den maximalen Gewinn des Unternehmens im Auge haben. Eine Identifizierung mit dem Unternehmen, den Arbeitskollegen und den hergestellten Produkten geht dabei verloren. Die eigentliche Arbeit wird entwertet und muss auch aufgegeben werden, wenn die Unternehmungsleitung Produktionszweige schließt oder in Billiglohnländer verlagert.

Auch Kapitalisten, zumindest in Europa, fühlten sich in der Frühzeit des Kapitalismus noch mit den Unternehmen, von denen sie Aktien hielten, verbunden. Man dachte auch langfristig. Kurzfristige Kursschwankungen wurde nicht beachtet. *Ein Unternehmer spekulierte nicht.* Natürlich wurden Aktien verkauft oder auch gekauft, wenn das Vertrauen in ein Unternehmen schwand oder stieg.

Wurden Unternehmen früher eher nach ihrem Substanzwert bewertet, das heißt nach ihrem Eigentum an Immobilien und anderen Sachwerten, geht es heute darum, alle nicht notwendigen Assets zu veräußern und die Unternehmen nur nach dem Ertragswert zu bewerten. Der Ertragswert richtet sich nach dem zu erwartenden Gewinn. So steigen und fallen die Aktien der Unternehmen im Vergleich zu anderen Anlagemöglichkeiten, je nachdem welcher Gewinn zu erwarten ist.

Durch das Herauslösen von Bestandswerten fällt die Kreditwürdigkeit der Unternehmen natürlich im Hinblick auf aufzunehmende Kredite und können sie schneller in Konkurs gehen, wobei dann ihr Know-how von anderen Firmen billig aufgekauft wird und die Mitarbeiter entlassen werden. Durch Deindustrialisierung können ganze Regionen verarmen.

Damit die Vorstände von Kapitalgesellschaften dem *Shareholder-Value-Prinzip* folgen, werden sie durch Boni an dem Gewinn beteiligt. Die Gehälter der Vorstände und des übrigen Führungspersonals sind dadurch geradezu weltweit explodiert. So soll der Vorstandsvorsitzende von Daimler-Benz im Jahre 2015 15 Millionen €[715] verdient haben.

Wozu braucht ein Mensch so viel Geld in einem Jahr? Letztlich sind es nur Statussymbole, mit denen ein Vorstandsmitglied mit einem anderen verglichen wird und woran er sein Selbstbewusstsein festmacht. Und weil es Statussymbole sind, ist natürlich jeder bestrebt, noch etwas mehr zu verdienen, sodass wir es bei den Vorstandsgehältern mit einer *nach oben offenen Richterskala* zu tun haben.

Durch derartige hohe Gehälter wird die Wirtschaftsmoral korrumpiert. Jedes Gefühl für Anstand und Angemessenheit muss dabei zum Teufel gehen. So extreme Einkommens- und Vermögensunterschiede sind ethisch nicht zu rechtfertigen und lassen auch jedes Gefühl für die Angemessenheit einer Arbeit verloren gehen.

Im Zuge der Globalisierung können die global operierenden Unternehmen und Kapitalisten zudem immer weniger von staatlichen Gesetzen beschränkt werden, weil sie die Staaten gegeneinander ausspielen können und dort ihren Gewinn anfallen lassen, wo sie am geringsten besteuert werden. Ihre finanzielle Macht wird zur medialen und politischen Macht, die Staaten dazu bringen können, die Gesetze so zu gestalten, dass die global operierenden Unternehmen davon begünstigt werden.

Wir haben auch gesehen, dass die immer ungleichere Vermögens- und Einkommensverteilung eine steigende private Nachfragelücke bewirkt und damit zur säkularen Stagnation und zur Selbstzerstörung der Wirtschaft führt.

Die einzige Rechtfertigung für das Anhäufen von Reichtum, das für den eigenen Lebensunterhalt inklusive Luxusbedarf nicht mehr gebraucht wird, ist der bis zu einem gewissen Grade berechtigte Glaube, dass der Markt die Kreativität von Unternehmen so steuert, dass die Produktion der kaufkräftigen Nachfrage entspricht und eine konsequente Marktwirtschaft eben große Einkommensunterschiede bewirkt. Aber dann sollte wenigstens beachtet werden, dass die wirtschaftliche Gleichheit der Menschen auf dem Markt nur gegeben ist, wenn alle Menschen die gleichen Startchancen haben. Um diese annähernd zu ermöglichen, dürfte es Individuen nur erlaubt sein, bis zu ihrem Tode Reichtum anzuhäufen. Danach müssten die Vermögen wieder der Gesellschaft zufließen. Denn Vererben ist kein Prinzip der Marktwirtschaft mit prinzipiell gleichen Wirtschaftspartnern, sondern ein Relikt aus dem Feudalismus.

Nun haben sich biologische und traditionelle Lebensformen bis in unsere Zeit erhalten, und insofern ist es auch gerechtfertigt, persönliches Eigentum zu vererben. Es dürfte sich dabei jedoch eigentlich nur um Gegenstände mit persönlichen Bezug, allerdings bis hin zur persönlich genutzten Wohnung und gegebenenfalls einem Schloss, handeln.

Soweit eine Familie sich mit ihrem Unternehmen identifiziert, wie zum Beispiel bei Handwerksbetrieben oder auch mittelständischen Unternehmen, und die Kinder den Betrieb der Eltern fortführen wollen, kann ebenfalls eine Vererbung

---

[715]http://www.faz.net/aktuell/finanzen/aktien/daimler-chef-dieter-zetsche-verdiente-2015-am-meisten-14151530.html.

sozialethisch gerechtfertigt werden. Zudem wird man Eltern zubilligen, ihren Kindern gute Startbedingungen und Reserven für Krisenfälle zu hinterlassen. Aber alles, was darüber hinausgeht, müsste auf die Gesellschaft zurückfallen, die dann damit öffentliche Belange, die allgemeine Ausbildung und Kultur und Existenzgründungen von Unternehmen unterstützen könnte. Würde nach diesen Prinzipien verfahren, dann könnten Auswüchse der gegenwärtigen Vermögens- und Einkommensverteilung toleriert werden

Was durch die Verengung der wirtschaftlichen Motivation auf das *Geldmachen* ebenfalls korrumpiert, ist, ist das Verhalten zur Arbeit selbst.

Während der Mensch sich früher eher als Nutzer der Früchte der Erde verstand und die Arbeit als notwendiges Übel, das möglichst den Sklaven aufgebürdet wurde, wurde die Arbeit im Christentum zum eigentlichen Inhalt des Lebens, sich selbst ein Dasein zu geben.

Die Einstellung, Arbeit als wesentliche menschliche Tätigkeit zu sehen, in der der Mensch seine Erfüllung findet, geht im Kapitalismus, dem es nur um Kapitalvermehrung zu tun ist, je mehr er sich aus der Realwirtschaft löst, verloren. Da der Mensch die größte Zeit seines Lebens arbeitet, reduziert sich in der kapitalistischen Wirtschaft die Arbeit für ihn auf Mühsal und findet er nur noch im Konsum als Ergebnis seiner Arbeit Befriedigung.

Für die Kapitalisten selbst wird die Arbeit dagegen zum Spiel, das als solches schon unabhängig vom Gewinn die Befriedigung eines Spielers gewährt, abgesehen davon, dass sie auch ein luxuriöses Leben führen können.

Eine kapitalistische Wirtschaftsauffassung stachelt den Egoismus an. Solange der Egoismus noch durch natürliche realwirtschaftliche Motivation gebunden ist, das heißt, den Menschen die Arbeit als solche, die Zusammenarbeit mit den Kollegen und die Zufriedenheit der Kunden wichtig sind, kann sie dem Wohlergehen aller dienen. Dann können Fortschritt und wirtschaftliches Wachstum allen im Arbeitsprozess Tätigen zugutekommen. Je mehr aber nur noch Rationalisierungen stattfinden und die Löhne stagnieren, umso mehr sinkt die Wachstumsrate, mit ständiger Gefahr, dass die Wirtschaft in eine Depression umschlägt, und steigen durch das Wachstum nur noch die Gewinne der Unternehmer und Kapitalisten.

In dem Maße, wie der Mitmensch nur noch als Werkzeug für die eigene Gewinnsteigerung angesehen wird, steigt auch die Neigung zu Betrug und Übervorteilung. Durch aggressive Werbung werden zweifelhafte Nutzen vorgespiegelt, Produkt- und Umweltstandards werden verletzt, Banken drehen ahnungslosen Anlegern Schrottpapiere an oder fälschen gar den Libor (>>Zinssatz, den Banken am Eurogeldmarkt von London für kurzfristige Anleihen von anderen Banken verlangen.<<[716]) und immer mehr versuchen, die Steuern zu umgehen, ohne zu beachten, dass diese für die Finanzierung gesamtwirtschaftlicher Belange notwendig sind.

Da das Wirtschaftsverhaltens wesentlich mitbestimmt wird von den über das Wirtschaften bestehenden Theorien, wird es besonders schwierig, Verhaltensweisen zu ändern, die bisher als Tugenden galten. Sparen galt bisher als Tugend. Die herrschende Wirtschaftstheorie ging wie selbstverständlich davon aus, dass Kapital knapp ist und infolgedessen durch Sparen das Kapitalangebot und damit die

---

[716]https://www.google.de/search?q=Libor&ie=utf-8&oe=utf-8&client=firefox-b-ab&gfe_rd=cr&ei=XG8ZWfG 4DKXi8AfmmprIBg

224

Investitionsmöglichkeiten erhöht werden. Wenn aber, wie zurzeit, so viel Kapital keine realwirtschaftlichen Anlagemöglichkeiten findet, dann ist es besser nicht zu sparen. Denn jeder gesparte und nicht für Investitionen ausgegebene Euro ist Gift für die Wirtschaft. Daraus folgt als Norm: Nur so viel verdienen zu wollen, wie auch für Konsumausgaben (inklusive Luxuskonsum), realwirtschaftliche Investitionen, gemeinnützige Ausgaben und Altersvorsorgevorsorge benötigt wird.

Die am Wirtschaftsleben Teilnehmenden müssen wissen und beachten, was wirtschaftlich sinnvoll und damit erlaubt ist und was nicht. Die meisten Regeln in Bezug auf Kunden und Lieferanten werden zwar schon aus Eigeninteresse eingehalten. Anderenfalls sind Lieferanten nicht mehr bereit, an die die Normen nicht Einhaltenden zu verkaufen, und Kunden, von ihnen zu kaufen. Dennoch kann diese Einsicht gefördert werden durch enge Deklarationspflichten, Gütesiegel und natürlich durch eine steigende Öffentlichkeitsarbeit von Verbraucherverbänden und Medien.

Schwieriger wird es, Normen durchzusetzen, wie zum Beispiel das Verbot der Massentierhaltung, wenn Waren alternativ aus dem Ausland bezogen werden können, wo diese Normen nicht gelten. Deswegen muss dafür gesorgt werden, dass in einer Wirtschaftsgemeinschaft oder Zollunion gemeinsame Standards gelten. Entsprechend begünstigt durch Mehrwertsteuervergünstigungen oder andere Maßnahmen müssen Betriebe werden, die höhere Standards einhalten. Einfuhren, die nicht die Standards einhalten, müssen gesperrt oder mit höheren Einfuhrumsatzsteuern belastet werden.

Aber Regeln nützen nichts, wenn sie nicht von den Menschen verstanden und akzeptiert werden. Wie will man zum Beispiel Korruption in Behörden und Wirtschaftsunternehmen bekämpfen, wenn alle Angestellten korrupt sind?

Deswegen ist es nötig, sich auf die geistigen Wurzeln unserer Gesellschaft stärker zu besinnen und ethische Grundsätze für alle Lebensbereiche und insbesondere für Wirtschaftler zu entwickeln und zu formulieren. Alle akademischen Absolventen sollten, so wie für Ärzte der *Hippokratische Eid* Leitfaden für ihre Tätigkeit sein sollte, auch im Fach Ethik geprüft werden.

Multikulti-Vertreter nehmen oft Anstoß am Europäismus. Sie vergessen dabei aber, dass der Europäismus die wirtschaftliche und gesellschaftliche Entwicklung und ihre globale Vernetzung und damit auch Multikulti selbst ermöglicht hat. Auch die Fortentwicklung der Gesellschaft und der Erde ist nicht vom Islam, nicht vom Hinduismus oder Taoismus zu erwarten. Aus diesen Religionen mögen moralische Impulse, vom Buddhismus und Taoismus auch Anregungen für eine vertiefte geistige Entwicklung kommen, aber alles doch nur auf der Basis europäischer Toleranz.

Moderne Wissenschaft und Forschung und eine Weiterentwicklung der Gesellschaft sind nur von einem vertieften Europäismus zu erwarten. Da der eigentliche Träger des Europäismus Europa selbst ist, sollte der Fortgang der Vereinigung Europas als für eine harmonische Entwicklung nicht nur Europas selbst, sondern auch der Welt notwendig begriffen werden.

2. Die Stabilisierung und Weiterentwicklung der Europäischen Union

2.1 Die wirtschaftliche Stabilisierung und Weiterentwicklung der Europäischen Union

Die zu lösenden Aufgaben zur Stabilisierung und Weiterentwicklung der Europäischen Union sind:

1. die Überwindung der säkularen Stagnation,
2. die Beseitigung von wirtschaftlichen Ungleichgewichten zwischen den europäischen Ländern und Regionen,
3. der Schutz des europäischen Marktes vor Abwanderung von Unternehmen und Betrieben,
4. die Koordinierung der Steuerpolitik und die Bekämpfung von Steuerbetrug, Steuervermeidung und Ausweichen in Steueroasen,
5. die Ausschaltung von Briefkastenfirmen,
6. Kapitaltransfersteuern und
7. die Stärkung der Euro-Zone.

2.1.1 Die Überwindung der säkularen Stagnation

Als das größte wirtschaftliche Problem wurde die säkulare Stagnation, maßgebend verursacht durch die ungleiche Einkommensverteilung, erkannt.

Die Einkommen speisen sich einmal aus Arbeitseinkünften, wozu ich auch die Unternehmergewinne rechne, und zum anderen aus den Kapitaleinkünften, inklusive aller Formen von Miet- und Renteneinkommen.

Bei der Gehaltsentwicklung wurde als wirtschaftsethisch extrem bedenklich das rasante Wachstum der Managervergütungen beanstandet, wobei die Vergütungen in keinem nachzuvollziehenden Zusammenhang zur Arbeitsleistung stehen. Die Diskussion, wie dieser Entwicklung zu begegnen sei, wurde bereits eröffnet und erste Begrenzungsregeln wurden schon vorgestellt. So sollen nicht mehr die Aufsichtsräte großer Gesellschaften die Gehälter von Managern festsetzen, sondern die Aktionäre selbst. Einzelne Gesellschaften haben sich auch schon selbst zu Grenzen der maximalen Gehaltsgewährung bekannt.

Als steuerliche Maßnahme wurde die Beschränkung der steuerlichen Abzugsfähigkeit von Managergehältern ins Spiel gebracht. Gehälter über ein bestimmtes Limit hinaus sollen die Unternehmen nicht mehr als Kosten geltend machen können. Eine solche Beschränkung würde dem Staat zwar etwas höhere Einnahmen bescheren. Die Unternehmen würden aber von einer solchen steuerlichen Abzugsbegrenzung kaum berührt. Die zusätzlich zu zahlenden Steuern wären für sie, wie man sagt, nur *pea-nuts*.

Nun darf bei dieser Diskussion nicht vergessen werden, dass hohe Managergehälter nur geringere Gewinne für die Aktionäre bedeuten, wenn sie bei großen Gesellschaften für die einzelne Aktie auch kaum zu Buche schlagen dürften. Hohe Managergehälter sind somit im Wesentlichen nur eine Umverteilung innerhalb der Supereinkommensbezieher selbst. Deshalb sollte dieser Frage wirtschaftspolitisch keine zu große Rolle beigemessen werden. Die zu empfehlende Maßnahme gegen Supergehälter wären somit eine stark progressiv ansteigende Reichensteuer für alle Gehälter über ein bestimmtes Limit hinaus.

Die zweite maßgebende Quelle für die ungleiche Einkommensverteilung resultieren aus den Kapitaleinkünften. Zum Abbau der extrem ungleichen Vermögensverteilung empfehlen sich progressive Erbschaftssteuern, wobei durchaus großzügig zur messende Freibeträge und Vergünstigungen für Handwerksbetriebe und kleine und mittlere Unternehmen, die als Familienbetrieb weitergeführt werden, gewährt werden sollten.

Aber die soziale Ungerechtigkeit ist für das Funktionieren der Wirtschaft nicht das Hauptproblem. Wichtiger ist in Zeiten der säkularen Stagnation, dass jeder nicht ausgegebene Euro Gift für die Wirtschaft ist, weil er die Wirtschaft schrumpfen lässt, wenn der Staat per Staatsverschuldung diesen Euro nicht übernimmt und ihn seinerseits für Staatsausgaben wieder in den Kreislauf zurückgeführt. Ferner wurde herausgearbeitet, dass die zunehmenden Staatspapiere (ohne dinglichen Wert) und die für die Realwirtschaft nicht verwendeten Sparmittel die Kapitalmarktspiele und Spekulationen fördern, die Weltwirtschaft fragiler machen und Wirtschaftskrisen auslösen können.

Progressive Erbschaftssteuern lassen die Supervermögen natürlich nur langsam abschmelzen, soweit der Vermögensverlust durch die Erbschaftssteuern nicht bald wieder verdient wird. Soll diese Ungleichheit schneller behoben werden, auch im Hinblick darauf, dass dadurch Staatsanleihen getilgt werden können und somit der Kapitalmarkt entlastet wird, würde sich eine Vermögensabgabe anbieten, wie sie seinerzeit als Lastenausgleich erhoben von vom Kriege nicht betroffenen Vermögenseigentümern zugunsten solcher, die ihr Vermögen im letzten Weltkrieg verloren haben.

Wenn man berücksichtigt, dass Rückzahlungen von Staatsschulden ohnehin aus Abgaben der Vermögenden geleistet werden müssen, denn die unteren Schichten können damit nicht belastet werden – es würde auch die volkswirtschaftliche Nachfragelücke noch weiter erhöhen –, dann würde es sich insoweit um ein Null-Summen-Spiel handeln. Denn diejenigen, die belastet werden, erhalten auch im Wesentlichen die Rückzahlungen. Natürlich ist das eine nur grobe Rechnung. Denn diejenigen, die ihr Geld in Unternehmen investiert haben, werden genauso hoch belastet, wie diejenigen, die Aktien, Obligationen und Staatspapiere halten. Für letztere reduziert sich nur ihr Wertpapierbestand. Erstere müssten, wenn sie nicht auch noch Wertpapiere haben, gegebenenfalls Unternehmensanteile verkaufen oder Kredite aufnehmen oder könnten in gegebenem Umfang nicht mehr investieren.

Die Vermögensabgaben müssten so gestaltet werden, dass der Geschäftsbetrieb dadurch nicht belastet wird. Deswegen müsste die Vermögensabgabe über einen längeren Zeitraum abbezahlt werden können oder durch Herausgabe von zusätzlichen Aktien und haftenden Schuldtiteln an den Unternehmen, die später zurückgekauft werden könnten.

Obwohl eine Vermögensabgabe zur Gesundung der Wirtschaft am besten wäre, ist sie am schwersten zu realisieren, denn sie trifft insbesondere die Mächtigen der Gesellschaft, die sich gegen diese Umverteilung wehren werden

Gegen eine Vermögensabgabe wie auch gegen eine Vermögenssteuer oder höhere Erbschaftssteuern wird immer wieder geltend gemacht, dass dadurch Handwerksbetriebe und Kleinunternehmen im Familienbesitz geschädigt werden. Gegen dieses Argument ist einzuwenden:

1. Sie trifft nur hohe Vermögen. Das heißt Handwerksbetriebe und kleinere Unternehmen fallen gar nicht unter die Vermögensabgabe.
2. Wenn die Unternehmenseigner auch noch Finanztitel und Immobilien haben, so können sie diese abtreten oder mit den Abgaben belasten.

Auch sollte man in unserer Zeit die romantischen Vorstellungen einer Fortführung eines Unternehmens durch die nächste Generation nicht überbewerten. Welche Kinder von Unternehmenseignern wollen noch das väterliche Erbe fortführen und welche Erben sind dazu bereit, auf ihr Erbe zugunsten des Fortführenden zu verzichten. Wenn der Fortführende nicht ohnehin nur so wenig erbt, dass er gar nicht unter die Vermögensabgabe fällt, dann würde durch eine Abgabe oder Erbschaftssteuer in Form einer angemessen zu gestaltenden Staatsbeteiligung, die zurückgeführt werden kann, die Fortführung eher begünstigt. Sollte aber kein geeigneter Erbe vorhanden sein, dann könnte der Betrieb mit Staatshilfe an einen anderen Handwerker oder kompetenten Nachfolger übergeben werden.

2.1.2 Wirtschaftsförderungsmaßnahmen zu Überwindung der Ungleichgewichte in der wirtschaftlichen Entwicklung der Länder und Regionen

Zur Überwindung der Ungleichgewichte der wirtschaftlichen Entwicklung in einzelnen europäischen Ländern muss die Solidarität der reicheren Staaten zugunsten der weniger industrialisierten gestärkt werden. Deutschland als der größten Industriemacht in Europa fällt dabei eine besondere Rolle zu.

Wir haben dargestellt, wie Deutschland selbst die Probleme Europas mit verursacht hat durch seine großen Exportüberschüsse und seine rigorose Sparpolitik, die auch von den schwächeren europäischen Ländern erwartet und zur Bedingung für finanzielle Hilfe gemacht wird. Die deutschen Exportüberschüsse werden von den USA, den europäischen Ländern und dem IWF Internationalen Währungsfonds ständig kritisiert.

Um die Exportüberschüsse abzubauen, sollte der der öffentlichen Hand zur Verfügung stehende finanzielle Spielraum >>„genutzt werden für Initiativen, um das Wachstumspotential ebenso zu verbessern wie Investitionen in die Infrastruktur und Digitalisierung, Kinderbetreuung, Flüchtlingsintegration und für eine Senkung der Steuerlast auf Arbeit", heißt es in den am Montag [15. 05. 2017] in Berlin vorgelegten Empfehlungen [des Internationalen Währungsfonds].<<[717] Diese Empfehlungen, die schon länger zum Parteiprogramm der SPD, der Grünen und noch mehr der Linken gehören, werden offensichtlich neuerdings auch von der CDU ernster genommen. Mit höheren Steuern will die CDU nach dem Wahlprogramm 2017 aber nicht einmal die Superreichen belasten. Die CDU wie auch die FDP scheinen die Erfordernisse, die sich aus der säkularen Stagnation ergeben, immer noch nicht begriffen zu haben.

Die Forderung, insbesondere Deutschlands, nach wirtschaftlichen Reformen in den europäischen Defizitländern ist weitgehend berechtigt und nötig. Allerdings sollten die Staatsausgaben zur Einhaltung der „Schuldenbremse" nicht eingeschränkt, sondern in Projekte der gesellschaftlichen und wirtschaftlichen Entwicklung nur umgelenkt werden. Die Finanzierung müsste, soweit die Europäische Union nicht durch Zuschüsse Unterstützung leistet, ausschließlich aus höheren

---

[717] Der Tagesspiegel: *IWF liest Deutschland die Leviten*, Nr. 23 116, v. 16.5.3017, S. 8.

Steuern und Abgaben der Superreichen finanziert werden. Denn die ungleiche Vermögens- und Einkommensverteilung ist in den wirtschaftlich zurückbleibenden Ländern mit hoher Arbeitslosigkeit eher noch höher als in Deutschland.

Allerdings müsste Deutschland mit gutem Beispiel bei der Abschöpfung hoher Gewinne und durch Vermögensbesteuerung, spätestens mit der Erbschaftssteuer, mit gutem Beispiel vorangehen, auch um im Verhältnis zu den anderen europäischen Ländern nicht so niedrige Steuern zu haben, dass noch ein Zuzug von Unternehmen und Kapitalgebern aus diesen Ländern zu befürchten wäre.

Die öffentliche Ausgabensteigerung und Entlastung unterer Einkommensbezieher sollte in Deutschland über die steuerlichen Mehreinnahmen hinausgehen und aus höherer Belastung für die Vermögenden und hohen Einkommensbezieher finanziert werden.

2.1.3 Schutz sensibler Industrien des europäischen Marktes und Verhinderung von deren Abwanderung

2.1.3.1 Einfuhrbarrieren zum Schutz von sensiblen Industrien

Volkswirtschaften haben ihren je eigenen Entwicklungsstand. Dieser spiegelt sich auch wieder im allgemeinen Kostenniveau und der Höhe der Mieten. Entsprechend müssen auch die Einnahmen der Arbeiter so hoch sein, dass sie damit den Lebensbedarf decken können. Wenn sie aber gezwungen sind, mit Arbeitskräften in Niedriglohnländern zu konkurrieren, weil die Zollbarrieren zu niedrig angesetzt sind, dann fällt der Arbeitslohn und sie können allenfalls in prekären Arbeitsverhältnissen noch etwas verdienen. Damit können sie aber ihren Lebensunterhalt nicht bezahlen. Was in Niedriglohnländern verdient wird, wird dem dort notwendigen Lebensbedarf eher entsprechen, als ein gleicher Lohn in den entwickelten Industrieländern.

Durch niedrige Zölle werden in den Industrieländern die Arbeitsplätze, soweit sie nicht mit Lohnsenkungen einverstanden sind, in Billiglohnländer verlagert, und die Hochqualifizierten in den Entwicklungsländern finden dort keine Arbeitsplätze, weil sich die know-how-intensiven Arbeitsstätten in den Industrieländern befinden.

Folglich fallen in den Industrieländern geringer Qualifizierte im Lohn zurück. In Deutschland wurde diese Entwicklung noch durch die *Hartz Gesetze* beschleunigt. Harald Schumann schreibt:>>Am härtesten traf das die unteren 40 % der Lohnbezieher. Deren reale Stundenlöhne waren 2015 niedriger als 20 Jahre zuvor. Ein erheblicher Teil der Bevölkerung hat keinen Anteil mehr am wirtschaftlichen Fortschritt.<<[718]

Die Verhältnisse in einer Volkswirtschaft können nur dann alle befriedigen, wenn für alle Menschen, das heißt, für Menschen der verschiedensten Qualifikationen, Arbeitsmöglichkeiten angeboten werden und die weniger Qualifizierten nicht in prekären Verhältnissen arbeiten und trotzdem auf Sozialhilfe angewiesen sein müssen. Eine solche Situation ist aber nur zu erreichen, wenn der heimische Markt vor Billiglohnländern ausreichend abgeschirmt und dennoch groß genug ist,

---

[718] Harald Schumann: *Emanuel Macron und die deutsche Krankheit*, in: Der Tagesspiegel Nr. 23 124, v. 24.5.2017, S. 8.

dass eine weitgehende Autarkie möglich ist und Unternehmen schon wegen der Größe des Marktes in dem Wirtschaftsraum investieren.

Bei tendenziell fallenden Zöllen müssen die Industrieländer zudem befürchten, dass auch hochwertige Produktions- und Dienstleistungsbetriebe in andere Länder verlagert werden. Deswegen sind angemessene Zollbarrieren für die Volkswirtschaften wichtig, damit sie sensible, für die Wirtschaftsstruktur notwendige Industriezweige nicht verlieren.

Beispielsweise werden laut dpa Apples iPhones und andere Geräte >>wie die weitaus meiste Elektronik<< vor allem in China hergestellt, >>denn in Asien befinden sich weite Teile der Zuliefererkette und auch große Reserven günstiger Arbeitskräfte.<< >>Lokal lässt der Konzern die Smartphones nur in Ländern bauen, wo es ansonsten Verkaufsbeschränkungen gäbe. So wurde mit dem asiatischen Produktionspartner Foxconn eine Fertigung in Brasilien aufgesetzt, um einem Einfuhrzoll von 30 % zu entgehen. Und in Indien soll es eine Voraussetzung für die Eröffnung von Apple Stores gewesen sein.<<[719]

Gegen Zollbarrieren wird von neoliberalen Wirtschaftstheoretikern behauptet, dass dadurch Rationalisierungsmöglichkeiten entfallen. Angesichts der Rationierungsmöglichkeiten durch Digitalisierung und Roboterarisierung und die dadurch mögliche Anpassung an unterschiedliche Normen, dürfte der Nachteil, wenn überhaupt, überschaubar bleiben. Möglich wird dadurch auch ein *Produzieren nach Bedarf*, Beispiel: *print on demand*, das heißt kleinere Losgrößen und schnelle Umstellung der Produktion. Eingeschränkt wird nur die ungestörte Ausnutzung von Billiglöhnen und die internationale Steueroptimierung und die damit verbundene weitere Umwandlung von Arbeitslöhnen in Kapitaleinkünfte.

Denn als Folge der Globalisierung und insbesondere der Digitalisierung und Roboterarisierung steigt die Macht der global operierenden Unternehmen noch. Sie sind immer weniger auf Arbeitskräfte angewiesen und können die Standortsentscheidungen umso mehr nach finanziellen und Steuervermeidungsgesichtspunkten optimieren.

Natürlich soll hier nicht generell dem Protektionismus das Wort geredet, sondern nur eine differenzierte Wirtschaftspolitik angemahnt werden. Im Übrigen würden höhere Zölle auch nicht das Ende globalen Wirtschaftens bedeuten. Denn wenn alle Unternehmen in allen Märkten vertreten sein müssen, um diese Märkte zu bedienen, dann ist schon dadurch eine internationale Vernetzung gewährleistet.

Soweit es nicht darum geht, eine gesunde Wirtschaftsstruktur zu erhalten oder auszubauen, sondern nur darum, den Arbeitskräften menschenwürdige Arbeitsverhältnisse zu sichern, kann als Alternative zu höheren Zöllen auch an die Gewährung eines allgemeinen Grundeinkommens gedacht werden. Dadurch wären die Menschen dann nicht mehr angewiesen darauf, primär von prekären Arbeitsverhältnissen zu leben, sondern ihr Arbeitseinkommen, auch aus prekären Arbeitsverhältnissen, würden sie nur zu ihrem Grundeinkommen dazuverdienen.

Als Lösung der wirtschaftlichen Probleme in anderen Ländern wird von deutscher Seite empfohlen, in ihren Ländern auch *Hartz Gesetze* zu erlassen. Dazu schreibt zu Recht Harald Schumann: >>Alle anderen sollen es machen wie die

---

[719] dpa: *Traumfabriken*, in: Der Tagesspiegel, Nr. 23 186/27.7.2017.

Deutschen, damit sie „wettbewerbsfähig" werden. Aber das ist ökonomisch unsinnig. Unternehmen sollen im Wettbewerb stehen, nicht Staaten, und das schon gar nicht in einer Währungsunion.

… Macron hat Recht: Die Währungsunion kann nicht bestehen, wenn sie alle in einen Wettlauf nach unten zwingt. Das verschärft die Ungleichheit und stärkt die Nationalisten. Dagegen wäre ein gemeinsamer Etat für Euroland aber allenfalls ein Trostpflaster. Viel wichtiger wäre, die deutsche Krankheit der Eurozone selbst zu bekämpfen. Der Schlüssel dazu sind die deutschen öffentlichen Investitionen. Schon seit 2003 reichen sie nicht mehr, um auch nur den Verfall der bestehenden Infrastruktur auszugleichen. Seitdem schrumpft der staatseigene Kapitalstock. Landesweit verrotten Straßen, Brücken, Schienen, Schulen und Universitäten. Würden Bund und Länder die Gunst der Stunde nutzen, um mit Krediten zum Nulltarif den Verfall zu stoppen, wäre das ein Segen für die ganze Eurozone. Mit einer solche Investitionsoffensive, das rechnete kürzlich das gewerkschaftsnahe Institut für Makroökonomie (IMK) vor, könnten die Einkommen und damit die Nachfrage nach ausländischen Waren und Dienstleistungen ausreichend steigen, um die Leistungsbilanz auszugleichen.

Bleibt es dagegen beim bisherigen Kurs, würde das auch Marcrons Frankreich in die Abwärtsspirale aus sinkenden Löhnen und sinkenden Staatsausgaben zwingen. Der Sieg der Front National bei der nächsten Wahl wäre dann garantiert.<<[720] Besser, als weitere Schulden aufzunehmen, und wenn auch nur zu niedrigsten Zinsen, wäre es jedoch, dafür höhere Einnahmen von den Vermögenden und Superreichen zu erheben, damit die Staatsverschuldung nicht weiter steigt.

2.1.3.2 Mitarbeiter- oder Staatsbeteiligung in für die Volkswirtschaft wichtigen Unternehmen

Jeder Staat ist dafür verantwortlich, dass die heimische Volkswirtschaft funktioniert und so vielseitig entwickelt ist, dass sie für alle Bevölkerungsschichten Arbeitsplätze bietet und auch Synergien zwischen den verschiedenen Wirtschaftszweigen ermöglicht.

Die global operierenden Unternehmen haben jedoch keinerlei Hemmungen, die Eigentümer zu wechseln, die Betriebsstätten zu verlegen oder gar mit dem Firmensitz umzuziehen. Dagegen müssen sich die Staaten und die betroffenen Mitarbeiter wehren können. Deswegen sollten in für die Volkswirtschaft sensiblen Unternehmen

1. die Mitbestimmungsgesetze gestärkt werden,
2. den Mitarbeitern bestimmte Erfolgsbeteiligungen zustehen,
3. die Staaten eine qualifizierte Sperrminorität, wie Niedersachsen beim Volkswagenwerk, in wichtigen Unternehmen halten.

Für alle diese Vorschläge gibt es in den einzelnen Staaten schon Beispiele. Die Höhe der Erfolgsbeteiligungen für die Mitarbeiter dürften aber nicht allein die Unternehmen festsetzen können. Es ist besser, wenn dafür gesetzliche Vorgaben erlassen werden, nach denen auch das Verhältnis der Prämien für Vorstandsmitglieder, leitende Angestellte und für einfache Arbeiter geregelt werden.

---

[720] Harald Schumann: a.a.O., S. 8.

Damit würde sich dann auch die gesellschaftlich vergiftende Diskussion über überhöhte Erfolgsbeteiligungen an Führungskräfte erübrigen. Denn, wenn die Erfolgsbeteiligungen für Vorstandsmitglieder zu opulent ausfallen, würden sich entsprechend auch die Prämien für die übrigen Mitarbeiter erhöhen, und so ergebe sich schnell ein Umfang, der für die Kapitaleigner nicht mehr akzeptabel ist. Denn eine hohe Erfolgsbeteiligung nur für Spitzenkräfte fällt nicht übermäßig ins Gewicht. Sie bindet die Führungskräfte zudem zu stark an die Interessen der Kapitaleigner.

Durch eine qualifizierte Sperrminorität der öffentlichen Hand kann verhindert werden, dass Unternehmen zum Spielball von „Heuschrecken" werden, die mit geliehenen Geld Unternehmen aufkaufen und gegebenenfalls zerschlagen. So konnte das Land Niedersachsen verhindern, dass das Volkswagenwerk von anderen Unternehmen und Banken übernommen wurde und dass die im Verhältnis zur Volkswagen AG kleine Porsche AG mit geliehenen Geld das Volkswagenwerk kauft und den Kredit aus den Barreserven des Volkswagenwerkes zurückzahlt.

Hätte der deutsche Staat beispielsweise eine qualifizierte Sperrminorität bei der Deutschen Bank gehalten, dann wäre der damalige Vorstandsvorsitzende Josef Ackermann nicht gezwungen gewesen, eine 25-prozentige Kapitalrendite anzustreben, weil andernfalls die Deutsche Bank-Aktie im Kurs so weit gefallen wäre, dass die Deutsche Bank von Ausländern übernommen worden wäre. Dann hätte das Eigenkapital auch höher sein können und hätte nicht ein solcher Druck auf den Mitarbeitern gelastet, der zu all den Betrügereien geführt hat, unter denen die Deutsche Bank heute noch leidet.

Sinnvoll wäre auch, gesetzlich festzulegen, dass im Falle einer Produktionsverlagerung die Produktionsstätten inklusive der Anlagen an den Staat fallen, was die Möglichkeit erleichtert, für den Produktionsstandort und die Mitarbeiter andere Firmen anzusiedeln.

Natürlich kann ein Staat solche Vorschriften nur erlassen, wenn er über einen genügend großen Wirtschaftsraum verfügt und er die Einfuhrbarrieren notfalls hoch genug ansetzen kann, dass die Unternehmen diese Vorschriften akzeptieren müssen, wenn sie in dem Land wettbewerbsfähig ihre Waren vertreiben wollen.

2.1.4 Kapitaltransfersteuern, die Koordinierung der Steuerpolitik und die Bekämpfung von Steuerbetrug, Steuervermeidung und das Ausweichen in Steueroasen

Die Steuerpolitik ist das entscheidendste Instrument, um die Auswüchse der extrem ungleichen Vermögens- und Einkommensverteilung abzubauen und auch um unmittelbar überschüssige Ersparnisse, die keine Möglichkeit in reale Investitionen finden und deswegen als volkswirtschaftliche Nachfrage ausfallen, per Staatsausgaben wieder in den wirtschaftlichen Kreislauf zurückzuführen. Da die einzelnen Länder auch mit niedrigen Steuern Investoren anlocken und dadurch für alle die Erhebung höherer Steuern behindern, ist die Koordinierung der Steuerpolitik der einzelnen Länder vordringlich.

International zu erarbeitende Steuerprinzipien müssten

1. sicherstellen, dass die Steuern entsprechend der Wertschöpfung in den einzelnen Ländern anfallen. Dazu böte sich an, die Unternehmenssteuern nach den Prinzipien der deutschen Gewerbesteuer zu erheben. Danach

wären Dauerschuldzinsen und Lizenzvergütungen nicht mehr als Kosten abzugsfähig, erhöhen damit den Unternehmensgewinn.

Bei entsprechender Ausgestaltung brächte es dann keinen Vorteil mehr, per Kreditgewährung oder Lizenzvergabe Gewinne in Steueroasen mit Briefkastenfirmen abzuziehen und dort versteuern zu lassen.

Gewinne von selbstständigen Handelsunternehmen, an denen die Kapitalgeber der Produktionsfirmen zu mehr als 40 % beteiligt sind, und die ihren Sitz im Ausland haben und über die die Waren verkauft werden, dürften auch nur nach anteiligen Lohn- und Gehaltskosten aus der inländischen Besteuerung herausfallen.

2. Es wären Mindeststeuersätze festzulegen für Einkommens-, Vermögens-, Erbschafts- und Schenkungssteuer.

Da niedrige Steuern die Ansiedlung von Unternehmern begünstigen, könnte dann weniger industrialisierten Ländern erlaubt werden, niedrigere Unternehmenssteuern zu erheben, allerdings nur auf der Basis, dass die Gewinne auf Wertschöpfung erhoben werden und nicht auf Durchleitung von Kapitalien und Lizenzgebühren.

Gegen solche Maßnahmen wehren sich natürlich insbesondere die Steueroasen. Deswegen werden diesbezügliche Bemühungen nur stückweise, wenn überhaupt, vorankommen. Darum wird es wahrscheinlich notwendig werden, dass die Staaten, in denen die eigentliche Wertschöpfung erfolgt, einvernehmlich und notfalls Deutschland allein die Steuergesetzgebung entsprechend modifiziert, wodurch dann auch ein Druck auf andere ausgeübt wird.

2.1.5 Stabilisierung der Euro-Zone und neue Prinzipien der Geldpolitik

Dass der Vorstandsvorsitzende der *Europäischen Zentralbank,* Mario Draghi, durch seine Erklärung, alle notleidenden Staatsschulden der Eurozone wenn nötig aufzukaufen, die Märkte beruhigen konnte, zeigt ganz besonders die Finanzialisierung der Wirtschaft. Das traditionelle Schwert der Geldpolitik ist zwar stumpf geworden, es haben sich aber neue Möglichkeiten der Wirtschaftssteuerung aufgetan.

In der traditionellen Wirtschaftstheorie wird davon ausgegangen, dass Geld automatisch dazu benutzt wird, entweder zu konsumieren oder zu investieren. John Maynard Keynes und andere haben zwar die Möglichkeit zusätzlicher Liquiditätshaltung ins Spiel gebracht. Aber an die wurde entweder nicht geglaubt, oder sie wurde nur als vorübergehend angesehen, um bessere Investitionsmöglichkeiten abzuwarten.

In den Zeiten der säkularen Stagnation haben wir aber völlig andere Verhältnisse. Die Ersparnisse finden nicht zu lukrativen realen Investitionsmöglichkeiten und der Konsum stagniert aufgrund von Sättigungserscheinungen oder, weil der Staat oder weite Bevölkerungsanteile wegen zu geringer Einnahmen nicht genug ausgeben können. Wenn früher in solchen Situationen die Zentralbanken Geld in die Wirtschaft pumpten, so wurden dadurch die Investitionen angeregt. Durch zusätzliche Beschäftigung stiegen dann die Löhne und damit auch der Konsum.

In Zeiten der säkularen Stagnation wirkt Geldmengenerhöhung aber nicht mehr. Verzweifelt versucht die Europäische Zentralbank durch Flutung der Wirtschaft mit monatlich 60-80 Milliarden € die Investitionstätigkeit anzuregen und eine Inflation von 2 % zu erreichen, weil sie meint, dass eine solche Inflation für eine positive Wirtschaftsentwicklung notwendig ist. Tatsächlich hat sie mit dieser Maßnahme so gut wie nichts bewirkt. Das billige Geld hat im Wesentlichen nur Spekulationen, auch in Immobilien, angeregt und ist ansonsten auf den Kapitalmarkt geflossen und hat die Kurse gesteigert, das heißt volkswirtschaftliche Scheingewinne produziert.

Andererseits konnte die EZB, wie dargestellt, durch Aufkauf von notleidenden Staatsanleihen die Spekulation beruhigen und, und brauchte nicht zu befürchten, dass dadurch eine galoppierende Inflation ausgelöst würde.

Diese Geldmengenflutung ist jedoch nicht ungefährlich. Sie trägt dazu bei, dass die Masse der Kleinsparer und Mittelständler nicht mehr an den volkswirtschaftlichen Gewinnen der Unternehmen teilhaben. Diese Gewinne fließen dann nur noch den ohnehin Reichen zu, die die Ersparnisse der kleinen Leute für nahezu 0 % Zinsen für ihre Investitionen und Spekulationen nutzen können. Darüber hinaus wird auch der Wechselkurs beeinträchtigt und verfremdet die internationalen Handelsbeziehungen. Wenn die Zinsen einmal wieder angehoben werden sollten, dann können schädliche Gegenwirkungen für die internationalen Wirtschaftsbeziehungen und insbesondere für Entwicklungsländer daraus erwachsen.

Da der Gegenwert des auf den Markt geworfenen Geldes Staatspapiere sind, von den oben bereits dargelegt worden ist, dass sie keinen dinglichen Gegenwert haben und somit als *Schrottpapiere* einzustufen sind, tragen die Staaten für ihre Notenbanken das Risiko des Wertverlustes von Papieren von bankrottgehenden Staaten. Das heißt durch den Aufkauf von notleidenden Staatspapieren seitens der Europäischen Zentralbank wird das Verlustrisiko der betreffenden Staatspapiere von Privaten und Banken auf die Steuerzahler übertragen. So gesehen kann diese Geldflutungspolitik zugleich als eine Förderung der ohnehin Vermögenden angesehen werden, und sie fördert so auch die ungerechte Vermögens- und Einkommensverteilung und damit die säkulare Stagnation.

Nach der klassischen Wirtschaftstheorie wurde wie selbstverständlich immer davon ausgegangen, dass eine Erhöhung der Geldmenge Inflation bedeutet. Dabei wurde unterstellt, dass jede neue Mark, die in den Markt gepumpt wird, automatisch zur Nachfrage wird. Insbesondere nach den Erfahrungen der letzten Jahre ist diese Auffassung jedoch falsch. Zusätzliches Geld führt nur dann zu einer Erhöhung der Nachfrage, wenn derjenige, der das Geld erhält, es auch ausgibt.

Wenn zum Beispiel die Zentralbank mit dem Geld einen Kredit an den Staat gibt und der damit die Ausgaben erhöht, steigt natürlich die volkswirtschaftliche Nachfrage. Wenn aber die Geldmenge nur den Liquiditätsbedarf der Wirtschaft steigen lässt oder für Kapitalmarkttransaktionen gebraucht wird und diejenigen, die das Geld erhalten, es auch für realwirtschaftliche Investitionen nicht ausgeben, dann kann die EZB durch eine Geldmengensteigerung auch keine nur 2-prozentige Inflationierung erwarten. Selbst eine Herabsenkung des Zinsniveaus auf nahezu 0 % hat bekanntlich die Investitionstätigkeit nicht ausreichend angeregt. Die überschüssigen volkswirtschaftlichen Ersparnisse sind quasi nur in Geld angelegt worden.

Die Erfahrungen, die sich aus der Flutung der Wirtschaft mit Liquidität zur Bekämpfung der säkularen Stagnation ergeben, sollten Anlass sein, die Bedeutung und den Wert des Geldes für die Wirtschaft zu überdenken.

Bisher galt Notenbank-Geld als ein Gegenwert irgendwelcher realer Güter, ursprünglich von Gold und Silber. Manche Geldtheoretiker träumen auch heute noch davon, zum Goldstandard zurückzukehren. Sie beachten nicht, dass damit der Wert des Geldes von der Menge des verfügbaren Goldes abhängig wird und dass dann im Wert des Geldes automatisch steigen muss, wenn die Wirtschaft wächst oder die Kapitaltransaktionen zunehmen, es sei denn, die Gewinnung von Gold steigt in gleichem Prozentsatz. Wenn nicht, würde die mangelnde Liquidität die Wirtschaft abwürgen, wie auch Horten von Gold der Wirtschaft Liquidität entziehen und die Wirtschaft lähmen würde. Angesichts des heutigen Geldbedarfs stellt sich der Rückgang zum Goldstandard schnell als eine Unmöglichkeit heraus.

Auch wenn der Gegenwert einer bestimmten Menge Geldes nicht mehr durch Gold gedeckt ist, so wird doch von den Notenbanken erwartet, dass sie für die Herausgabe von Geldnoten einen Gegenwert in Form von Wertpapieren, zu denen sogar bevorzugt auch Staatsanleihen gehören, hereinnehmen. Wir haben schon gesehen, dass den Staatsschulden kein dinglicher Wert zu Grunde liegt und sie in der Regel nur prolongiert werden können.

Welchen Wert sollten Staatsanleihen in Höhe von bis zu 100 % und mehr des Bruttoinlandsproduktes auch haben. Im Übrigen fragt niemand, welchen dinglichen Wert ein Geldschein hat. Er wird allein deswegen geschätzt, weil andere ihn auch schätzen und er im Verhältnis zu der Nachfrage nach Geld einen bestimmten Wert hat.

Allein die allgemeine Wertschätzung und seine relative Knappheit bestimmen seinen Wert. Aus diesen beiden Komponenten erklärt sich auch der Wert der privaten Kunstwährung Bitcoin, die nur aus Rechenoperationen entsteht und durch eine Netzwerkverankerung gesichert wird. Einen dinglichen Wert hat ein Bitcoin auch nicht.

Notenbank-Geld sollte deshalb, wie Bitcoin, als ein Produkt oder eine Zahlungslizenz, das heißt als Produkt eines Tochterunternehmen des Staates angesehen werden. Der Staat gibt der Wirtschaft ein Mittel, um Waren leichter tauschen zu können. Genauso wie ein Produkt oder eine Lizenz gekauft werden müssen, so muss auch das Geld gekauft werden. Gelddrucken wäre danach ein Produktionsvorgang wie jede andere Wirtschaftstätigkeit auch und die zusätzlich in den Wirtschaftskreislauf gegebenen Geldmenge wäre ein Bestandteil des Sozialprodukts.

Wenn Geld ein Produkt des Staates ist, dann ist der normale Vorgang, wie Geld in die Wirtschaft fließt der, dass der Staat mit seinem geschaffenen Geld Staatsausgaben finanzieren kann.

Das ist unbedenklich, solange der Staat nicht mehr Geld in die Wirtschaft pumpt, als an Geld gebraucht wird. Aber das gilt ja für alle Produkte. Deswegen bedarf es natürlich weiterhin einer unabhängigen Notenbank, die dem Staat jeweils nur so viel weiteres Geld zur Verfügung stellt, wie der Wirtschaftskreislauf zusätzlich braucht.

Die Europäische Zentralbank bemüht sich, durch Erhöhung der Geldmenge in riesigem Umfang ohne großen Erfolg, die Wirtschaft zu Investitionen und Ausgaben anzuregen. Die realwirtschaftliche Wirkung bleibt jedoch aus, weil durch diese Geldmengenzuteilung keine zusätzliche Nachfrage generiert wird. Würde Geld als Produkt des Staates verstanden und vom Staat für zusätzliche Staatsausgaben genutzt, dann würde die Geldvermehrung unmittelbar den Wirtschaftskreislauf beleben. Dann würde die EZB auch weniger Geld in den Markt pumpen müssen, als monatlich 60-80 Mrd. €.

Natürlich werden die Notenbanken auch weiterhin Aktien und andere Wertpapiere kaufen und verkaufen können, schon um auf diese Weise die umlaufende Geldmenge steuern zu können.

In der Notenbank-Bilanz würde dann Geld nicht als *Verbindlichkeit* ausgewiesen und auf der Aktivseite *Assets*, sondern herausgegebenes Geld würde als *Umsatz* gebucht. Die Gegenbuchung wäre Kasse. Soweit das Geld dem Staat zur Verfügung gestellt wird, wäre die Buchung Gewinnausschüttung gegen Kasse.

In der Praxis wurde auf diese Weise bereits die Wirtschaft belebt, in den dreißiger Jahren durch die Steigerung der Staatsausgaben Nazideutschlands und im New Deal in den USA. Diese Belebung der öffentlichen Nachfrage wird in den USA auch heute noch praktiziert, wenn die Geldmenge ausgeweitet und dem Staat Kredite gegeben werden. Weil aber die Fiktion aufrechterhalten wird, Geld sei durch Wertpapiere zu decken, erhöhen sich laufend die Staatsschulden und, soweit die Notenbank die Staatsschulden hält, entsprechend auch die Zinszahlungen an die Notenbank, die dann ihre Gewinne wieder an den Staat zurückfließen lässt.

Dabei geht man zudem von der Illusion aus, dass Staatsschulden irgendwann zurückgezahlt werden können. Dass die Rückzahlung öffentlicher Schulden eine Unmöglichkeit ist und die Wirtschaft in eine Depression stürzen würde, weil die Gläubiger mit dem zurückgezahlten Geld gar nichts anzufangen wissen, wurde bereits ausgeführt. Bei Rückzahlung von Schulden an die Notenbank würde der Wirtschaft auch noch Liquidität entzogen. Einfacher ist es deshalb, den Nettoerlös aus zusätzlichem Geld direkt dem Staat zur Verfügung zu stellen und insoweit eine steigende Staatsverschuldung zu vermeiden.

Wegen der hohen Staatsverschuldung europäischer Länder und deren Bankrottgefährdung, werden in riesigem Ausmaß Staatsschuldscheine von der Europäischen Zentralbank aufgekauft. Dabei steht dann die Befürchtung im Raum, dass, wenn diese Papiere an Wert verlieren, alle europäischen Länder, und insbesondere Deutschland als größter Anteilseigner an der Europäischen Zentralbank, für diese Verluste aufkommen müssen. Mit diesen Befürchtungen wird auch Wahlkampf gemacht.

Praktisch wird eine solche Inanspruchnahme jedoch nie vorkommen. Sie hätte auch nur dann einen Sinn, wenn durch ihre Einzahlungen die umlaufende Geldmenge verringert werden sollte. Aber dazu könnte die Zentralbank auch gehaltenen Schuldscheine auf dem Kapitalmarkt verkaufen, so wie sie jetzt monatlich für zig Milliarden Euro Schuldenpapiere kauft, um die Geldmenge auszuweiten

Wenn die EZB den europäischen Ländern im Umfang der aufgekauften Staatspapiere die Schulden erlassen würde, würden soweit dinglich wertlose Staatspapiere, die ohnehin nicht zurückgezahlt werden können, vom Kapitalmarkt verschwinden und würde sich entsprechend die Gefahr von Staatsbankrotten sinken.

Allein ein besseres Verständnis für die Bedeutung des Geldes und seine Rolle in der Wirtschaft würde unsinnige Umschuldungsprobleme entfallen lassen. Durch eine solche Ausbuchung der Staatsschulden oder ihre Abwertung könnte die Staatsverschuldung vermindert würden. Insoweit entfiele die Notwendigkeit,

Griechenland und anderen Staaten, Hilfen zur Bezahlung ihrer Schulden bei Fälligkeit zu gewähren. Alle die die griechische Wirtschaft behindernden Maßnahmen könnten entfallen.

Natürlich würde man weiterhin auf Reformen bestehen und müsste verhindert werden, dass die Länder sich nicht wieder neu verschulden. Denn endlos könnten Staatsschulden nicht gestrichen werden, sondern nur im Umfang der umlaufenden Geldmenge, weil diese als Liquidität gebraucht wird genauso wie Fahrzeuge, die ja auch nicht, wenn sie von einem öffentlichen Lastwagenhersteller zur Verfügung gestellt werden, in der Bilanz wie bisher Geldschöpfung als Verbindlichkeiten ausgewiesen würden und deren Kaufpreis sich auch danach bestimmen, wie viele Fahrzeuge benötigt werden.

Die griechische Staatsschuld mit etwa 315 Mrd. € entspräche der durchgeführten Geldschöpfung von 6 Monaten der Europäischen Zentralbank. Das heißt: Innerhalb von 6 Monaten könnte die Europäische Zentralbank alle griechischen Anleihen aufkaufen und das Land somit schuldenfrei machen.

Natürlich kann die europäische Zentralbank nicht allein griechische Schulden auf diese Weise tilgen. Sie braucht auch Assets, um die Geldmenge wieder einschränken zu können. Dennoch wäre, wenn die EZB nur anteilmäßig nach der Bedeutung der einzelnen Volkswirtschaften Schuldscheine vernichtet, dies schon eine große Hilfe, ohne dass dadurch irgendwelche realwirtschaftlichen Beziehungen gestört würden.

Man würde jedoch den Ländern einen Bärendienst erweisen, wenn sie aufgrund dieser Schuldenerleichterungen wiederum neue Schulden aufnehmen und Staatsausgaben nicht durch zusätzliche Einnahmen von den Superreichen, sondern durch Schulden finanzieren. Auch ist es geboten, die Länder zum Bürokratieabbau und zu Wirtschaftsreformen anzuhalten. Allerdings verstehe ich darunter nicht das Herabdrücken des Lohnniveaus auf prekäre Arbeitsverhältnisse. Andererseits erfordert der unterschiedliche industrielle Entwicklungsstand der einzelnen Länder einen Finanzausgleich innerhalb Europas.

Geld als Produkt in diesem Fall einer Staatengemeinschaft zu verstehen, und anteilmäßig an die Staaten auszugeben, praktiziert auch der Internationale Währungsfonds bei der Erhöhung von SZR Sonderziehungsrechten.

Das sogenannte „Buchgeld" der Geschäftsbanken, das auch für Zahlungen benutzt wird, ist dagegen nur abgeleitetes Geld, weil es nur in Bezug auf eine gehaltene Menge an Notenbankgeld zur Verfügung gestellt werden kann. Buchgeld ist nur eine multiple Nutzung von Notenbank-Geld. Je mehr bargeldlos, das heißt durch Banküberweisungen gezahlt wird, umso mehr Buchgeld kann im Verhältnis zu den Bargeldreserven geschaffen werden. Es müssen aber von den Geschäftsbanken, wie praktiziert, ausreichende Barreserven vorgehalten werden.

3. Grundsätze für eine Europäische Flüchtlings- und Zuwanderungspolitik

Wie sollen die Industrieländer auf die realen und potentiellen Flüchtlingsströme reagieren?

Aus ihrer europäischen Grundhaltung können die Europäer gar nicht anders, als den Menschen aller Ethnien und aller Kulturen tolerant und offen gegenüberzutreten und sie als gleichberechtigte Mitmenschen anzuerkennen.

Dabei fühlen sich insbesondere die Deutschen für Flüchtlinge verantwortlich. Sie haben selbst Flüchtlingserfahrungen bei der Flucht aus Nazideutschland und am Ende des Zweiten Weltkrieges aus den ehemaligen Ostgebieten gesammelt.

Die positive Haltung der deutschen Bundeskanzlerin Angela Merkel Flüchtlingen gegenüber wurde aber gleichsam als Einladung und von den anderen europäischen Ländern als politische Anmaßung, für ganz Europa zu sprechen, verstanden und hat der europäischen Einigung geschadet.

Auch darf solches Mitverantwortungsgefühl für die Probleme der Welt den Verstand nicht gefühlsduselig vernebeln. So sympathisch die Offenheit für fremde Kulturen und die Warmherzigkeit für Flüchtlinge ist, so schädlich und gefährlich kann sie für Europa werden und, da Europa dann seine Aufgaben in der und für die Welt nicht mehr angemessen erfüllen kann, auch für die übrige Welt.

Multikulti-Schwärmer erkennen oft nicht, dass die Mehrheit der Flüchtlinge in der Regel so stark in ihrer heimischen Kultur und Religion verankert ist, dass diese Flüchtlinge gar nicht offen sind für die europäische Geisteshaltung und Gesellschaftsform und deswegen zumindest latent darunter leiden, dem Europäismus unterlegen zu sein, woraus dann terroristische Akte entstehen. So können die Multikulti-Schwärmer, die alle Flüchtlinge ins Land holen und versorgen wollen, den Terrorismus und die Gelegenheit dazu geradezu fördern.

Aus solchen Befürchtungen wurden von Kennern Bücher über den Islam geschrieben, wie von Michel Houellebecq „Unterwerfung" oder von Hans-Peter Raddatz „Der Iran" und andere, die allerdings so weit gehen, dass sie den Untergang des Abendlandes aufgrund dieser Multikulti-Haltung prophezeien.

Gott sei Dank oder auch leider hat die soziale Wirklichkeit die europäische Bevölkerung derartig aufgerüttelt, dass heute radikale Muslime weitestgehend ausgegrenzt werden und ein Terrorismus von rechts entstanden ist, der ebenfalls den sozialen Frieden gefährdet. Denn die Flüchtlingsströme und die daraus resultierenden Probleme haben die weltoffene liberale Grundhaltung überstrapaziert, und zwar insbesondere die der weniger individualisierten Bevölkerungsgruppen. So ist heute auch in England, Holland, Dänemark und Schweden offensichtlich, wie man zu sagen pflegt, „Das Boot voll". Europa droht an der großen Zahl der Flüchtlinge zu zerbrechen. Denn, wie gesagt, der Europäer ist als Individuum auch auf seine jeweilige nationale Gemeinschaft bezogen. Deswegen ist die europäische Einigung auch ein so langwieriger Prozess.

Wenn die Europäer ihre nationale Identität auch noch gegen die Fremdheit der Flüchtlinge behaupten müssen, die keine Deutschen, Österreicher oder gar Ungarn werden wollen, es sei denn in doppelter Staatsbürgerschaft, um die sozialen Vorteile genießen zu können, dann bleibt noch weniger für die europäische Solidarität übrig und ist die europäische Einigung selbst gefährdet.

Europa kann deswegen nur begrenzt Flüchtlinge aufnehmen. Die Probleme in den Ursprungsländern der Flüchtlingsbewegungen können dadurch nicht gelöst werden. Europa kann auch nur Qualifizierte integrieren, weil diese schon wegen ihrer Qualifikation so viel *Europäismus* in sich aufgenommen haben, dass sie merken, dass sie durch die Integration auch geistig reicher werden und auch zu ihren Ursprungsnationen ein reflektierteres Verständnis gewinnen.

Was die Probleme des Ursprungslandes betrifft, so können diese letztlich nur mit den Menschen der Länder gelöst werden. Das heißt: Jeder, der wegläuft, um sich selbst in Sicherheit zu bringen, überlässt seine Mitmenschen ihrem Schicksal, anstatt zur Lösung selbst auch beizutragen. Es muss die Erkenntnis reifen, dass abgesehen von Naturkatastrophen, die Probleme eines Landes und eines Volkes nicht vom Himmel fallen, sondern in dem Volk selbst maßgebend begründet sind und jeder nicht nur die Überlieferungen und Stärken eines Volkes genießen darf, sondern auch für seine Sünden mitverantwortlich ist – eine für Individualisten schwer verständliche Wahrheit –.

Zwar sind die Europäer gezwungen, alles dafür zu tun, dass die wirtschaftlichen und politischen Lebensbedingungen und die soziale Not in den Heimatländern der Flüchtlinge gelöst werden. Aber zugleich muss auch der soziale Frieden in Europa gewahrt und weiterentwickelt werden. Flüchtlingsströme müssen deshalb so weit begrenzt werden, als das eigene Land verkraften kann, ohne den sozialen Frieden zu gefährden. Dabei dürfen den Flüchtlingen keine höheren Vergünstigungen gewährt werden, als den Ärmsten im eigenen Land. Schon von daher müssen die Lebens- und Arbeitsbedingungen der eigenen Bevölkerung verbessert werden.

Das bedeutet insbesondere in Zeiten der säkularen Stagnation, dass die Vermögenden für die Sanierung und Weiterentwicklung der Infrastruktur, für soziale Belange, für Bildung und Forschung und die Hilfe für benachteiligte Länder stärker belastet werden, auch um sozialen Neid gar nicht erst aufkommen zu lassen.

Flüchtlinge gelten im Übrigen nur dann als schutzwürdig, wenn sie politischer, religiöser oder ethnischer Verfolgung ausgesetzt sind oder in Kriegsgebieten oder aufgrund von Naturkatastrophen um ihr Leben fürchten müssen. Aus diesen Gründen flüchten Menschen jedoch meist nicht weit, weil sie, wenn die Gefahr vorbei ist, ihr Heim und ihren Grund und Boden nicht verlieren wollen. Auch, wenn sie weit weg fliehen, wollen sie in der Regel so schnell wie möglich zurückkehren.

Etwas anderes ist es bei Flüchtlingen aus wirtschaftlichen Gründen, wie sie heute in großen Scharen aus Afrika nach Europa strömen. Je schneller die Bevölkerung in Afrika steigt und je weiter die wirtschaftliche und gesellschaftliche Entwicklung dort hinter der Europas zurückfällt, umso mehr Menschen werden sich trotz großer Gefahren auf den Marsch nach Europa begeben. Das einzige langfristig sichere Mittel dagegen ist, die Stabilisierung und die Entwicklung der Entwicklungsländer selbst.

Voraussetzung für eine wirtschaftliche Entwicklung ist allerdings, dass das Land nicht durch Stammesfehden und/oder Milizen regierungsunfähig geworden ist, wie zurzeit offensichtlich der Südsudan. Dann müsste das Land so lange unter eine UN-Verwaltung gestellt werden, bis wieder nationale Verwaltungsstrukturen möglich sind.

Um Wirtschaftsflüchtlinge abzuhalten, sollte Europa deswegen von afrikanischen Staaten exterritoriale Gebiete erwerben, in denen Asylanträge geprüft werden können und in die zu diesem Zwecke auch alle in Europa ankommenden Flüchtlinge zurückgeführt werden, bis dort über ihren Antrag entschieden ist. Es muss vermieden werden, dass Wirtschaftsflüchtlinge überhaupt in Europa ankommen und sogar noch im Mittelmeer gerettet werden müssen.

Europäische Solidarität erfordert auch, dass übermäßige Belastungen durch Flüchtlinge, wie in Italien und Griechenland, gemeinsam gelöst werden.

4. Die Notwendigkeit verstärkter Entwicklungspolitik

Wir haben gesehen, dass die Schwellenländer ihre zum Teil rasante wirtschaftliche Entwicklung der Adaption europäischer Bildung, Technik und westlichen Unternehmertums zu verdanken haben. Sie waren dazu befähigt, weil sie entweder bereits in einer Hochkultur lebten und/oder genügend Europäer in ihrem Land angesiedelt sind, die die Entwicklung vorantrieben. In den wirtschaftlich zurückgebliebenen Ländern Afrikas haben wir es dagegen weitgehend mit Stammeskulturen und gegenüber Europa archaischen Lebenseinstellungen zu tun. Auch sind sie gegenüber Schwellenländern zu klein, um als Industriestandort für ausländische Investoren interessant zu sein.

Diese Länder sind den Globalplayern aus den Industrieländern meist schutzlos ausgeliefert. Wie bereits erwähnt, werden sie in den Zollrunden des GATT gezwungen, ihre Zollsätze zu senken. Wegen dieser Zollsenkungen, aber auch der entwickelteren Agrarwirtschaft in den Industrieländern, die zudem noch subventioniert wird, werden sie dann mit billigeren Nahrungsmitteln und anderen Produkten, die sie selbst herstellen können, überschwemmt.

Hier gilt es, ausreichend hohe Einfuhrbarrieren zuzulassen, damit sich die heimische Wirtschaft stabilisieren kann. Die Landwirte müssen geschult werden, wie sie ihre Erträge steigern können, und zwar nicht unbedingt durch Pestizide, Düngemittel und Saatgut, die sie von internationalen Agrarkonzernen und Chemiefirmen erwerben müssen, sondern so ökologisch wie möglich. Leider werden Umweltschäden und die Abhängigkeit von global operierenden Agrar- und Pharmakonzernen durch die Entwicklungspolitik der Industrieländer noch begünstigt, wie folgendes Beispiel zeigt:

Über Mosambik schreibt Veronika Frenzel: >>Die mosambikanischen Politiker haben … so schnell wie kaum woanders die Auflagen umgesetzt, die an die Zuwendungen der internationalen Entwicklungspolitik geknüpft sind, etwa an die Investitionen im Rahmen des G7-Programm, „Neue Allianz für Ernährungssicherheit". Die Mosambikaner haben die Richtlinien der Unternehmen zum Schutz von Saatgut sofort in Gesetze gegossen. Nur zertifizierte Händler dürfen seitdem die zertifizierten Samen verkaufen, das traditionelle Tauschen ist verboten. Dass die Bauern dadurch kriminalisiert werden, stört niemanden.

Die internationale Privatwirtschaft bekommt bei den aktuellen Programmen der Entwicklungspolitik überhaupt viel Macht, das ist auch beim Marshallplan von Bundesentwicklungsminister Gerd Müller so. Der Deal: Die internationalen Politiker gewinnen globale Konzerne für Investitionen, die „reformorientierten afrikanischen Politiker" tun alles, um den Investoren das Investieren in ihren Ländern leicht zu machen....

Alberto, 21 Jahre alter mosambikanischer Agronom …, Ist einer der Gewinner der Entwicklungspolitik. Er hat einen gut bezahlten Job bei einer großen internationalen Saatgutfirma. Jetzt fährt er jeden Tag zu den Bauern auf die Felder und erklärt ihnen, dass verbessertes Saatgut die Ernten verdoppelt, dass die Bauern damit viel Geld verdienen, und dass sie so ihre Kinder in die Schule schicken können. Er erzählt nicht, dass das Saatgut sie in Abhängigkeit bringt. Weil es teuer ist, weil sie es jedes Jahr neu kaufen müssen, weil sie es nicht tauschen können. Weil die Pflänzchen aus dem neuen Samen nur mit viel Dünger und Pestiziden wachsen, und weil auch sie bei zu viel Regen oder zu großer Dürre gar nichts abwerfen. Alberto ist überzeugt, dass er alles richtig macht. Er sagt, er mache Business, und da sei sein Ziel möglichst viel Gewinn. Das Gemeinwohl ist zweitrangig…

Ob die Bauern mit dem neuen Saatgut und den anderen Investitionen wirklich mehr Geld verdienen, überprüfen weder Alberto noch die Politiker, noch die Firmen. Mosambikaner, die schon an den Programmen teilnehmen, versichern, dass sie weniger Erträge haben, seit die internationalen Unternehmen im Land sind.<<[721]

In den Entwicklungsländern sollten, wie bei dem Raiffeisenverband, Kooperationen für einen gemeinsamen Einkauf, Verkauf und die Nutzung von Landmaschinen gefördert werden. Informationen über Marktbedingungen, Wetterverhältnisse und anzubauende Pflanzen können bereits über Smartphone abgerufen werden. Auch gibt es schon Organisationen, die Kleinkredite vergeben und elektronische Zahlungs- und Kreditvermittlung ermöglichen.

Auf breitester Front sollte, auch unter Zuhilfenahme moderner Medien, Wissen an die breiten Massen vermittelt werden und so auch eine Arbeits- und Wirtschaftseinstellung sich bilden können, auf der auch eine industrielle Entwicklung aufbauen kann. Nur durch Wissensvermittlung kann sich eine Bereitschaft entwickeln zur Mitgestaltung des gesellschaftlichen Lebens.

Dazu ist aber erforderlich, dass die Industrieländer ihre Entwicklungs- und Agrarpolitik von der Außenhandelsförderung auf eine wirkliche Entwicklungspolitik umstellen. Denn, ich zitiere Horand Knaup u.a., >>„Unsere Agrar- und Ernährungspolitik oder auch die Handelspolitik wirken sich unmittelbar und mittelbar negativ auf viele Entwicklungsländer und vor allem auf die arme Bevölkerung dort aus", bemängelt Klaus Töpfer, der viele Jahre das UNO-Umweltprogramm in Nairobi geleitet hat. … „Wollen wir die afrikanische Wirtschaft fördern oder die eigene?", fragt sich auch der Grünenexperte Uwe Kekeritz. … „Solange Europa und die USA ihre Landwirtschaft so extrem subventionieren, haben afrikanische Bauern keine Chancen auf Europas Märkten", sagt Afrika Experte Kappel, „abgesehen von den Produkten, die hier nicht produziert werden."

Auch für den Afrikawissenschaftler Helmut Asche, Professor an der Universität Mainz, liegt der Schlüssel für eine solide Entwicklung des Kontinents in einer umfassenden Reform der europäischen Handels-, Agrar- und Fischereipolitik. Brüssel schütze und subventioniere die europäischen Landwirte und Fischer in einer weltweit einmaligen Dimension. „Eine Fluchtursachenbekämpfung, die ernst gemeint wäre, würde diese einseitigen Hilfen beenden", sagt Asche.<<[722]

5. Deutschlands Verantwortung für Europa und die Welt

Wenn man die Geschichte des Europäismus nachzeichnet, dann spielte Deutschland darin schon von seiner geographischen Lage her eine tragende Rolle. Von Karl dem Großen, 800 nach Christus, bis zum Verzicht des Habsburger Kaisers

---

[721] Veronika Frenzel: *Afrika kann die Welt retten*, in: Der Tagesspiegel, Nr. 23 161/ 2.7.2017, S. 7.

[722] Horand Knaup, Peter Müller, Jonas Weyrosta: *Das große Missverständnis*, in: Der Spiegel, Nr.28/8.7.2017, S.59.

Franz II am 06. August 1806, das heißt etwa 1000 Jahre, verstand sich Deutschland als *Heiliges Römisches Reich Deutscher Nation* und damit zugleich als Sachwalter des antiken Erbes und des Christentums.

Sicherlich, die Bedeutung des Kaisers hat im Laufe der Jahrhunderte ständig abgenommen. Die ursprünglich nur als Lehensträger regierenden Landesherrn emanzipierten sich zu souveränen Königen, Herzögen und Grafen. Eine zusätzliche Schwächung erlebte das Kaisertum durch die Reformation, in der die protestantischen Fürsten dem Papst die Gläubigen entzogen und sich selbst zu Herren ihrer Landeskirche machten.

Im 15. Jahrhundert mit dem Aufstieg Spaniens und Portugals und später Hollands zu den ersten Seemächten und deren Ausdehnung auf überseeische Gebiete entwickelte sich der Westeuropäismus, der seine Kraft zunächst aus individuellem Abenteuertum, dem Handel und der Beherrschung der Meere zog.

Im Zuge der Säkularisierung und der Entstehung des politischen Absolutismus wurde Frankreich dann zur europäischen Führungsmacht, wenn auch in Konkurrenz zum immer stärker werdenden Großbritannien. Mit der französischen Revolution und der Ausdehnung ihrer Ideale auf Kontinentaleuropa durch Napoleon, ging auch das europäische Kaisertum von den Habsburgern auf Napoleon über.

Nach dem Ende Napoleons stieg England zum Träger des westlichen Europäismus auf und behielt diese Stelle bis nach dem Ersten Weltkrieg. Von da ab ging die Führungsrolle der westlichen Welt auf die USA über.

Der Ursprung des Ost-West Gegensatzes begann allerdings bereits mit der Spaltung des Römischen Reiches und des Christentums in eine katholische und eine orthodoxe Kirche.

Die westeuropäischen Staaten und Russland erlangten politische und militärische Weltmacht. In den westeuropäischen Ländern wurde diese Dynamik von der individualistischen Verstandesentwicklung bestimmt: in Frankreich etatistisch, militärisch und intellektuell und in England darwinistisch, pragmatisch, technisch und wirtschaftlich. In Russland war die Motivation des politischen Handelns dagegen cäsaristisch und die persönliche Motivation kollektivbezogenes mystisch christliches Heilsstreben, letzteres repräsentiert durch russische Dichter, Denker und Komponisten.

Im deutschen Denken, Fühlen und Wollen wurde das antike und christliche Erbe und somit der eigentliche Europäismus am ehesten in seiner Vielseitigkeit bewahrt, vertieft und weiterentwickelt. Dafür stehen die deutschen Komponisten, Dichter und Denker. Besonders repräsentativ für die Motivation deutscher Geistigkeit sind Goethes, Schiller und die idealistische Philosophie von Kant bis Hegel. Insoweit waren die Deutschen Weltbürger und sollte „am deutschen Wesen die Welt genesen".

Nach der Gründung des Kaiserreiches am Ende des Deutsch-Französischen Krieges 1870/71 und der Abdankung des französischen Kaisers Napoleon III. wollte Deutschland aber auch wirtschaftlich, militärisch und politisch Weltmacht sein und, wie es hieß, wie die anderen Staaten „einen Platz an der Sonne" haben. Nach der Thronbesteigung Kaiser Willems II. bewegte sich Deutschland dabei auch noch großspurig und tollpatschig auf der politischen Bühne und provozierte die Staaten West und Ost.

So wie schon Frankreich die *Französische Revolution* nicht nur für Frankreich, sondern für die Welt insgesamt vollzog, sodass *Franzose-Sein* gleichbedeutend war mit *Weltbürger-Sein*, die Franzosen dann aber wieder in engstirnigen Nationalismus zurückfielen, so verfolgte auch Deutschland nach der Reichsgründung 1871 nationalistische Ziele.

Nun ist das Bekenntnis zur Nation insofern ein Fortschritt, als der Einzelne sich aus seinen Stammes- und Familienbeziehungen, wie auch aus Fremdherrschaft emanzipiert. Auch macht das Bewusstwerden der nationalen Kultur und seine Identifizierung mit seinem kulturellen Erbe den Menschen reicher. Aber, so wie materieller Reichtum dazu verpflichtet, entsprechend seinem Reichtum auch für die Mitmenschen und die Welt tätig zu werden und die Wirtschaft und Gesellschaft zerstört, wenn sein Reichtum nur zum Selbstzweck wird, so sollte auch der Bürger sein nationales kulturelles Erbe zum Segen der Menschheit verwenden. Sonst kommt es zum Bestreben, andere Völker zu beherrschen und zu unterdrücken und zu Kriegen.

Geschichtlich war es unter den politischen Gegebenheiten des 19. Jahrhunderts wahrscheinlich nur so möglich, Deutschland politisch zu einigen, wie es durch Bismarck geschah, und konnte auch nur diese Einigung die wirtschaftlichen und wissenschaftlichen Potenzen Deutschlands freilegen. Der damit verbundene Nationalismus war aber, gerade weil Deutschland seinen Wert als Kulturnation hatte, ein umso größerer Verrat an den deutschen Idealen.

Wenn die Geschichte einen Sinn haben sollte, dann war es nur folgerichtig, dass den Deutschen in den beiden Weltkriegen am konsequentesten der Nationalismus zum Verhängnis wurde und sollte sich Deutschland deswegen auch heute am wenigsten von allen europäischen Ländern von rein nationalen Interessen leiten lassen.

Die Deutschen standen auch immer in der Gefahr, ihr Eigensein dem westlichen kapitalistischen, selbstbezogenen Amerikanismus oder, wie vor der Wende in der DDR, dem Sowjetismus zu opfern.

Der Sowjetismus ist wirtschaftlich, politisch und gesellschaftlich zusammengebrochen. Der Amerikanismus ist in der Zwischenzeit zum Casino-Kapitalismus und Trumpismus pervertiert. Europa muss Impulsgeber für eine harmonische wirtschaftliche und gesellschaftliche Weiterentwicklung der Welt sein und Deutschland, als Mitte Europas und führende europäische Wirtschaftsmacht, muss dafür eine besondere Verantwortung übernehmen. Wirtschaftlicher Leitfaden sollten die Grundsätze der *Sozialen Marktwirtschaft* und der Verfassungsgrundsatz *Eigentum verpflichtet* sein.

Was zur Gesundung der Wirtschaft notwendig ist, wurde bereits dargestellt und wird in vielen Aspekten öffentlich diskutiert. Auch wurde dargelegt, wie Deutschland durch seine Exportüberschüsse und engstirnige Sparpolitik die wirtschaftlichen Probleme in und außerhalb Europas verschärft hat.

Wie schon gesagt, könnte der Abbau der Haushaltsüberschüsse und darüber hinaus der ungleichen Einkommens- und Vermögensverteilung zugunsten höherer Staatsausgaben helfen, die Importe zu vergrößern und damit die Ausfuhrüberschüsse zu reduzieren.

In Bezug auf die Einkommens- und Vermögensverteilung wurde betont, dass Einkommen und Vermögen nur insoweit das Verdienst der jeweils gegenwärtigen

Generation sind, als die in ihr lebenden Erfinder und Unternehmer Einkommen und Vermögen erworben haben. Alles Ererbte ist das Werk früherer Generationen und sollte nach allgemeinen Gesellschaftsverständnis auch der Gemeinschaft der Menschen spätestens dann wieder gehören, wenn sie gestorben sind.

Auch, was die ererbte Kultur und die wirtschaftliche Entwicklung angeht, so sind sie das Verdienst früherer Generationen. Wenn die Bewohner der Industrieländer darauf aufbauen, so sollten sie sich dessen bewusst sein und darin umso mehr die Verpflichtung spüren, an dem Ererbten auch die nicht davon Begünstigten teilhaben zu lassen.

Das primäre Prinzip der Wirtschaft ist auch nicht, wie der kapitalistische Darwinismus suggeriert, nur Kampf und Wettbewerb, sondern Arbeitsteilung und Aufeinanderangewiesensein. Selbst die Unternehmer haben nur insoweit Erfolg, als andere ihnen die nötigen Vorprodukte und das, was sie für ihr Leben brauchen, liefern und bereit sind, ihre Produkte zu kaufen.

Durch Wettbewerb wird die Wirtschaft zwar weiterentwickelt, aber auch nur so lange, als die Gegenseitigkeit der wirtschaftlichen Beziehungen darunter nicht leidet. Versiegen die Wirtschaftsbeziehungen, weil alle Ressourcen und Vermögen nur noch in den Händen weniger und die Übrigen aus dem Wirtschaftsprozess ausgeschieden sind, so vermindert sich die volkswirtschaftliche Nachfrage. Betroffen sind davon alle Menschen, auch die Vermögenden. Schon von daher muss jeder Wirtschaftsteilnehmer daran interessiert sein, dass auch alle anderen leben und arbeiten und sich optimal entwickeln können. Ein anschauliches Beispiel dafür war der Marshallplan nach dem Zweiten Weltkrieg, mit dem die europäische Wirtschaft wiederbelebt wurde, auch, um ein leistungsfähiger Wirtschaftspartner der USA sein zu können.

Dieses Prinzip sollte Leitfaden für die deutsche Außenpolitik und Außenwirtschaftspolitik sein. Zuvörderst wird es darum gehen, Europa als Ganzes so zu entwickeln, dass es von den USA und Russland nicht erdrückt wird, und Europa zugleich Entwicklungsländern helfen kann.

Deutschland sollte als wirtschaftlich stärkstes europäisches Land bei der Umsetzung der beschriebenen wirtschaftspolitischen Aufgaben mit gutem Beispiel vorangehen. Nur dann kann es darauf drängen, dass auch die anderen Länder ihre wirtschaftlichen Defizite angehen, zumal Reformen immer auch schmerzliche Eingriffe für die bisher Begünstigten bedeuten.

Überwunden werden muss die engstirnige angebotsorientierte Wirtschaftspolitik. Die wirtschaftliche Zielsetzung sollte nicht primär darauf gerichtet sein, die Unternehmergewinne zu steigern, sondern vielmehr darauf, volks- und weltwirtschaftlichen Bedarf zu decken und dorthin die Kaufkraft zu lenken. Nur durch Belebung der Nachfrage können im Übrigen auch ausreichende Investitionen angeregt werden, und im Zweifel steigen dadurch die Unternehmergewinne stärker, als in einer durch säkulare Stagnation gedrosselten Wirtschaft.

Von den skandinavischen Ländern kann Deutschland wirtschafts- und sozialpolitisch lernen. Die wichtigsten innereuropäischen Partner sollten Frankreich und Polen sein. Es sollte alles getan werden, dass es dem neuen französischen Präsidenten Emmanuel Macron gelingt, die Wirtschaft Frankreichs zu beleben und damit auch ein Vorbild für die südeuropäischen Länder zu geben.

Um das gespannte politische Verhältnis zu Russland zu entspannen, müssten die Ängste der osteuropäischen Länder gegenüber Russland überwunden werden und sollten sie Brückenfunktion zu dem riesigen russischen Markt und für russische Waren einnehmen. Polen, als größtes osteuropäisches Land kommt dabei eine Vorbildfunktion zu. Dazu müssen aber die faschistoiden Tendenzen in Polen überwunden werden.

D. Zusammenfassung

Ohne die besondere geistige, wirtschaftliche und gesellschaftliche Entwicklung aus dem antiken und christlichen Erbe und deren Globalisierung hätte sich die Menschheit nicht so wie bisher entwickelt. Der Europäismus bewirkte:

- die Emanzipation des freien, selbstbewussten und selbstverantwortlichen Individuums aus Stammesgesellschaften und Familienhierarchien und damit Wissenschaft und Technik, eine liberale Wirtschaft und eine demokratische Staatsform und
- die Rückbesinnung des Individuums auf die Gesellschaft und damit ein soziales Verhältnis zu seinen Mitmenschen und Verantwortung für die Erde.

Was in Europa mehr oder weniger nur zwei Komponenten des Europäismus sind, tritt im Westen und Osten auseinander. Es wird im Westen zum extrem individualistischen kapitalistischen Westeuropäismus und im Osten zu einer eher kollektiven, sozialistischen Grundhaltung.

West- und Ost-Europäismus entwickeln sich dabei antagonistisch zueinander. Entsprechend kommt es zu einer westeuropäischen Globalisierung in Form der Kolonisation überseeischer Gebiete und schließlich zu einer von den USA dominierten kapitalistischen Welt und im Osten zur Ausdehnung Russlands bis Wladiwostok und ans Schwarze Meer und schließlich zu dem von der Sowjetunion beherrschten Ostblock.

Die Individualisierung und Säkularisierung der Gesellschaft, die sich in Europa in über 1000 Jahren entwickelte, riss durch die Globalisierung des Europäismus die außereuropäischen Menschen in relativ kurzer Zeit aus ihren traditionellen Bezügen und schuf in diesen Ländern umso größere soziale Krisen, je archaischer die Gesellschaftsstrukturen vorher waren.

Die asiatischen Hochkulturen konnten den Europäismus leichter adaptieren, und so haben Japan, Südkorea und neuerdings China wirtschaftlich mit den Industrieländern gleichgezogen. Die afrikanischen Länder, insbesondere wenn dort wenig Siedler aus Europa leben bzw. dort entmachtet wurden, sind dagegen noch relativ unterentwickelt. Diese Länder leiden zum Teil an inneren Konflikten und unter korrupten Eliten. Dennoch ist der Entwicklungsstand natürlich weit höher, als vor der Kolonisation. Aber mit dem Fortschritt sind neue soziale Probleme entstanden.

In den muslimischen Staaten entwickelten sich im Zuge der Globalisierung des Europäismus zusätzlich noch religiöse Widerstände. Der Islam ist, wie das Christentum, im Gegensatz zu den ethnisch fundierten Religionen, ein Glaube, der sich prinzipiell an alle Menschen wendet. Deshalb standen und stehen das Christentum und der Islam in Konkurrenz zueinander, „um die Seelen der Menschen".

Da der Islam sich für die letzte göttliche Offenbarung hält, gibt es im Islam Vorbehalte gegen christliche oder auch nur säkulare Herrschaftsformen, weil Säkularität zu Recht als Ausfluss des Europäismus angesehen wird. Hinzu kommt die fundamentale Feindschaft zwischen Sunniten und Schiiten.

Die in den Anfängen des Islam angelegte Gewaltbereitschaft war zwar im Laufe der Jahrhunderte weitgehend eingeschlafen, brach dann aber mit der Globalisierung des Europäismus und dem Zusammenbruch des Osmanischen Reiches und der Gründung Israels wieder auf.

Hinzu kam, dass der Europäismus in der westlichen kapitalistischen und östlich sozialistischen Einseitigkeit globalisiert wurde und die Europäer nicht als Weltbürger, sondern als Nationalisten auftraten. Deshalb wurde die Globalisierung als Kolonisation, Unterdrückung und Ausbeutung erfahren.

Zudem wurden die Länder von den europäischen Ländern aufgeteilt und dabei willkürlich Grenzen durch Ethnien gezogen oder verschiedene Ethnien in einem Staat zusammengebunden. Auch machte die Emanzipation der Menschen aus ihrem Stamm sie nicht zu Weltbürgern, sondern zu Nationalisten.

Für die Entwicklung der Wirtschaft und damit auch des Wohlstands und der Gesellschaft erwies sich die durch den Westeuropäismus ausgelöste Kreativität des Individuums als treibende Kraft. Nur pervertierte im Laufe der Jahrzehnte das Unternehmertum immer mehr zum kapitalistischen Geldmachen und verfiel die Wirtschaft in einen Casinokapitalismus.

Hinzu kam, dass das erarbeitete Vermögen vererbt wurde – ein Relikt aus der feudalen Gesellschaft und somit eigentlich in einer auf das Individuum bezogenen Gesellschaft widersinnig –. Damit veränderte sich mit jeder Generation die Vermögens- und Einkommensverteilung zugunsten immer weniger und hatten die Ärmeren schlechtere Startbedingungen für den Einstieg ins Berufsleben.

Solange im Umfang des steigenden Sparvolumens realwirtschaftlich wieder investiert wurde, konnte sich die Wirtschaft umso dynamischer entwickeln. Als aber, ab den sechziger Jahren, die gewinnversprechenden Investitionsmöglichkeiten hinter dem wachsenden Sparvolumen zurückblieben, fiel die Wirtschaft in eine *säkulare Stagnation*. Das Ausbrechen von Krisen wegen zu geringer Nachfrage konnte nur durch steigende Staatsausgaben verhindert werden. Da diese aber nicht durch höhere Steuern und Abgaben, sondern durch Schuldenaufnahmen finanziert wurden, wuchs die Staatsverschuldung und vagabundierten immer mehr dinglich wertlose Staatspapiere auf dem Kapitalmarkt.

Während die Masse der Bevölkerung sich zwar aus den Stammes- und Familienhierarchien emanzipierten, ihr Selbst aber an der Nation festmachen, gehen Wissenschaftler und Unternehmer über die nationale Gebundenheit hinaus und fühlen sich eher auch als Weltbürger. Als Kapitalisten und noch mehr als Kapitalmarktspieler, die nur dem egoistischen Gewinnstreben frönen, wachsen sie mit den immer globaler operierenden Unternehmen jedoch auch über die nationalen Grenzen hinaus und werden zu Mächten, die sich der staatlichen Ordnung entziehen. Da die Wirtschaft der Staaten von ihnen abhängt, buhlen die Staaten um sie, bieten niedrige Steuern und sonstige Vergünstigungen an, um sie ins Land zu holen. Damit tragen die Staaten selbst zur Intensivierung der säkularen Stagnation und der Zerstörung der Weltwirtschaft bei.

Zur Verringerung der Lohnkosten werden Fertigungen aus den Industrieländern in Billiglohnländer verlagert, so dass für weniger Qualifizierte in den Industrieländern Arbeitslosigkeit oder prekäre Arbeitsverhältnisse übrigbleiben. Andererseits überschwemmen Großbetriebe aus den Industrieländern mit ihren Agrarprodukten die Entwicklungsländer und lassen dort heimische Betriebe untergehen.

Die freien Flächen und immer mehr Urwald werden aufgekauft und für die Massenproduktion von Rohstoffen für die Industrieländer verwendet. Davon profitieren auch wiederum primär die Industrieländer und korrupte Eliten in den Entwicklungsländern.

Durch Digitalisierung und Roboterarisierung werden weltweit immer mehr Arbeitsplätze wegfallen. Rationalisierungen bedeuten zudem, dass die Arbeitseinkommen zugunsten von höheren Gewinnen und Kapitalmarktrenditen sinken, also eine Zunahme der ungleichen Vermögens- und Einkommensverteilung und damit auch wiederum eine Verstärkung der säkularen Stagnation und des Casinokapitalismus.

Durch die bereits erreichte und immer noch wachsende internationale Verflechtung sind immer mehr alle Staaten von Missständen in anderen Ländern betroffen. Die vielfältigen Probleme aus der pervertierten Wirtschaft, der sozialen Not in Entwicklungsländern, den Flüchtlingen und den national und religiös motivierten Konflikten schaffen international ein wachsendes Chaos.

Dieses Chaos lässt immer mehr Menschen am Sinn der Globalisierung und der damit verbundenen Verantwortung zweifeln und einen Rückzug auf nationale Belange fordern. Aus diesen Motiven verließ Großbritannien die Europäische Union und verfolgt der neue US-Präsident Donald Trump mit dem Wahlspruch „America first" eine rein nationale Außen- und Außenwirtschaftspolitik. Der Trumpismus droht auch Europa zu spalten und zu schwächen.

Die USA sind als Wirtschaftsraum und Industriemacht groß genug und können sich eine Isolationspolitik leisten, wenn sie sich mindestens im Übergang dazu auch selbst schädigen. Die kleineren Länder werden aber zum Spielball internationaler Konzerne, wenn sie sich nicht mit anderen Ländern zu einem größeren Wirtschaftsraum zusammenschließen und allein durch die Größe ihres Marktes Einfluss auf das Unternehmerverhalten ausüben können.

Durch das Erstarken der Schwellenländer und insbesondere Chinas verlieren die bisher die Welt dominierenden Supermächte, die USA und Russland und damit der West- und Ost-Europäismus an Bedeutung. Das heißt aber nicht, dass damit der Europäismus als Motor für die weitere wirtschaftliche und gesellschaftliche Entwicklung obsolet würde. Im Gegenteil: Es gilt, sich auf die eigentlichen Ideale des Europäismus zu besinnen. Das kann nur aus der europäischen Mitte – im Doppelsinn des Wortes – kommen. Deswegen muss Europa sich konsolidieren und stärken, sollte dabei aber weiterhin so weltoffen wie möglich bleiben.

Die Ideale der französischen Revolution „Freiheit, Gleichheit, Brüderlichkeit" müssen gleichwertig zur Geltung kommen und, was dazu zu tun ist und welche besondere Verantwortung Deutschland dabei zukommt, wurde erarbeitet. Aber vielleicht braucht es einen so erratischen amerikanischen Präsidenten, wie Donald Trump, um sich zu besinnen und eine *Weiter-so-Politik* zu überwinden.

Literaturverzeichnis

Abrahamian, Ervand: *A History of Modern Iran*. Cambridge Univ. Press, 2008, ISBN 978-0-521-52891-7.

Al-Marashi, Ibrahim, Sammy Salama: *Iraq's Armed Forces: An Analytical History*, New York, 2008.

Al-Massad Joseph: *Colonial Effects. The Making of National Jordan*. New York City 2001.

Ansprenger, Franz: *Auflösung der Kolonialreiche* München, 4. Aufl. 1981.

Asadi, Awat: *Der Kurdistan-Irak-Konflikt. Der Weg zur Autonomie seit dem Ersten Weltkrieg*, Berlin 2007.

Axworthy, Michael: *Revolutionary Iran: A History of the Islamic Republic*. 1. Aufl. Penguin Books, London 2013, ISBN 978-1-84614-291-8, S. 28.

Baba, Masao/Tatemoto, Masahiro: *Foreign Trade and Economic Growth in Japan: 1858-1937*. in: Klein, Lawrence/ Ohkawa, Kazushi: *Economic Growth. The Japanese Experience since the Meiji Era*. Richard D. Irwin Inc. Illinois, 1968.

Balaghi, Shiva: *Saddam Hussein - A Biography*, Westport, 2006.

Barker, A. J.: *The First Iraq War, 1914-1918: Britain's Mesopotamian Campaign* (New York: Enigma Books, 2009). ISBN 978-1-929631-86-5

Barth, Boris: *Die Zäsur des Ersten Weltkriegs. Hochzeit und Dekolonisation der Kolonialreiche*. In: Ders. et al.: Das Zeitalter des Kolonialismus. Stuttgart 2007.

Benz, Ernst: *Die russische Kirche und das abendländische Christentum*, München 1966.

Bierling, Stephan: *Geschichte des Irakkrieges. Der Sturz Saddams und Amerikas Albtraum im Mittleren Osten*. Beck, München 2010.

Black, George: *Genocide in Iraq: The Anfal Campaign Against the Kurds*. Human Rights Watch, 1993, ISBN 978-1-56432-108-4.

Borscheid, Peter: *Das Tempo-Virus. Eine Kulturgeschichte der Beschleunigung*, Campus Verlag Frankfurt/New York 2004.

Böss Otto: *Die Lehre der Eurasier. Ein Beitrag zur russischen Ideengeschichte des 20. Jahrhunderts*. Harrassowitz, Wiesbaden 1961.

Brechna, Habibo: *Die Geschichte Afghanistans*. 2. Auflage. vdf Hochschulverlag AG, Zürich 2012, ISBN 3-7281-3391-4.

Bringen, Dieter, Krzysztof Ruchniewicz (Hrsg.): *Länderbericht Polen*. Bundeszentrale für politische Bildung, Bonn 2009, ISBN 978-3-593-38991-2, S. 373.

Buchta, Wilfried: *Terror vor Europas Toren. Der Islamische Staat, Iraks Zerfall und Amerikas Ohnmacht*. Campus Verlag, Frankfurt am Main, 2015, ISBN 978-3-593-50290-8.

Clausen, Markus: *Am Ursprung des Arbeitsethos*, Schweizer Monatshefte : Zeitschrift für Politik, Wirtschaft, Kultur, Band (Jahr): 75 (1995), Heft 3, S.23, PDF erstellt am: 30.05.2016. Persistenter Link: http://dx.doi.org/10.5169/seals-165423 .

Clements, Frank: *Conflict in Afghanistan: A Hist. Encyclopedia*. ABC-CLIO, 2003, ISBN 1-85109-402-4.

Collins, Joseph J.: *Understanding War in Afghanistan.* National Defense University Press, Washington, D.C. 2011. ISBN 978-1-78039-924-9.

Conermann, Stephan und Geoffrey Haig (Hrsg.): Asien und Afrika: Beiträge des Zentrums für Asiat. und Afrik. Studien (ZAAS) der Christian-Albrechts-Universität zu Kiel. Bd. 8. Die Kurden. Schenefeld 2004.

Cooper, J. P.: *The New Cambridge Modern History,* Volume IV: The Decline of Spain and the Thirty Years War, 1609–48/59. CUP Archive, 1979, ISBN 0521297134.

Drews, Peter: Herder und die Slawen. Mat. zur Wirkungsgeschichte bis zur Mitte des 19. Jahrhunderts. München 1990. Und auch das Kapitel 1.3.2 Die Spezifika der poln. Geschichte und ihre Mythologisierung.

Eckelt, Markus: *Syrien im internationalen System. Die Politische Ökonomie des Ba'th-Regimes vor und nach der doppellten Zäsur 1990, Demokratie und Entwicklung* Bd.64, LIT Verlag.

Edlinger, Fritz (Hg.): *Libyen. Hintergründe, Analysen, Berichte,* Wien 2011.

Esmeray*: "Das Reich der Osmanen",* Diplomarbeit, http://meissoun.ch/i-harem.html.

Fahmy, Khaled: *All The Pasha's Men – Mehmed Ali, his army and the making of modern Egypt,* Kairo, New York, 1997.

Finkel, Caroline: *Osman's Dream: The Story of the Ottoman Empire 1300–1923.* John Murray, London 2006, ISBN 978-0-7195-6112-2.

Gassert, Philipp und andere (Hrsg.): *Zweiter Kalter Krieg und Friedensbewegung.* München 2011.

Geißler, Karlheinz A.: *Die Zeiten ändern sich. Vom Umgang mit der Zeit in unterschiedlichen Epochen,* in: Aus Politik und Zeitgeschichte. Beilage zu Wochenzeitung Das Parlament vom 30.07.1999.

Gellermann, Uli/Friedhelm Klinkhammer /Volker Bräutigam: *Die Macht um acht. Der Faktor Tagesschau ,* Papa Rossa Verlag Köln 2017.

Ghani, Cyrus: *Iran and the Rise of Reza Shah. From Qajar Collapse to Pahlavi Rule.* I. B. Tauris, London u. a. 2000, ISBN 1-86064-629-8.

Ghirshman, R.: *Afghanistan,* (ii) ethnography, in The Encyclopaedia of Islam. New Edition, CD-ROM Edition v. 1.0 ed., Leiden, Niederlande

Glatzer, Bernt: *Afghanistan: Ethnic and tribal disintegration?* In: William Maley (Hrsg.): Fundamentalism Reborn?: Afghanistan And The Taliban. New York Univ. Press, New York 1998, ISBN 0-8147-5585-2.

Goerdt, Wilhelm: *Russische Philosophie,* Verlag Karl Alber Freiburg/München 1984.

Gronau, Dietrich: *Mustafa Kemal Atatürk oder die Geburt der Republik.* Fischer, Frankfurt am Main 1994.

Gronke, Monika: *Geschichte Irans, Von der Islamisierung bis zur Gegenwart.* 3. Aufl. C.H. Beck Verlag, 2009, ISBN 978-3-406-48021-8.

Gründer, Horst: *Geschichte der deutschen Kolonien,* Schöningh UTB.

Guthrie, Alice: *Decoding Daesh: Why is the new name for ISIS so hard to understand?,* Free Word Centre vom 19. Februar 2015.

Hoekmann, Gerrit: *Zwischen Ölzweig und Kalaschnikow, Geschichte und Politik der palästinensischen Linken,* Münster 1999, ISBN 3-928300-88-1.

Hofmann, Tessa: *Annäherung an Armenien. Geschichte und Gegenwart.* München: Beck, 1997.

Holik, Josef: *Die Rüstungskontrolle: Rückblick auf eine kurze Ära.* Duncker & Humblot, 2008, ISBN 978-3-428-12928-7.

Hottinger, Arnold: *7mal Naher Osten.* München 1972.

İnalçık, Halil und Donald Quataert (Hrsg.): *An economic and social history of the Ottoman Empire.* 1. Auflage. Cambridge University Press, Cambridge, New York 1997, ©1994, ISBN 0-521-34315-1.

Isam, Salem Kamel: *Islam und Völkerrecht. Das Völkerrecht der islamischen Weltanschauung.* Berlin 1984.

Karsh, Efraim, Inari Rautsi: *Saddam Hussein - A political biography*, New York, 1991.

Kazimierzewicz, Kasimierz: *Europa wird es kosakisch oder republikanisch? Eine auf die Memoiren Napoleons, das Testament Peter des Großen und viele andere gewichtsvolle Dokumente gestützte Abhandlung über die unserem Welttheil drohenden Gefahren und die Mittel zu deren Abwendung als Vorlage für einen europäi-schen Kongress.* 2. Aufl. Leipzig 1866

Küpeli, Ismail: *Was ging schief beim 'Untergang des Morgenlandes'?*, München, 2006.

Kreiser, Klaus, Christoph K. Neumann: *Kleine Geschichte der Türkei*, Stuttgart 2009.

Kruhöffer, Gerald: *Was heißt christliche Freiheit heute?,* Text erschienen im Loccumer Pelikan 3/2003.

Landgrebe, Alix: „Wenn es Polen nicht gäbe, dann müsste es erfunden werden" Die Entwicklung des polnischen Nationalbewusstseins im europäischen Kontext, Studien der Forschungsstelle Ostmitteleuropa an der Univer-sität Dortmund, Bd. 35, Harrassowitz Verlag 2003.

Leo, M.: *Patriotische Färbung und Wirklichkeit in der russ. Literatur im ersten Drittel des XVIII. Jahrhunderts.* Diss./Münster 1969, ungedr.

Lepetit, Bernard: *Frankreich 1750-1850*, in: Mieck, Ilja (Hg.) (1993): Hdb. der europäischen Wirtschafts- und Sozialgeschichte, Bd. 4, Stuttgart.

Lewis, Bernard: *The Political Language of Islam.* Chicago 1988.

Lister, Charles: *Profiling the Islamic State*, Brookings Doha Center, 2014.

Löwer, Hans-Joachim: *Die Stunde der Kurden. Wie sie den Nahen Osten verändern*, Wien–Graz–Klagenfurt 2015.

Marr, Phebe: *The Modern History of Iraq*, Boulder, 2012.

Mehmet, Özay: *Fundamentalismus und Nationalstaat.* Europ. Verlagsanstalt 2002. ISBN 3-434-46104-3.

Meier, Andreas: *Der politische Auftrag des Islam*, Wuppertal 1994.

Meiers, Franz Josef: *Von der Entspannung zur Konfrontation: die amerikanische Sowjetpolitik im Widerstreit von Innen- und Außenpolitik 1969–1980.* Brockmeyer, 1987, ISBN 3-88339-630-3.

Meyer, Henrik: *Hamas und Hizbollah. Eine Analyse ihres Politischen Denkens.* LIT Verlag, 2009, ISBN 978-3-8258-1836-4.

Milton-Edwards, Beverley, Farrell, Stephen: *Hamas: The Islamic Resistance Movement.* John Wiley & Sons, 2010, ISBN 978-0-7456-4296-3.

Mittelsten Scheid Jörg: *Pulverfass Pakistan*. Nikolaische Verlagsbuchhandlung GMBH,Berlin, ISBN 978-3-89479-808-6.

Morris, Benny: *1948 – A History of the First Arab-Israeli War*. New Haven 2008.

Mustafa Nazdar (Pseud.): *Die Kurden in Syrien*, in: Gérard Chaliand (Hrg.), Kurdistan und die Kurden, Bd. 1, Göttingen 1988, ISBN 3-922197-24-8.

Naimark, Norman M.: *Flammender Haß. Ethnische Säuberungen im 20. Jahrhundert*. Fischer Taschenbuch, Stuttgart 2008, (Originaltitel: Fires of Hatred: Ethnic Cleansing in Twentieth-Century Europe, 2001)

Oehring, Otmar: *Zur gegenwärtigen Situation der Christen im Nahen Osten*, KAS-Auslandsinfo., 4/2010.

Oğuzlu, H. Tarık: *The Turkomans of Iraq as A Factor in Turkish Foreign Policy: Socio-Political and Demo-graphic Perspectives*. Turkish Foreign Policy Institute, 2001, abg. am 6. 1. 2012.

Oliver Ernst: *Menschenrechte und Demokratie in den deutsch-türkischen Beziehungen. Die Menschenrechtspolitik der Bundesrepublik Deutschland im Spannungsfeld der inneren und äußeren Sicherheit*, Münster 2002.

Osterhammel, Jürgen: *Vom Umgang mit dem „Anderen". Zivilisierungsmissionen – in Europa und darüber hinaus*. In: Boris Barth et al.: Das Zeitalter des Kolonialismus. Stuttgart 2007.

Patterson, David: *Denial, Evasion, and Antihistorical Antisemitism: The Continuing Assault on Memory*. In Alvin H. Rosenfeld (Hrsg.): Deciphering the New Antisemitism. Indiana University Press, Bloomington (IN) 2015, ISBN 978-0-253-01865-6.

Petersen, Uwe: *Das Böse in uns. Phänomenologie und Genealogie des Bösen*, Novum Verlag 2005.

Petersen, Uwe: *Im Anfang war die Tat I. Die Geburt des Willens in der europäischen Philosophie*, Verlag Dr. Kovac Hamburg 2012.

Petersen, Uwe: Philosophie der Psychologie, Psychogenealogie und Psychotherapie. Ein Leitfaden für Philosophische Praxis, Verlag Dr. Kovac Hamburg 2010, S. 360ff.

Petersen, Uwe: *Raum, Zeit Fortschritt. Kategorien des Handelns und der Globalisierung*, Novum Verlag 2006.

Petersen, Uwe: *Säkulare Stagnation unser Schicksal. Grenzen der Angebotsorientierten Wirtschaftspolitik*, „. Aktual. Aufl. 2016.

Petersen, Uwe: *Sprache als wissenschaftlicher er Gegenstand, philosophisches Phänomen und Tat*, Königshausen @Neumann 2008.

Petersen, Uwe: Wirtschaftsethik und Wirtschaftspolitik, Verlag Dr. Kovac Hamburg 2010.

Ploetz, Michael, Hans-Peter Müller: *Ferngelenkte Friedensbewegung?* Münster 2004.

Poppe, Ulrike, Rainer Eckert, Ilko-Sascha Kowalczuk: *Zwischen Selbstbehauptung und Anpassung: Formen des Widerstandes und der Opposition in der DDR*. Christoph Links, Berlin 1995, ISBN 3-86153-097-X.

Radischtschew, A.N.: Ausgew. Werke …, Berlin 1959, „*Wer ist ein Sohn des Vaterlandes?*";

Rasanayagam, Angelo: *Afghanistan: A Modern History*. I.B. Tauris, 2005 ISBN 1-85043-857-9.

Raschid, Achmed: *Taliban: Islam, Oil and the New Great Game in Central Asia*. I.B. Tauris, 2002 ISBN 1-86064-830-4 S.57.

Roemer, H. R.: *The Safavid Period*. In: The Cambridge History of Iran, Vol. 6: The Timurid and Safavid Periods. Cambridge University Press, Cambridge 1986, ISBN 0521200946, S. 189–350.

Schetter, Conrad: *II. Strukturen und Lebenswelten – Stammesstrukturen und ethnische Gruppen*.

Schimmel, Annemarie: *Das islamische Jahr. Zeiten und Feste*. C.H.Beck, München 2002, ISBN 3406475671.

Sedgwick, Mark J.: *Neo-Eurasianism in Russia*. In: Against the Modern World. Traditionalism and the Secret Intellectual History of the Twentieth Century. Oxford University Press, New York 2004, ISBN 0-19-515297-2, S. 221–240.

Segev, Tom: *Es war einmal ein Palästina – Juden und Araber vor der Staatsgründung Israels*. 4. Auflage, München 2005.

Sezgin, Fuat: *Geschichte des arabischen Schrifttums*. Brill, 1967. Band 1.

Shirali Mahnaz: *The Mystery of Contemporary Iran*. 1. Aufl. Transaction Publishers, New Brunswick 2015, ISBN 978-1-4128-5462-7.

Simonyi, K.: *Kulturgeschichte der Physik*, Wiss.Verlag Harry Deutsch 2001, ISBN 3-8171-1651-9.

Solowjew, Wl.: Deutsche Gesamtausgabe der Werke, Freiburg i.Br. 1957.

Ternon, Yves: *Tabu Armenien: Geschichte eines Völkermordes*. Frankfurt am Main Berlin 1988.

Umland, Andreas: *Alexander Dugin, the Issue of Post-Soviet Fascism, and Russian Political Discourse Today*. In: Russian Analystical Digest. 14, Nr. 7, 2007.

Utermark, Sören: *„Schwarzer Untertan versus schwarzer Bruder". Bernhard Dernburgs Reformen in den Kolonien Deutsch-Ostafrika, Deutsch-Südwestafrika, Togo und Kamerun*, Dissertation, Uni. Kassel 2012.

Vrabl, Andreas: *„Libyen: Eine Dritte Welt - Revolution in der Transition"*, Diplomarbeit, Wien 2008.

Wallerstein, Immanuel: Unthinking Social Science, London, 1991.

Wendorff, Rudolf (1980): *Zeit und Kultur. Geschichte des Zeitbewusstseins in Europa*, Opladen.

Wiedemann, Erich: *DAS ZEITALTER DER KOLONIEN ZWIESPÄLTIGES ERBE*, in: SPIEGEL SPECIAL Geschichte 2/2007.

Wiederkehr, Stefan: *»Kontinent Evrasija« – Klassischer Eurasismus und Geopolitik in der Lesart Alexander Dugins*, in: Markus Kaiser (Hrsg.): Auf der Suche nach Eurasien. Politik, Religion und Alltagskultur zwischen Russland und Europa. Transcript, Bielefeld 2004, ISBN 3-89942-131-0.

Wiederkehr, Stefan: *»Kontinent Evrasija« – Klassischer Eurasismus und Geopolitik in der Lesart Alexander Dugins*. In Markus Kaiser (Hrsg.): Auf der Suche nach Eurasien. Politik, Religion und Alltagskultur zwischen Russland und Europa. Transcript, Bielefeld 2004, ISBN 3-89942-131-0, S. 125–138.

Wilke, Boris: *Governance und Gewalt. Eine Untersuchung zur Krise des Regierens in Pakistan am Fall Belutschistan.* (Memento vom 22. Dezember 2009 im Internet Archive) (PDF; 731 kB) SFB – Governance Working Paper Series, Nr. 22, November 2009.

Der Autor

Uwe Petersen, geboren 1932, studierte Sozialwissenschaften und machte 1956 das Diplom-Volkswirt-Examen in Heidelberg. Nach einem anschließenden Studium der Philosophie und des Völkerrechts promovierte er 1964 in Heidelberg bei Hans-Georg Gadamer (Korreferent Jürgen Habermas) zum Dr. phil. mit der Dissertation *Das Verhältnis von Theorie und Praxis in der Transzendentalen Phänomenologie Edmund Husserls*. Ab 1965 war er in verschiedenen Wirtschaftskonzernen und danach in der Wirtschaftsförderung und der strategischen Unternehmensberatung tätig und ist Mitgründer von Wirtschaftsförderungsgesellschaften. Seit 1998 beschäftigt er sich schwerpunktmäßig mit handlungsphilosophischen Themen.

Bisherige Veröffentlichungen:

Das Verhältnis von Theorie und Praxis in der Transzendentalen Phänomenologie Edmund Husserls, Dissertation Heidelberg 1964

Ost-West-Kooperation- Möglichkeiten und Grenzen, Rissener Studien, Eigenverlag HAUS RISSEN, Institut für Politik und Wirtschaft 1974

Arbeitslosigkeit unser Schicksal - Wirtschaftspolitik in der Stagflation Peter Lang Verlag, Frankfurt/M. 1985

Finanzmittelplanung in: "Unternehmensgründung, Handbuch des Gründungsmanagements", Verlag Franz Vahlen, München 1990

Finanzmittelplanung, in "Gründungsplanung und Gründungsfinanzierung", Beck-Wirtschaftsberater im dtv, 1991, 2. völlig überarb. Auflage 1995, Finanzbedarfs- und Finanzierungsplanung in 3. Aufl. 2000.

Das Böse in uns. Phänomenologie und Genealogie des Bösen novum Verlag Horitschon-Wien-München 2005.

The Evil in us Phenomenology an Genealogy of Evil, novum pro Verlag 2014.

Raum, Zeit, Fortschritt. Kategorien des Handelns und der Globalisierung novum Verlag, Horitschon-Wien-München 2006.

Das Verhältnis von Theorie und Praxis in der Transzendentalen Phänomenologie Edmund Husserls, Neudruck der Heidelberger Dissertation mit einem Nachtrag: *Husserl als Handlungsphilosoph*, Philosophische Reihe Hg. J. Heil, Turnshare Ltd. London 2007.

Kreativität und Willensfreiheit im Zwielicht sinnlicher Erfahrung und theoretische Leugnung, Königshausen& Neumann, Würzburg 2007.

Religionsphilosophie der Naturwissenschaften, Philosophische Reihe Hg. J. Heil, Turnshare Ltd. London 2007.

Sprache als wissenschaftlicher Gegenstand, philosophisches Phänomen und Tat, Königshausen& Neumann, Würzburg 2008.

Philosophie der Psychologie, Psychogenealogie und Psychotherapie. Ein Leitfaden für Philosophische Praxis, Verlag Dr. Kovač 2010.

Wirtschaftsethik und Wirtschaftspolitik. Zur Lösung der globalen Wirtschaftskrise. Von der liberalen zur sozialliberalen Wirtschaftsordnung, Verlag Dr. Kovač 2010.

Anthropologie und Handlungsphilosophie, Verlag Dr. Kovač 2011

Unkonventionelle Betrachtungsweisen zur Wirtschaftskrise. Von Haien, Heuschrecken und anderem Getier, Peter Lang Verlag 2011.

Unkonventionelle Betrachtungsweisen zur Wirtschaftskrise II.
  Krankheiten des Wirtschaftssystems und Möglichkeiten und Grenzen ihrer Heilung. Peter Lang Verlag 2011.
Unkonventionelle Betrachtungsweisen zur Wirtschaftskrise III.
  Was ist zur Lösung der Krise zu tun? Peter Lang Verlag 2012.
Unconventional Consideration Manners of the Economic Crisis III.
  What is to be done for the solution of the crisis? Peter Lang Verlag 2013
Im Anfang war die Tat I. Die Geburt des Willens in der Europäischen Philosophie
Im Anfang war die Tat II. Vom Willen zur Tat Verlag Dr. Kovač 2012.
Are we Doomed to Secular Stagnation? Limitations of Supply-Side Economic Policies.2014,
  ISBN -13: 978-1503319103.
Säkulare Stagnation unser Schicksal? Grenzen der Angebotsorientierten Wirtschaftspolitik.
  2. aktual. Aufl. 2016, ISBN 978-3-00-054939-7.